罗尔斯政治哲学

龚 群 著

商 务 印 书 馆

2007年·北京

图书在版编目(CIP)数据

罗尔斯政治哲学/龚群著 .—北京:商务印书馆,2006

ISBN 7-100-04559-2

Ⅰ.罗… Ⅱ.龚… Ⅲ.罗尔斯,J.-政治哲学-研究 Ⅳ.B712.59

中国版本图书馆 CIP 数据核字(2005)第 061017 号

LUO ER SI ZHENG ZHI ZHE XUE

罗尔斯政治哲学

龚群 著

商 务 印 书 馆 出 版

(北京王府井大街36号 邮政编码 100710)

商 务 印 书 馆 发 行

北京瑞古冠中印刷厂印刷

ISBN 7-100-04559-2/B·659

2006 年 7 月第 1 版 开本 850×1168 1/32

2007 年 12 月北京第 2 次印刷 印张 16⅞

定价: 30.00 元

序　言

罗尔斯(John Rawls,1921－2002),被公认为当代美国最伟大的政治哲学家和伦理学家,洛克以来最重要的政治哲学家。1971年,身为哈佛大学教授的罗尔斯发表了他的《正义论》,这被誉为当代西方政治哲学和伦理学发展史上最为重要的事件。罗尔斯的《正义论》发表以来,在整个英语学术界、整个世界范围内掀起了一股罗尔斯热潮,人们的评论、赞誉与批评如潮水般地涌来。人们争相阅读《正义论》,仅英语原版就发行了几十万册,比畅销书还畅销。20世纪70年代以来,全世界每年有数百人将他的思想作为自己的学位论文题目或研究课题,有几十部甚至上百部研究他的专著用各种语言出版。因而可以毫不夸张地说,学术界出现了一种“罗尔斯产业”。《正义论》如今已经翻译成全世界27种文字,在我国的印数也达到了几万册,他的其他著作也基本上都有了译本。在人类历史上,很少有像《正义论》这样,一经问世,就被公认为经典。

《正义论》把哲学、伦理学、法学、经济学等多门学科的知识以及人类思想史上的诸多理论巨匠的学说融会到其政治哲学的理论建构之中。然而,罗尔斯并非像许多在历史上留下英名的思想家,建构一个全面性或完备性的理论学说,他在《正义论》中所做的,是力图回答社会制度的正义问题。当然,在某种意义上可以说,《正义论》只是罗尔斯整个理论思路的一个中继点,为了回应如潮般的批评,在20多年后,罗尔斯出版了《政治自由主义》(1993),1999年出版了《万民法》,而在30年后,出版了《公平的正义:重述》,对于《正义论》中所探讨的问题,重新进行了较为清晰的理论阐述。罗尔斯认为,作为学术共同体的成员,他有义务去答复人们,如果这是可以合理地去做,并以推进讨论的方式去做的话,那么,这是学术生活的一部分。在他看来,在一个民主的社会里,政治哲学并不具有任何权威性;但它可以努力赢得人类理性的权威。并不存在判断你在这方面或在其他理性探究上是否成功的制度上的法官,因为这不同于科学中的判定。但理性权威却是政治哲学可以承认的唯一权威。罗尔斯曾说过,他自己非常幸运,能有如此多的一流学者愿意花时间讨论与批评他的著作,使他有机会避免错误,而使得他能把自己的正义理论发展得更为周全和严谨。罗尔斯早年对道德哲学就很感兴趣,他原以为在完成《正义论》之后,就可以去从事道德心理学的研究。但异乎寻常的批评和关注使他不得不在此上付出更多的努力,为了回应人们的批评以及完善自己的正义理论,结果罗尔斯用了毕生的精力去修正和扩充他的理论。按照他自己的话来说,他总想把事情弄恰当些。现在人们一般公认,罗尔斯倾其一生精力所建构的理论,是20世纪政治哲学和伦理学的一个里程碑。对任何一个进行当代政治哲学和伦理学研究,以及进行立宪政治民主制度研究的学者来说,罗尔斯是一座无法绕过的高峰。任何人如果不研究他所进行的分析,都无从参与到当代政治哲学的对话之中。

罗尔斯作为一个理论现象几乎可说是举世罕见。他不像康德、黑格尔等人,去建构一个全面性的系统的理论体系,而只是针对特定领域里的问题,孜孜不倦地耕耘了近50余年。罗尔斯之所以要对某些特定问题付出如此艰辛的努力,不仅在于他自己强调的义务感,而且在于英美分析哲学对于哲学研究的清晰性的高度要求。台湾学者谢世民先生指出,由于分析哲学界要求清晰,罗尔斯必须尽量清楚地陈述自己的论点,明白地铺陈所有的论证,而这也使得其他同道有机会对他的理论进行最严厉的批评和质疑。罗尔斯是在这样的理论环境下不断修改、澄清他的理论,因此,罗尔斯的理论也许最后还是会被超越,但却非常值得我们重视。我们可以说,罗尔斯的理论是英美分析哲学一项没有预先规划的成就,是三、四十年来的讨论和辩难所锤炼出来的经典。

然而,分析哲学虽然要求清晰、尊重常识,但不免抽象、繁复。在某种程度上,罗尔斯《正义论》差不多就像康德的《纯粹理性批判》一样是一部艰深晦涩的著作。罗尔斯在论述时,为了精密严谨,也会使用自己所界定的术语,且他的论证层次构架丰富,路径交错起伏,使人感到不好把握。这部书的中译本,似乎增加了我国读者理解这部巨著的难度。结果,谈论罗尔斯的人较多,但真正读懂罗尔斯的好像并不多。国外如此,在中国好像更是如此。因此,虽然在政治哲学以及相应领域里,涉及相关论题几乎没有不谈罗尔斯的,如在2004年北京召开的国际政治哲学会议上,罗尔斯是讨论的中心,而自1997年以来的历次现代外国哲学学会的年会上,罗尔斯都是不同发言中的主题。毫无疑问,罗尔斯对中国学术界的影响确实很大。但仍然缺少系统的研究论著或文献。这与国内学者对海德格尔、伽达默尔,甚至与哈耶克的研究比较起来,都显得很不相称。目前我们国内对罗尔斯的研究明显落后于国际学术界。几十年来全世界讨论批评研究罗尔斯的论文汗牛充栋,有关论著也在成百上千(有篇纪念罗尔斯的文章中提到,目前全世界约有5000部研究罗尔斯的论著,见《世界哲学》2003年第2期)。而在中文世界,则只有少数几部,并且还没有见到针对罗尔斯理论进行全面性研究的论著。

本书力图对罗尔斯的思想进行整体性的研究。本书把罗尔斯的《正义论》、《政治自由主义》以及《万民法》中的思想有机地统一起来进行研究。虽然罗尔斯除了这三本书外还有其他几本著作和一系列论文,但罗尔斯的基本思想主要体现在这三本著作之中。在《正义论》之后所发表的《政治自由主义》,是罗尔斯回应社会批评而发展自己思想的重要著作。因此,我们仍可看到在《政治自由主义》之中与《正义论》相联系的清楚的思路与脉络。《万民法》在某种意义上是罗尔斯将其国内民主社会的正义原则向更为复杂的国际社会扩展的尝试,是研究罗尔斯有关国际正义的重要著作。在这部小论著里,我们仍可看到来自于《正义论》中的一些基本视域和方法。罗尔斯的基本著作已经基本译介过来,罗尔斯思想在我国的影响正在深入。在罗尔斯的思想对全世界的学术界,尤其是我国学术界发生深远影响的现代社会,对罗尔斯思想的深入研究是中国学者的一项义不容辞的责任和使命,而对他的思想进行有深度而广泛的研究也可说条件已经具备了。

本书是在我的多次演讲的基础上形成的。本书以《正义论》和《政治自由主义》的思想以及其论述脉络为线索,力图在清晰地阐述罗尔斯思想的同时,对于罗尔斯的思想进行评介,并且融入自己对正义问题的思考。对罗尔斯的思想,我认为,首先,吃透是必要的。我力图做到的是,不仅仅止步于此,而是更深入一步。既理清罗尔斯思想的理论背景和渊源,又对罗尔斯思想进行恰当的哲学反思,并且在研究探讨罗尔斯思想的同时,丰富某些主题的理论内涵,拓展其理论视野并融入我的哲学观点。

罗尔斯的思想(还有他的方法)不仅是英美学术思想界的宝贵财富,也是中国思想界的宝贵财富。一项伟大的学术思想、哲学成就不仅应当属于他的民族,而且应当属于全人类。罗尔斯不仅对当代发达的西方社会是重要的,而且对进行现代化追求的当代中国来说也是重要的。公平或平等问题是在以市场经济为基本经济体制的现代社会中最为突出的问题,共同体主义的善之所以在古代更为有力量而在现代则远为逊色,就在于传统社会与现代社会在结构上的本质差别,尤其是经济运行结构上的差别。罗尔斯与古典自由主义的重大区别在于,他不仅仅强调基本自由,更为强调平等。他的基本论点可概括为公平即正义,或作为公平的正义这种提法上。追求一个公平而正义的社会,是罗尔斯对于人类社会的理想憧憬。以他的话来说,"假如正义荡然无存,人类在这世界生存,又有什么价值?"让我们继续罗尔斯以毕生精力进行的这种伟大追寻,使我们以及我们的子子孙孙生存于一个富有尊严而自由平等的理想境界里。

目　录

CONTENTS

第一章 正义论的几个基本理念

罗尔斯的政治哲学是由他一生的主要著作所构成。《正义论》(*A Theory of Justice*)是他的第一部也是当代最具原创性、最重要的一部政治哲学著作。对于罗尔斯在《正义论》中所阐述的基本思想观点,我们首先需要探讨的是作为公平的正义原则的几个理论基石性的理念。罗尔斯把它们称为"基本理念"(fundamental ideas)。这些理念是:公民的自由平等权利的理念、公平合作体系的理念、秩序良好的社会的理念和社会基本结构的理念。如果我们对于这些理念没有一个清晰的理解,也就不可能理解整个罗尔斯的正义论。

一、自由平等的公民理念

罗尔斯在《正义论》第一章第一节中开宗明义地说:"正义是社会制度的首要德性,正像真理是思想体系的首要价值一样。一种理论,无论它多么优雅和简洁,只要它不正确,就必须加以拒绝或修正;同样,某些法律和制度,不管它们如何有效率和有条理,只要它们不正义,就必须加以改造或废除。每个人都拥有一种基于正义的不可侵犯性,这种不可侵犯性即使以社会整体利益之名也不能逾越。因此,正义否认了一些人分享更大利益而剥夺另一些人的自由是正当的,不承认许多人享受的较大利益能绰绰有余地补偿强加于少数人的牺牲。所以,在一个正义的社会里,平等的公民自由是确定不移的,由正义所保障的权利绝不受制于政治的交易或社会利益的权衡。”[1]这一段文字为他所进行的探求定了调。人们一般认为,罗尔斯在这里所强调的是制度的德性——正义。但是,什么是正义?我们知道,在西方思想史上,对于正义的理解,在不同的思想家那里是十分不同的。如在古希腊的智者那里,正义是强者的利益,而在柏拉图那里,社会正义就是人们在自己的位置上各尽其责,而不僭越。在亚里士多德那里,社会全体的正义以公共利益为依归。那么,罗尔斯的正义是什么?罗尔斯的正义观实际上是建立在个人的权利之上,即个人的平等自由的权利。这也就是罗尔斯所说的,“平等的公民自由是确定不移的,由正义所保障的权利不受制于政治的交易或社会利益的权衡。”罗尔斯强调,这种自由平等是以任何借口也不能侵犯的。也就是说,它是一种神圣的权利,而这种神圣的权利也就是罗尔斯的正义观的核心内涵。在这里需要指出的是,罗尔斯的权利概念的内涵就是公民的自由与平等。换言之,“权利”与“自由平等”是罗尔斯理论中是一对可相互限定的概念。权利概念可以自由平等来解释,自由平等是权利概念的基本要件。其次,就制度的德性而言,就在于看该种制度是否体现了公民的平等自由权利,或以公民的自由平等权利为核心原则来建构和运作。一种制度符合正义的德性,不是别的,恰就在于它体现了公民的自由平等权利。

自由平等的公民权利的理念或者说公民作为自由平等的人的

理念是正义观念的基础性理念，这个理念不仅是对于公民而言，更重要的是对于社会制度而言的，这种正义观是人们评价政治制度的道德的和政治的标准，是制度的首要德性。蕴涵了正义观的政治制度决定了这个社会的人在其中的地位，正义之所以成为制度的首要德性，就在于其正义观决定了人的地位。洛克以来自由主义的公民的自由而平等的正义观，强调公民的自由权利是社会以任何借口也不能剥夺的。这也就规定了自由主义的政治制度特性。

（一）公民自由平等的根源

生活在一定政治社会中的公民们如何才是自由平等的？在古典的自由主义传统中，自由平等是通过契约论理论规定的自然权利体现出来的。霍布斯、洛克以及卢梭都以自然状态说来规定人的先天自由平等的特性。因此，自由平等被看成是人的天赋权利。罗尔斯的原初状态重新演绎了古典契约论的逻辑，但值得指出的是，罗尔斯没有古典契约论的形上学观念，因此，在罗尔斯这里，人的自由平等的权利不是来自于自然，也不是来自于上帝（天赋权利）。在罗尔斯看来，人的自然平等的根源在于人的道德特性。在古典契约论者那里，如在霍布斯、洛克以及卢梭的笔下，也都有着对自然状态下的人的道德特性的描述，罗尔斯对于进入原初状态中的人也规定了他们的道德特性。但古典契约论者自然状态下的道德特性不是界定人的自由平等权利的根据。就道德特性而言，在霍布斯那里，自然人没有道德，自然法所规定的道德准则是在社会状态之下，但洛克的自然人却有仁爱的道德，卢梭的自然人有着两种天然的美德,即自爱与仁爱。因此,不同的古典契约论者对于他们各自笔下的自然人的道德特性的理解虽然不同,但不影响他们对自然人的自由平等权利的理解。在他们看来,自然人的自由平等的权利不在道德特性,而是另有根据。

罗尔斯对人道德特性的假定是两种道德能力,即正义感(sense of justice)的能力和善观念(conception of the good)的能力。在《正义论》中,罗尔斯既把这两者看成是道德人格的特征,也把具有这两者的个体看成是道德人,是一种有正义感的有理性的个人。在《政治自由主义》中,罗尔斯还加上了理性能力这一条款,在其第二讲第一、二节中专门谈了公民的理性与合理性问题,尽管如此,罗尔斯仍把两种道德能力看得更为根本。当然,罗尔斯所规定的公民的两种道德能力,不仅是在原初状态的意义上讲的,同时也是在现实政治社会的意义上讲的。在某种意义上可以看作是他对人性的一个根本性看法,是罗尔斯的道德理论与政治理论的一个人性依据。罗尔斯的两种道德能力说不同于古典契约论者的是,罗尔斯把它们看作是公民自由平等的基础。在古典契约论者的自然状态中,人的道德特性对于人的自由平等不起任何作用,自由平等是前政治的、先天的和天赋的,或自然而然的。以霍布斯的话来说:"自然使人在身心两方面的能力都十分相等,以致有时某人的体力虽则显然比另一人强,或是脑力比另一人敏捷;但这一切总加在一起,也不会使人与人之间的差别大到使这人能要求获得人家不能像他一样要求的任何利益,因为就体力而论,最弱的人运用密谋或者与其他处在同一种危险下的人联合起来,就能具有足够的力量杀死最强的人。"[2]自然人是自然的平等(体力与能力的平等),是没有政府权力制约的自由(处于自然状态之下),更重要的是,霍布斯认为有着保全自己的生命的自由权。洛克也认为,人类在自然状态下是一种平等的状态,人人在身心方面生来平等,因而不存在从属关系或受制关系。没有人享有高于别人的地位或对别人的管辖权。在洛克看来,人的自然平等性来自于上帝。因为人们既然都是全能和无限智慧的创世主的创造物,就不能设想人们之间有任何从属关系。当然,更多的人承继自然法传统,认为自由平等来自于自然,是自然权利(关于这一点,下面就会展开)。霍布斯与洛克都认为,在自然状态下,人人都有着处置他的人身和财产的无限自由,但他并没有毁灭他自身的自由。换言之,这种自由蕴含着每个人必须保全自己的生命的根本要求。生命权、财产权是与生俱来的自由权。同时,人的自然自由不受任何上级权力的约束,因为那时也根本不存在这样一种权力。在卢梭那里,则归结为一句简明的警句:“人是生而自由的”。但这种自由在自然状态下是不可靠的,是时时受到他人的威胁的。因为人们不仅握有自己支配自己的自由权,而且握有对他人的报复惩罚的权力,从而处在一种战争状态下。正因为如此,人们才需要政府,交出一部分对他人报复惩罚的权力。不过,在霍布斯那里,人们再次落入绝对的专制权力之下而没有了自由。而在洛克那里,则明确表达了自由主义的原则,即这是为了更好地保护人的自由,而不是取消人的自然权利。在洛克看来,如果人们缔结契约所建构的政府权力不是保护公民的基本自由权利(自然权利)而是剥夺公民的基本自由权利,那么这种政府的存在就没有合法性,人民享有摆脱这种政府的权利。

不过,在霍布斯、洛克和卢梭那里,各人持有的自然状态下的自由平等观念基本是一致的。即他们都认同这样一种自然的自由平等,认为这是一种来自于自然或上帝的天赋权利,并且,这种自然的自由平等与人的道德能力并没有逻辑的蕴含关系。在霍布斯和卢梭等人那里,最深层的概念是自然人的概念,是自然人的自由平等。对于自然人的自由平等,是不可再追究的,如果要,那就只能归结为天赋性了,当然,洛克把它归之于上帝。对于政治社会即脱离自然状态后的人类社会中人的地位问题,洛克没有把它与道德问题联系起来,即对于政治社会中的自由平等问题,没有涉及到对公民道德能力的考量。而卢梭则关注了这一问题。

这里要看到,古典契约论者的自然权利或天赋权利说,实际上是一种形而上学的观念在深层次上起作用,他们把权利的起源诉诸超出人类经验的自然,或超自然的上帝。这种超人类经验的自然观,超自然的上帝观念,受到了20世纪的分析哲学拒斥形而上学的挑战。在分析哲学家看来,形而上学的命题和神学命题,既不是经验命题,也不是逻辑命题,从而也就是没有表达真实存在的伪命题。如分析哲学家艾耶尔所认为的,没有一个涉及超越一切可能的感觉经验界限的"实在"的陈述能够具有任何字面上的意义。应当看到,罗尔斯接受了分析哲学拒斥形而上学的立场,以哈贝马斯的语言来说,罗尔斯是一种后形而上学思维,因而罗尔斯当然不会认同古典契约论者的天赋权利或自然权利观。那么,平等的自由权利的根源既然不来自超自然的东西或超出人类经验的自然,那必然在人类自身之中。在罗尔斯这里,这就是人的道德能力。

还要看到,18世纪的自然权利的观念来自于自然法的假设。自然法的观念在西方思想史上有着悠久的历史。古希腊罗马时期斯多亚派的自然法思想,对于尔后欧洲思想史上自然法观念发生了深远影响。在斯多亚派看来,自然法即为理性法,是支配宇宙万物的基本规则。遵从自然而生活也就是遵从理性而生活。18世纪的社会思想家们继承了斯多亚派关于自然法的观念。在他们看来,自然法则是一种理性法,是为人的理性所发现的法则。这类法则是普遍的法则,是对人类社会具有普遍意义的法则。它超越历史时空地普遍存在于人类历史社会之中。当18世纪的思想家以理性的名义发现自然法时,他们以为他们所发现的就是这种超越于历史时空的永恒法则。而在人们意识到权利的存在总是与特定的历史环境相关联,并且不同历史条件下的人们的权利意识不仅是不同的,而且是相冲突的时候,这种普遍的自然权利观、自然法的权利观也就破产了。换言之,19世纪的历史学派动摇了这种普遍自然法的自然权利观念。正如斯特劳斯所指出的:“18世纪政治哲学所特别面临的困境导致了历史学派的出现。18世纪的政治哲学就是一种自然权利论。它是由对于自然权利的一种特殊的解释、一种具体说来是现代的解释构成的。历史主义乃是现代自然权利论遭逢危机的最终结果。”[3]在他看来:“历史主义的立场可简化为这一断语:自然权利是不可能的,因为完全意义上的哲学是不可能的。只有存在着某种与历史上变动不居的视域或洞穴截然不同的绝对的或自然的视域,哲学才成其为可能。”[4]斯特劳斯这里所说的“哲学”,也就是以柏拉图式的形而上学占主导的哲学。这种哲学已为现代哲学家们如海德格尔、德里达、罗蒂等人宣布为终结了的哲学。也就是说,随着这种柏拉图式的传统哲学的消解,那种宣布永恒法则的权利说也就消解了。然而,20世纪的两次世界大战,尤其是第二次世界大战中法西斯对人性的践踏和大规模的屠杀,再次唤起人们对人权观念的重视。奥斯维辛折磨了人类的良知。[5]阿多诺曾极为痛苦地写道,“奥斯维辛之后写诗是野蛮的。”[6]哲学家们感到奥斯维辛的道德灾难是给人类心灵带来的一场大地震,面对血腥屠杀,哲学家没有权利去悠闲自在。法西斯分子对犹太人的屠杀以及给这个世界带来的战争灾难再次激起了人们对人之为人的生命权和自由权的反思。基本人权观念不是历史主义或其他学术思想可以以历史意识给予否定的基本现代价值。18 世纪的自然法思想中所珍视的人的权利观念,是 18 世纪思想对人类的宝贵遗产,当代民主社会在这种意义上,都是 18 世纪的精神后代。因此,虽然超越人类历史的永恒普遍意义作为一种形而上学,一种非历史的观念被现代思想超越了,但 18 世纪的自然权利观念所蕴含的对于现代社会或者说现代民主社会所具有的基石性价值,再次重新确立下来,而认为具有普遍性价值。当然,这再次向哲学提出了这种自由平等的人的权利来自于何处的问题。在罗尔斯这里,这就是人的道德能力。

值得指出的是,卢梭明确提出了契约社会中的自由是道德人的自由的命题。在他看来,历史是从自然人到社会人再到道德人的过程。在卢梭那里,道德人是历史的终点,而自然人则仅仅是开端,社会人是生活在不平等社会中的政治人,那只是一个历史的环节而已。在卢梭看来,自然人与道德人的本质区别就在于前者服从的是自己的感性,而道德人服从的是自己的理性。他说:“凡是想在社会秩序之中把自然的情感保持在第一位的人,是不知道他有什么需要的。如果经常是处在自相矛盾的境地,经常在他的倾向和应尽的本分之间徘徊犹豫，则他既不能成为一个人，也不能成为一个公民。”[7]在卢梭看来，当人们从自然状态进入自愿缔结契约建构的社会政治状态后，“在他们的行为中正义就代替了本能，而他们的行动也就被赋予了前所未有的道德性”，这时人们“在听从自己的欲望之前，先要请教自己的理性。”[8]因此，卢梭的自然状态是一个情感或感性冲动占主导性的状态，而进入真正的社会契约建构的社会状态，则是一个强调道德理性的状态。卢梭还强调，唯有道德的自由才使人类真正成为自己的主人；因为仅只有嗜欲的冲动便是奴隶状态，而唯有服从人们自己为自己所规定的法律，才是自由。因此，卢梭强调了一种自然情感占主导的自然状态与道德理性占主导的理想社会的对立（在这两者的居间状态是不平等的政治社会）。在卢梭的思想中，存在着两种不同的自由平等观，一是“生而自由”的自由平等观，这种生而自由，指的是自然的自由平等。二是契约社会中的自由平等，这种自由平等是奠基在道德理性或道德人的前提之上的。他强调自由的基础已经转变，自然的自由（情欲所支配）在社会状态下就变成了不自由甚至奴役。卢梭强调要把有道德的生命来代替人们得之于天然的生理的独立的生命。他认为把人们得之于天然的东西抽掉得越多，人们所获得的力量也就越大，政治制度也就越巩固。因此，卢梭的这两种自由观实际上是对立的、相冲突的，而在卢梭的思想中，理性的自由或道德的自由明显地高于自然的自由。并且，卢梭强调政治自由的基础在于道德理性。为什么卢梭如此强调？这与卢梭的公意观有关。卢梭强调人们缔结社会契约后，形成的是一个道德人格式的社会共同体，要使自己融入这个共同体之中，就应当把小我变成大我的一分子，把自己的利益融入到这个共同体的利益之中。在卢梭看来，对于公意的把握以及将小我融入大我，是在公民对道德规则的认同之下才能做到的。即只有理性而不是感性的冲动能够做到。因此，卢梭的道德自由是与贡斯当所说的古代人的自由相关的。卢梭的契约社会自由是政治参与性自由和共同体的成员性自由，并且强调契约形成的公意或总意志对自由的决定性影响。这里有许多问题，如卢梭提出的服从公意与迫使人自由的问题，历来是人们对卢梭批评的理据。但卢梭明确地从道德理性的意义区分自然状态与契约建构的社会状态，是前人所不及的。同时，我们看到，卢梭的理想社会的道德自由的思想是康德的道德理论的先声。罗尔斯则明确把自己的正义论看成是康德式的。因此，在理解罗尔斯的两种道德能力与自由平等命题的内在关系时，有必要先看看康德的道德自由思想。

（二）康德的道德自由

康德的自由理论是较复杂的理论。他明显地受到卢梭的影响，把自由看成是道德自由或理性自由。近代哲学中，对于理性与自由的关系，斯宾诺莎也有过十分深刻的探讨。斯宾诺莎与在《社会契约论》中的卢梭一样，把情感（斯宾诺莎说是“被动情感”）与理性对立起来，把受情感支配或奴役看成是人的不自由状态，受情感的支配则人的行为没有自主性，服从理性摆脱情感的支配就是人的自我作主，换言之，也就是人的自律或自由。

康德继承了斯宾诺莎和卢梭的（道德）理性自由的理念，并使之更为彻底。康德意识到，如果在人的经验领域里，不可能不谈人的情感以及人的欲望。他像斯宾诺莎那样看待这个问题，认为人们受到自然趣味或嗜好(偏好)的支配，并不意味着道德法则对我们的支配，而只是意味着我们受到强迫。在他看来，诉诸人的情感或偏好等欲望，就可能与对理性的诉求发生冲突。虽然康德意识到，人既是感性世界的成员，也是理性世界的成员。但人的职责在于区分感性与知性世界，使自己离开感性的领域，摆脱自己的欲望，置身于一种理性事物的序列中来。因此，康德说的是"纯粹理性"或"纯粹的"实践理性。遵从理性所确立的道德法则，或绝对命令，一定是不出于任何经验性的理由的，只有这样，才可说是普遍的，也可说是自由的法则。康德的普遍道德原则是这样一条原则：你应"这样行动：你意志的准则始终能够同时用作普遍立法的原则。"[9]康德说，这条实践规则是无条件的，并且作为实践的定言命令具有先天性。在康德看来，我们只应服从我们作为理性存在者定会制定的法则，我们只按照我们自己的意志来行动。

在康德的理论中，自由与无条件的实践法则是内在关联的。这是因为，道德法则是人为自己立法，是意志自由的法则。意志自由体现在人的自律性(autonomy，又可译成"自主性")上。因此，自由是自律或自主性的自由。在康德看来，人只有服从自己为自己所规定的法则，才变成自由的。自律或自主是康德道德哲学的核心性概念。道德法则是人为自己立法。所谓意志自由，也就是意志的自主性。康德把受因果律决定的自然与决定因果性(因果性的根据)的意志区分开来，认为意志是有生命的东西的一种因果性，自由是这种因果性所固有的性质。康德说："意志是有生命东西的一种因果性，如若这些东西是有理性的，那么，自由就是这种因果性所固有的性质，它不受外来原因的限制，而独立地起作用。”[10]康德主张每个具有意志的有理性的东西都是自由的，并且依据自由观念而行动。因此，这种意志的自主性并不仅仅意味着人们摆脱了什么（与感觉世界的独立性），更重要的是意志的自我立法性。他认为，这种意志是有一种理性的，这就是实践理性。理性必须把自身看成是自己原则的创始人，而摆脱外来的影响。同时，“以自由观念为前提，就可以意识到这样一条行动规律：行为的主观原则、准则，在任何时候都必须同时能够当作客观原则，当作普遍原则，当作我们的普遍立法原则。”[11]在康德的道德哲学中，自由导致普遍道德法则，道德法则蕴含自由概念。

康德设想一种普遍遵循普遍立法原则的社会世界，就是一个目的王国的世界。道德是行为对意志自律性的关系，也就是通过准则对可能的普遍立法的关系。康德说：“一切有理性的东西把自己的意志普遍立法概念当作立足点，从这样的立足点来评价自身及其行为，就导致一个与此相关的、富有成果的概念，即目的王国的概念。据我的理解，王国就是一个由普遍的规律约束起来的、不同的有理性东西的体系。由于目的普遍有效性是由规律来规定的，所以如果抽象掉理性东西的个体差别，又抽象掉个体所私有的目的，人们将有可能设想一个在联系中有系统的、有理性东西的目的，也包括每个人所设定的个人目的。将有可能设想一个，按上述原则可能存在的目的王国。”[12]目的王国也就是康德的自由王国。在这里，不仅任何人都不应把自己和他人仅当工具，应永远看作是目的；而且，任何一个有理性的存在者，在任何时候，都把自己看作是一个由于意志自由而可能的目的王国中的立法者，他既作为成员而存在,同时又作为首脑而存在。

康德的这个自由的目的王国表明,康德设定,我们每个有理性的存在者都内在具有进入目的王国的可能性。这个"内在具有"是人的本性具有。我们知道,康德既谈自由意志,也谈善良意志。这两者并不是两个东西。在康德看来,在世界之中,甚至在世界之外,除了善良意志,不可能设想一个无条件善的东西。善良意志在康德心目中有着至上的地位。康德这个善良意志,也可看作是实践理性的另一种说法。不过,这表明了康德对人性的看法。康德在《道德形而上学原理》的最后部分,在谈到定言命令如何可能时写道:"在我们树立了坚定地、自觉地按照善良准则行动的光荣榜样的时候,在我们树立了具有同情之心,一般地具有仁爱之心甚至不顾利益和舒适的巨大牺牲的榜样的时候,没有一个人,甚至最坏的流氓如果尚能运用自己的理性,不想自己也具有这些品质。"[13]在康德看来,即使是人们认为最坏的人,也不可能没有一丝道德感。他说:"毫无道德感的人是没有的,假如一个人完全缺乏拥有道德感的能力的话,那么他便是一个在道德上已经死了的人。假如道德的生命力再也激不起这种感觉,那么人性将(通过化学规律)化解为单纯的兽性。"[14]在康德看来,人们的道德感、良知、对邻人的爱以及自我尊重,是不需要去刻意学习的,因为它们是与生俱来的自然倾向。罗尔斯认为,康德的这种人性看法实际上讲的是我们的实践理性能力和道德能力。并且,通过实现善良意志,我们能够赋予我们的生活以意义,甚至赋予世界本身的意义。[15]康德对目的王国以及人性的界定,实际上表明康德认为人是自由平等的,或者说,人人具有平等进入自由王国的内在因素。在这个意义上，康德实际上是通过假定人人具有的善良意志而使得人人具有自由平等的权利。

（三）两种道德能力

罗尔斯的自由平等观如同康德，是建立在对人的道德能力的确定前提上的。因此，在涉及对个人的本体理解时，罗尔斯完全是康德式的。他认为，公民把自己视为自由的，首先在于自己拥有的两种道德能力，即正义感的能力和善观念的能力。同时也在于自己赋有对制度提出要求的权利。实际上，公民自由的后一项条件是来自于前者的，没有正义感的能力和善观念的能力，人们不可能有基于自我利益或权利保护而生发的对制度的要求。因此，从根本上看，是两种道德能力。在这个意义上，罗尔斯的正义理论对于人的看法，不同于洛克式的自由主义理论，把人的自由平等看成是天赋的，罗尔斯把这种道德能力看成是人的内在条件，而人的自由平等则由这种内在条件所决定。这两种道德能力是使人们成为社会自由平等一员、成为自由平等公民的充分必要条件。罗尔斯指出，"个人被看作是因其在必要程度上拥有两种道德人格能力——即正义感的能力和善观念的能力——而成为自由平等的个人。"[16]在《政治自由主义》中，罗尔斯还在某处加上理性能力来谈个人。他说："我们把公民看作是自由平等的。基本观点是：由于公民的两种道德能力（正义感的能力和善观念的能力）和与这些能力相关的判断、思想、推理的理性能力，他们是自由的。拥有这些能力，使得他们能够在所要求的最低程度上成为一个社会的充分合作的成员，就此而论，他们是平等的。"[17]罗尔斯的这个思想对于原有的两种道德能力的思想有所改变，但罗尔斯将一系列基本问题联系起来的还是“两种道德能力”。这说明他的基本观点没有改变。不过，需要指出的是罗尔斯对康德思想的继承。这里可以看看罗尔斯对康德的善良意志的看法。他认为，善良意志的第一个角色是能力角色。这是以实践理性能力和道德感性能力为基础的一个能力。罗尔斯说：“通过这个形式或那个形式，追求善良意志能力——我们成为目的王国成员条件的能力——的第一个角色（的观念）已经得到了广泛接受，因为它是许多民主思想的基础。”[18]很明显，罗尔斯的这个思想直接来自于康德。

为什么拥有两种道德能力的公民就可看作是自由平等的，或看成是公民自由平等的本体前提？正义感关涉到社会与我们个人的关系，善的观念来自于我们对自身利益的欲求。在必要程度上拥有这样两种道德能力的个人可以说在任何一个社会中都存在。但并不意味着这样的个体都处在平等地位，并不意味着他们都是自由的。罗尔斯指出，拥有两种道德能力的公民的平等自由问题，应当与在现代民主制度下的特殊政治正义观念相联系才可能阐述清楚。罗尔斯说：“当我们说公民认为他们自己是自由的时候，我们这种说法的意义取决于，当民主社会中产生出政治正义问题的时候，公民如何看待他们自己。这方面的问题属于一种特殊的政治观念，而与另一种政治观念明显不同，因为在后一种政治观念中，社会成员并不被看作是他们正当权利要求的自证根源（self-authenticating sources）。在这种情况下，他们的权利要求本身没有任何价值，……举一个极端的例子。奴隶属于人类，但不被当作是其权利要求的根源，甚至其权利要求也不被认为是基于社会义务和责任的,因为奴隶被认为不具有承担义务和责任的能力。……就其社会意义而言,奴隶已经死了:他们作为人是完全不被承认的。"[19]民主社会的公民把他们自己看成是各种有效性要求的自证之源,也就是说,他们认为自己有资格向他们的社会制度提出各种要求,以发展他们的善观念。这不是出于制度性责任,而是立足于他们自己的善观念。而当他们能够这样提出要求时,他们既是自由的,也是平等的。在奴隶制下,奴隶虽然属于人类,但他们被看作是没有要求的,在他们的社会中根本就不被当作人看待,他们是不能拥有义务与责任的。因此,人的自由平等的问题,就其现实性而言,在罗尔斯的理论中,是这样两个方面的要素所构成,一是公民的两种道德能力,这是一种个体本体性的要素,另一个则是社会制度要素,即这种社会制度的合法性是为公民所赋予的,制度的存在根源在于公民的权利与利益,推动其完善性的动力源头也在于公民的权利与利益。

个人与生活其中的社会制度的关系,不是一种被动的赋予关系(个人只能认命性地承认自己的地位和责任),而是一种个人要将其价值体现在制度设计中的关系。那种没有体现人的价值的制度,是人的本质关系的异化,也是个人自由被剥夺的缘由。罗尔斯说:"我在这里强调一下,自由和平等的人的观念是一个规范的观念,它是由我们的道德思想和政治思想及其实践所确定的,也是由道德哲学、政治哲学和法哲学加以研究的。自古希腊以来,在哲学和法律中,人的观念一直是这样的,即人能够参与社会生活并在其中扮演某种角色,从而能够履行和遵守它的各种权利和义务。……一种政治的正义观念将社会视为一种公平合作体系,与其相对应,一个公民就是能够终身自由和平等地参与社会生活的人。"[20]罗尔斯援引政治哲学史和道德哲学史,指出人的自由平等性历来受到人们的关注。在这个意义上,人又具有一种超越性的自由平等的本体特性。只是这种特性没有在人类历史的某些社会阶段的制度上体现出来,如奴隶制。罗尔斯的正义论恰恰是要奠基在这个人的最根本特性上。在这里,我们说人的本体特性或最根本的特性,都是指康德意义上的道德人,或两种道德能力。是人因有道德能力而具有对制度的要求以及人的平等自由,因此,罗尔斯一方面继承了洛克以来的自由传统,强调公民的自由平等权利对于制度的先在性、奠基性;另一方面则强调公民的道德能力,并认为自由平等的权利来自于公民的道德能力。在这个意义上,道德能力更为根本。我认为,不论在《正义论》还是在《政治自由主义》中,罗尔斯都没有放弃这个基本点,尽管在后一本著作中罗尔斯着重讨论政治哲学问题,但它的根还在道德哲学之中。同时,罗尔斯对两种道德能力的强调是与他的另一个重要的基本概念即社会合作体系相关的。因此,在我们交代了罗尔斯的另一重要概念,即公平合作体系概念之后,可能对这个问题会理解得更清楚些。

二、公平合作体系的理念

与罗尔斯对道德人的概念(两种道德能力)的强调相联系的,是与之相关的社会概念。这个概念体现在他把社会看成是一种公平合作的体系上。罗尔斯把社会看成是世代相继的合作体系。在罗尔斯看来,一个民主社会通常被视为一种合作体系,在这种体系中，他们的基本自由是任何政党或个人不可否认的，他们作为自由平等的理性存在者的自由联合的条件（基本原则）是公众所知的，也是为制度以及身置其中的成员在公共领域的商谈讨论中所认可的。

（一）公平合作体系的特征

罗尔斯指出："一种政治的正义观念将社会视为一种公平合作体系，与其相对应，一个公民就是能够终身自由和平等地参与社会生活的人。"[21]自由平等的实现是在社会中实现的，一个人的孤立生存不存在社会中的自由与平等问题。自由与平等的问题是一个人与人的关系问题。罗尔斯把社会看成是公平合作体系，这一理念同样是罗尔斯的正义论中的一个基础性理念。在罗尔斯看来，人类社会的合作需要是正义观念产生的基本前提之一。罗尔斯认为，社会是为人们所组成的多少自足的联合体，参与到这个联合体中的人们受到某些行为规范的约束，这些行为规范是大家所遵守的，行为规范本身表明合作体系的存在。当然，罗尔斯认为，他所设想的社会是根本不同于那种人们一般认为的联合体的（这个问题我们将会具体展开）。就利益关系而言，罗尔斯认为，由于合作，存在着一种一致性的利益，这种一致性利益使所有人有可能过一种比他们独自生活更好的生活，但是，合作本身还存在着一种利益分配问题。在对待利益问题上，每个人都喜欢更大的份额而不喜欢更小的份额。在这个意义上，存在着利益的冲突。因此，需要原则来指导在不同的利益之间进行选择，达到一种相关恰当的份额分配。这些所需要的原则就是社会正义的原则，它们提供了一种在社会的基本制度中分配权利和义务的办法，确定了社会合作的利益的负担的适当分配。

罗尔斯认为，社会合作的理念至少有这样三个本质特征：一是社会合作不同于单纯的上级部门指导的社会协调，社会合作由公众所承认的规则和程序来指导，从事合作的人则用这些规则和程序来适当地调节他们的行为。

二是这种合作的理念包含了公平的合作条款的理念、每个参与者都可以理性地加以接受的条款。如果其他人都同样地接受了它们，那么每一个参与者则都应加以接受。换言之，合作是为得到公众所认可的规则与程序的指导的合作。合作性的条款是互惠性的也是相互性的。所有介入合作并按规则和程序履行其职责的人，都将以一种适当的方式受益于合作。

三是这种合作的理念也包含了每一参与者的合理利益或善的理念。换言之，合作本身是每一个参与者的利益之所在，合作的理念包含了个人的善的理念。

罗尔斯对于公平合作体系的这样三个本质特征，尤其强调指出其中的第二个特征，在他看来，理性的人们乐于提出这样的原则，即这些原则必须表达出能为所有人都视为公平的合作条款的东西，或者当这些原则是由别人提出的时候，他们也乐于加以承认。当然，这种“理性的人”是罗尔斯式的具有道德理性的人。正义原则也就是合作体系的公平合作的条款。正义原则（作为政治的正义观念的一部分）的作用是阐明公平的社会合作条款（《正义论》第1节）。这些原则阐明由主要政治和社会制度所规定的基本权利和义务，而且它们也调节由社会合作所产生的利益之分配，并分派维持这种社会合作所必需的负担。在一个民主的社会中，从政治正义观念的观点看，既然公民被当作自由和平等的人，那么民主的正义观念的原则就应被视为阐明了这样所理解的公民之间进行合作的公平条款，罗尔斯从平等公民地位上指出合作条款的正义特性。也就是说，这种条款是平等的公民能够普遍接受的条款。不过，之所以需要正义原则来调节社会合作，主要还是因为存在着利益的冲突，罗尔斯把利益冲突的存在看成是需要正义原则的一个前提事实。但我们又需回过头来看，正义原则处理社会利益的冲突，其目的是为了社会合作，是社会合作的需要。如果没有正义原则来调节利益冲突，社会成员之间的社会合作就有可能断裂。

那么，这种既有冲突又有合作可能的关系是一种怎样的关系？在怎样的情况下有着合作存在的可能？这样，我们就必须讨论罗尔斯的社会合作的公平体系所包含的重要概念即相互性(reciprocity)这一概念。罗尔斯指出，相互性概念首先是一个利益性的关系观念，这种利益观念是介于公道(impartiality)观念与互利(mutual advantage)观念之间的观念，公道被认为是按照利他主义的准则行事的观念，互利观念则被理解为每个人依其现在的和预期的处境而获利的观念，互利观念体现的是一种个人利益为出发点的观念。"按照公平的正义的理解，相互性是为调节一个社会世界的正义原则所表达的一种关系，在这个社会世界中，每一个人的利益依据平等的恰当基准水平来判断，这个平等的基准水平是以那个社会世界来界定的。"[22]其次，相互性理念是一个公民的政治关系理念，它为公共政治的正义理念所表达。

为什么是相互性的但不是互利性的合作关系？罗尔斯指出相

互性关系是为正义原则所调节的关系。罗尔斯以如下解释突出了这点。他解释说,如果在极不平等社会中的富翁进入到公平的合作体系中来,改变他原有位置将使他损失惨重。历史地看,富翁们一直都在抵制这种改变。通过这个解释,我们可以清楚罗尔斯所说的"相互性"。它不是依据利他主义的原则行事,也不是从个人利益出发。换言之,既不是利他主义的,也不是利己主义的,而是依据一种相互性的关系准则行事,或者说以相互性的关系准则来调节利益分配。相互性意味着我们不仅要考虑到自己也要考虑到他人的存在,并且我们在关系上是受到他人约束的。在这个意义上,它既是一种利益分配原则,也是一种与正义相关的原则。

正义与相互性是内在相关的。相互性既不是利他主义的,也不是纯粹从自我利益出发的,而是一种互利性的关系。但对于相互性可以作利己主义式的理解。如叔本华在谈到康德的绝对命令时,曾说:"道德义务绝对地、完全地依赖于可期待的相互性,因此,它是纯粹利己的,并从利己主义中获得其意义。在相互性的条件下利己主义狡猾地默认了一种妥协。"[23]依叔本华之见,相互性是一种相互制约性的理性利己主义的考虑性关系而已,或为了达到自己的利己目的不得不考虑的策略而已。但从理性利己主义观点看,我们无从把相互性与正义联系起来。并且,罗尔斯明显地把相互性与利己心区分开来。因此,对于相互性必须有另一种理解。慈继伟在《正义的两面》中,依据艾伦·吉巴德对相互性所作的阐发,对于理解罗尔斯的相互性概念很有帮助。在我们的人与人之间的日常生活关系中,有别于自己的亲属、朋友关系的陌生人的关系,这种关系,也就是我们与一般社会成员的关系。这种关系缺乏友谊那样的性质。我们知道,友谊也是一种相互性的关系,但友谊是相互善意的关系。我们虽然与一般社会成员之间没有友谊关系,但并不能认为我们不会以某种形式的善意对待他人。这种善意依据艾伦·吉巴德的理解,在于我们会以别人待我之好来回报他人,即使是他人已经没有力量影响我。这种相互性是回顾性,正因为它是回顾性的,从而取消了相互性中的互利因素。但相互性又不同于仁爱,仍然具有交换的性质。如果一个人的善意不以他人的善意为条件,这种善意就超越了正义的局限而具有仁爱性质;反之,则只具有正义的性质而不具有仁爱的性质。虽然这种回顾性的相互性没有回报性,但按吉巴德的理解,间接的、无意识的利益考虑是内在具有的。如他所说:"人们做事时可能会不考虑回报,但他们的仁爱冲动却可能因为没有回报的暗示而消失。"[24]而我们的许多道德感情都具有公开的相互性:公平交易感、感激之情、报复的冲动等。吉巴德指出,虽然社会上的许多事情不是公开交易的结果,但在结构上无异于交易。不过,相互性中的利益交换色彩不是回顾性的,而是着眼于将来。因此,从着眼于将来看,利益交易性存在于相互性的结构之中。

由此我们可知,相互性可以看作是一种互利性关系,罗尔斯所构想的社会合作体系是依据正义原则或相互性原则来调节的关系体系。在这种依据相互性关系来调节的体系中,如果一个在极不平等的社会中的富翁加入进来,相互性准则就不可能惠顾他,而是必然使他损失惨重,因为相互性准则是依据平等的恰当基准来考虑每个人的利益,合作及其利益分配要体现它的公平平等性。

罗尔斯以公平的合作体系这一理念强化了他的正义论的理论

前提。罗尔斯认为社会就是一种自由和平等的公民之间世代相继的合作体系。罗尔斯强调,没有社会合作,人类什么也不能生产。但这种合作是在平等自由的公民之间的合作,不是人类历史上的类似于奴隶与奴隶主之间的“合作”。那种所谓的“合作”,缺乏正义性,没有公平性。在这个意义上,实际上罗尔斯认为存在着两种社会合作。一是不平等的体系下的“合作”,虽然这种“合作”没有正义性,它也是人类生活与生产的前提。二是罗尔斯的公平的合作体系。这是需要人们追求或建构的合作体系。对于这样一个公平的合作体系,在罗尔斯那里,是这样三个要素:一、制度层面的要素,这涉及社会的基本结构;二是理念层面,在罗尔斯这里就是他的正义原则;三是个人的概念。前两个问题留在后面,我们现在再回到罗尔斯的个人概念上来。

(二)合作体系与个人

个人概念与社会合作体系概念是相互关联的一对概念。罗尔斯说:“由于我们对公平正义的解释开始于这样一个理念:社会应被看作是代代相传的合作的公平体系,所以我们采用了一种个人的概念与之相应。从古代世界开始,在哲学和法律中,个人的概念就被理解为这样的人的概念:能够参与社会生活并能够在其中起作用,因此也能够践行和尊重他的各种权利和责任。这样,我们说一个人是一个公民,也就是说,他是一个终身能够正常的和充分合作的社会成员。我之所以加上‘终身’这个短语,是因为不仅是封闭性的,而且或多或少是一个完全而充分的合作体系。”[25]罗尔斯认为,由于个人能够成为社会公平合作体系中的充分参与者,所以才涉及与社会合作体系理念相联系的两种道德能力。正是拥有这些道德能力,他们在所要求的最低程度上成为充分参与合作的社会成员。

这里值得指出的是,罗尔斯所说的社会合作的公平体系(society as a fair system of cooperation)或公平的合作体系,并不等同于共同体(community,现又有人译为"社群")的概念。一般而言,"共同体"这一概念,是指一种其成员对共同善的共同追求作为中心理念的人类共同体。在这样一种共同体中,所有人因参与到这种共同善的追求而发现了他们自己的位置。对于共同体的思想与罗尔斯的相关区别,以后还会遇到。这里我们需要指出的是,罗尔斯所理解的社会是这样一种合作体系,这种合作是以个人利益为前提和基础的,即是以维护个人的权利与利益为前提的。对于个人利益的维护,我们不应以不平等社会中的利益保障为基本视域,罗尔斯理论中的利益与权利,是一种公平的正义观之下的利益观。因此,正义意味着存在着一个需要协调相互行动和利益的公共领域。与此相关,罗尔斯对正义感的能力的解释是:"正义感是理解、运用和践行代表社会公平合作条款的特征的公共正义观念的能力",而"善观念的能力则是形成、修正和合理追求一种人的合理利益或善观念的能力"。[26]有某种道德能力也就是指人们能够按照自己的道德内在资质去行动。在这个意义上,道德能力不仅指的是内在品质,而且指的是人的现实行动,或者说,它应体现在实际行动上。应当看到,这两种道德能力具有相互补充、相互规定的作用。如果没有个人的合理性善的观念,而只有无私仁爱的道德感,个人在与他人进行协作时,仅仅考虑的或更多考虑的是他人的利益而不是自己的利益,如果没有正义感而只有合理善的观念,在与他人合作时,就有可能发展为一个惟利是图的极端利己主义者(这两者都不符合罗尔斯的要求)。使这两种道德能力缺一不可的限定性条件就是社会合作体系的"相互性"。一个人有正义感,才可在与他人的关系中,按照他人也能公开认可的条款来行动。一方面,合作是在一种公平条款下的社会合作;另一方面,在这种公平正义的前提下,人们有着自己的利益追求。因此,我们看到,罗尔斯虽然从理论渊源上承接康德的道德人的观点,把两种道德能力看成是公平正义理论的基础性概念,但他的两种道德能力的概念受到了社会合作的公平条款的限制,即他的两种道德能力的观点是不可与他的社会合作的公平条款分割开来看待的。公平合作体系的理念规定了参与者应当具备的道德素质或道德能力。是个人能够参与社会合作的内在道德要素。因此,罗尔斯的道德人没有超越经验层面的、康德式形上学意蕴,而是面对社会体系,并且受到社会体系规定的道德人。

罗尔斯的理论在这里必然面对一个问题,即那些没有或不具备足够的道德素质的人是否可参与到这种合作体系中来的问题。由于罗尔斯已经假定,个人是正常的和终身充分参与合作的社会成员,所以他们具有承担这一角色的必要能力,这便产生了一个问题,如何对待不够这些条件的人?他们或是因为疾病或其他原因,暂时或永远满足不了这些条件,我们怎么对待他们?他们还是合作体系中的成员吗?罗尔斯在《政治自由主义》中提出了这些问题,他在联系到基本善的讨论时,谈到人的能力(道德上的智力上的和体能上的)的变量以及善观念的变量,涉及这个问题。或者说,他力图在这里解决这个问题。他认为,当正义原则得到满足时,公民之间的这些变量不会产生不正义的问题。但实际上罗尔斯对这个问题的回答是远远不够的。对这个问题的圆满回答超出了罗尔斯的理论体系。因为从罗尔斯的理论前提来看,这种理论不可能把还不具备道德能力的人放在这一合作体系中来。康德的理论只是从人的理性事实出发,认为任何人都有进入目的王国的内在人性依据,但理性事实与现实社会毕竟有区别。虽然从理论渊源上看,罗尔斯继承的是康德,但他面对的问题不同,因为他不仅要构想理性事实,还要构想一种社会合作体系,或构想一种社会存在。康德是从理论上假定人人都可进入目的王国,但罗尔斯必须面对那些在现实性上还不具备道德能力的人,是否可进入这一合作体系的问题。如婴儿,是在人生的某个阶段不具备道德能力,而痴呆者则是终生不具备道德能力。如果能够包容这样的人类成员,那就必须转换理论基点,即凡是人这一族类的成员,都是这一合作体系的成员。在这个意义上,它需要类似于麦金太尔在《依赖性的理性动物——为什么人需要德性》一书中所给出的理据。即人是相互依赖性的理性动物,能力不足(包括道德上的无能)是人的一生中某个时候、某个阶段中的必然现象(在个别成员那里,则是终生能力不足),但这并不意味着他不是合作体系的合格成员,是相互依赖使人们做到这一点,而任何人都不可能自傲到说我终生不需要依赖任何人。

三、秩序良好社会和社会基本结构

在罗尔斯的正义论中，正义原则的设计是为了形成一个社会世界，一个社会世界不仅是一个合作体系，更重要的是，是一个秩序良好的社会(the well-ordered society)。秩序良好的社会不仅是一个理念，更重要的是一种制度结构。在这个意义上，社会基本结构就是秩序良好社会的制度需要。

(一)秩序良好社会

体现公平正义原则的社会是一个秩序良好的社会。我们知道，即使是在洛克的自然状态中，也存在着自然的正义。但在洛克那里，正义的制裁原则仅仅处理的是利益的冲突，而不是旨在于社会合作。洛克的自然正义限于一种个人的正义。因而自然状态并非是人类的黄金时代，它并非是一个有着良好的社会组织的社会。区别于洛克的自然状态，罗尔斯从正义对于社会调节的作用出发，提出了秩序良好的社会的理念。他说："一个社会，当它不仅被设计得推进它的成员的善，而且有效地受着一种正义的公共理念调节时，它就是组织良好的社会。亦即，它是一个这样的社会，在那里：(1)每个人都接受、也知道别人接受同样的正义原则；(2)基本的社会制度普遍地满足、也普遍为人所知地满足这些原则。……我们可以设想一种正义的公共理念，正是它构成了一个组织良好的人类联合体的基本条件。"[27]在罗尔斯看来，秩序良好的社会也就是由正义的公共观念有效调节的社会，一个由正义观念有效管理的社会。对于秩序良好社会的理念,罗尔斯也概括了三个本质特征。第一,这是为正义的公共观念所隐含的,这是因为原则本身是公开的,是为每个人所接受,并且知道所有其他人也都同样接受的。因此,这种知识是为所有人共享的。第二,这是为正义的公共观念加以有效调节的理念所隐含的。尽管每个人的心目中都有一种正义观,但抱有不同的正义观的人还是有可能一致认为,"在某些制度中,当对基本权利和义务的分配没有在个人之间作出任何任意的区分时,当规范使各种对社会生活利益的冲突要求之间有一恰当的平衡时,这些制度就是正义的。"[28]受到这种非任意的、可在冲突的利益中达到一种恰当平衡的正义观管理的社会,也就是一个秩序良好的社会。人们相信,它的主要政治和经济制度以及合作方式,能够满足正义原则的要求。第三,有效调节的社会也就是公民具有通常情况下的正义感的社会,这种正义感能够使他们理解和应用所承认的正义原则,并采取相应的行动。这些行动本身符合义务和职责的要求。

罗尔斯把秩序良好的社会与人们一般认为的联合体和共同体区别开来,认为它既不是联合体也不是共同体。所谓联合体是其成员由于某种目的而联合在一起,它是靠提供某种终极性目的的完备性学说统一起来的。在罗尔斯看来,共同体就是一种特别类型的联合体。如教会。罗尔斯所说的秩序良好的社会是一种民主社会,它是这样一种社会,是人们只能生入其中,死出其外。并且,在进入社会之前,我们没有任何在先性的认同。这个社会是一个正义原则的设计而形成的社会,在这个社会里,我们获得我们的品格和我们个人的观念,并在这个社会中实现我们的道德能力。其次，这种社会没有那种联合体所拥有的终极性目的。秩序良好的社会的特殊目的必须是归于政治的正义观念及其公共理性之下的目的。这意味着，公民们不认为有什么先定性的目的，可以证明他们把某些人看作是比其他人拥有更多的价值。[29]

在现代民主社会，秩序良好社会的建构必须正视的一个基本事实就是存在着多元异质性的多种全面性（comprehensive，或译为“完备性”）的宗教学说、道德学说和哲学学说，这种多元性事实是现代民主社会的永久性事实。怎样使得拥有这些不相容的学说的公民长期和平共处而又达到某种政治共识，是秩序良好社会建构的基本前提。罗尔斯指出，合理性的全面性或完备性学说的多元性是自由社会制度下自由实践理性的结果，即使是没有获得这种多样性事实，也将产生这种多样性事实。理性多元性的事实并非是人类社会的不幸状态，它是民主制度的结果，同时也是民主制度的条件之一。这体现在，只有靠压迫性地使用国家权力，才能维持人们对某种全面性的宗教学说、道德学说和哲学学说的共享理解。中世纪的宗教裁判所的产生绝非偶然，它对异教徒的压制，是保持那种共享的宗教信仰所需要的。前苏联在斯大林时期所实行的大清洗以及古拉格群岛式的专制，是斯大林式的意识形态所需要的。罗尔斯甚至认为，即使是要建构一个合乎理性的边沁、密尔式的功利主义的社会，或康德式的自由主义基础的社会，即使得所有公民都只信奉一种自由主义的或功利主义的全面性学说，那也只有靠国家权力的压迫性事实才能达到。在罗尔斯看来，这种靠国家权力所达到的对某种全面性学说的共享性理解，在这个基础上形成的社会秩序，并不是良性的秩序。秩序良好的前提是使得多元性的各种全面性学说都能在一种制度框架内和谐共存,并且使得公民的政治共识建构在各种全面性或完备性学说之上,即寻找某种重叠共识(overlap consensus)。因此,罗尔斯认为,公民的完整观念有这样两个部分,一部分是可以被看作是公共认识到的政治正义观念,另一部分是这种政治观念以某种方式与之相联系的全面性(完备性)学说。罗尔斯说:“我简要地指出一个秩序良好的(a well-ordered)民主社会如何需要一种现实而稳定的必要(但肯定不是充分)条件。只要做到如下几项,就可看作是得到了正义的政治观念很好调节的(can be well-ordered by a political conception of justice)社会:第一,公民们确信属于一种重叠共识的合理性的但不相容的全面性学说,即他们一般赞同把正义的观念作为对基本制度的政治判断的内容;第二,不合理性的全面性学说(我们假设总是存在)并没有得到足够的流行以至于削弱社会的实质性正义。这些条件并没有施加不可实现的——乌托邦式的——要求:即要求所有的公民都确信同一种全面性的学说,在政治自由主义这里,即同一个正义的公共理念。”[30]在某种意义上,罗尔斯把获得重叠共识看成是现实政治民主社会的秩序良好的关键性因素。重叠共识问题在以后还需要进一步讨论。

从整体上看,罗尔斯的这个秩序良好的社会的理念是相当理想化的,尽管重叠共识并非只是一种理想。但他提出这样的社会理念对于现实是具有批判功能的。罗尔斯说:“我们提出这个理念的一个理由是,对于民主社会之正义观念来说,一个重要问题在于,当社会被视为一种自由和平等的公民之间世代相继的合作体系的时候,它是否被用作以及如何能够被用作得到公众认可而且也得到相互承认的正义观念。如果一种政治的正义观念不能履行这种公共的功能,那么看起来它一定在某些方面存在着严重的缺陷。一种正义观念是否适合于秩序良好的社会性,这为评价政治的正义观念提供了一条重要的标准。”[31]当然,对于罗尔斯来说,我们更要看到它在正义论中的基础性地位。在罗尔斯看来,一种(在重叠共识基础上)为全社会所接受的正义的公共观念隐含着一个有序而公正的社会。

(二)社会基本结构

自由平等的公民、由这样的公民共同生活形成的合作体系、(这种合作体系隐含着)一个秩序良好的社会,这三者有一种内在逻辑关系。自由平等的公民是最根本的前提,其次则是公民共同生活的合作体系。而秩序良好的社会又内在隐含着对于社会基本结构的要求。罗尔斯也说过,引入这个理念是为了提出和展示作为公平的正义具有充分的统一性。实际上,罗尔斯把社会基本结构看成是正义的主题,把社会制度的首要德性看成是正义。在罗尔斯这里,社会基本结构也就是社会基本制度,或者由社会主要政治制度和社会制度融合成为一种社会合作体系的方式,以及司法制度、经济财产制度、家庭制度。罗尔斯认为:“正义的基本主题是社会的基本结构,或更准确地说,是社会主要制度分配基本权利和义务,决定由社会合作产生的利益之划分的方式。”[32]社会主要制度确定着人们的权利和责任,影响着人们的生活前景。社会制度是决定基本权利与责任分配的制度,这种分配活动体现为一定的规则和规范体系下的活动。这些规范确定某些行为类型是能够允许的,其他一些行为则是不被允许的。因此,对于这种规范体系而言,就存在一个衡量它的道德合理性的问题。这种道德合理性问题也就是正义与否的问题。罗尔斯把正义看成是社会制度的首要德性。一种社会制度不论如何有效率和有条理,只要它是不正义的,就应当加以改造或废除。而一种社会制度的基本结构之所以是正义的首要问题,就在于它对于公民影响深远并自始至终都存在。作为正义主题的社会基本结构,是罗尔斯的两个正义原则所对应的。因此,合乎正义的社会基本结构,一是要体现两个正义原则内含着的基本自由观,二是要调节人们的出发点的不平等,达到一种公平的正义。

罗尔斯看到,在任何社会条件下,即使是在他所设想的秩序良好的民主社会条件下,都不可避免地存在着某种社会的不平等。社会基本结构包含着不同的社会地位,生于不同地位的人有着不同的生活前景,这是由政治制度和经济制度所决定的,"这样,社会制度就使人们的某些出发点比另一些出发点更为有利。这类不平等是一种特别深刻的不平等。它们不仅涉及面广,而且影响到人们在生活中的最初机会,……假使这些不平等在任何社会的基本结构中都不可避免,那么它们就是社会正义原则的最初应用对象。"[33]社会不平等问题是罗尔斯正义理论关注的重心所在。罗尔斯提出公平的正义理论,对于公民的生活前景的不平等的关注,主要体现在以下三个方面:一是出身阶级的偶然性,二是自然天赋以及受公民社会地位影响的发展机会的偶然性,三是人生的幸运与不幸的偶然性。罗尔斯说:"如果我们忽视人生前景中产生于这些偶然性的不平等,让这些不平等自动地发挥作用,而没有能够建立起保证背景正义所必需的规则,那么我们就不会严肃地对待这种社会理念,即社会作为自由和平等公民之间的一种公平合作体系之理念。"[34]实际上,这种社会生活的偶然性或不平等性是极其广泛地存在于人类的文明史以来的社会生活中的基本社会事实。即使是在罗尔斯所设想的为正义原则所调节的秩序良好的社会中,也同样不可避免。但罗尔斯认为,正义的原则并不是对此无能为力的,社会的基本结构应当在正义原则的指导下进行建构,这种在正义原则指导下的社会基本结构应当反映社会正义对待社会不平等的基本精神。罗尔斯后来把自己的正义理论看成是一种政治建构主义,在我看来体现了这样一种考虑。他说:"政治建构主义把个人看作是属于政治社会的[公民],而该政治社会则被理解为人们世代相传的社会合作的公平体系。"[35]在罗尔斯看来,公民的观念和秩序良好社会的理念都是被纳入到建构程序之中,或者说是由建构程序塑造出来的。因为在罗尔斯的理论中,自由而平等的公民间的公平合作体系以及相应的秩序良好社会的根本理念处在最基本的位置上,罗尔斯在这样一个前提下,制定一个程序,让各合理代表为这样一个社会的基本结构选择公共的正义原则。换言之,"作为参与一秩序良好社会的合作之公民政治观念塑造着政治正当和政治正义的内容。"[36]公平的正义所面对的社会基本问题既是如何保障公民的基本自由的问题,也是如何解决社会的不平等问题。它要通过诉诸社会基本结构或社会基本制度来解决这个基本问题,从而达到一种公平的正义,达到社会秩序的良好运行。

其次,把社会基本结构作为正义的主题,又是在规则意义和背景正义意义上说的。罗尔斯说:“基本结构是规则的公共体系。”[37]罗尔斯把制度理解为规则或规范。换言之,制度也就是规则或规范,一定的规则或规范构成基本制度。制度本身是一定的系统的规则体系。换言之,制度是为一系列的规则或规范所构成,制度是一种规则的系统。没有相应的规范与规则,也就没有相应的制度。制度本身就是规范或规则。制度的合理性,可以从道德的观点来考察。这种考察也就是对于它的正义性的考察。制度正义也就是公共规则体系的正义。

罗尔斯把社会制度理解为公共的规则体系。这一体系确定职务和地位以及它们的权利、义务、权力、豁免等。这种公共性也就是公开性。即在这样一种社会制度中,每个介入其中的人都知道这些规则或规范对他及别人提出了什么要求,这种公开性保证介入者知道对他们相互期望的行为的界限在哪里,什么样的行为可以被允许。但是,这种公开性的后面还应当有一个共同的价值观。即对于何为正义何为非正义应当有一种公共性的理解。正是从这个意义上,我们可以理解,为什么罗尔斯对于社会基本制度以及规则的公共体系的论述,并没有把它展开得更详尽些。正如乔治顿大学的 T.L.布奇普(Tom L.Beauchamp)所说:“虽然罗尔斯谈到公共规则是基本结构的成分,但他并不打算对于公共规则的社会意义,要从细微处引起我们的注意。”[38]实际上,罗尔斯关注的是社会正义的宏大主题。在后来的一篇题为《作为主题的基本结构》(*The Basic Structure as Subject*)[39]的论文中,他把社会基本结构称为“决定背景正义的全面性的社会体系”。这种“全面性”所指无疑是所有的社会制度体系,如政治制度体系、法律制度体系、经济制度体系以及家庭制度体系等。这些社会制度作为人们思考与行动的背景，具有无所不在的影响作用。罗尔斯意识到，社会基本结构深刻地影响着人们的行为。社会制度在形式上影响着社会的成员，并在很大程度上决定着他们所想要成为的那种人，以及他所是的那种人。社会结构还以各种方式限制着人们的抱负和希望。一种经济制度不仅是一种满足人们现存欲望和抱负的制度模式，也是塑造人们未来欲望和抱负的方式。更一般地看，基本结构塑造着社会制度持续生产和再生产某种个人或善的观念。社会基本结构起着人们行为的社会背景条件的作用。但社会背景条件并不等于背景正义。罗尔斯的考虑是，基本结构体现公平正义的原则，或符合公平正义原则建构的基本结构，具有背景正义的作用。同时，属于基本结构的那些制度将确保正义的背景条件，各个个体的行为正是在这些正义背景条件下发生的。

（三）背景正义与程序正义

罗尔斯的“背景正义”不仅仅是在具体制度对于人们的行为起着背景条件的意义上讲的，而且主要还是在总体精神意义上讲的。也就是说，具体制度应当体现总的正义观念及其原则。这种正义观念及其原则，也就是罗尔斯所说的在原初状态下人们将选择的正义原则与观念。它是公开性的规范体系的共同基础。在罗尔斯的理论中，正义理论或正义原则支配着基本结构，但它本身并不是基本结构的某一部分。

基本结构的正义问题是要解决一个社会长久性的社会公正运行问题。罗尔斯的设想是，我们不仅要在一个社会的建构条件中提出公平的起点问题,而且要考虑到后来的社会条件的正义性。他说:“个人和团体所达成的众多分散并看来公平的协议,经过长时期的积累,其结果则非常可能会破坏自由和公平的协议所需要的背景条件。巨额的财富和财产可能积聚在极少数人手中,并且这些集中可能会破坏公平的机会平等和政治自由的公平价值等等。”[40]也就是说,经过历史过程的演进,起初一个公平而正义的社会,它怎样才不会蜕变为一个极端不平等的社会,一个丧失了社会正义的社会?罗尔斯认为,这就需要社会制度来保障。需要有各种特殊制度来保持背景正义,需要有一种正义观念来界定如何去建立这些制度。制度的保障实质上是原则的保障。这就既需要那些不断调整基本结构和世世代代用来保证背景正义的原则;同时也需要直接应用于个人和团体之间的那种交易原则。“作为一种社会过程观,作为公平的正义首先关注于基本结构,关注于为了维持对所有人都平等的背景正义所永远需要的规则,而不管这些人们所属的年代和社会地位是什么。由于公共的正义观念需要简单、明晰和易懂的规则,所以我们依赖于在保证背景正义所需要的原则和直接应用于个人和团体之具体交易所需要的原则之间进行一种制度性分工。一旦这种分工建立起来,个人和团体便可在基本结构的框架内自由地推进他们的(可容许的)目标,并且确信,在这个社会体系的其他地方,保证背景正义所需要的调整也在发挥作用。”[41]所以,正义理论抛开具体的历史条件来探讨背景正义的问题。在罗尔斯看来,具体的政治制度以什么方式运作、处于什么状态,都不是重要的,因为这些都是具体的历史事件,它可能出现,也可能不出现,它是可知的,也可能是不可知的。重要的是我们要从理论上把握到一种可以深刻影响历史进程的正义原则,以及由它所规定的背景正义的制度。这就是罗尔斯的正义理论致力之所在。

与制度性背景正义相关的,还有一个程序正义的问题。程度正义是当代道义论伦理学中受到高度重视的一个问题。哈贝马斯认为他的话语伦理学提出的话语伦理学原则就是一种纯粹的程序正义原则。[42]在罗尔斯这里,实质性的正义原则还需有程序正义的支持。但是罗尔斯对程序正义的理解与哈贝马斯完全不同。罗尔斯意识到需要有程序正义来支持实质性的正义原则,程序正义是否完善,决定着实质性的正义原则能否在制度中贯彻下去。哈贝马斯则认为程序正义本身就内含着基本的正义原则,因而没有外在于它的更为根本的标准或原则。

程序正义涉及制度的具体运作。社会基本结构是与基本权利与义务的分配直接相关的,同时也是与对社会和经济的不平等以及以此为基础的合法期望的调节相关的。它必须通过程序正义来体现。罗尔斯认为,这种社会利益的分配有一个程序正义的问题。他说:“要这样设计社会系统,以便它无论什么结果都是正义的(至少在一定范围内)。”[43]这种设计导致这样好的结果,也就是一种纯粹程序正义的实现。

纯粹的程序正义,在罗尔斯看来,是那种不存在着对正当结果的独立标准,而是存在着一种正确而公平的程序。这种程序若被人们恰当地遵守,其结果也就会是公平或正确的。在这里,罗尔斯也承认纯粹程序正义没有任何确立的参照它即可知道一个确定的结果是否正义的标准。罗尔斯先举了分蛋糕的例子。

一些人要分蛋糕,假定公平的划分是人人平等的一份,最明显的办法是让一个人来划分并让他得最后一份。他将平等地划分这块蛋糕,因为这样他才能确保自己得到可能最大的一份。这个例子是既有程序又有标准。其标准是人人均分,其程序是让某个最后拿的人来分它,这个程序能够保证结果的公平。这是完善的程序正义。

不完善的程序。以刑事审判为例。刑事审判程序是为确定刑事犯罪方面的真实情况而设计的,但不可能把这个设计得使它们总是达到正确的结果。它们可能可以得到正确的结果,也可能达不到。一个无罪的人可能被判作有罪,一个有罪的人也可能逍遥法外。对于某些案件的误判并非人的过错,而是因为某些情况的偶然结合挫败了法律规范的目的。因此,这种审判程序就是不完善的程序。不完善的程序正义的基本标志是,有判断正确结果的独立标准,却无保证达到它的程序。

赌博的例子则是有程序而无标准。如果一些人参加了一系列公平的赌博,这种赌博是自愿进行的,并且没有欺诈行为。赌博的程序是公平的,在公平条件之下自由进入的。这些背景设计就确定了一种公平的程序。对于参与者的任何一次现金分配,都可能是从公平的赌博中产生的。在这种例子中,并没有在此之外的独立的标准。参与赌博的人如果人人都遵循其程序,无论结果怎样,大家都认为是公平的。这是纯粹程序正义的例子。

上述讨论的是罗尔斯在《正义论》中的有关思想。在《正义论》中,罗尔斯十分重视程序正义,尤其看重纯粹程序正义。罗尔斯自己认为,他的涉及权利与义务的分配正义观就具有较大的纯粹程序正义成分,并且他把这看作是中心特征。在罗尔斯的心目中,他希望社会基本结构作为背景正义能够像纯粹程序正义那样在社会生活中发挥它的作用,即要把社会系统设计得使它不论其结果是什么,都是公正的。在这个意义上,罗尔斯在《正义论》中,一方面强调两个正义原则,或制度的实质性正义;另一方面又倾向于纯粹程序正义。但是,罗尔斯在后来的两部重要著作《政治自由主义》和《作为公平的正义》中,都没有重述相类似的观点。而是强调作为背景正义的制度或基本结构的重要。在这个意义上,罗尔斯的思想实际上已经改变。即从对纯粹的程序正义的强调转向对实质性正义的强调。当然,在另一种深层次的意义上,即罗尔斯对原初状态的设计,以及通过在原初状态下选择正义原则的结果来看,在罗尔斯的理论中钟情于纯粹程序正义的思想没有改变。但对于社会结构中程序正义的作用的看法则前后是有改变的。

罗尔斯相关思想的转变从1977年发表的《作为主题的基本结构》中就可以看出。在罗尔斯看来,一种社会正义观是要为确定社会基本结构中的分配提供一个标准。在两个正义原则理念照耀下的社会基本结构,是一种社会理想,是"完善而公正的基本结构"。这种理想是基本的,因为它决定了如何确立非理想性的体系。并且,确定一种理想性的结构的正义原则需要一种怎样的制度,其依据在于这种理想形式。罗尔斯认为,需要一种理想性体系,是为了保护制度安排免受仅从纯粹程序正义而来的非正义的侵害。在罗尔斯的《作为主题的基本结构》一文中,有一段重要的话。他说:"(两个)正义原则具体说明了基本结构的理想形式,依据这个理想形式来制约和修正纯粹程序正义。……我们需要这样一个理想来指导对于保持背景正义所必要的修正。正如我们所看到的,即使每一个人依照规则而使得行为公正——这些规则是既合理而又可实行地施加在个人身上,而在分散的实际活动中,许多活动的意义都总是有损于背景正义。在我们评价社会时也是很明显的,正如我们必须涉及的代际合作的问题一样。即使是在一个组织良好的社会里,对于基本结构的调整也总是必要的。……对于具体确定需要什么样的强制和指导修正一个结构性理想,并不取决于非正义。即使对于有着全部合理性和可实践性的规则的严格服从,这种调整也是持续性地需要的。实际政治和社会生活常常弥漫着非正义这种事实仅仅强调了这种需要。不包含一个公正秩序的任何结构原则的程序理论对于我们的世界没有任何用处,在我们这个世界中,政治目的在于消除不正义和朝着一个公平的基本结构迈进……如果这样一个对于背景制度而言的理想形式被拒绝,那就没有阻止和消除不正义的任何合理基础。”[44]在罗尔斯看来,虽然程序正义很重要,但没有得到一定理念支持的背景正义(基本结构的正义),程序正义就说明不了任何问题。或者说,即使存在着一种纯粹程序正义的社会,如果没有正义的理念支持着它的社会基本结构,这个社会很有可能会变成不正义的社会。乔治顿大学的T.L.布奇普进而推论说:“罗尔斯认为,作为一种正义理论,任何纯粹程序正义的理论(例如诺齐克的理论)都不是充分的,即使可能有某个社会依据程序规则而言,在某种意义上的某个时候是正义的。”[45]社会基本结构对于社会中的人们生活及其前程的影响无处不在,对于社会利益的分配、社会正义与非正义的状态起着决定性作用,因而它必然是社会正义的基本主题。并且,对于这个社会基本结构,如果没有任何实质性的正义原理,仅有程序性的正义原则,也就失去了最根本的批评和评价依据。这种实质性正义原理或原则可能只表达了一种理想要求,但不能因此而否定它具有的对于现实的强有力的观照意义和批判意义,同时也不能否定它引领现实的意义。

在《政治自由主义》中,罗尔斯继续强调作为主题的基本结构的重要。在罗尔斯看来,指导基本结构的正义原则,不仅仅是一种理想,而且形成为一种背景正义,并且,这种背景正义本身是处在一种社会历史的实践活动中的,它需要在实践中不断得到调整。这是因为,人们的社会实践本身是不断发展变化的,原先公平的环境和自由的契约随着时间的推移可能都会发生变化,从而使得原有达成自由而公平的契约的条件不再存在。“属于基本结构的那些制度的作用将确保正义的背景条件,各个体和联合体的行为正是在这些正义的背景条件下发生的。除非这一结构得到恰当地规导和调整,否则,最初正义的社会过程就将不再是正义的。”[46]并且,背景正义的条件可能在某一段时期存在,随之可能又会因各种因素而逐渐削弱,如惩罚性法规存在的必要性就在于个体具有的违法倾向。因此,我们需要各种制度措施来保持背景正义,需要一种正义原则来界定如何去建立和维护这些制度,以及如何在具体情境中做必要的调整和修正来保持背景正义。因此,罗尔斯认为,正义的背景制度(或者说基本结构),不啻是一种理想需要,更是一种迫切的现实需要。

注释：

[1] John Rawls: *A Theory of Justice*, Harvard University Press, 1971, pp.3–4.我们要看到,权利(right, rights)这一概念在不同的思想家那里,是有着相当不同的内涵的。罗尔斯的权利概念必须联系他的公平正义的两原则来界定。也就是说,他所用的权利这一概念其含义必须以他的公平正义的两原则来释义。在这个意义上,他的权利概念是一种个人权利概念,这种个人权利概念也可说是现代政治哲学的人权概念。或者说,我们可从人权概念来理解罗尔斯的个人权利或公民权利的概念。这里有必要交代一下权利与正义这两个概念在西方思想史上的渊源关系。从词源上看,拉丁语“Jus” 或其派生词“Justus”就有权利与正义等多重含义。但并没有专门指称个人权利的概念。“Jus”的基本义为“为公共权威或习惯所确立的法”,以及“政治的或宪法意义的法”。它既包括对罗马人作为公民具有实际作用的法,同时也包括调节公民作为私人关系的法。而它的引申义就有“自然权利”(natural right)、“权利”(right, rights)、“正义”(justice)或“公正”(justness)之意。“Justus”既可作“Jus”的形容词,也可作它的名词第二格。其第一层含义就是公正、平等和公平(just, equitable, fair),第二层含义是合法的或合法性的(legal, lawful legitmate),其派生义则是合理的或应得的(justified, deserved)。(上述内容可参看《拉英词典》(如 *Chamers Murray Latin-english Dictionary* by Sir William Smith and Sir John Lockwood)的相关内容)在这里,我们既看到了古罗马的正义概念与权利概念的内在同一性,但同时也要看到,古罗马的“Jus”没有我们今天的人权(human rights)的含义。据考,思想史上第一个在人权意义上使用“Jus”一词的哲学家,是奥肯的威廉(William of Ockham, 1290–1349)。他把“natural jus”看作是“合乎正当理性、不受契约或约法约束的个人权力(power)。两百年后,西班牙神学家苏尔雷兹(Jesuit Franciso Suarez)在写于1610年的一篇文章中,认为“Jus”一词的严格而恰当含义是“每个人所拥有的对自己的财产或其所应有的事物的一种道德权力”(moral power)。十余年后,格劳秀斯在《战争与和平法》一书中,以“何为正义”为题,解释“Jus”。他把它

界定为“一个人所具备的能够使他正当地拥有某种东西或者去做某事的一种道德资格”。而他们所说的“道德资格”,也就是一种对自己的权力(自由权)或拥有权、所有权。(上述相关内容可参看夏勇:《人权概念的起源》),中国政法大学出版社,1992年版)在这个意义上,“Jus”作为权利概念,也就与现代的正义概念在内涵上一致起来。我们以下就可看到,人权概念有从自然权利概念演变而来的历史。不过要注意到,虽然正义这一概念与权利这一概念已经有了区分性的言词来表达,但从渊源上看,两者是根本不可分割开来的。把符合个人权利的或人权的看作是正义的,即把权利看作是正义,这种正义观是符合古罗马以来对正义的解读的。

[2]〔英〕霍布斯:《利维坦》,商务印书馆,1986年版,第92页。洛克强调人的平等性来自于上帝。他说:“自然状态有一种为人人所应遵守的自然法对它起着支配作用;而理性,也就是自然法,教导着有意遵从理性的全人类:人们既然都是平等和独立的,任何人就不得侵害他人的生命、健康、自由和财产。因为既然人们都是全能和无限智慧的创世主的创造物,既然都是唯一的最高主宰的仆人,奉他的命令来到这个世界,从事于他的事务,他们就是他的财产,他的创造物……我们既赋有同样的能力,在同一自然社会内共享一切,就不能设想我们之间有任何从属关系。”(洛克:《政府论》下篇,商务印书馆,1964年版,第6页)。

[3]〔美〕列奥·斯特劳斯:《自然权利与历史》,三联书店,2003年版,第35页。

[4] 同上书,第37页。

[5] 在哈贝马斯看来,奥斯维辛使人们意识到,为18世纪思想家通过自然权利说所强调的这些基本权利,不仅对于我们来说弥足珍贵,而且十分急需。哈贝马斯说:“奥斯维辛之后,确切地讲,正是因为这场道德灾难的震动,民主才可在公民的心中和动机中扎下根来,至少是在年轻一代的心中和动机中扎下根来。”(哈贝马斯:《现代性的地平线》,上海人民出版社,1997年版,第137页。)

[6] 参见〔美〕马丁·杰:《法兰克福学派史》,广东人民出版社,1996年版,第338页。

[7]〔法〕卢梭:《爱弥尔》,商务印书馆,1978年版,第10—11页。

[8]〔法〕卢梭:《社会契约论》,商务印书馆,1980年版,第29页。

[9]〔德〕康德:《实践理性批判》,商务印书馆,1999年版,第31页。

[10]〔德〕康德:《道德形而上学原理》,上海人民出版社,1988年版,第100页。

[11] 同上书,第103页。

[12] 同上书,第85—86页。

[13] 同上书,第110页。

[14] 转引自〔美〕罗尔斯:《道德哲学史讲义》,上海三联书店,2003年版,第256页。罗尔斯说,"所以我们可以说,人性是活生生的纯粹实践理性"。(同前)在康德哲学意义上,实践理性也就是道德理性。人本身内在具有向善的本性。不过,在康德看来,我们对这些善良倾向的认识,并不是得之经验,因为经验给我们的是混乱的看法,这种认识只能来自实践理性。或者说,我们从经验上把握的人性与实践理性所把握的人性是不同的。经验所把握的是个别性的人性,或只能把握人性的个别性质。只有实践理性才能把握那普遍性的人性,或人性中的善本质的东西。

[15] 康德说:"善的意志是人的生存所能唯一借以有其绝对价值,而且与之有着关系,世界的存在才能有一个最后目的。甚至健康的人类理性的通常的判断,只要它反思到这种问题,因而考虑到它时,都总是和这断定相一致的,认为只有作为一个道德的存在者来说,人才能是世界的最后目的。人们将要说,如果这个人有这么多的才能,乃至在使用他的才能时又这么活跃,因而对社会与公共的生活发生一种有用的影响,所以,从他自己的幸福情况关系上来说,以及从他对他人的好处的关系上来说,他都是具有很大的价值。可是他没有一种善的意志,那有什么益处呢?"(《判断力批判》下卷,商务印书馆,1964年版,第110页)

[16] John Rawls, *Political Liberalism*, Columbia University Press, 1993, p.34;参见罗尔斯:《政治自由主义》(万俊人译),译林出版社,2000年版,第35页。

[17] Ibid., p.19;参见罗尔斯:《政治自由主义》,第19页。

[18]〔美〕罗尔斯:《道德哲学史讲义》,上海三联书店,2003年版,第217页。

[19]〔美〕罗尔斯:《作为公平的正义》,上海三联书店,2002年版,第38—39页。

[20] 同上书,第39—40页。我认为,罗尔斯在这里是强调从他的哲学观出发

的对人的界定,并不意味着罗尔斯没有意识到人类在文明史以来的不平等以及哲学上为这种不平等所做的辩护。在他看来,人的自由平等性是人之为人所应有的特性。奴隶没有人所应有的权利,奴隶也就没有人之为人的实质内涵。

[21] 同上书,第 40 页。

[22] John Rawls, *Political Liberalism*, p.17.

[23] Arthur Schopenhauer, *On the Basis of Morality*, trans., E. F. J. Payne, Indianapolis, Indians: Bobbs-Merrill, 1965, p.91.

[24] Allan Gibbard, *Wise Choice*, Apt Feelings Oxford, Clarendon Press, 1990, p.259.转引自慈继伟:《正义的两面》,三联书店,2001 年版,第 161 页。

[25] John Rawls, *Political Liberalism*, p.18.

[26] Ibid., p.19.

[27] John Rawls, *A Theory of Justice*, Harvard University Press, 1971, pp.3-4.

[28] Ibid., p.4.

[29] 参见 John Rawls, *Political Liberalism*, pp.40-43;罗尔斯:《政治自由主义》,译林出版社,2000 年版,第 42—44 页。在罗尔斯看来,一个民主的社会本身没有终极目的,或者说,人类社会本身没有终极目的,它的基本任务是当下制度的正义问题。当然,这并不意味着社会本身不会发展、不会进步,而只是说,这个社会不是为了终极目的而存在,或为了终极目的作出的任何牺牲都是有意义的。这两者都会影响到或扭曲对当下正义的考虑。当然,正义论也涉及到代际正义问题,但代际正义不是从终极目的的考量出发的,它另有根据。

[30] Ibid., pp.38-39.

[31] 〔美〕罗尔斯:《作为公平的正义》,第 15 页。

[32] John Rawls, *A Theory of Justice*, p.7;参见罗尔斯:《正义论》,中国社会科学出版社,1988 年版,第 5 页。把正义看作是社会基本结构或社会基本制度的主题,是罗尔斯理论的重心所在。同时,罗尔斯认为,一种制度的好坏,主要看其是否可体现正义的要求,而不论它是否设计得多么完美,多么有效率。不过,K. Baynes 认为,罗尔斯对"基本结构"的探讨有两个问题。一是对于什么样的制度可以包括在基本结构之内或排除在

这之外没有进行批判性的讨论；二是没有考察包含在基本结构之中的制度之间的相互作用。这使得他没有清楚地探讨限制国家的调节力量，包括市民社会中自主的、自组织的联合的必要性，也使得他隐含地认为社会正义可以通过福利国家对私人领域或市民社会的积极干预而得以实现。（Kenneth Baynes, the Normative Grounds of Social Criticism: Kant, Rawls and Habermas, New York: State University of New York Press, 1992, pp. 162 - 163）对于Baynes的第一点批评，我们认为，这是罗尔斯对基本制度或结构的正义性的强调，是因为罗尔斯着力要解决的是基本结构本身的正义问题。换言之，基本结构怎样可以通过自身的限定实现正义。第二点批评实际上是福利国家所带来的现实处境。福利国家的发展已经使得公民的公共领域与私人领域之间的界限流动起来，在哈贝马斯看来，这是一种辩证关系。这里问题的盲点在于，把对自由的法律构成误解成"分配"。正义不仅仅涉及分配，也涉及为个人能力和集体交往和合作和行使所必需的建制条件。而非正义首先所指的是对自由的限制和对人类尊严的伤害。（参见哈贝马斯：《在事实与有效性之间》，三联书店，2003年版，第515—520页）当然，罗尔斯的基本结构的正义观，还有一个问题，这就是现代民主社会得以建构和合理运行的一个前提条件，就是在公共领域与私人领域之间，还存在一个中间地带，这就是民间团体存在的地带，这个地带恰恰是使得作为弱者的公民个人可以联合起来抗衡强大的政治权力的地带。

[33] Ibid., p. 7.

[34]〔美〕罗尔斯：《作为公平的正义》，第89页。

[35] John Rawls, *Political Liberalism*, p. 93；参见罗尔斯：《政治自由主义》，第98页。

[36] Ibid., p. 103；同上书，第109页。

[37] John Rawls, *A Theory of Justics*, p. 84.

[38] P. H. Genne Blocker and Elizabeth H. Smith, *John Rawls's Theory of Social Justice*, Ohio University Press, 1980, p. 139。

[39] John Rawls, "*The Basic Structure as Subject*", *American Philosophical Quarterly*, 14(1977), p. 155f.

[40]〔美〕罗尔斯:《作为公平的正义》,第 85 页。

[41] 同上书,第 87 页。

[42] 哈贝马斯认为,他的伦理学与罗尔斯的正义论的区别,就在于他的道义论理论是形式主义的,而罗尔斯则是实质性的。当然,就形式和程序与实质性正义原则的重要性而言,罗尔斯的理论核心是实质性正义原则。

[43] John Rawls, *A Theory of Justice*, p.85; 参见《正义论》:中国社会科学出版社,第 80—81 页。

[44] John Rawls, "*The Basic Structure as Subject*", *American Philosophical Quarterly*, 14(1977).

[45] To see John Rawls's *Theory of Social Justice*, written by P.H. Genne Blocker and Elizabeth H. Smith, Ohio University Press, 1980, p.140.

[46] John Rawls, *Political Liberalism*, p.266; 罗尔斯:《政治自由主义》,第 282 页。

第二章　对功利主义与方法论的考虑

罗尔斯正义论的四个基本理念是他的理论的基本前提，罗尔斯提出他的正义论的原则，首先要面对的是那个时代的哲学氛围。在理论上，有古典的功利主义，在方法论上，有直觉主义。罗尔斯的正义论是道义论的，在他看来，道义论与功利主义在诸多方面是内在冲突的；对于涉及社会制度的正义原则的选择，他认为采用直觉主义方法也是不可取的。因此，如果道义论的正义论能够成立，首先必须论证这一点。

一、对功利主义的反思

功利主义是近代以来在英美国家占主导地位的一种伦理学、政治哲学和法学学说。功利主义学说产生于17、18世纪，但自19世纪以来，形成了一个成熟的思想体系，并且在政治和法律改革实践中具有十分深远的影响。不过，功利主义学说的基础部分是它的伦理学，换言之，功利主义的完备性理论是通过伦理学方面的阐发而得到奠定的。道义论的正义观坚持正当对善的优先性，功利主义的正义观则强调善优先于正当。因此，功利主义的正义观与道义论的正义观是内在冲突的。罗尔斯提出他的道义论的正义论，必须提出他的道义论的正义观何以优越于功利主义的正义观的理由之所在。也就是说，他首先要质疑的是这种得到功利主义伦理学支持的正义观。

(一)功利主义的正义观

自从19世纪以来，英美国家占支配地位的社会正义观是功利主义的正义观，或者说，以边沁、密尔为代表的古典功利主义的正义观。这种正义观的主旨是，如果一个社会的主要制度被安排得能够达到总计所有属于它的个人而形成的满足的最大净余额，那么，这个社会就是被正确地组织的，因而也是正义的。功利主义的这个社会正义概念来源于功利主义对个人幸福的理解。在古典功利主义看来，个人是否幸福取决于对个人行为所带来的苦与乐的计算。如果一个行为所带来的快乐的总量超过了它所带来的痛苦的总量，这个行为就是值得欲求的、在价值上值得肯定的。以快乐的总量减去痛苦的总量，所得到的就是那个满足的净余额。这就是那个有名的边沁的苦乐计算法。在边沁看来，一个人所理智选择的，是那个能够带来最大满足的净余额的行为。

功利主义的社会正义观所依据的是个人功利的满足，即在苦乐计算意义上的净余额的增长。这种正义观实际上是把社会总量意义上的善或好的增长与否看成是衡量一个社会公正与否的标准。但它的依据主要在于个人对自我幸福的考虑。在功利主义看来，每个人都有自己的长远利益和短暂利益，为了自己的长远利益，我们可能会自动地放弃一些暂时利益，或者说，在目前做出某种牺牲，以换取未来的更大利益。这在个人来讲是非常合理的。

功利主义把这样一种对于自我利益的考虑模式类推到对于社会利益的考虑。既然一个人能够非常恰当地行动以达到他自己的最大利益,为什么一个社会不能按照同样的原则去行动,并因此而把那种对于一个人是合理的行动看作是对一个社会来说也是合理的呢?正像一个人的幸福是由在不同时候的一系列满足所形成的一样,社会的幸福也是由许多个人的欲望体系所构成的。个人的原则是要尽可能地推进他自己的福利,满足自己的欲望,同样,社会的原则也是尽可能地推进社会群体的福利,最大程度地实现社会全体成员的总的欲望体系。"这样,通过这些思考,一个人就以一种自然的方式达到了功利原则:一个社会,当它的制度最大限度地增加满足的净余额(net balance)时,这个社会就是安排恰当的。这样一个人类社会的选择原则就被解释为是个人的选择原则的扩大。社会正义则是应用于集体福利的一个集合观念的合理慎思的原则。"[1]罗尔斯指出,功利主义的错误在于把个人选择的原则扩展到社会,假定一个社会共同体的调节原则只是个人选择原则的放大是没有道理的。他说:"如果我们承认调节任何事物的正确原则都依赖于那一事物的性质,承认存在着目标互异的众多个人这种多元性是人类社会的一个本质特征,我们就不会期望社会选择的原则会是功利主义的。"[2]把社会完全等同于个人,没有考虑到这两者的根本差别。一个社会包容着无数众多目标相异的个体,从而调节社会的正义原则并不等同于个人行动的原则。罗尔斯认为,功利主义把适合于个人的原则放大为社会的原则,"这样做没有严格地考虑个体的分殊性和多元性,没有把人们将同意的东西看作正义的基础。"[3]而罗尔斯所要提出的正义原则,则是要把社会正义放在这样一个基础上，即放在人们将一致同意的东西的基础上，而不是简单地将个人原则放大为集体或社会性原则。正因为如此，罗尔斯的理论是契约论的，人们一致同意的东西在某种意义上是一种契约的产物。当然，对照着形而上学，我们可以看到，罗尔斯的理论与功利主义的理论都没有也不需要一种形而上学的基础。古典契约论具有某种形而上学的支持，但罗尔斯的理论则没有，功利主义也没有。

其次，在罗尔斯看来，功利主义的这种社会最大净余额的正义观与道义论的正义观是直接冲突的。道义论的正义观认为，最大净余额不可能抵消掉由此而带来的对个人权利的侵犯。功利主义把个人选择的原则扩展到社会，也就承认社会为了实现其最大净余额的最大利益，牺牲某些个人的利益或侵犯某些人的权利是合理的、正当的。因为这恰如个人为了实现自己的最大欲望的满足而有时不得不牺牲某些局部的或暂时的利益。密尔曾在德行的意义上对于这种个人牺牲给予了充分肯定。他说："假如自行抛却个人生活上的享乐却能够对于增加世上幸福的总量上作有价值的贡献，那么，这些能够这样抛弃的人应受极端的敬仰。……功利主义的道德观承认人们有为了他人的善而牺牲他们自己的最大善的能力，它只是拒绝承认牺牲本身是一种善。一种不增加或趋向于增加幸福总量的牺牲，功利主义的道德观认为是白费。人能够为别人的幸福或别人幸福的某些工具而牺牲(别人指人类全体，或人的集体利益所规定的范围内的人)，只有这种舍身才可以得到功利主义道德观的赞美。"[4]

密尔称赞这种为社会全体的幸福总量的增加的个人牺牲是一

种德行。也就是在道德上完全肯定了这种行为。罗尔斯则明确地指出:“自由与权利的要求和对社会福利的总的增长的欲望之间是有原则区别的。我们把前者如果不是看得绝对重要的话,也是看得更为优先的。社会的每一成员都被认为是具有一种基于正义,或者说基于自然权利的不可侵犯性。这种不可侵犯性甚至是任何别人的福利都是不可逾越的。正义否认为使他人分享较大利益而剥夺另一些人的自由是正当的。”[5]我们在这里明显看到,罗尔斯基于人的自由平等权利的正义观,是与功利主义的社会福利总量观意义上的道德观直接对立的。罗尔斯指出,功利主义者也意识到他们的这种观点是与基于自由平等权利的正义感相冲突的,但他们还是把这种常识性的准则与自然权利的概念作为从属性的规则,或作为次一级的规则来考虑。功利主义之所以把这些规则作为次一级的规则来考虑,是在于它们的有用性,即它们通常会带来巨大的社会利益。换言之,功利主义对待这些自然权利的准则要求,仍在于看到它的有用性,而不是看到它的至上性、正义性。麦金太尔也曾举了一个虐待狂的例子来深刻说明这个问题。假设这个社会是由10人组成的,其中8人都是虐待狂,另外2人是正常人。那么,为了满足这8个人的最大幸福的欲望,只有那2人任其虐待,才有可能。而这在功利主义看来,是符合社会正义的。如果这2个人心甘情愿地让其虐待,这可能更符合功利主义的德性要求,因为他们为了最大多数人的利益甘愿做出了牺牲。当然这是一种极端的例子,我们可以像罗尔斯那样,设想功利主义的欲望体系的满足是理性欲望体系的满足。但在社会历史中,这种欲望是否是理性的,往往在那个历史时期是难以清楚地得到界定的。如人们受到某种宗教狂热情绪的影响。因此,为了维护人人所有的基本的自由平等的权利,我们一开始就需要拒绝功利主义的这种原则。这样我们也就很清楚功利主义的问题之所在了。

(二)正当与善

罗尔斯的正义论与功利主义的第三个区别是在正当与善的关系上。把正当与善看作是伦理学的两个基本概念,是西季威克(Sidgwick)对现代伦理学的重要贡献。西季威克在《伦理学方法》中指出,一种伦理学理论的性质,取决于是以正当(right)还是以善(good)作为基本概念。以正当或善为基本概念是两种基本不同性质的伦理学理论。前者是道义论的伦理学,后者是目的论的伦理学。正当这一概念表达的是一种具有权威性的规定,一种行为应当服从的规则或命令。西季威克指出:"在把行为视为'正当的'这一认识之中包含着一种履行这一行为的有权威的规定。"[6]西季威克把正当与善看作是伦理学的两种基本概念,他认为体现为两种不同的道德理想的作用。善作为伦理学的基本概念体现在道德理想上是诱人的(attractive),正当作为伦理学的基本概念体现在道德理想上是命令性的(imperative)。西季威克把善概念既作为手段善也作为目的善来理解。就手段善而言,如果我们只考虑只有作为获得某种更远的善的手段才是善的东西,我们就可以不诉诸人的欲望或选择,而直接把善解释为适合或符合于产生某些效果的目的。当我们把善概念应用于终极目的时,我们也就必须为它寻找一种既适用于手段又适用于目的的意义。按照西季威克的理解,这就是"整体的终极善"。西季威克认为,这种善的追求的行为不像正当行为那样,是处在我们的能力之内的,而是人们应当欲求和努力实现的。西季威克说,把善作为基本概念,“道德理想也被呈现为诱人的而不是命令的。当我们把我们受到道德鼓舞而做的行为,或它所体现的品性,判断为自身即为‘善的’(而不仅仅把它看作获得某种更远的善的手段)时,我们所采取的似乎就是这种观点。”[7]当然,这样讲并不意味着在讲正当时,没有善的地位,或讲善时没有正当的地位。正当与善的概念对于伦理价值所起的作用是与行为者的义务观一致的。如果正当的概念是基本概念,那么只要善是与责任的要求相一致的,行为者就把善作为一种可正当欲求的对象来看待。如果善是基本概念,那么为了获得一个人所想欲求的,正当就是一个人应当做的事。所以我们能够说,伦理价值的命令概念使得正当优先于善,而有引诱力的概念则使得善优先于正当。换言之,正当与善的概念哪一个置于优先地位,决定了另一个的从属性地位。

西季威克指出,古希腊的伦理学是善优先于正当的。在斯多亚派的伦理学中才出现了从善优先向正当优先的转换。柏拉图和亚里士多德的伦理学都依赖于一个有诱惑力的善的概念。我们知道,柏拉图和亚里士多德的伦理学是德性论的伦理学。亚里士多德认为,善是人类本性意义上的目的,善对人类而言最终意味着幸福。拥有善,也就会使人获得幸福。换言之,善是人类所过的最好生活。在这种对善的追求中或在这种善的生活中,德性的实践是其必要的和中心的部分。没有德性,也就没有人类对善的追求,也就意味着没有幸福。因此,德性置于这种善生活的核心部分。虽然在斯多亚派的伦理学中有着从善的优先性向正当的转换的思想,但斯多亚派同样是把善置于首位。斯多亚派强调遵从自然、遵从理性,认为合乎自然的生活就是至善。斯多亚派的自然,也就是宇宙的本性或必然性,按自然而生活,也就是按照理性的本性而生活。正是理性的本性引导人的行为趋向道德和善。遵从自然、理性的规定,也就是遵从自然和理性的规定,遵从自然的法则。在这个意义上,斯多亚派把遵从理性的生活直接与义务联系起来。认为至善是依照健全的理性而生活,也就是为履行一切应尽的义务而生活。正因为他们把至善与义务相联系,从而使得他们的思想体现了这样一种转换。不过,在中世纪的托马斯·阿奎那那里,我们所看到的仍然是善对正当的优先性。在阿奎那的体系中,自然法则的第一法则是,善应当追求而恶应当避免。对善的界定是理性理解到我们有这样一种对善的自然偏好。

对于正当对善的优先性的清晰地表达是康德。康德说:"善和恶的概念必定不是先于道德法则(从表面上看来,前者甚至似乎必定构成后者的基础)被决定的,而只是(一如这里所发生的那样)后于道德法则并且通过道德法则被决定的。……不是作为对象的善的概念决定道德法则并使之可能,而相反是道德法则在其绝对地配享善的名尔的范围之内,首先决定善的概念。"[8]那么,我们怎么看待康德的善良意志的概念呢?我们知道,康德同时强调善良意志是先天性的、自在的、善良的。康德说,"在世界之中,一般地说,甚至在世界之外,除了善良意志之外,不可设想一个无条件的善的东西。"[9]善良意志的善,在康德看来,"必定是最高的善,它是一切其余东西的条件,甚至是对幸福要求的条件。"[10]康德的这样两种观点是否是内在冲突的?从实质上看,这并不矛盾,因为在康德那里,体现为善良意志的东西就是责任这一概念。并且,康德明确地说过,道德法则"先天地和直接地决定意志并且首先按照这个意志决定对象"。[11]因此,在康德看来,善良意志的本质规定是为道德法则所阐明的。道德法则是先天地直接地决定意志的。为道德法则所阐明的行为正当性优先于行为本身的善性。正当决定着一种行为,或一种品质或一种意志是否是善的。正当表明的是一种责任。一种对行为的要求与束缚。

西季威克把正当优先于善看成是现代伦理学与古代伦理学的一个区分标志。这里所讲的现代伦理学也包括功利主义。与古代伦理学有区别,但并不意味着道义论与功利主义没有区别。从西季威克的观点看,功利主义的伦理学同样强调正当优先于善的,但实际上,功利主义的这个正当与道义论的正当并不是一回事。首先我们注意到,功利主义的"正当"是应当(ought)。西季威克在论述密尔的功利主义准则时指出,功利主义的准则是把"最大的幸福总量"视为人类活动的终极目的和道德标准。"按照功利主义的观点,提高'最大的幸福总量'是'人类行为'的最高'指导性原则'……密尔是把功利主义原则作为'正当和错误的标准'或'行为的指导性规则'提出来的。所以,我们必须理解,在密尔对这一原则作'普遍幸福是值得欲求的'这样的陈述时,他的意思是说(而且他的整部著作也表明他的确是说)普遍幸福是每个人应当欲求,或至少——在'应当'的更严格的意义上——应当努力在行动中实现的东西。"[12]应当看到,西季威克是认同密尔的这种说法的,只是认为密尔的推理没有证明这个命题。因为密尔的这个论点的证明是:某物是值得欲求的这一说法的唯一可能的证明是人们的确欲求它，普遍幸福是值得欲求的这一说法的唯一可能的理由是每个人都欲求他自己的幸福。因为每个人的幸福是那个人的一种善，普遍幸福则是个人的总和的一种善。摩尔曾经指出，值得欲求的并不能够等同于人们确实欲求它。值得或不值得是一种评价意义上的，人们是否确实这样做了是另一种事实的陈述。反过来说，某人欲求它并不一定意味着是值得欲求的。但密尔这样论述时实际上是把每个人欲求自己的幸福与普遍幸福中所包含的他人幸福混为一谈了。西季威克指出，我们不可能从每个人都追求他自己的幸福这一事实中得出结论说，他应当追求其他人的幸福。西季威克接受密尔的教训，从多重角度对于功利主义的原则进行了证明。如对于利己主义者，西季威克指出可以通过向利己主义者说明从普遍原则中引出的规则的制裁力，即向他指出遵守或违反普遍原则带来的快乐与痛苦使他把个人幸福与普遍幸福原则协调起来，如果这个利己主义者说，自然创造他就是为了让他追求自己的幸福，我们就需要向他指出，他的幸福并不比任何其他人的同等幸福更为重要，因为“一个人只能算作一个，而不能算作更多”，从而使他从自己的原则出发而引导到接受普遍幸福原则等等。

从西季威克的这些讨论中我们可以看到，功利主义的原则中确实包含着应当的成分，因为功利主义除了追求自我幸福外，还有一个普遍幸福或最大多数人的最大幸福原则。这个原则要求我们不应仅仅关注自己的幸福，而应当在追求自己的幸福的同时关注他人幸福。这就是功利主义的应当。但功利主义的这个应当是一种有实质性意义的善或效果的应当。功利主义作为一种效果论的(consequentialist)理论，其实质性的原则是，正当的行为在于做那能够带来最大效果的事情。当然,我们注意到,功利主义本身也有一种道义论的约束原则,即每个人只能算作一个,而不能算作更多。并且,它所要求追求的,是所有个人都涉及的全体的善,对于这种全体的善的追求,是至上原则,这对于行为的要求是无条件的。在这个意义上,它确实是正当优先于善的。

但是,功利主义与道义论在这里仍是有明显区别的。以康德为例。康德的正当行为并不强调效果,而且明确地认为,如果有任何效果考虑的行为,都是一种假言命令而不是正当的绝对命令。道义论的正当性纯粹地来自于实践理性或纯粹实践理性的命令。功利主义则恰恰相反,它是以效果的善的大小作为正当与否的依据。罗尔斯指出:"古典目的论理论的清晰和简洁大都来自这样一个事实:它们把我们的道德判断解析为两类:一类是单独赋予其特征的,而另一类则是依据最大值原则来与第一类相联系的。"[13]前一类就是善,后一类则是正当。目的论把我们考虑的有关何物为善的判断作为一种分离的可以为常识直觉把握的判断来解释,又提出正当是最大限度地增加已经指定的善。正当与否在于是否符合最大值原则。道义论的考虑则是脱离善来解释正当,或者不用最大量地增加善来解释正当的理论。在某种意义上可说是不计后果的,如果它能够达到某种效果,例如在经济领域里贯彻公平原则能够带来某种效率,在罗尔斯看来,这并不是道义论的正义论的目的,而只是一种或然性所使然。罗尔斯明确地谈到,没有理由认为正义的制度会最大量地增加善,"当然,在这种情况下产生最大的善并不是没有可能,但这只是一种巧合。达到满足的最大净余额的问题绝不会在作为公平的正义理论中产生,这个最大值原则在这里完全是多余的。”[14]因此，功利主义谈正当，仍然是把善放在首位，以最大善或最大多数人的最大幸福来谈正当。但道义论的正当则把正当放在第一位，不联系善来谈正当，或者是在正当的前提下谈善的问题。

罗尔斯指出，功利主义的最大问题在于，它只关心在一个社会里如何最大限度地增加所有成员的满足净余额，即增加社会财富的总量，而不关心满足的总量怎样在个人之间进行分配。功利主义认为，凡是能够最大限度地增加利益总额的准则都是合理的。“这在原则上就没有理由认为，一些人的较大得益为什么不可用来补偿另一些人的较少损失，或更严重些，为什么为了多数人分享的较大利益而对少数人的自由的侵犯不是正当的。”[15]罗尔斯指出，正因为它存在着这样的问题，功利主义的正义观是靠在功利原则上加上同情与仁爱来达到的。也就是说，它必须诉诸同情与仁爱，来减少这类不公正现象。也就是说，靠人们的道德感，靠富有的人发善心而不是靠制度的调节来减少不公正。因此，功利主义的“一个人只能算作一个，不能算作更多”的公平原则在它的至上原则面前苍白无力。

罗尔斯的公平的正义则是人们预先接受一种平等的自由原则。这种平等的自由即是预设了的正义原则或正当原则。因此，罗尔斯对待人们的欲望的满足，不是从功利主义原则出发，而是从平等自由的道义原则出发，他不把人们的倾向和癖好看成是既定的，然后再寻求满足它们的最好方式。相反，罗尔斯认为，人们的欲望一开始就要受到限制，这些原则指定了人们的目标体系必须尊重的界限。罗尔斯说：“在作为公平的正义中，正当的概念是优先于善的概念的。一个正义的社会体系确定了一个范围,个人必须在这一范围内确定他们的目标。它还提供了一个权利、机会和满足手段的结构,人们可以在这一结构中利用所提供的东西来平等地追求他们的目标。正义的优先部分地体现在这样一个主张中:即,那些需要违反正义才能获得的利益本身毫无价值。"[16]

因此,罗尔斯的正义论与功利主义在正当与善何者优先的问题上的,还有一个更深刻的区别。这就是,功利主义对于人们的欲望以及决定这些欲望的道德性格,没有一个哲学上的反思,在决定一个正义的社会应鼓励什么样的道德性格的问题上非常依赖于自然的事实和人类生活中的偶然因素。这些自然事实和偶然因素,恰恰是社会不平等的现象,是正义原则首先应当应用的对象。功利主义则首先默认这些事实,然后提出社会公正观,这本身就意味着它有不可克服的问题。

在《正义论》的第三部分,罗尔斯进一步讨论了正当与善的关系。首先,罗尔斯区分了善的弱理论(the thin theory of good)与善的充分理论(the full theory of good)。善的弱理论在为正义原则论证方面几乎不起作用,它的作用在于保障论证正义原则所需的基本善的前提。换言之,善的弱理论只与基本善的前提相关。这个前提不是别的,它就是理性的人们合理性的生活计划。一旦基本善的概念得到了说明,所需讨论的是如何在进一步发展的善理论中使用正义原则,这种进一步发展的善理论罗尔斯称之为善的充分理论。这种善的充分理论是把正义原则看作是已经得到了辩护的原则,然后又以这些原则去规定与善概念有关的其他道德概念。

善的弱理论涉及对合理性善的理论的最初理解。罗尔斯以相当的篇幅讨论了合理性的善,而在《政治自由主义》给予了扼要地概括。合理性善的概念指的是合理性的生活计划。罗尔斯假定民主社会的成员都有一种合理的生活计划,他们按照这种合理性的生活计划来安排他们较为重要的追求,培植他们的各种生活资源,以便以一种合理的方式来追求他们的善的观念。罗尔斯认为,这是他提出基本善的条目的前提。因为任何能够发挥可以合理期许公民们承认的公共证明基础作用的政治正义观念,都必须考虑作为具有普遍意义的善的人类生活和基本的人类需求与目的的实现问题。换言之,基本善是从合理性的概念出发,作为普遍欲求的善提出的。[17]如自由与机会、收入与财富以及最重要的自尊这些基本善的条目都需要善的弱理论来说明,而不能从正义原则的约束性条件中得到说明,其原因是这些基本善的条目是选择正当原则的前提之一。

善的弱理论只是一种论证前提,要说明人们的具体生活计划以及人们在具体生活中的善,如好法官的正义感,以及一个好父亲、一个好妻子、好朋友的问题,则必须依据一种德性的理论因而也是以一种正当原则为前提的。而这是善的充分理论要研究的问题。罗尔斯把德性看作是一些引导我们按照一定的正当原则行为的情感和习惯态度。因而一个好人,或一个有道德价值的人,也就是人们可以合理地相互要求的那些具有道德特性的人。由于正义原则已经为人们所选择并且人们愿意服从它,所以每个人都可以预期,好人就是在一个良秩社会中的成员可以合理地要求于他们的同伴的那些道德特性。——这些都需要善的充分理论的说明。

因此,这里的正当与善的关系就呈现一种复杂的关系。但我们要看到,罗尔斯所提出的善的弱理论只是对原初状态的部分描述或限定,正当或正义的原则是从这种状态中产生出来的。善的弱理论只是一种基于人性的或人类[社会]的事实,是先于哲学反思而存在的人性事实,是一个正义的好社会应当满足的善的事实,因此它并不是受到正当原则约束的理论。在原初状态之后,就可以不受限制地运用善的充分理论(有正当原则约束的理论),善的弱理论也就发展为善的充分理论。

那么,这是否可以改变正当与善的关系?尽管如此,罗尔斯仍然认为正当优先于善。罗尔斯提出了三个区别。第一,正义原则(更广义的正当原则)是处于原初状态的人们所选择的原则,是达成一致的政治观念;合理性善的原则则不是被选择的,并且,合理性善的原则没有必要要求一致性,每个人只要他的意图与正义原则一致,便可自由地按照他的愿望计划他的生活。第二,个人在关于他们的善的观念方面的许多重大区别是一件好事,而对正当观念来说则不是这样。在一个良秩社会里,公民们持有相同的正当原则,在许多是涉及个人善的问题上,不存在要达成一项公认判断的紧迫性。人们自由地决定自己的善,人们具有各自不同的计划是合理的。第三,正义原则的应用受到无知之幕的限制,而个人对善的估价却依赖于对事实的充分认知,一个人对自己的合理计划从头到尾都要因地制宜地进行调整。罗尔斯认为,通过这些对比,使我们能够清楚契约论的正义原则与功利主义之间的区别。功利原则是最大限度地扩大被理解为合理欲望的满足的善,但合理计划在许多重要方面是不确定的,因此这对功利原则作为标准造成了困难。但对公平的正义来说则并不构成困难,因为计划的细节并不影响我们确定什么是正当的或不正当的。并且,功利主义还得承认,由这种不确定性允许的种种偏爱可能导致通常理解的非正义。如某个社会的大多数人厌恶某种并不引起社会伤害的性行为或宗教活动,就会采取粗暴的压制手段来进行反对。但在公平的正义原则方面不会出现这种情形。如果某种大多数人的信念仅仅是偏爱,且没有任何先行正义原则为基础,那就不可作为正当性行为的前提。罗尔斯认为,这些区别来自于契约论的结构,来自于正当对善的优先性。并且,正当对善的优先性,不仅吻合我们的日常倾向,而且是把我们的考虑吸收到了正义理论中。

在《政治自由主义》中,罗尔斯以一讲的形式(第五讲),继续从五种善的观念方面阐明了正当对善的优先性。在罗尔斯看来,正当(right)的优先性对于政治自由主义是一个实质性的因素,对作为公平的正义具有中心性的意义。一合理性的善(这已在《正义论》中得到详尽的讨论),二基本善(primary good),三可允许的全面性(comprehensive, 或译“完备性”,“整全式”)善,四政治德性,五秩序良好社会的善。就基本善(关于基本善的内容,我们将在随后有关章节中讨论)而言,正当对善的优先体现在政治的正义观念为对基本善的公共理解提供一个基础,使公民们能够在评价他们的各种不同要求并决定这些要求的相对价值时达成一致。罗尔斯说:“在公民的政治观念已经确定的前提下,当正义问题产生时,基本善就具体规定着他们的需要所在,——他们善的部分是他们作为公民的东西。正是这种政治观念(为合理性善的框架所补充)使我们能够制定出所需要的基本善。”[18]罗尔斯认为,基本善的概念在于为公民们提出了一种平等的基本自由和公平机会的体系,当这一体系获得社会基本结构的保障时,该体系能够确保所有公民充分发展和完全实践他们的两种道德能力。不过,正当的优先性也意味着不可能允许人们去追求所有的善观念,因为有些善意味着对基本自由和基本权利的侵犯。然而,正义的社会基本结构或制度已经为各种值得公民们享有和追求的生活方式留下了足够的空间。由此也就有一个为正义原则所允许的善观念的问题。这里首先遇到的问题就是正义原则(正当原则)是否对各种善观念中立的问题。由于政治正当或正义原则涉及立宪民主政体的根本性原则,也就涉及国家与公民的善之间的关系。一般自由主义的观念认为,这可看作是一种中立性的关系,即在一种目的中立的意义上,国家的制度或政策在一种公共政治观念的范围内能够得到公民的普遍认可。约瑟夫·拉兹在其《自由的道德》(*Morality of Freedom*)中指出中立有如下三种意义:

一、国家应确保所有公民有平等的机会发展他们自由确认的任何善观念;

二、国家不应有意袒护或促进任何某种具体的(而不是别的)全面性学说的事情,或者给那些追求某一特殊全面性学说的人以较大支持;

三、国家不应做任何使个人更有可能接受任何一种(而不是别的)特殊观念的事情,除非它采取各种步骤来消除或补偿这种政策行为的后果。[19]

对这三种中立性意义,罗尔斯进行了分析。他指出,正当的优先性排除了这种中立性的第一种意义,因为它只能够追求可允许的观念,即尊重正义原则的那些观念。那么,这一点应当修正,即国家确保所有公民能有平等的机会去发展任何可允许的善观念。第二种意义则为凭借那些表达正当优先性的政治观念而得到满足。只要基本结构为这种正义原则所调节,其制度就不会有意偏袒任何全面性学说。就第三种意义而言,罗尔斯认为公平的正义不用来设计偏袒任何全面性学说,但认为它不对各种全面性学说产生重要影响则是不可能的。试图抵制这些后果和影响都是徒劳的。

关于德性之善,罗尔斯指出政治合作德性的重要。他说:"那些使得立宪政体得以可能的政治合作德性,便是一些非常伟大的德性。我所意指的是,例如宽容的德性,准备对他人作出妥协的德性,理性的德性和公平感等。当这些德性在社会上广为流传并支撑着该社会的政治正义观念时,它们就构成了一种巨大的公共善,构成了社会政治资本的一部分。"[20]在罗尔斯看来,公平的合作需要这类德性,可以把它纳入政治观念而不导向一全面性学说的完善论状态。因此,德性之善是从属于政治正义原则的。

第五个善是关于政治社会的善。政治社会的善也就是公民在维护立宪政体并管理该社会政体事务的过程中实现他们作为个人和作为合作实体的善。罗尔斯认为,这种善首先来自于这样一种社会,即它是秩序良好的社会。作为秩序良好的社会,其意思是,这个社会每个人都接受相同的正义原则,这个社会的基本结构能够满足正义原则的要求,并构成一个合作体系的方式,这个社会的公民们有一种正常有效的正义感。很显然,是正当或正义原则的优先性产生了个人与社会的善。在《政治自由主义》第五讲中,最后,关于正当的优先性,罗尔斯说了两点:"首先,正当的优先性

(the priority of right)意味着(在它的一般意义上),已使用的善的观念不需依赖有关善的全面性观念,而仅仅依赖于适应于政治概念范围内的观念。其次,正当的优先性意味着(在其特殊性意义上),正义原则给那些可允许的生活方式设定了各种限度,它主张:公民们追求那些逾越于这些限度的目标没有价值可言。正当的优先性使正义原则在公民的慎思中有一种严格的先在性,并限制着他们推进某些生活方式的自由。这表明了作为公平的正义的内容和结构的特性,也可看作是慎思中的充足理由。"[21]

二、罗尔斯对直觉主义的反思

我们再回到罗尔斯对直觉主义的反思上来。罗尔斯要提出他的公平的正义理论,除了首先要阐明他的理论与功利主义的本质区别外,还必须说明他的正义原则是否可以以通常的直觉主义哲学方法来达到。自从摩尔的《伦理学原理》发表以来,直觉主义就是一种强有力的哲学方法。因此,罗尔斯在提出他的正义原则时,所面对的是一种直觉主义的理论环境。然而,直觉主义与罗尔斯的正义论,是一种复杂的关系。

(一)直觉主义传统

在近代以来的英美哲学伦理学史上,直觉主义有一种悠久的传统。直觉主义最初是以道德感的理论形态出现的。以沙夫茨伯里(Third earl of Shaftesbury)为代表的强调情感论的伦理学家,认为人们带有理性的道德情感所体现的是人的善的本性。他第一次把

“道德感”的概念引入伦理学,并把它作为伦理学体系的核心。沙夫茨伯里认为人们有着先天的道德感。沙夫茨伯里的这种观点主要是针对洛克的。因为洛克从经验论的立场出发,提出人没有天赋的道德观念,也没有天赋的道德情感,这一切都是从后天的苦乐经验和生活经验中得来的。沙夫茨伯里针对洛克的“白板说”提出他的道德感理论,他说:“眼睛一看到形状,耳朵一听到声音,就立刻认识到美、秀雅与和谐。行动一经察觉,人类的感动和情欲一经辨认出(它们大半是一经感觉到就可辨认出),也就由一种内在的眼睛分辨出什么是美好端正的,可爱可赏的,什么是丑陋恶劣的,可恶可鄙的这些分辨既然植根于自然,那分辨的能力本身也就应是自然的,而且只能来自自然。”[22]这里的“自然”,是指人性的自然,或人的自然情感,对于种族或同类的情感,如对幼儿的关切、同情与慈爱的情感,对于人类来说,这些天然的情感是自然而正当的。沙夫茨伯里认为,人的这种道德上的分辨能力,是人的内在眼睛,即人的内在感官。沙夫茨伯里指出的道德感理论,是近代伦理学史上最早的直觉理论。即把人的分辨善恶美丑的能力看成是直觉,这种直觉能力是先天的,根植于人性之中的。沙夫茨伯里的学生哈奇逊继他的老师之后坚持道德感理论。

17世纪英国的伦理学家曼德威尔(Madeville, Bernard)继霍布斯之后,挑起了英国近代伦理学史上的第二次大争论。曼德威尔提出人性自私的论点,认为人类的道德行为,人的仁爱情感都是出自于自爱与自利。实际上曼德威尔的基本观点也是对沙夫茨伯里的批评。为了迎击孟德威尔,哈奇逊(Hutcheson, Francis)进一步提出了道德感的理论。他说:“所谓道德感,只不过是我们心灵在观察行为时，在我们判断该行为对我们自己为得为失之前，先具有的一种对行为采取可爱与不可爱的意见的作用。”[23]在他看来，造物主使我们以外在的感官来判断外在的对象是否可爱，造物主也给我们道德感来引导我们的行为，给我们以更加高尚的快乐，使我们在促进他人的善的同时，增进了我们自己的善。因此，在他看来，道德感应是人的道德行为的一个普遍的基础。换言之，正是直觉才是人类道德的基础。与哈奇逊同时代的巴特勒（Butler, Joseph）同样是一个直觉主义者。实际上，他的直觉理论比哈奇逊更为丰富。巴特勒把人类的内在的反省原则或良心与人的内在感觉联系起来考察。他指出人的良心的考虑倾向于尊重公众的福利，而人类凭本性如此密切地联合在一起，那是因为一个人的内感觉与另一个人的内感觉是如此的相应。他甚至说，因为曾经踏过同一块土地，曾经在同一气候中呼吸，可仅仅出生在同一块人为的地区，都可能成为人与人相互吸引的原因。巴特勒说：“我们的内感觉，及我们得自外在感官的知觉既是同样真实的，故自前者去推论人生及行为之鲜有例外。……试承认羞耻感这个内感觉，人不能怀疑它之是否阻止可羞行为，正如他不能怀疑目之是否指引他的步履。”[24]自沙夫茨伯里至巴特勒，他们对道德感或道德直觉的信念是坚定不移的。在沙夫茨伯里以及巴特勒等人那里，道德直觉本身是内蕴着人类的同情、仁爱等道德情感以及道德原则的，这些情感与原则对于道德感而言是自明的，不言而喻的。在这些直觉主义理论家的思想中，正是因为这种道德感或我们所说的直觉，决定了自爱、同情或仁爱原则哪个具有优先性。因此，直觉可以判断那个道德原则更为重要。

在现代直觉主义的元伦理学之前,西季威克是最大的直觉主义者。当然在从哈奇逊和巴特勒到西季威克之间,还有18、19世纪的其他的直觉主义者,如普赖斯等人。但正是西季威克对直觉主义做了充分的理论阐发。当然,西季威克同时也是一个出色的功利主义者。但他明确提出,功利主义原则需要直觉主义的补充。对于罗尔斯的理论意义来说,是西季威克明确提出了直觉观念对于原则选择的作用。当然,在罗尔斯之前的著名的伦理学家诸如G.E.摩尔(Moore)、H.A.普里查德(Prichard)、罗斯(Ross, William David)等人都是直觉主义者,这也使得他感到绕不开直觉主义。

西季威克在多种意义上使用"直觉"这一概念,既在感性层面,如像道德感理论所表述的那样,也在理性的抽象层面。在这一概念的较狭窄的意义上,他所指的是这样一种用法,即在使用这种方法时,人们假定了某些行为的正当性是无需考虑它们的后果而被认识的。换言之,是对应做的事或应当追求的事物的直接判断。这是西季威克的感性层面的直觉概念。西季威克还谈到对于原则的直觉,这是以往的直觉论没有阐明的。对于原则的直觉,本身是一个复杂的问题。因为在我们的常识所认为是清晰的原则一经分析,就会发现本身并不是很清晰的。如"待人要诚实"这条原则就没有考虑我们在面对敌人时是否应诚实的问题。这样就有了第二种直觉方法,即我们不可能通过真正明确的和最终有效的直觉看清某些一般规则。人们只是像对待教义那样不怀疑地对待日常生活的原则。这些一般规则是隐含在普通人的道德推理之中的,但要十分清楚地陈述它们,则需要一种专门的明确而稳定地思考抽象道德概念的习惯。在有哲学素养的人那里,常识道德并不是一个令人满意的体系,很难通过反思日常的思想而把所获得的一般道德命题看作是科学的首要原则。这样就有了第三种直觉主义,这种直觉主义接受常识的道德,但仍希望为自己找到一种它不能提供的哲学基础,并力图得到一些更为清晰而明确的原则。或者说,具有哲学反思能力的人才可得到一种自明性的原则。西季威克把这称为直觉主义的第三个阶段,即哲学的直觉主义。因此,在西季威克这里,有三种直觉主义,即感觉的直觉主义、教义的直觉主义和哲学的直觉主义。当然,他认为,这三种直觉主义并不是截然分开的,而是经常混合在一起的。

哲学直觉主义所要达到的是一种直觉所能把握的自明性原则。在这个意义上,西季威克实际提出了直觉的根本内涵是指人对原则领悟的自明性。西季威克说:"在人们通常承认的公正、审慎和合理仁爱的原则中,至少存在着一种可以直接凭抽象直觉认识的自明因素,以及这种因素在每一场合都依赖于个人及其目的所体现的部分与同其整体的,以及这些部分同整体的其他部分的关系。在我看来,人们对这些抽象真理都多少带一些明确性的领悟,这种领悟构成了'基本的道德准则是内在合理的'这一常识信念的持久基础。"[25]在西季威克看来,人的直觉领悟能力为人们的常识道德信念提供了最深厚的基础。人们的这种直觉领悟能力是与原则的自明性一致的。在他看来,"我不应为目前的小善而牺牲今后的大善",以及"我不应为我自己的小善而牺牲另一个人的大善",就像"等量相加之和相等"这类数学公理一样是自明的,有直觉能力的人一看就知道是无疑问的。当然,对于西季威克来说,他并不认为所有的道德原则都具有这样一眼看过去就有的自明性,自明性还需要运用哲学分析经过缜密的分析考察,才可呈现出来。这如同人们剥笋一样,要一层层地把不同质的因素,以及原则中自明性因素分解出来才能够做到。他说:"正当行为的实践上的决定作用就是依赖于终极善的决定作用的。我们已经看到:(1)一经缜密的考察,我们就发现大多数公认的义务准则——甚至那些初看起来是绝对的、独立的义务准则——都是隐含地从属于更普遍的审慎原则和仁爱原则的;(2)除这两条原则以及公正或公道的形式原则之外,我们不能认为任何其他原则可以凭当下的直觉而被确认为清晰明确的原则。"[26]西季威克自己最后所确认的直觉所自明的原则实际上是通过缜密的考察后得到的。在这个意义上,西季威克自己就是一个哲学直觉主义者。

现代元伦理学的几个代表人物都是直觉主义者。我们前面已经指出,摩尔是现代元伦理学的开创人,同时也是一个直觉主义者。以摩尔为代表的现代元伦理学家之所以是直觉主义者,主要是因为他们对自然主义的态度所致。在他们看来,以往的伦理学家犯了所谓的自然主义的谬误,即以自然属性的事实或超自然的事实来规定善或给善下定义,不知道善与善的东西的不同,把其他性质或自然性事实视为与善性完全相同的东西,从而犯了"自然主义的谬误"。摩尔认为,善本身是不可下定义的,那么,善既不可下定义,我们怎样才能把握善或认识善呢?这就是靠直觉。在他看来,"什么是善"和"什么事物因其自身缘故而为善"的问题是自明的。因为善与善性质的问题在摩尔看来是全部伦理学的最基本问题,在这样一个最基本问题上,只能靠直觉来把握,所以,他的伦理学就叫做直觉主义的伦理学。他的后继者普里查德和罗斯同样认为,伦理学中至少有一个最基本的概念是不能分析,不可定义的,是要靠直觉来把握或领悟的。这个基本概念决定了整个伦理学理论的基础。摩尔把善作为这样的原始概念,在普里查德那里,义务和责任是这样的概念。在他看来,责任与义务是伦理学中的最基本的概念,它是客观的、绝对自明的,因此是不可定义的,无需推理的。在罗斯那里,则是正当具有这样的性质,正当是原始概念,是不可定义的。例如他批评摩尔,他认为摩尔只注意到了善的不可定义性,但他在涉及正当这一概念时,同样犯了功利主义所犯的错误。即摩尔自以为正当是可以定义的,甚至认为正当义务意味着产生最大量的可能的快乐,这无异是用具有善性质的东西来规定正当,颠倒了正当与善的关系。在罗斯看来,这不仅意味着把正当看作是从属于善的非自明的范畴,而且也犯了功利主义的自然主义的谬误的通病。当然,不论罗斯怎么看待摩尔,实际上,他并不否定而是认同了摩尔的直觉主义。现代直觉主义的这种内部争论,至少反映了这样一个问题,直觉承认有一些原则或最初的概念是不能够靠推理来把握的,但究竟哪个处于最根本的位置上,取决于是谁的直觉。

(二)直觉主义的特征

对于直觉主义的这样简短的概述是为了使我们更好地理解罗尔斯对直觉主义的论述以及他的相关思想。罗尔斯指出:"直觉主义理论有两个特征:首先,它们是由一批多样性的最初原则构成的,这些最初原则可能是冲突的,在某些特殊情形中将给出相反的指示;其次,它们不包括任何可以衡量那些原则的明确方法和优先性的规则，我们只是靠直觉，靠那种对我们而言是最接近正确的东西来衡量。”[27]罗尔斯所给出的这两个特征实际上代表了罗尔斯对待直觉的一种复杂态度。如他在看待日常生活中的直觉主义时，所持有的是第二种看法，而对哲学理论上的直觉主义，所持有的是第一种看法。

在日常生活中，有许多种直觉主义。区别不同的直觉主义是根据它们的原则所对应的不同问题。如有适用于公平工资的，有适用于征税的，也有适用于刑罚的。就公平的工资而言，不同的人处在不同的地位有着不同的直觉标准，要达到公平的工资，就需要平衡那些多少有些冲突的标准。但这种平衡一般都受到不同社会利益的影响，也受到相对权势地位的影响。因此，它可能不符合任何一个人所持的公平工资的观念。怎样才能达到某种理解和统一的标准呢？罗尔斯认为，可能参照社会政策的某些目的来考虑正义问题。即把公平工资的问题放在一个更大范围的社会公正领域来考虑。罗尔斯认为这需要一种社会目标的直觉。如为了较大的效益和公平，我们可遵循一种在工资政策上的强调技术和表现的政策，而用福利经济来处理生活需要问题。对社会目标的直觉，为解决参照税收来决定公平工资是否合理的问题提供了一个基础。罗尔斯说：“我们如何衡量一组准则，要根据我们衡量另一组准则的情况来调整。这样我们就把某种连贯性引入了我们对正义的判断中，我们就从现实中较狭窄的利益调和达到了一种较宽广的观点。当然，我们在衡量较高层次的政策目的本身时还要诉诸直觉。”[28]很清楚，罗尔斯在这里承认靠直觉可以达到对某种实际生活中的合理准则或正义准则的诉求。在这里，我们可以看到罗尔斯对西季威克的直觉主义思想的继承关系。这里至少有两个层次的直觉是罗尔斯所提及的。一是感性层面的直觉,即处于不同地位的人对公平工资的直觉,另一直觉则是把公平工资放在一个更大范围的社会公正领域里来思考的问题。这是第二层次的直觉。这个层次的直觉类似于西季威克的教义性的直觉,虽然内容有不同。还有第三层次的直觉,即哲学上的直觉。

但在哲学上的情形则不一样。罗尔斯认为,对较高层次的直觉的诉诸是衡量来自各种深刻对立的政治信念。对于不同的相冲突的准则,直觉不可能提供更优先的准则来决定多种原则的平衡问题。在哲学层面,罗尔斯不再谈直觉原则的自明性,而是谈直觉所告诉我们的是一批原则,这些原则都有自明性,但对于哪一个能够放在首位,从而对于诸多原则起支配性的地位,是直觉不能告诉我们的。罗尔斯举了一个积累与分配二分法(aggregative-distributive dichotomy)例子。罗尔斯指出,它有两个原则,一是最大净余额意义上的最大善,二是平等地分配满足。第一个原则是功利原则,第二个原则是作为一种正义标准,限制对福利总额的追求,使利益分配趋于平等。但直觉主义没有提供更优先的原则来决定如何平衡这两个原则的冲突。实际上接受这两个原则可以有非常不同的权衡。并且,这些原则允许有差别很大的评价。罗尔斯以经济学的无差别曲线和两个不同的图表说明了这一点。人们可能会说,在衡量的过程中,我们可能会无意识地受到某些进一步的标准的支配,或最好地实现某个目标的思想的支配。但直觉主义认为没有这样一种标准,"直觉主义坚持主张,在我们有关社会正义的判断中,我们最终必然达到多样性的一批原则,对于它们,我们只能说，这种平衡在我们看来比另一种平衡要正确些。”[29]直觉主义相信多样性的原则之间的冲突是必然的，没有建设性的标准来解决这种冲突。“因此，同直觉主义争辩的唯一办法就是确立一些可用来权衡它们的可认知的伦理学标准，这些标准在我们所考虑的判断中，我们认为对于那些多样性的原则来说是适当的。要驳倒直觉主义者，在于提出一种据说是不存在的建设性标准。”[30]罗尔斯意识到，面对诸多正义原则的存在，不可能从理论上依靠直觉的方法来进行选择。但罗尔斯并没有完全否认直觉的作用。他认为，“任何伦理学观点都必定在许多点上和某种程度上依赖直觉。”[31]

罗尔斯认为，要提出一种正义理论，首先我们无法避免一批原则的存在，如有功利主义的正义观，也有道义论的正义观。处于不同社会地位或价值背景的人从他们自己的地位或背景出发，必然有不同的直觉赞同不同的原则。但直觉没有告诉人们这些不同的原则之间的区别以及它们的优劣。一种正义论面对这样一批原则，是需要作出解释，需要进行选择的。选择什么正义原则，决定了这种正义理论的性质。因此，选择什么正义原则或对原则的衡量就不是正义观的一个次要部分，而是基本任务。罗尔斯的做法是，减少而不是完全排除对直觉的依赖。罗尔斯的任务一开始就是要解决哪一个原则放在最优先的地位的问题。也就是说，人们应把什么原则放在首要地位。罗尔斯的分析表明，通过完全诉诸直觉解决不了这种哲学原则上的权衡问题。但罗尔斯认为，还需要诉诸直觉，但必须是在限定的条件下诉诸直觉。

罗尔斯对直觉进行这样三个方面的限定。首先，正义原则是那些在原初状态中被选择的原则。也就是说，原初状态本身是一种限定条件,一种对直觉的限定条件。在罗尔斯看来,处在社会中的不同地位的人,他们对优先问题的直觉判断肯定会是不一样的。为了限定多元性的直觉对确定正义原则可能发生的分歧,罗尔斯首先限定直觉发生的背景条件。“这样,我就假设,在原初状态中各方试图达到一种怎样平衡正义原则的契约。”[32]原初状态就是排除了不同地位的直觉考虑而达到某种一致性考虑的前提条件。在这个意义上,我们可以看到罗尔斯对直觉主义的明显的继承关系,他也在直觉的意义上,承认有感性的直觉。但他在利用直觉主义的这个基本观点的同时,使它在限定的条件下发挥作用,即让它在一个原初状态的条件下发挥作用。因此,原初状态的概念首先可以看作是罗尔斯对直觉主义改造所得出的一个重大理论成果。并且,罗尔斯并不把正义原则看成是自明的,而是在一定的背景状态下人们将一致同意的东西。这也就意味着如果存在一批原则,哪个应当优先的问题可以依此解决。

第二,以词典式安排原则的先后秩序,或称“词典式序列”。在这种秩序中被排在较前的原则相对于较后的原则就毫无例外地具有一种绝对重要性,而排在后面的原则必须最大限度地受制于那些被充分满足的在先的原则。即排在前面的原则有着规范或限定排在后面的原则的作用。这种词典式序列还有一个特点,即除非在先的原则得到应用,否则后面的原则就不能发挥作用。罗尔斯说:“我实际上将通过把平等的自由的原则排在调节经济和社会不平等的原则之前来显示这样一种排列。这实际上意味着,社会基本结构要以在先的原则所要求的平等的自由的方式,来安排财富和权力的不平等。”[33]

最后，减少对直觉的依赖是通过提出更为限定的问题和用审慎代替道德判断（substituting prudential for moral judgment）来达到的。所谓以审慎取代道德判断，是指以合理的考虑来代替一种直觉性的判断，面对一种十分复杂的问题，如果没有可供慎思的指导性线索，我们不知道说什么。社会正义问题本身就是一个足够复杂的问题。罗尔斯通过这样两个方面的限定来进入问题。首先从社会体系中挑选出一种可用来判断社会的确定状态，然后从处在这一状态中的各方代表人的立场，探讨某种社会基本结构是否合理的问题。在罗尔斯看来，这体现了他对直觉的诉诸。但这是在受到了极大限制条件下的直觉。罗尔斯认为，"没有理由认为我们能完全避免对任何一种直觉的诉诸，如假定我们应当试图避免。我们的实际目标是要在判断中达到一种可以合理依靠的协定（契约），以提供一种共同的正义观。"[34]

三、反思平衡

我们通过上面的分析可知，罗尔斯仍然认为他在某种程度上需要依靠直觉。但罗尔斯对直觉的依赖是限定性的。罗尔斯认为，在原初状态下的人们，并不认为正义原则是自明的，而是选择的。也就是说，既使是在对直觉十分限定的状态下，也是通过审慎地考虑选择正义原则的。那么，这种审慎的考虑是怎样进行的呢？正是在这个意义上，罗尔斯提出"反思平衡"（Reflective Equilibrium）的方法，这种慎思推理的方法。

(一)慎思推理:反思平衡

“反思平衡”是罗尔斯新造的一词,虽然罗尔斯也提到有人在这种意义上使用过。[35]“反思平衡”这一概念为罗尔斯首次提出后,在西方学术界也引起了重大的反响。被人们认为它是相对于直觉主义的认识论意义上的重大理论变革。

何谓“反思平衡”? 罗尔斯说:“它具有对于通过自我考察而形成的行为原则进行研究的概念特征。”[36]罗尔斯说到两种意义的反思平衡。一是反思提出一些小的修订意见以适应他的判断,二是提出全部可能的描述,使他的判断与其相适应。在后面这种情况下,一个人的正义感可能会完全发生变化。而在这第二种意义上的反思平衡,才涉及道德哲学。在罗尔斯看来,道德哲学是苏格拉底式的,即是通过反复询问,在不同原则与判断之间的反思来进行的。我们或者修改我们的描述,或者修改我们的判断。一旦判断的调节性原则得到阐明,我们可能就要改变我们现在已被考虑的判断。而对原则的认识也可以引出进一步的反思,使我们重新考虑这些判断。在这里,实际上罗尔斯是讲一种慎思方法,即在对感性层面的判断与在对抽象原则的思考之间,反复达到一种平衡。在《正义论》中,罗尔斯在不同的地方使用了“反思平衡”这一概念。首先他是在论述到对原初状态的设计时,指出或者是修改对原初状态的解释,或者是修改我们的判断,通过这样的反复来回,有时改正契约环境的条件,有时撤销我们的判断使之符合的原则,最后达到这样一种对原初状态的描述:它既表达了合理的条件,又适合我们所考虑的并已及时修正和调整了的判断。也就是说,罗尔斯正是通过原则与判断之间的反思平衡,得到了原初状态的观念。

其次,罗尔斯所提出的正义观念以及正义原则的概念,仍是通过反思平衡来达到的。他假定那些将在原初状态中被选择的原则是和那些我们所考虑的判断依据的原则一致的,所以,这些原则描述了我们的正义感。不过,这种一致是通过反思平衡达到的。一个人也可能修正他的判断以适应那种正义原则,而向他呈现的正义观也能给他一个他感到现在可接受的判断,在这种情况下,他则有可能修正他的判断。而一个人的正义感并不意味着就是对各种正义观所具有的判断相适应的感觉,它也是与在反思平衡中形成的判断相适应的观念。一个人在衡量了各种正义观后,他或是修正他的判断以符合其中一种正义观(在这种情况下,一个人的正义感可能发生彻底变化),或是继续坚持他的最初信念以及相应的观念。

那么,通过这种反思平衡,在原初状态下的人们为什么会选择罗尔斯的正义观念及其正义原则呢?罗尔斯是通过运用最大最小值规则来说明的。这是罗尔斯的原初状态中的反思平衡所借助的原则。当然,罗尔斯对原初状态条件的预设,使得它内在蕴含着正义观念及其两个正义原则的精神实质。换言之,原初状态的环境使得人们会觉得其正义原则是具有合理性的正义原则。不过,尽管如此,罗尔斯仍是通过反思平衡来达到的。对于最大最小值规则,后面我们还要涉及,这里先介绍一下。最大最小值规则告诉我们要按选择对象可能产生的最坏结果来排列选择对象的次序,然后我们将采用这样一个选择对象,它的最坏结果优于其他选择对象的最坏结果。也就是说,这是一种在不同的判断与原则之间的反复平衡达到的结果,在尽可能的预设最坏结果的前提下,选择那种最坏判断结果之间的最好结果,即最大的最小值。而处在原初状态下的人,由于无知之幕的作用,即令各方采取一种自我保护性的态度,也将建立一种决定性的论据来支持两个正义原则。因为“无知之幕使相关可能性的知识减到了最模糊的程度。各方没有决定他们的社会的可能性质的任何基础。这样他们就有很强有力的理由在有别的出路时对或然性的计算不屑一顾”。[37]罗尔斯还指出,如果两个正义原则是和效率的合理要求相吻合的,它也可说是一种可行的社会正义论(尽管道义论的正义论并没有这种要求)。或者说,它保证了一种令人满意的最小值。如果发现它将导致一种不能忍受的社会制度,那也是不合理的。如功利原则的考虑,就有可能为了更大的社会利益而严重侵害自由的合理性。但是,符合最小值的两个正义原则,不容许出现各方不能接受的结果。或者说,各方都可设想自己处在最不利的地位时应当选择什么样的正义原则,因为原初状态的预设消除了偶然性因素对于人们选择所起的作用,而各方朝这个方向(最小值)设想才是合理的。

(二)两种反思平衡

罗尔斯的《正义论》分为三个部分,其中第一部分提出他的正义理论,第二部分谈制度性运用,第三部分则讨论正义原则的个人道德支持,或正义感的形成等问题。而他在第一部分提出的正义理论,实际上就是运用反思平衡方法来达到的,即通过在原则与判断之间进行反思、平衡与比较来达到的。在《政治自由主义》这部后期的重要著作中,罗尔斯再次运用反思平衡这一概念。不过,人们认为，罗尔斯在后期著作中所运用的这一概念与《正义论》中稍有不同，在《正义论》中，是一种“狭义的反思平衡”（narrow reflective equilibrium），而在后者，则更有一种“宽义的反思平衡”（wide reflective equilibrium）的意味。在此，我们首先归纳一下狭义的反思平衡，然后再表述一下宽泛的反思平衡。

狭义的反思平衡是一种这样的反思方法：存在着一批相冲突的正义原则，对正义原则的建议导致我们考虑在新提议的正义原则与我们的善的判断之间进行反思平衡；此后，再次考虑这种正义原则与我们关于善的理论之间的反思平衡。或者说，再次考虑对于某种情形的判断是否符合我们的善的理论。一般而言，结果是，或者我们坚持我们自己的正义原则，因为它是我们的善的理论的一部分；或者接受新提议的原则，因为它说明了我们的正义原则，或者它表达了我们的正义原则。罗尔斯的原初状态的设计表达的与正义原则之间的关系就是这种反思平衡关系。原初状态表明的不仅是对大家都“好”（善）的一种设计，而且是假设人人都处在最不利的情况下可能有的最大的好（善）是什么的一种设计。

“宽义的反思平衡”则是在政治建构意义上使用的，罗尔斯强调公共理性的产生，是在一种反思平衡过程中产生的。罗尔斯指出在多元主义文化政治观念的前提下的重叠共识的可能，但它不是直觉主义的，而是反思平衡达到的。直觉主义无法解释在反思的层面上与我们所考察的判断对立的道德价值秩序是否合理。如同在原初状态中的情形一样，直觉没有办法告诉我们，在这些相冲突的原则之间，哪个原则具有优先性。当然，在这里不是要通过反思平衡求得一种优先性，而是通过反思平衡达到一种重叠共识，即找到在各种不相容的学说、原则之间的相容处。实际上,罗尔斯在这里指的是政治理性意义上的反思平衡。他从作为一个公民的观点出发,以具有一批在社会中起作用的原则为背景。这个社会为具有基本道德能力的公民所组成,他们都是平等而自由的,社会既有协调性性质同时也具有合作性质。或者说,所有人作为公民都有分享着具有功能意义的社会背景,而这些出发点是我们能够同意的。也就是说,罗尔斯把反思平衡从判断原初状态或对个别情形的判断与正义原则的反思平衡,转换到从公民身份出发的社会背景意义下的原则的判断与公民所提议的正义原则之间的反思平衡。在这种反思平衡(考虑与再考虑)中,人们或者可以合理地修正自己的原则,或者可以合理地提出应当有的社会原则。罗尔斯的政治哲学中的宽义的反思平衡要求我们建构性地选择,这种选择也就是对所有考虑到了的最好的正义原则的选择。罗尔斯认为,在诸如反对奴隶制和宗教宽容这些信念中,隐含着基本理念和正义原则,这是公共文化的共同积累。但我们应当清晰系统地阐明这些理念和原则,使它能够结合成一种适宜我们的最确定的以及确信的政治正义观念,而这就必须通过反思平衡才能达到。

宽义的反思平衡带给了罗尔斯的理论一个现实性问题。原初状态的设计只是一种理论模式,但宽义的反思平衡需应对着多元性价值、文化和学说的现实世界。罗尔斯的这一方法要可行,必然是现实性的。它取决于对于诸如公民、权利、自由、社会合作等相关概念的证明。也就是说,罗尔斯对这些出发点的论证在多大程度上是切合现代民主社会的基本生存条件的。因此,罗尔斯从原初状态的假设性前提到公民这一现实前提,宽义的反思平衡是要回答正义理论的可行性问题。应当看到,这种现实性仍然是有历史与社会前提的。这就是罗尔斯所设想的公民社会。在这个意义上,它又是特殊性的,而不是在社会历史中普遍存在的。

注释:

[1] John Rawls, *A Theory of Justice*, p.24; 参见罗尔斯:《正义论》,第21页。
[2] John Rawls, *A Theory of Justice*, p.29.
[3] Ibid., p.29.
[4] John Stuart Mill, *Utilitarianism*, Joseph Katz and others editors: Writers on Ethics, D. Van Nostrand Company, 1962, p.117.
[5] John Rawls, *A Theory of Justice*, p.27.
[6] 〔英〕西季威克:《伦理学方法》,中国社会科学出版社,1992年版,第128页。
[7] 同上书,第127页。
[8] 〔德〕康德:《实践理性批判》,商务印书馆,1999年版,第68—69页。
[9] 〔德〕康德:《道德形而上学原理》,上海人民出版社,1988年版,第42页。
[10] 同上书,第45页。
[11] 〔德〕康德:《实践理性批判》,第69页。
[12] 〔英〕西季威克:《伦理学方法》,第402页。
[13] John Rawls, *A Theory of Justice*, p.25.
[14] Ibid., p.30;罗尔斯在后来的《作为公平的正义》一书中甚至提出,当一个社会达到一种正义的稳定状态时,其实际的资本积累或增长将会停止。这个观点我们将在后面有关章节中讨论。
[15] John Rawls, *A Theory of Justice*, p.26.
[16] Ibid., p.31;参见罗尔斯:《正义论》,第28页。
[17] 罗尔斯在《正义论》第66节中提出,基本善可以为善的弱理论来说明。这是因为他假定,无论还要求什么,要求这些善总是合理的,因为它们是构造和实施一项合理计划所必需的。他认为,基本善的条目可以由

作为合理性的善的观念，和关于人类的需要和能力，他们的特性和营养要求的一般事实，以及亚里士多德主义原则和社会的相互依赖的必要性联系起来加以说明（见《正义论》第66节："应用于个人的善的定义"）。

[18] John Rawls, *Political Liberalism*, Columbia University Press, 1993, p.188.

[19] Joseph Raz, *Morality of Freedom*, Oxford, Clarendon Press, 1986, p, 114f.

[20] John Rawls, *Political Liberalism*, p.157；罗尔斯提出德性问题是对共同体主义的批评的回应。在共同体主义看来，自由主义的正义论忽视了德性在其中的地位。人们普遍认为，20世纪80年代末至90年代，出了一批关于自由主义道德的著作，如前面提到的《自由的道德》就是一代表作。这是自由主义理论家自己在补这一课。

[21] Ibid., p.209；值得指出的是，罗尔斯在《正义论》和《政治自由主义》之中，所讲的都是正当的优先性，不是权利的优先性。这两个概念在英文结构表达上有细微的差别（right and rights），但在中文表达上则是差别巨大。不过，罗尔斯虽然讲的是正当的优先性，但从罗尔斯的体系来看，由于他把正义原则（正当原则）的内涵看作是公民的权利，如第一原则的基本自由权，在这个意义上，也可以把他的正义论从整体上看成是权利的优先性。因为权利的优先性恰是正当的优先性。但罗尔斯自己没有这样表述，这可从他的论述内容上看出。其次，对于正当对善的优先性的共同体主义的反驳，我们将在对共同体主义的讨论中涉及。

[22] 转引自《西方美学家论美和美感》，商务印书馆，1980年版，第95页。

[23] 周辅成编：《西方伦理学名著选辑》上卷，商务印书馆，1964年版，第790页。

[24] 同上书，第820页。

[25] 〔英〕西季威克：《伦理学方法》，第397—398页。

[26] 同上书，第406页。

[27] John Ralws, *A Theory of Justice*, p.34；参见罗尔斯：《正义论》，第31页。

[28] Ibid., p.36.

[29] Ibid., p.39. 同上书，第36页。

[30] Ibid., p.39.

[31] Ibid., p.40.

[32] Ibid., p.42;参见罗尔斯:《正义论》,第 38 页。

[33] Ibid., p.43;参见同上书,第 40 页。

[34] Ibid., p.44.

[35] 罗尔斯在《正义论》中首次使用这个概念时,在一条脚注中提到原则与所考虑的判断之间的相互调整并不是道德哲学所独有的,并指出在 1955 年出版的尼尔森·古德曼的著作《事实、想象和预测》中有这种论述。参见 John Rawls: *A Theory of Justice*, p.20.

[36] John Rawls: *A Theory of Justice*, p.48.

[37] John Rawls: *A Theory of Justice*, p.155; 参见《正义论》,第 149 页。

第三章　原初状态的设计

罗尔斯在哲学上的考虑以及方法论的考虑,较之对于原初状态(the original position)的设计来说,都是次要的。罗尔斯在哲学上排除功利主义的原则以及直觉主义的方法,就必须寻找一种新的方法。在罗尔斯这里,这种方法并不是新的方法,而是复活了传统契约论的方法,即以一种类似自然状态的原初状态作为起点,通过这种起点状态中的人们的契约来选择正义原则。换言之,这些原则是原初状态中的人们的一种契约性行动达到的,原初契约的目标就在于通过选择获得适用于社会基本结构的正义原则。原初状态中的人们要一次性地永远决定建构一个社会基本结构或制度的基本原则。

一、近代契约论

原初状态在罗尔斯的正义论中占有一个相当重要的位置。类似于传统的古典契约论,原初状态是正义论的理论出发点。罗尔斯明确指出:“我的目的是要提出一种正义观,这种正义观概括了人们所熟悉的社会契约理论(比方说,在洛克、卢梭、康德那里发现的契约论),使之上升到一个更高的抽象水平。”[1]罗尔斯所要做的，就是进一步概括洛克、卢梭和康德为代表的传统的社会契约论，使之上升到一个更高的抽象水平。罗尔斯的正义论与传统的社会契约理论的亲缘关系，最典型地体现在他的原初状态说里。为了使我们清晰地看到罗尔斯的理论与传统社会契约论的关系，首先简要地论述近代以来的契约论。

(一)古希腊以来的自然法

近代以来的社会契约论其主要的理论构成是自然法、自然状态和社会契约，实际上，这三者又都可归于自古希腊社会以来的自然法传统的名下。换言之，自然法理论源远流长。首先，在古希腊哲学那里，"自然"是与习俗相对立的。自然的事物也就是与人为的事物如习俗、制度、成文法等对立的事物。在社会意义上的自然与习俗的区分，也就是前社会与社会的区分。自然与习俗的区分是智者们所使用的一个基本区分。在智者那里，一个人如果遵循某一特定国家的法律与道德，他就是一个习俗性的存在者，如果一个人只是出于他自己的个人目的而行动，并不依照成文法而行动，他就是一个自然的存在物。在智者们看来，每一个习俗性的人里都隐藏着一个自然人。在古希腊社会中，自然与习俗的对立还反映在将远古以来所流传下来的习俗、惯例称为自然法而与当时国家的成文法律的对立。即不成文法或神法与国家的成文法的对立上。这典型地反映在索福克勒斯的悲剧《安提戈涅》里。[2]在这一剧里，安提戈涅埋葬他的哥哥的行动与克瑞翁的命令同样都有着伦理与法的依据。克瑞翁出于对国家的幸福与安宁的考虑，坚决主张国家的法令和政府的权威应当得到尊重，对于违法的行为一定要处罚。安提戈涅同样受到一种伦理力量的鼓舞，在她心目中骨肉至亲的爱是神圣的。当时希腊人所信奉的“神法”更是超越于国法之上的，绝对不可侵犯的法。当她被捕后，她和克瑞翁有这样一段对话：“克：你真敢违背法令吗？安：我敢，因为向我宣布这法令的不是宙斯，那和下界神祇同住的正义之神也没有为凡人制定这样的法令；我不认为一个凡人下一道命令就能废除天神制定的永恒不变的不成文律条。”[3]在这里，自然法就是超越于世俗国家之上的更为神圣的法律，同时，自然法同样也是道德律令，并且是比世俗法令更为神圣的道德律令。因此，在古希腊，与道德相联系的“自然”就有两种理解。一种是与道德无干的前道德的人，即自然人，这种自然人在霍布斯那里再一次出现。另一种是高于世俗法的自然法，它的道德性比世俗法所体现的还要崇高。

古希腊的自然法的思想在斯多亚派哲学那里有了决定性的扩展。[4]斯多亚派的哲学思想形成发展于古希腊城邦衰落和亚历山大的世界性帝国兴起的历史时期。古希腊是一个小邦林立的世界，在不同的城邦国家中，有着当地的习惯性习俗和国家政府所颁布的法律。随着城邦的衰落，这些习俗性的法则和当地法令必然失去它的效力。然而，在这整个希腊世界和希腊化的世界，有着共同流传的神话世界和神话传统。因此，当着地方性的习俗不再起作用，那体现为传统神话中的还有意义的法则必然起作用。同时，来自于宙斯的自然法在斯多亚派这里有了自己的理解。在他们看来，自然法所指导的是顺从自然而生活，顺从自然即顺从本性。这本性也就是正确的理性，或宇宙理性。自然法不仅是个人行为的准则，而且也是国家、宇宙的准则。是一切社会与国家正义的准则,它在整个宇宙中普遍有效。

斯多亚派的自然法思想不仅把理性与正义看成是自然法的本质性内涵,同时还有一个影响深远的思想,即平等。在斯多亚派学者看来,四海之内皆兄弟,因此没有人生来就是奴隶。按照斯多亚派的说法,整个宇宙是由一个最高理性产生的统一秩序,自然法就是把一切人(和神)联结起来的一个巨大的共同体纽带。一切人,不论男女老少,不论贫富与否,都是神的子女,人人都是兄弟,彼此是平等的。斯多亚派的自然法思想对于罗马法和罗马法学产生了巨大的影响。可以说,罗马法学的核心就是自然法,罗马法律的基础也是自然法。正如英国著名法学家梅因所指出的,在罗马法中的人类根本平等的学理,毫无疑问是来自自然法的一种推定。他说:"罗马安托宁时代的法学专家提出:'每一个人自然是平等的'(omnes hominess natura aequales sunt),但在他们心目中,这是一个严格的法律公理。他们企图主张,在假设的'自然法'之下,以及在现实接近'自然法'的程度内,罗马市民法所支持的各阶级人们之间的武断区分不应该在法律上存在。这个规定对于罗马法律务实者,是有相当的重要性的。"[5]

我们再看看自然法与契约的观念。古希腊的智者派从其自然人的概念出发,已经有了契约与法的观念。这在柏拉图的《国家篇》第二卷中我们就可看到类似的说法。而苏格拉底在临终前与朋友的交谈,也包含有契约与法合一的观念。然而,体现斯多亚派式的人类平等的自然法精神与契约的统一观念,则是在罗马的契约法那里才首次遇到。古罗马的契约法是在自然法的理念指导下逐步发展而来的,它内在地体现了自然法的平等尊重的精神。相对于古罗马的市民法,古罗马有一种对待外邦人的“万民法”。万民法最初只不过是古意大利各部落各种习惯共同要素的总和,不同规则的集合。在古罗马法学家接受自然法的理念后,旧有的万民法就被看成是自然法。古罗马人通过“衡平”这个概念来理解万民法,具有对待所有人的平准要求的特点,而不考虑罗马法规的宗亲或血亲这种具有根本性的区别。古罗马的契约法例如“诺成契约”,就被归到以自然法精神理解的万民法之中,是为自然所认可并包括在自然法典之中。这使我们可从自然法的精神来理解契约。

(二)近代契约论

西方思想界自 17、18 世纪以来,自然法理论再度复兴并具有支配性的地位,自然法理论的复兴使得社会契约论开始盛行。这一时期的社会契约论又称为古典契约论。17、18 世纪兴起的自然法理论对于古罗马的自然法和契约法的观点的继承是明显的。然而,这个时期的自然法理论有它自己的明显特色。它是以社会契约论为中心环节的。它的理论雄心是要完全不依据神学,以这种世俗性学说重新解释社会和国家的起源。换言之,社会契约论是一种以契约来说明国家和社会的形成以及道德和法律原则的正当合理性的学说。在社会契约论者看来,国家和法律以及与之相关的权利与义务都是人们基于一定的目的相互订立契约的结果。契约论的预设以一种抽象的或非历史的方法来说明或阐释社会正义的基础以及正义原则的合法前提。然而,这种非历史的、抽象的方法,则是那个时代的经济关系和社会关系发展的理论反映。自文艺复兴运动以来,欧洲社会正在经历伟大的历史变迁,或趋向现代的社会运动。在某种意义上,这个运动可以归结为“从身份到契约”的运动。在传统社会,社会的共同体不是个人的集合,而是家族的集合,原始法的实体也就是宗法,以家族团体而不是以个人为单位。欧洲传统社会家族很有其独特的特性,即它可以通过收养外来人而扩大,从而形成一个以血族为中心的家族共同体。这种家族团体的核心则是父权制。进入近代社会以来,家族的社会凝聚力不断消解,社会所发生的进步可以归结到一点:这就是家族依附的渐次衰退,族权、家长的法人权渐次让位于个人。“个人”不断地取代了“家族”成了民事法律所考虑的单位。梅因说:“用以逐步代替源自‘家族’各种权利义务上那种相互关系形式的,究竟是个人与个人之间的什么关系。用以代替的关系就是‘契约’。在以前,‘人’的一切关系都是被概括在‘家族’关系中的,把这种社会状态作为历史上的一个起点,从这一起点开始,我们似乎是在不断地向着一种新的社会秩序状态移动,在这种新的社会秩序中,所有这些关系都是因‘个人’的自由合意而产生的。在西欧,向这种方向发展而获得的进步是显著的。”[6]梅因的这部著名的研究古代法的著作写于19世纪。不过,他在书中所说的这个“从身份到契约”的运动则是从16、17世纪以来就开始了的社会进步运动。在欧洲的16、17世纪,一种以市场为中心、以契约为纽带的商品生产和商品交换已经开始出现,并正在形成一种新的社会秩序。这一正在形成中的秩序,已经经过了几个世纪的生长发育。到16、17世纪,它对社会哲学理论和思想的影响、它推动社会进步的作用也日益显露出来。因此,这个时代先进的思想家们提出社会契约论,绝非是历史的偶然。从某种意义上,可以说,它是对经济生活中的契约关系及其契约规则的理论总结和理论放大,其原型的根据深藏于经济生活的社会实践中。马克思也曾指出,资本主义的商品经济需要的是自由平等的个人,需要的是摆脱了封建经济关系束缚的自由平等的个人,而它也造就了这样的个人。以社会契约论反映出的个人权利、个人自由与平等的观念,恰恰就是资本主义市场经济条件下人的特性以及其经济关系的理论反映。

在近代社会契约史上,霍布斯、洛克、卢梭以及康德是几个重要的以自然法的契约论系统探讨人类社会或国家起源的人。霍布斯是第一个以自然法的契约论系统探讨国家起源的人。霍布斯的理论包括自然状态、社会契约和自然法这样三个基本理论环节。霍布斯的自然状态说奠定了近代以来的社会契约论的基本模式。从自然状态过渡到国家状态在于人们所缔结的社会契约。之所以要从自然状态过渡到国家状态,是因为在自然状态中没有一个至高无上的权力机构来保护人们的生命权,从而处于战争状态。人们通过契约,把自身的权力让渡出去,形成一个公共权力机构。但霍布斯认为人们所让渡的权力不可收回,而应绝对服从,即使是这个至上的权力要剥夺我们的生命,也没有反对的权利。霍布斯的理论具有明显的专制主义结论。尽管如此,霍布斯开创了以契约论来解释国家起源的方式,而告别了中世纪的神创说。以契约论来解释社会国家(在霍布斯的理论中,这两者是不分的)的起源,潜在的含义是所有社会成员都是社会和国家的缔造者,在这之上,没有一个至上的创造者创造这样一个国家。并且,所有成员对于这个国家社会而言,都具有平等的成员身份,而这个社会身份是通过相互的契约造就的。

洛克的社会契约论继承了霍布斯的模式,并且把契约论的内在逻辑贯彻到底。在洛克的笔下,霍布斯所要保障的生命权扩展为生命权、财产权和自由权,这都是天赋的自然权利。洛克基本接受了霍布斯关于自然状态中的"战争状态"的说法,同样认为需要有一个超越于个人、在个人之上的公共权力机构来保护个人。但与霍布斯又有所不同,霍布斯的社会契约是个人一次性地把自己的个人权利交付给了仲裁者或国家权力执行者,或者说,全部放弃了自己的自然权利,一次性地转交给了一个绝对的主权者。洛克则认为,是把一部分权利、即自己作为仲裁人和执行人的权利交给了政治社会。与霍布斯明显区别的还有,霍布斯认为这种转让和让渡是绝对的、无条件的,洛克则认为,这种转让与让渡的权力应实际保护被转让人的利益与财产。他主张社会和政府是保护个人的生命、自由与财产的机关。在洛克看来,如果不是为了保护人们的生命、权利和财产,如果没有关于权利和财产的经常有效的规定来保障人们的和平与安宁,人们就不会舍弃自然状态的自由而加入社会和甘受它的约束。他说:"对于一个专制君主的臣民或不如说是奴隶来说,只有这个可悲的区别:在通常的自然状态中,他享有判断自己权利并尽力加以维护的自由,而现在呢,当他的财产受到他的君主的意志和命令的侵犯时,他非但不像处在社会中的人们所应享有的那样享有申诉的权力,而且,好像他已从理性动物的共同状态中贬降下去似的,被剥夺了裁判或保卫他的权利的自由。"[7]洛克不像霍布斯,他是人民自由的坚定捍卫者。在他看来,人们是为了保障人人与生俱来的自由与权利而通过契约进入政治社会,同时,在他看来,如果存在通过暴力征服或任何未经同意而存在的政府国家,人民享有摆脱这种政府的权利。他说:“作为被胁迫受制于一个政府的人们的权利,使自己从人们用武力强加于他们的篡夺或暴政中解放出来,直到他们的统治者使他们处在他们自愿自择地同意的政治机构之下为止。”[8]在洛克看来,未经过人民自由同意的政府没有合法性;同时,那些不保护人人具有的与生俱来权利的政府同样没有合法性。

卢梭是又一位重要的社会契约论者。在他的《论人类不平等的起源和基础》中,社会契约是一个环节,而在《社会契约论》中,则直接讨论的就是社会契约以及契约建构的国家。在理论模式上,卢梭是前两者的继承人,但卢梭不同意霍布斯那种统治契约论。认为社会共同体的成员共同订立契约而建构了政治共同体,但这并不意味着人们把自己的自由权完全让渡给了统治者,从而甘受统治者的奴役。然而,卢梭思想中又有与前两者不同的地方,即他强调契约缔造的政治共同体本身的价值,认为社会可以为了共同体本身的价值而牺牲个人的利益包括个人的自由。这是他在《社会契约论》中的主张。而他关于契约社会中理性自由的论点,则深刻地影响了康德。卢梭认为,在理想的社会状态中与在自然状态中的人的一个根本区别在于,自然状态中的人是自然情感占支配地位,而在社会状态中则是理性将占支配地位。公民道德不是从自然本性出发,而是从个人与全体的一致出发,行为的正义代替本能性,才有前所未有的道德性。卢梭认为要以正义为准则,就必须“在听从自己的欲望之前,先要请教自己的理性”。[9]在卢梭看来,“凡是想在社会秩序之中把自然情感保持在第一位的人,是不知道他有什么需要的。如果经常是处在自相矛盾的境地，经常在他的倾向和应尽本分之间徘徊犹豫，则他既不能成为一个人，也不能成为公民。”[10]因此，社会必须使人非自然化（社会化），除去人的绝对生存（自然独立性）并将自我转移到共同体之中，以作为全体一部分的共有道德生命来代替我们人人得之于自然界的生理上独立的生命。

康德是罗尔斯理论意义上最重要的社会契约论者。不过，康德的社会契约论只是他有关社会思想的一部分，并且，他的契约论思想（法权思想）与他的伦理思想有着不可分割的内在关系。霍布斯、洛克和卢梭在某种意义上是通过对自然法理论或社会契约论的阐发来提出他们的思想的，康德则不同，康德首先是一位道德哲学家，然后可说是一位法权论者。换言之，康德的契约论思想以他的伦理思想为基础。

对于康德的伦理思想，我们在讨论道德能力或道德人时有所涉及。简要地说，康德的伦理学说是以自主（自律，autonomy）概念为核心，其特征是他的普遍主义和形式主义的绝对命令以及对人的尊重的原则。康德的自主性，即为意志的自主性或自律性，自由概念则是阐明意志自主性的关键所在。在康德这里，自由被设定为一切有理性者的意志固有的性质。自由不仅意味着意志不受外来原因的限制（或不为感觉世界的原因所决定），而独立地起作用，而且表明，行动所依据的准则必定是以其为普遍规律为目标的准则，或者说在任何时候都必须同时能够当作客观原则，当作我们的普遍立法原则。与卢梭诉诸一个超出社会一般人的理性立法者不同，康德认为一切有理性的东西都把自己的意志普遍立法概念当作立足点,换言之,每个有理性的东西(包括人类及非人的理性存在者)都是普遍立法者。所谓普遍立法,也就是你的行动应当使你的意志的准则能够同时用作普遍立法的原则,即使你的行动准则具有普遍有效性。在这个意义上,道德也就是从自由所固有的性质中引申出来的。从另一种意义上看,是道德法则径直地导致自由概念。而当一切有理性的东西都把自己的意志普遍立法的概念当作立足点,所导致的也就是目的王国的概念,这个王国是由普遍的道德规则约束的王国,任何有理性者都服从这样的规律:即不应把自己和他人仅当工具,而应永远看作自身就是目的。每个有理性的东西由于意志自由而成为可能的目的王国的立法者。(这里需要指出的是,西季威克最先注意到了康德自由概念的歧义性,即自由的两种含义,一是我们所说的理性自由或善的自由,二是选择善与恶的中性自由。但我们也要看到,在康德看来,如果选择恶,做一个恶棍,他并没有表现出人作为一个理性存在物的本质。因此,康德的自由观是把理性自由放在本原性地位,但由选择自由来表现出这一本质。)

康德的契约论理论,是通过权利理论得到阐发的。在康德看来,我们是通过道德命令才认识到我们自己的自由。由于我们是自由的,才产生一切道德法则和因此而来的一切权利和义务。在康德看来,权利的概念以及相应的责任概念,涉及如下三个方面:一、它只涉及一个人对另一个人的外在的实践关系;二、只表示人们的自由行为与他人行为自由的关系;三、在意识行为的相互关系中,不考虑意志行动的内容,而只考虑其形式,考虑能否按一条普遍法则与另一个人的自由相协调的问题。在康德看来,权利的普遍法则可表述为:“外在地要这样去行动:你的意志的自由行使,根据一条普遍法则,能够和所有其他人的自由并存。”[11]康德把权利的普遍法则看成是人们相互关系的法则,即外在自由的法则,而把道德的普遍法则看成是人们的内在自由的法则。这两种自由在精神实质上是一致的,其自由法则的表述形式也是一样的。

在康德这里,权利一般划分为自然的权利和实在法(成文法)规定的权利,或天赋的权利和获得的权利。在这个意义上,康德认同了自然状态与法律状态的区分。由于自然权利是在没有成文法律规定人们就享有的权利,康德就把它看成是以先验的纯粹理性的原则为依据,在这个意义上,它又是一种每个人根据自然而享有的权利,它不依赖于经验中的一切法律条例。获得的权利则是以法律条例为根据的权利。康德认为,在自然状态下,人们只有私人权利而没有公共权利。康德通过大量的私人权利的矛盾分析,表明了从存在着私人权利的自然状态到公共权利的文明社会或政治国家过渡的必要性。而从前者转换到后者,康德在理论上认为应有一个社会契约。

那么,什么是康德的自然权利?康德说:“只有一种天赋的权利,即与生俱来的自由。”[12]康德指出,自由是独立于别人的强制意志,而且依据普遍法则,能够与所有人的自由并存。天赋自由是每个人由于他的人性而具有的独一无二的、原生性的,与生俱来的权利。康德认为,天赋的自由包括不受他人强制的天赋的平等权,因此,通过权利概念,他应当是他自己的主人。在他看来,人们还有一种天赋的一般行为的权利,如做不侵犯别人权利的事情等,而这些权利都包括在天赋自由的原则之内。天赋的自由权利,是最高一级的划分,还有次一级的分类,“你的”与“我的”的占有权、获得权等的分类。由于在自然状态下没有公共权利,自然权利也就是私人权利。这里需要指出,康德是通过对占有权的分析来讨论天赋的自由权利的。

从康德的论述看,康德并不否认在自然状态下人们是自由而平等的,但从康德的观点看,在自然状态下,占有权问题是一个严重问题。什么是“占有”?占有这个概念首先表明的是有外在于我的对象物,它可在时间空间中找到。这种占有是经验中的占有,还有另一种意义上的占有,即理性的占有。理性的占有只能用智力来领悟。外在于我的财产是指在我自身之外的东西,凡是对我随意使用它的任何妨碍,就是伤害我或对我不公正,就像侵犯我的自由一样。原始社会的最先占有,如简单地物质上的占有或占据土地,是一种先占性的占有,而原始占有先验地包含着私人占有可能性的基本原则。“因此,干扰土地的最先占有者或持有者去使用那块土地,是对他的损害或不公正。最先取得占有的人,就因此取得一种权利的资格,这正是原始共同占有的原则。”[13]康德说:“如果一个对象被认为是我的,我就必须对该外在物具有某种方式的占有,否则,任何人干预这个对象时,不会因此影响我,因而,他不会对我有什么不公正。”[14]然而,如果认为公正地存在着一种外在的“我的”与“你的”的关系,那么,理性的占有必须假定是可能的。在康德看来,经验中的占有仅仅是对该对象的外表方面的现象的占有,而占有表明一种关系,则是从理性上来把握。占有表明一种意志主体与另一意志主体的自由关系,这已经涉及了占有的本质。那么,在“我的”与“你的”的占有关系中,这是怎样一种关系呢?康德认为,这是以权利概念标明的关系。

占有的本质之所以需要理性地把握,是因为,它不是建立在物质性的占有之上,我站在或不站在这块土地上,它都是我的。康德认为,必须撇开一切时间和空间条件,以另一种抽象概念来把握,这就是权利的概念。我在实践上把该物置于我的力量之中并任我处置,这是一种与空间占有无关的占有概念,"它之所以是我的,因为我的意志在决定对它作任何特殊利用的时候,不与外在自由法则相抵触。现在,正是由于撇开了实物上的占有(我自由意志在感性方面的占有),于是,实践理性决定:根据智力上的概念(它们不是经验地,却先验地包含理性占有的诸条件),理性的占有将被人理解。于是,正是在这种事实中,我们发现了这种理性占有概念的有效性的根据,并以此作为普遍有效的立法原则。"[15]权利是纯粹理性的实践概念。权利本身就是对一个对象的理性的占有。通过理性的理解,这种占有或拥有变成了建立于外在权利基础上的占有。正是通过这种外在权利关系,即使我与我所拥有之物在空间上分离,它仍然是我的。康德认为,那种在自然状态中可以把任何外在物看作某人自己占有的方式,恰恰是带有权利设想的、有形的占有。而如果我在言或行中声明:某种外在的东西是我的,这等于我宣布,任何他人有责任不得动用我对它行使了意志的那个对象。如果我这一方没有这种法律行为,那么,这种强加于人的责任是不会为他人所接受的。不过,康德认为,这种互不侵犯属于别人的东西的理念,并不需要特别的法律条文来使其生效,而是已经包括在一种权利的外在责任的概念之中。因为这种相互间的责任,是从普遍法则中产生出来的。康德的这种(财产)权利是建立在实践理性的概念基础上的,值得注意的是,它与洛克的劳动财产权观念是有区别的。在洛克看来,人只要在自然物中掺进了他的劳动,他对这个自然物就有所有权了,也就使它变成我有权拥有的东西了。康德的反驳是,如对一定份额的土地的第一次耕种。如果他不是在一块属于他自己的土地上劳动,他会一无所获。康德指出,财物权,作为反对每一个可能成为一物占有者的权利,仅仅指一个特殊意志提出使用一个对象的应得权利,需要把这个意志包括在人人都可理解的普遍意志之中,还应认为它可以与普遍意志的法则相协调才行。康德所强调的是在普遍立法原则意义上的普遍同意。

但这样说并不意味着在自然状态下人们会尊重他人的占有权。普遍法则只是理性所把握的法则,它还需要有外在的普遍性形式与之符合。一个单方面的意志对一个外在的因而是偶然的占有,不能对所有人起到强制性法则的作用。人们在自然状态下即在没有公共立法权力的状态下生活,也就是在自己的占有权得不到公共保障的条件下生活,这样的获得只是暂时性的,没有保障的。“所以,只有那种公共的、集体的和权威的意志才能约束每一个人,因为它能够为所有人提供安全的保证。当人们生活在一种普遍的、外在的以及公共立法状态之下,而且还存在权威和武力,这样的状态便称为文明状态。”[16]为了使人们的权利得到保障,人们有必要从自然状态进入文明社会状态,在康德看来,自然状态与人类的文明状态的区别就在于后者能够以公共法律(成文法)来为人们的自然权利提供保障,使人在享有自然权利的时候比以往更为自由。或者说,为了保障人们的自然权利尤其是财产权的需要,人们有必要从自然状态进入文明社会状态。[17]康德认为,在没有法律的社会状态之前,人们没有责任去避免干涉别人的占有,因为别人并没有提供这种互惠性的保证。他认为,在一个法律的社会状态公开建立之前,单独的个人不可能是安全的,不受他人暴力的侵犯的。每个人都根据自己的意志自然地按着在他看来好像是好的和正确的事情去做,完全不考虑他人的意见。一旦发生权利问题,便找不到一个强制性的法官对该争执作出有权威性的法律裁判。如果任何人必须用武力来抑制别人,那么,从这种没有法律的生活状态进入有法律的文明社会状态就是合情合理的。因此,“人们首先不得不做的事,就是必须接受一条原则:必须离开自然状态(在这种状态中,每一个人根据他自己的爱好生活),并和所有那些不可避免要互相来往的人组成一个政治共同体,大家共同服从由公共强制性法律所规定的外部限制。人们就这样进入了一个公民的联合体,在这其中,每个人根据法律规定,拥有那些被承认为他自己的东西。对他的占有物的保证是通过一个强大的外部力量而不是他个人的力量。对所有的人来说,首要的责任就是进入文明社会状态的关系。”[18]

这里我们需要注意到,康德如同霍布斯、洛克,认为人们进入文明社会状态,仅仅是为了更好地实现在自然状态中已有的自然权利。康德指出:“在文明社会组织中的自然权利,是指这样一些权利的形式:它们可以从一些先验的原则推演出来,作为这种社会组织的诸条件。因此,自然权利不会被这样一个社会组织制定的法规所侵犯。”[19]我们仅仅根据理性的占有概念就可知,在自然状态中“我的”和“你的”的概念,它们在形式上所包括的东西,正是人们在文明社会状态中所制定的法律的那些东西。

值得指出的是，康德是从占有权利的逻辑推演得出从自然状态到文明的社会状态的必要的。这个逻辑的起点是17世纪、18世纪人们所认同的自然状态说。在这个逻辑推演中包含了社会契约的思想，即出于某种目的(保护个人所有权)，人们一致同意进入法律统治的文明的社会状态。但这并不等同于他像霍布斯、洛克等人一样，认为有一个原始的社会契约。康德明确谈到社会契约时，只是说它是理论上的便利。他说："人民根据一项法规，把自己组成一个国家，这项法规叫做原始契约。这么称呼它之所以合适，仅仅是因为它能提出一种观念，通过此观念可以使组织这个国家的程序合法化，可以易为人们所理解。根据这种解释，人民中所有人和每个人都放弃他们的外在自由，为的是立刻又获得作为一个共和国成员的自由。……他只是完全抛弃了那种粗野的无法律状态的自由，以此来再次获得他并未减少的全部正当的自由；只是在形式上是一种彼此相依的、受控制的社会秩序，也就是由权利的法律所调整的一种文明状态。"[20]康德在这里说得清楚，他认同一种原始契约的说法，仅仅是它提供了一种解释，而这种解释是他所认同的。

还要看到，出于保护财产权的需要而从自然状态进入文明社会状态，这只是从人类的深层动机来看。就康德的理论而言，直接的动机是确立普遍立法原则，或以普遍立法原则来建构成文法。在这个意义上，我们可以认同桑德尔对康德契约观的看法。[21]即康德的社会契约(原初契约)是为了确定一种来自纯粹理性的立法原则、正当性原则。因此，康德虽然与霍布斯、洛克等人一样，认同自然权利，但康德的普遍权利观不是来自于上帝，而是建立在实践理性的基础上的,虽然康德沿用了"自然权利"这一具有天赋性意味的概念。在康德这里,权利是一个理性的概念。因此,普遍立法原则不来自上帝而来自理性,还意味着不来自于各个人的幸福观念,换言之,普遍有效的立法原则不能基于幸福。在康德看来,各个人对幸福的理解由于环境的不同和人们对幸福的理解的严重冲突,建基于幸福之上的所有原则都不可能存在,因此,这个原则只能由实践理性来确保。罗尔斯的观点类似于康德的观点,不是从善推导出正当,这样就保护了道义论的基本假设,即正当优先于善。

在原则上,康德的自然状态认同洛克、卢梭等人给出的基本解说,即人的天赋的自由平等,同时,他认为进入文明的社会状态只是为了更好地实现自然权利,因此,他得出的结论也是洛克式的。康德说:"文明社会的成员,如果为了制定法律的目的而联合起来,并且因此构成一个国家,就称为这个国家的公民。根据权利,公民有三种不可分离的法律属性,它们是:(1)宪法规定的自由,这是指每一个公民,除了必须服从他表示同意或认可的法律外,不服从任何其他法律;(2)公民的平等,这是指一个公民有权不承认在人民当中还有在他之上的人,除非是这样一个人,出于服从他自己的道德权力所加于他的义务,好像别人有权力把义务加于他;(3)政治上的独立(自主),这个权利使一个公民生活在社会中并继续生活下去,并不是由于别人的专横意志,而是由于他本人的权利以及作为这个共同体成员的权利。因此,一个公民的人格的所有权,除他自己之外,别人是不能代表的。"[22]康德在这里确立了现代民主社会公民政治的三个基本原则或天赋权利,这个权利也是康德在《法的形而上学原理》中开宗明义所强调的。但自相矛盾的是，康德否认人民有反抗的权利，更不用说暴动的权利。他说："在任何情况下，人民如果抗拒国家最高立法权力，都不是合法的。因为唯有服从普遍的立法意志，才能有一个法律的和有秩序的状态。因此，对人民说来，不存在暴动的权利，更无叛乱权。最不该的是，当最高权力具体化为一个君主时，借口他滥用权力，把他本人抓起来或夺去他的生命，这还有什么合法性可言呢？那怕是最轻微地尝试这样做，也是重大的叛逆罪。"[23]在康德看来，人民有义务去忍受最高权力的任意滥用，即使觉得这种滥用是不能忍受的。对最高立法权的任何反抗，只能说明是与法理相悖的。在康德这里，最高权力的代表或最高立法机关就是实践理性或纯粹理性的化身。康德的这个思想表明，他认同法国大革命的原则，但反对法国大革命的恐怖行动，也反对任何对合法权力的造反行动。在这个方面，他与宗教改革家路德惊人的相似。路德教人要有信仰的自由，但却教人臣服于任何世俗的权威。但是，一个把自由作为哲学中心的最伟大的思想家为什么会有如此观点？帕里斯解释道，康德这样想至少有两个理由："第一，他认为，一个宪法如果包括了一个对它自身的否定的权利，将是与它自身相矛盾的；第二，一种造反的权利违反了公共性的原则。"[24]但为什么一种正义的宪法就不可包括纠错性正义的原则？并且，洛克也不是给予了人民反抗的权利吗？不管怎么说，康德的这个观点是与他的思想基调不协调的。

二、无知之幕与正义环境

罗尔斯承继古典契约论的方法，类似于古典契约论的自然状态，他在一种抽象意义上提出原初状态说。罗尔斯的社会契约论观点也集中体现在他的原初状态说中，他对契约论的理论前辈的思想继承也集中体现在这里。我们讨论罗尔斯之前，还必须提出一个有关契约与正义的关系问题，即为什么正义是为契约关系所体现？契约所体现的是一种什么正义？由契约所表达的这种正义的力量在哪里？首先我们看到，近代以来的契约论来自于一种可归属于自然法的传统，而后来人们所承继的自然法的基本精神是为斯多亚派所奠定的，在自然法的基本精神中，就包括着所有人都是平等的正义内涵。如同梅因所言，在罗马法中的人类根本平等的学理，毫无疑问是来自自然法的一种推定。另外，从契约的发生发展史看（我在《当代西方道义论与功利主义研究》中有较详尽的阐述），从远古时期的“有约束的联系观念”发展到近现代，即是契约自由观念的出现。平等观念、权利观念、义务责任观念以及自由意志观念都包括在契约自由的观念下。

契约作为一项人类的社会实践活动，广泛存在于社会生活的各领域。就契约作为一种缔结约定的活动而言，从现代契约自由的观念看，至少包含以下这样一些要素：一、复数的行为主体或当事人。约定或承诺至少是在两个主体之间进行的，而进入契约活动中的当事人，不论你的社会地位出身如何，就订约关系而言，是平等的主体关系。二、复数的当事人是以订约能力与履行承诺的能力为前提。契约作为一项行为或关系规划,是以订约主体的行动主体性能力(包括道德能力或主要是道德理性能力)为前提的。三、订约作为一项承诺,是双方意志的体现。承诺体现了双方对对方意志的尊重。换言之,订约是主体自由的活动,它的意愿不来自于外在的强制,强制而不体现自我意志的契约是无效的契约。四、作为一种主体意志的自由约定,约定表明了两个主体或多个主体某种程度的一致,意味着某种契合、共识或合意。五、约定或契约意味着某种责任或义务。因此,它需要自我约束,而约束又意味着对对方的权利的尊重。

从以上五个方面看,契约的缔约是在尊重对方的自主人格和主体意志的前提下,以两造(契约活动以至少两个主体相互性活动为前提)的自愿同意为先决条件进行。契约正义在契约的发生学意义上看,就是对缔结契约主体的平等人格的尊重以及自由的尊重。契约正义的力量不仅在于进入契约活动中的各方的同意或一致性承诺,而且来自于平等自由的正义观念本身。换言之,契约正义的力量也就是平等自由的正义观念的力量。契约体现了近现代以来的平等自由的正义观念。从观念上看,契约作为一种自由合意的活动,是近代以来从身份到契约的产物,而这样理解的契约之所以能够产生,在于有着这样社会结构的背景条件的出现,如在封建的中世纪就不存在现代的自由订约的普遍主体。罗尔斯所理解的与契约相关的正义概念,也就是体现在近代以来的社会契约论传统中的正义概念,即自由平等和权利保护为核心的正义概念。而契约观念内在包括着这样一种正义概念。

还有上面所提出的最后一个问题,即这种契约观念所内含的正义概念的力量何在。首先,我们认为,对于契约这一概念可从规范性的道德意义上看,也可从法权意义上看。作为一种假设的原始契约,并不具有法权意义,而只具有道德规范性意义。因此,在社会建制前或创制性契约的力量是一种道德的力量,或实践中人们对契约所具有的道德理解。我们上面所说的五个方面在某种意义上都可看作是契约的道德规范性内容。实际上,由于它是假设性的,即不是真实发生的,因而它所具有的道德规范性意义来自于社会生活中的实际契约活动,是实际契约活动形成的契约观念的泛化。就此而论,并不因为它是假设的就没有意义。它的道德规范意义或它所体现的正义力量,必须联系近现代的社会生活实践背景条件才可得到清楚的解释。罗尔斯采用古典契约论的方法来提出他的公平的正义论,是必须联系契约所具有的伦理道德内涵,以及近现代的契约自由观念中体现的正义的精神才可得到理解的。并且,罗尔斯通过对无知之幕与正义环境的设计与解释,构造了一个社会契约发生的前提性结构。

(一)无知之幕

罗尔斯说:“在作为公平的正义中,平等的原初状态(original position)相应于传统社会契约理论中的自然状态(the state of nature)。这种原初状态当然不可以看作是一种实际的历史状态,也并非文明之初的原始状态,它应被理解为一种用来达到某种确定的正义观的纯粹假设的状态。”[25]罗尔斯的契约论不是要通过契约达到一种相互性的目的,如霍布斯的相互保护的需要,而是从这样一种假设状态来论证正义原则。罗尔斯指出,正义的首要原则是在一种恰当定义的最初状态中的一个原初契约的目标。这些原则是那些关心他们自己利益的人,在这种状态中为确定他们的联合的基本条件而接受的。在罗尔斯看来,每一种社会正义观都有一种对最初状态的描述。当然,不同的理论给予最初状态的地位是不同的。契约论传统的理论家从自然状态论证他们最基本的正义原则,而在古希腊思想中,如柏拉图的正义理论那里,则是把他心目中的社会理想状态看成是正义原则的体现。在中国思想中,如儒家的理想状态是在历史上的某个确定历史时期,道家则是在那不知道德为何物的上古时期。应当说,这都是他们的社会正义的出发点。

具体地说,罗尔斯确立这种出发点是一种契约论的出发点。原初状态、社会契约与政治社会状态这样三分性结构是契约论的经典结构,罗尔斯的理论也有这样一个结构,并且以原初状态为起点。但罗尔斯的契约论与近代契约论的不同之处在于,近代契约论的阿基米德点已经包括在自然状态的天赋权利的观念之中,罗尔斯则要通过建构一种原初状态,由此通过契约来得到他的正义原则,得到他的阿基米德点,尔后依据这个原则来建构政治社会。在近代契约论理论家中,罗尔斯与康德最为接近。罗尔斯的这个目标与康德理论的相同之处在于,康德从理论上也是需要人们的一致同意,他的普遍立法原则的正当性才有效。但罗尔斯与他的理论前辈不同之处在于,康德的普遍立法原则不仅来自于他的实践理性,得到实践理性的先在性或逻辑上的保障,而且,普遍立法原则所蕴含着的自由平等精神是一种天赋原则精神,罗尔斯的理论没有这种形上学的天赋观念。

罗尔斯反复指出,他所说的原初状态是一种理论假设状态,不是某种在历史上曾经出现过的状态,或现实的状态。为了解释我们的道德判断和帮助说明我们的正义感,他需要原初状态的观念。换言之,原初状态是罗尔斯的一种理论设计。罗尔斯的考虑是,如果人们从社会中的自然事实和人们之间的偶然性事实出发,无法达成我们所需要的正义原则。那么,在罗尔斯的心目中,这是怎样一种状态呢?首先我们要看到,罗尔斯的原初状态下的人们,也类似于古典契约论中的自然状态下的人们,是处于一种没有公共权力或政治权威之下的平等状态。其次,罗尔斯对原初状态的最重要的设计就是"无知之幕"(the veil of ignorance)。罗尔斯不愿像古典契约论者那样,具体描述自然状态下人们如何生活,而是把体现在自然状态中的人们的相互性状态进行一种哲学抽象,从而提出无知之幕的构想。因此,要理解罗尔斯的原初状态,首先必须知道什么是无知之幕。无知之幕是对处于原初状态下的人们自身信息的限定。罗尔斯说:"首先,没有人知道他在社会中的地位,他的阶级出身,他也不知道他在自然资质、自然能力以及他的理智和力量等方面的分配中的他的运气。其次,也没有人知道他的善的观念,他的合理生活计划的特殊性,甚至不知道他的心理特征:像讨厌冒险、乐观或悲观的气质。再次,我假定各方不知道这一社会的经济或政治状态,或者它所能达到的文明和文化水平。处在原初状态中的人们也没有任何有关他们属于什么世代的信息。"[26]这就是罗尔斯所讲的"无知处境":一是对人们自身的特殊状况,包括出身、天生的资质、自然能力、智力以及心理特征等都不知道;二是对社会的政治经济状态以及文化文明水平甚至什么世代的特殊信息都一概不知。不过,罗尔斯设定,人们除此之外,还知道有关人类社会的一般事实,理解政治事务和经济理论的原则,知道社会组织的基础和人的心理法则,即对所有影响正义原则选择的一般事实他们是清楚的。换言之,罗尔斯排除了人与人之间有着差别的所有特殊信息。各方的差别不为他们自己所知,每个人都有着同等理智和相似境况。原初状态作为起点状态,必须从社会世界的各种偶然因素中抽象出来,不能受这些偶然因素的影响,其理由是,在自由平等的个人之间,对政治的正义原则达成一种公平一致的条件,必须消除交易中占便宜的现象。无知之幕的设计使得所有处在这种原初状态中的人处于同等的地位,使人们达到或处在一先天性平等的地位。这是一种公平的条件。这种公平的条件实际上是形象地再现了近代契约论传统的基本理念:所有人在所有相关方面都是平等的。罗尔斯说:“如果原初状态要产生公正的契约,各方必须是地位公平的,被作为道德的人同等地对待。世界的偶然性必须通过调整最初契约状态环境来纠正。”[27]罗尔斯以这种无知之幕假设了人们的一种处境。这种处境从理论上再现了近代以来契约论的自然状态以及自然状态中的人的处境和平等地位,或如他本人所说,是从一种更抽象的程度上再现了古典契约论。

还需要指出的是,罗尔斯是在康德的目的王国意义上进行原初状态的设计的。原初状态实际上是再现了康德的目的王国,是对目的王国的程序性解释。目的王国作为一个人人从本性上都可进入的理性事实,是一个人人享有平等尊重和尊严的王国。康德认为,人是一种自由、平等的理性存在者,同时,对于这个自由、平等的理性存在者而言，自主或自律性的行动才是他的自由的体现。这种自律性的行动之所以是自由的，在于他的行动与普遍立法原则一致，或遵循普遍立法原则行事。无知之幕排除了人们的特殊处境，使所有进入这一状态的人都处于一种完全平等而独立的地位，同时，无知之幕下的人们或各方代表处于一种完全受到尊重的地位，并且由于排除了特殊处境的影响，使得人们的行动能够像是目的王国的人们那样，只依照普遍立法原则来行事。

我们再回到前面所说的假设性问题上来。罗尔斯的社会契约是一种假设性契约，即不是实际存在的历史性契约。正如桑德尔批判性地指出的，罗尔斯类似于他的古典社会契约论的前辈(卢梭明确提到他的自然状态是一种假设，康德则只是从理论上的便利性上承认社会契约)，所述社会契约不仅从来就不会发生，而且只能在那些从来就不曾存在过的人中间想象性地存在，也就是说，只能在那些犯了无知之幕所必需的健忘症的人中间才能发生。“但是，这一点似乎也削弱了那种给予契约论很高的直觉诉求的道德类比基础。一旦证明这种社会契约只是一种假设，原初契约也就不再是一种显而易见的契约。而只是一种也许存在而却从未存在过的显现契约。而且正如罗纳德·德沃金指出的：‘一种假设的契约不仅是实际契约的苍白无力的形式，而且根本就不是一种契约。’”[28]

怎样回应类似于桑德尔的批评？我认为，这类批评只是着眼于实际发生在诸如经济、法律等领域里的契约，而没有看到契约观念的泛化，尤其没有看到社会政治领域里的契约观念的重要意义。契约最初是发生于经济领域，但在西方思想史上，契约观念早已溢出经济领域而成为人们法律生活和政治生活的重要观念。如苏格拉底在最后的日子里对自己不从狱中逃走所作的解说中,我们可知苏格拉底认为自己已经和雅典的法律立了约。但这种立约实际是观念性的,而并非有那一次立约行为。对于不信上帝的人来说,《圣经》是毫无意义的,因为《圣经》就是《新约》和《旧约》,是人与上帝的约定。以桑德尔的话来说,这只是一种苍白无力的假设。契约观念的泛化并成为普遍的社会观念,体现在现代社会,主要的有这样几种契约:一、身份契约。身份契约是指在现代社会中,社会等级已经破除,自由平等的公民是社会的主体,而公民身份的确立则是由契约来设定的。二、政治契约。这是近代自然法理论的社会契约论的核心内容并在几百年来的政治实践中体现出来。政治契约的基本思想是所有政府都有赖于人民的同意,政府是受个人(公民全体)委托而成立。国家的权力是基于公民个人的自由转让。权力的主体是人民,政府是受托管理者。三、社会性契约。是指一切相对独立的社会利益个体与利益集团的关系的契约化,或者说由契约来构造。在现代社会,不由契约来规定的社会关系已经所剩无几。[29]罗尔斯的假设的社会契约,实际上是一种近代契约论的政治契约。这种契约的所谓虚构性、假设性,只是就具体的情境的设置而言,如果就理论的现实性而言,它绝不是虚构,而是力图以理论的方式再现现代民主社会的政治理念。在某种意义上,我们可以毫不夸张地说,现代西方政治生活中体现民主制的主要因素的普选制的理论先声,就是人民同意的契约论。

关于无知之幕,桑德尔也从契约论的意义上进行了抨击。罗尔斯明确说到过,契约这一概念的前提在于多元性的社会事实的存在,[30]即诸多个人的多元性与独特性。现在,罗尔斯通过无知之幕,不仅使人们的处境相类,而且使人们的处境相同,这样,多元性就消失了。桑德尔说:“罗尔斯全面论述了原初状态的各方,并且在康德主义的解释中,甚至论述了本体的自我。但既然无知之幕剥夺了原初状态各方作为各方的所有互相区别的特征,那么,人们很难看出他们的多元性可能存在于何处。”[31]而当多元性特征消失之后,那就没有讨价还价的基础,“如果不会有任何讨价还价和讨论的基础,那么,就很难说还有任何达成一致契约的基础。”[32]因此,可以进行契约商谈的前提也就不存在了。桑德尔在这里的意思是说,由于处境相同,没有讨价还价的必要,也没有在多元性的前提下达成一致的基础。但我认为,罗尔斯在此处尽管假设了无知之幕,使人们处境相同,但罗尔斯还假设了中等匮乏的资源环境。同时,罗尔斯并没有把进入原初状态中的各方说成是一个个体,而是诸多个体或诸多个人的代表。即使是处于相同的处境,不同的个人也会有自己的个人利益。这一点正是罗尔斯所要说的。这些个人利益是会相互冲突的。也正是在这个意义上,有设置正义环境和选择正义原则的必要性。

(二)正义环境

罗尔斯设计这样一种无知之幕的人的处境,使人们处于平等的地位,是为了寻找到使得人们能够公平合作的社会原则。这是罗尔斯的社会契约论的特征。在古典契约论者那里,社会原则是由天赋观念或天赋原则——自然权利原则所提供的,罗尔斯的契约论排除了这种形而上学的假设,他只能依据人们地位平等和处境平等从中得出逻辑的结论。罗尔斯假设处在这样一种处境中的人并不是原子似的生活的人,而是需要社会合作才能生存下去的人。因此,在罗尔斯这里,原初状态并不是自然法理论中的一种当然的人类状态,虽然他继承了自然法传统的契约观念。在这个意义上,契约观念在罗尔斯这里有了新的理解。在罗尔斯看来,人类的合作产生利益的一致,也产生利益的冲突。这种利益的冲突就需要原则来进行调节。这种要求表明了正义的作用。这种合作的必要性以及正义原则调节利益冲突的需要,在罗尔斯看来,构成了正义的环境条件。众多个人同时在一个确定的地理区域中生存,他们的自然体力和精神能力都大致相等,他们也是易受攻击的,每个人的计划易受到他人合力的阻碍。并且,自然资源和其他资源并不是十分丰富,但也不是太贫乏而使得有效的冒险终归失败。罗尔斯称这是中等匮乏的状态。也就是说,自然并不会自动满足人类,但通过有效的努力人类能够得到回报。对于正义的环境,罗尔斯还强调,人们在利益方面,是相互冷淡的,即不愿为了他人利益牺牲自己的利益。抱有不同目的的人有着不同的自我利益,他们的不同目标造成对利用自然和其他资源的冲突,因此,对于社会利益的划分提出了相冲突的要求。罗尔斯说:“只要互相冷淡的人们对于中等匮乏条件下社会利益的划分提出了互相冲突的要求,正义的环境(circumstance of justice)就算达到了,除非这些环境存在,否则,就不会有正义德性存在的可能。”[33]在这里,罗尔斯不仅从客观条件,而且从人的精神主观条件上对正义环境提出了要求。

值得指出的是,罗尔斯在提出道德上的条件,即对他人利益的相互冷淡的同时,又提出人们之间的利益是相互冲突的,怎么理解这个问题？我们的理解是，罗尔斯设想的是这样一种人，他们在各自的自我利益问题上，由于合作体系的存在，可能有冲突的成分。如果把每个人的利益设想为一个有轴心的圆，那么在这些利益的边缘部分就可能重叠，即发生冲突的可能。但人们对那不是自己的利益的东西并不感兴趣，因为这些人是具有一定道德能力的人，他们并不把非分的利益据为己有看成是光荣的。以我们所流行的语言来说，他们也有一种道德底线，即不损害他人利益，而以守住自己的利益为底线。罗尔斯指出，这并不意味着处于原初状态的人是利己主义者，并不意味着他们会相互漠不关心，虽然他们不会总是去照顾他人的愿望和无私关怀他人，但他们也不是只追求自我利益的利己主义者。正义感就是一种通常有效的服从正义原则约束的愿望，服从正义感表明了人们对于相互利益的尊重和关心。其次，相互冷淡的要求又是针对利他主义或圣徒般英雄理想的要求。从逻辑上看，一个人人都是利他主义的社会，如果在决定一件事时，人人都投票做别人想做的事，这样显然什么也决定不了，正义问题的产生，在于至少两个人想做某件事，而可能发生冲突，但不是那种舍己去想做所有其他人要做的事。因此，假定各方是完全的利他主义就没有正义问题存在的前提，处于某一处境中的人必定有他们各自分离的利益，并有分歧或冲突的可能。罗尔斯把相互冷淡作为原初状态中的人们的主要动机正是给出了正义环境的考虑。在这个意义上，罗尔斯提出的两种道德能力，即正义感的能力与自我的善观念的能力是与相互冷淡的道德感的规定内在一致的。如果设想为仁爱情感占主导地位，就不是自我利益之善而是利他之善成了自我的主要关切，同时，一个相互利他的环境也不是正义原则发挥支配作用的环境。

罗尔斯的正义环境实际上是把正义或公正问题看成是主要问题的环境。如在一种由信徒结成的共同体中,如在某种教士的团体中。信徒们的共同信仰决定了他们的行为方式和对利益的态度。共同体的共同利益是至高无上的,而使得他们的共同利益得以维持,即他们的共同体得以存在的前提是他们的信仰的存在。因此,维系他们合作的原则是信仰的原则或信仰高于一切。但罗尔斯面对的是一个社会,而不是这样一种共同体,是一种人们生入其中只有死才出其外的社会。这个社会的任何人都有自己的利益需要维护。它不是一种信徒的共同体,也不是麦金太尔所说的那种亚里士多德意义上的共同体。亚里士多德意义上的共同体,是一种对共同善的共同追求是共同生活的中心的共同体,在这种共同体中,所有人因参与到这种共同善的追求而发现了他们自己的位置。任何对这种共同善增进的行为都是善,任何对这种共同善的破坏都是恶。当然,罗尔斯说他所理解的社会也是一种合作体系,但这种合作是以个人利益为前提为基础的,即是以维护个人的权利与利益为前提的。在亚里士多德意义上的共同体中,人们则是从对共同利益的追求中分享自己的应得利益的。所以亚里士多德说,正义以公共利益为依归。罗尔斯的正义论是以平等的个人权利自由为基础的。因此,这两者是有本质区别的。还有,一种正义作为主要问题的社会也不可能是一种普遍的利他主义者的社会。从逻辑上看,一种普遍的利他主义者的社会类似于一种君子国,在这个国家中,任何人的交易都可能做不成。以普遍的利他或仁爱为行为的主要动机,就不需要正义原则来调节,因为人人都在舍己地为他人着想。假设即使是处境最不利的人,他也在从仁爱原则出发,那么他可能想到的是即使是处境最好的人,也有他的困难,因而他可以据此谢绝别人的帮助。他可以宁愿使自己处于最不利的地位,来使别人更幸福,即他可以以此来体现出他的仁爱。这在我们看来,尽管很荒谬,但并不意味着不可能。一种这样普遍仁爱的社会,我们可能想象尽管很不平等,但由于仁爱的结果,人们并不感到不幸福。可是,从现代自我的立场看,这种仁爱实际上已经把人们的利益观异化了、扭曲了。这实在是一种社会的悲剧。人类社会的进步恰恰是自我利益的不断发现,自我意识的不断增强。所谓被压迫、被剥削阶级的不断反抗、不断觉醒,实际上就是对自我利益的不断觉醒。罗尔斯所面对的实际上是一个普遍的自我意识的时代和社会,在这样一个时代和社会,不是仁爱,而是维护个人的利益和权利的正义观,成为中心性的问题。

关于仁爱与正义的关系,桑德尔从共同体主义的立场上对罗尔斯提出反驳,他认为爱的情感和忠诚的情感与正义的德性对于一个社会或任何一个共同体而言,体现着正相反的性质。一个社会的道德衰败或恶化,才会凸显正义德性的意义。桑德尔说:“在原初状态的经验主义解释中,正义仅在那些被大量分歧所困扰的社会里才是首要的,在这样的社会里,道德上和政治上压倒一切的考虑就是要调解(大量分歧所带来的)相互冲突的利益和目标,正义是社会制度的首要德性,并非像真理对于理论那样绝对,而是有条件的,正如身体的勇敢对于战场一样。但是,这种解释更深刻的意味着,对正义环境的经验主义解释可能会损害正义的首要性主张。它倾向于将正义看作是一个补救性德性,正义在道德上带来的好处,在于当社会陷入堕落状况时用它来做修理工作。但是,如果把道德恶化作为衡量正义德性的先决条件,那么,这些条件的缺席——这种事态是可以被描述的——肯定体现着一个至少具有相当优先性的对立德性,此一德性取代了正义的地位。"[34]桑德尔还让我们想象一下理想化的家庭情况。在这种家庭中,大部分关系是靠自发性的情感来维系的,家庭成员很少诉求个人权利和公平决策的程序。有一天,这个和睦的家庭陷入纷争。利益渐趋分化,正义环境渐趋深刻。从前的情感和自发性让位于要求公平和崇尚权利。在此前提下,桑德尔甚至说:"如果正义的增长不必然隐含着一种绝对的道德改进,那么,可以看到在某些情况下,正义并不是一种德性而是一种恶。"[35]在桑德尔看来,正义只是一种补救性德性,而且当正义成为首要的,那就意味着以往由情感(爱、忠诚等)维系的关系陷入冲突之中,而这只有在道德恶化的情境中发生。

我认为,桑德尔的批评并没有对准罗尔斯,而是以一种想象的目标来攻击罗尔斯。罗尔斯强调的正义的环境以及正义的首要性指的都是一整个社会的状态,是以一个有着利益分殊的利益集团或个人的存在为前提。在人类历史上,任何一个社会都存在着利益冲突,这种冲突不可能靠仁爱来解决。公正与公平的问题都是中西社会思想史上所关注的重要问题。当然,西方思想史更为强调公正与正义,中国思想史尤其是儒家更为强调仁爱。但并不意味着中国思想家不重视社会公平问题。并且,社会公平问题历来是中国几千年传统社会中引发农民造反的主要社会问题。因此,这同样意味着中国社会历来存在着一个需要正义原则调节的正义环境。还有,桑德尔以家庭为例来反驳罗尔斯,是以不同质的共同体即不同类的事物来进行反驳。因为家庭存在着血缘纽带,而一个国家即使是一个民族的同胞,已经不存在血缘情感,只有血脉相同,当然还有一定的文化认同和民族认同感。这种认同感可以起到一致对外的作用,但在其内部,如果发生利益冲突(而这是必然发生的),只能以正义原则为调节。还有,即使是家庭内部,也不可能仅以情感来调节。中国传统社会中的五伦,其中三伦是家庭关系。而其强调的是一方对另一方的片面服从,是从来看不到对方的权利要求的。受到近代西方思想的影响,谭嗣同在《仁学》中猛烈抨击五伦道德,认为"君以名桎臣,官以名轭民,父以名压子,夫以名困妻",因而五伦道德对人的压制犹如地狱般惨祸烈毒。而在五伦道德中,谭嗣同认定只有"朋友"一伦值得肯定,因为唯有"朋友"一伦倡"平等尊重"。因此,19 世纪末 20 世纪初以来中国受到西方思想的影响,强调男女平权,不能不说是一历史的进步、道德的进步,而不是像桑德尔所说的那样,是一种道德衰败或恶化的症状。这表明,在家庭中,权利意识也是十分重要的。一种没有权利意识或正义感的家庭关系,可以有爱,但这种爱必然是一种扭曲的爱。我们可以以这样一种观点来看待中国传统社会中的仁爱观念。在我看来,我们应当重新检讨仁爱在中国历史中的作用,并确立起正义原则的首要性地位。这对于当代中国社会的发展有着十分重要的意义。

罗尔斯所考虑是一种理论起点状态,在这种状态中人们将选择作为社会基本结构的正义原则。罗尔斯认为,无知之幕加相互冷淡的假定无疑胜过了仁爱加知识的假定,无知之幕使人们排除了各方的偶然因素的干扰,使得易于达成对一种正义观的一致同意。相互冷淡的道德假设排除了道德上的强要求,这种要求不仅对于普遍个体来说难以做到,而且在历史中经常变形。因此,相互冷淡的假设面对这种仁爱要求,实际上确立了一个对自我利益保护的基本要求。

在罗尔斯看来,他的正义环境的设计也体现了康德的自主性概念。人们的相互冷淡性道德情感符合康德的自主性自由的概念。这是因为,康德所理解的自由,是普遍立法或普遍原则意义上的自由,这种自由是自主的自由平等主体通过自愿选择与普遍原则一致的行动实现的。如果原初状态中的各方被设想为利他主义者或只追求某种快乐的人,那么,他们所选择的原则只能适合于其中的某些人。这实际上是对原初状态中的人们的自由的限定。相互冷淡就是这种在道德上的限定条件,它使得人们能够排除那些特殊的道德条件而从各自的利益保护(同时也对他人利益体现出尊重与保护的)需要出发,这种条件实际上也就是一种普遍性的条件,是使得普遍立法原则在相关处境中的相关主体能够实现的条件。

罗尔斯的原初状态在他的整个理论中具有举足轻重的地位,罗尔斯指出:“原初状态(initial situation)观念是整个理论的核心,其他的基本概念都是由它规定的。……原初状态的种种(契约性)规定表达着在论证方面的种种限制,这些限制使我们不得不考虑去选择不受我们生活的独特环境限制的那些原则。无知之幕阻止我们按照我们具体的依附关系和利益塑造我们的道德观点。我们不是从我们的境况而是采取着一种每个人都能平等地采取的观点看待社会秩序。在这个意义上,我们客观地看待我们的社会和我们在其中的地位,我们分享着一种和其他人共同的观点。”[36]总之,无知之幕、正义环境和相互冷淡,构成了罗尔斯的原初状态的基本要素。当然,我们还要看到,原初状态中的人是公民的代表,他们都是具有理性的人,或具有罗尔斯所说的两种道德能力的公民代表,这种道德人格是能够正义行事,或合理选择正义原则的人具有的,而且,只有这样的人才能够订立社会契约。在这个意义上,罗尔斯的原初状态首先就把还不具备理性能力的儿童排除在外,各方代表就不会把儿童在社会中的正义或公正对待的问题作为一个问题来看待。[37]

三、筛选正义原则

无知之幕和正义环境只是原初状态的环境和条件设计,罗尔斯提出原初状态,主要是为了进行正义原则的选择。换言之,是为了寻找到建构社会制度的阿基米德点。虽然处于原初状态的人受到无知之幕的条件限制(无知之幕的限制只是使人们失去所有特殊的有关自我的信息),但是,摆在他们面前的还有多种传统的正义原则,仍然有多种原则可以选择。即使我们能够承认有最好的原则,也不能保证各方能够做出最好的选择,那些最可取的原则还是有可能被忽略。因此,我们现在需要讨论哪一种原则是最可取的问题。

(一)可选择原则及其限定因素

罗尔斯提出的两个正义原则我们下一章再详细展开,这里简要地表述如下:第一个原则:每个对与其他人所拥有的最广泛的基本自由体系兼容的类似自由体系都应有一种平等的权利。第二个原则:社会的和经济的不平等应这样安排,使它们(一)按合理地期望适合于每一个人的利益,并且(二)依系于地位和职务向所有人开放。第一个原则简称为平等自由原则,第二个原则简称为差别原则。罗尔斯认为,只有社会的和经济的不平等能够给最少受惠者带来利益,这种不平等才是符合正义的。这也就是差别原则的一个实质性内涵。罗尔斯列出了如下一个表格,把他的正义的两个原则包括在内:

A. 处在一种序列中的两个正义原则
  1. 最大平等自由的原则
  2. (a)机会的公平平等原则
    (b)差别原则

B. 混合的观念。以下面的一个原则代替上面 A2
  1. 平均功利原则
  2. 受到如下任一种限制的平等互利功利原则:
    (a)应当维持某种社会的最低受惠值
    (b)总分配不应太广泛,或者
  3. 受到 B2 中(a)(b)的限制并与机会平等原则相结合的平等功利原则

C. 古典目的论观点

1. 古典功利原则

2. 平均功利原则

3. 至善原则

D. 直觉主义的观念

1. 平衡总功利与平等分配原则的直觉主义观念

2. 平衡平均功利与补偿原则的直觉主义观念

3. 平衡(恰当的)少数自明原则的直觉主义观念

E. 利己主义的观念

1. 第一人称的专制:所有人都应服务于我的利益

2. 逃票乘客:所有人都应行为正当,唯有我可以我行我素

3. 一般的,允许所有人如其所愿地推进他的利益

罗尔斯指出,表中的观念都是自明的,而且不论在什么社会环境条件下都是有效的。不过,原初状态的条件已经给出了一些限制,而且他们的选择对象和对环境的知识还都受到各种限制。这些限制不论是对正义原则还是其他伦理原则,都是有效的。罗尔斯把这些限制称为形式的限制。

首先,原则应当是一般性(general)的,必须能够不使用那些明显的专用名词来表达意义或特定的描述方法来概括。换言之,对原则的陈述应当表达一般性质和联系。因为他们所选择的原则应当是作为社会基本结构的首要原则,是在正义的环境里始终有效的原则。这样对这些原则的理解就不应是一种对偶然性的特殊情况的知识,也不能参照特定的个人或集体来界定。

其次,原则的应用也必须是普遍的(universal)。即对所有有道德人格的人来说是普遍有效的。一个为所有人实行的原则如果是

自相矛盾的,那就必须排除它。原则将参照所有人服从它们的结果来选择。因此,所谓普遍性是指外延意义上的全面性。而一般性是指原则的本质特性,即它不为任何特殊或偶然性的情况所改变。所以罗尔斯指出,一般性和普遍性是两个不同的条件。如每一个人都要服务于我这种第一人称的专制形式的利己主义,具有普遍性,但没有满足一般性的要求。第一人称代词或名词违反了第一个限制条件。另外,一般性原则也可能不是普遍性的。如对某些有着特殊的职能或生理特性的人来说的有效原则,这对他们来说是普遍有效的,但它同样违反了一般性条件中原则应不是对特殊情况的适应这一限制。

第三个限制是公开性的限制。即各方选择的原则应是公开的正义观。公开性要求是契约论的基本条件,同时也是康德式的绝对命令的要求。罗尔斯认为,康德的绝对命令要求我们作为一个理性存在者要自愿为目的王国立法这一原则而行动,这一理论明显地包括着公开性或公共性的要求。罗尔斯的理论是康德式的道义论,自然也包括了这一要求。罗尔斯说:"公开性(公共性)条件的意义在于使各方把各种正义观作为得到公共承认的和充分有效的社会生活道德法典来评价它们。"[38]在《政治自由主义》中,罗尔斯提出了公共性的三个层次的内涵:一、正义原则是人们所了解与接受的;二、人们的普遍信念使得人们接受某种正义原则;三、对公共正义观念的证明是为公众所了解的。罗尔斯还指出,原初状态中的各方代表的设置,是作为公共反思和自我澄清的手段起作用的。在这个意义上,原初状态的设计已经预设了公开或公共性条件。

第四个限制是,一种正当观必须对各种冲突的要求赋予一种次序。这一限制是直接从正当原则调整各种冲突要求的作用中产生的。但依据什么来排序是一个困难的问题。如是靠竞争来裁定呢,还是靠武力呢?罗尔斯认为,正当的秩序是依据那种与人们的社会地位或威胁强制能力无关的情况来确定的。这个要求类似于我们已经讲到的对直觉主义反思中的原则的优先性问题。罗尔斯希望达到一种完全的正义观,即反映不同的正义程度的自然次序的正义观。在罗尔斯看来,不同的正义观有着不同的正义内涵,这些正义内涵决定着如果社会的运行在某种正义观的指导之下,那就意味着某个社会的正义实现的程度。因此,可以依据在不带任何偏见或压力的情况下客观分析不同的正义观的次序来决定原则的取舍。

第五个限制是,终极性的限制。各方应把推理所达到的原则看作是实践推理的最后仲裁者。除了所选择的正义原则外,没有更高的标准作为其他所有要求的论据。也就是说,把正义原则作为最一般的和其他全部原则的总纲来看待,而且社会制度的安排也在这一原则的指导下进行。

概括起来说,在这些限制之下的原则是这样一些原则:它们在形式上是一般性质的,在应用上是普遍适用的,它们是被公开地作为解决道德人的冲突要求的最后结论来接受的。因此,这五种限制条件并不排除传统的正义观,但首先把各种利己主义排除掉了。一般性的条件排除了第一人称的专制主义和逃票乘客式的选择。然而,一般性并不排除一般的利己主义,因为每个人都被允许做他愿意做的行为。使一般的利己主义不可接受的次序的条件,因为如果每个人都有权如其所愿地接近他的目标,冲突的要求就不可能排成序列了,结果就只有由力量和诡计来决定了。

罗尔斯假定各方都接受这些形式的限制,因而在进行原则的寻求前,首先把各种利己主义排除掉了,我们知道,由于直觉主义并不能对一批最后原则进行排序,直觉主义把所有原则都看成是自明的,而没有判断这些原则的最后标准,因此,直觉主义也就没有那种可作为最后仲裁者原则或标准。直觉主义也就被形式的限制排除了。

除了这些限定之外,我们还需记住罗尔斯对推理所限定的条件。首先是相互冷淡的道德理性的假设,即各方既不想赠送利益也不想损害他人利益;不寻求相互亲密,即也不妒忌也不图虚荣。但接受那些尽可能地促进他们目标体系的原则。如果在社会利益的分配中他得到比平等的份额更多的份额是不合理的,而将较少的份额给他对他来说也是不合理的。这也是罗尔斯对基本道德能力即追求自己善的能力的限定。正是这种道德能力要求把平等分配的原则接受为第一个原则。其次是正义感的能力。相应于自由平等的权利的平等分享是与人们的正义感的能力相适应的。并且,这种能力意味着无论最后一致同意什么原则,各方都能理解和遵循这些原则,并且相互信赖。一旦某个原则被接受,各方将相互信任地遵守它。“因而,在达到一个协定(同意)时,他们就知道他们的承诺不是徒劳:他们的正义感能确保被选择的原则将得到尊重。”[39]还有重要的一点:如果社会的不平等能够有利于所有的人,尤其是能够使得最不利者得益,人们的正义感将承认这些不平等的正义性。

作了上述的限定外,罗尔斯意识到,功利主义的正义观是唯一可以与公平的正义理论相抗衡的正义理论。公平的正义理论是否可以取代功利主义是原则选择的中心问题。罗尔斯首先以最大最小值规则来说明公平的正义的两个原则对于社会正义问题的作用,然后,再从对功利主义与正义两原则的比较中指出公平的正义观取代功利主义的合理性。

(二)最大最小值规则

罗尔斯的“最大最小值规则”(maximin rule)概念,它由“最大限度”(maximum)与“最小限度”(minimum)两个词折合而成。本意在于最低限度的基础上所能达到的最大限度。也就是在最差或最劣环境条件下最大限度的实现自己的利益。最大最小值规则告诉我们要按选择对象可能产生的最坏结果来排列选择对象的次序,然后我们将选择那个其最坏结果好于其他最坏结果的行动。下面比较了三种可能的决定和三种可能的环境,得出这样一个表格:

决定	环境		
	C1	C2	C3
D1	-7	8	12
D2	-8	7	14
D3	5	6	8

中间的数字是相比较的可能获得的价值,以一百美元为单位。其中,最好的可能是第二种决定的 C3 的环境中获得的。但最坏结果中 D3 为最好。按照最大最小值规则,我们应当采取第三个决

定。因为这样可能发生的最坏情况是得到500美元，比其他最坏结果要好。“最大最小值”意味着“最大的最小值”。这一规则要求我们注意那种在任何计划中可能发生的最坏情况，并依次而作出决定。罗尔斯指出，这一规则有三个主要特征。第一，这一规则不考虑这三种环境的可能性，是有某种显然理由的。人们一般希望采取那种带来最高期望的行动，但是，由于它在这里是极不确定的，因此人们并不知道其可能性到底有多大。第二，如果为了得到一个不确定的利益而冒险去做那种他可能造成重大损失的事，他是不会去做的。因此，他很少关心那种在实际能得到的最低利益之外的利益。第三，被拒绝的选择对象有一种个人几乎不可能接受的后果，因为这种状况涉及重大冒险。就是说，如果人们想得到那个最大结果，就存在着损失最大的可能。

罗尔斯指出，原初状态的定义使得它成为一种可以应用最大最小值规则的状态。由于“无知之幕”的蔽障，原初状态下的人们对于可能性的知识极为有限，各方并没有决定他们的社会可能性质以及他们在社会中的地位的任何基础，因而无需冒险去选择其他原则，而将会选择某种大家一致同意的正义原则。这种选择是一种明智的选择，它是人们相互容忍的认识的反映。这种最大最小值规则，也体现了对于社会中最少受惠者的惠顾。或者说，如果大家都处在这样一种最不利的地位，将会选择一种怎样的正义原则。由于没有人知道他在社会中的地位和他的天赋，因此没有人能够修改原则以适合他自己的利益。由于大家都处在一个平等的地位，因而没有人能够知道哪些原则是特别有利于（现实社会中的）他的。因此，从最大最小值规则出发，他所能选择的是那种假设他处于社会最不利者地位时所能选择的原则，即那种即令他处在最坏的地位，也能够给他带来最大利益的原则。也就是说，他们从自身利益考虑出发，只能够选择两个正义原则。并且，他们的选择不仅是对自己来说是合理的，而且对于他们的后代来说，也应是合理的，因为后代的权利也将受这一原则的影响。古典功利原则把社会总量意义的净余额看成是值得追求的合理目标，因此，功利主义不可能从最不利者的处境出发来权衡原则的选择，但最大最小值规则告诉我们，如果我们忽视了那种最坏的可能，而不取最坏可能中最好的结果，就有可能为了最大功利而冒最坏结果的险，而这是那些处于原初状态的有着自我的善观念的人不可能接受的一种后果。

我们应当看到，最大最小值规则在罗尔斯的理论中处于一个很重要的位置上。罗尔斯以最大最小值规则来担保人们会选择两个正义原则。如果没有这一规则，罗尔斯难以担保人们将会选择他所认为的最合理的正义原则。人们指出，最大最小值规则实际上指的是人们是否有冒险精神的问题。罗尔斯所持的是中产阶级的保守态度，因而他不认同冒险精神。但不能认为生活中已经处境很糟的人，他不想冒险改善他的地位。因为如果他觉得他的地位已经不可能再坏了，假设有可能得到最不利的结果，但同时也有可能中头彩的话，他为何不因此而冒险呢？[40]如果罗尔斯的最大最小值规则得不到遵守，那只能意味着人们将不选择罗尔斯所推荐的两个正义原则，而选择最大功利化的原则。J.哈萨尼曾著文批评道：“最大最小值规则能够作为道德的基础吗？”[41]我认为提出这个问题是十分有道理的。那么，这里的问题出在哪里？在我看来,以最大最小值规则来作为人们避免最坏结果而选择两个正义原则的考虑,深层次上仍是一种功利性考虑。如上文所说的,从最大最小值规则出发,他所能选择的是那种假设他处于社会最不利者地位时所能选择的原则,即那种即令他处在最坏的地位,也能够给他带来最大利益的原则。那我们怎样理解罗尔斯拒绝功利原则作为社会正义原则?罗尔斯拒绝功利原则,主要是因为功利原则将个人对利益的计算放大为社会的考虑,从而为了社会性的最大善而赞同对某些个人的善的牺牲,甚至不考虑社会善的总量在人群中的分配。但对社会处境中的最不利者而言,这种功利性计算对于罗尔斯而言,仍然是十分重要的。这种最不利者的最大利益,如果把它看作是一种功利考虑,我们也可说是体现了道义原则的意义。罗尔斯把这类人如何能够在最不利的处境中获得最大利益看作是正义原则的最大作用所在,而宾默尔对罗尔斯的反驳力量在于,最大最小值规则只是在最稳健的意义上可以达到这个目标。

(三)与功利原则的进一步比较

但不论怎么说,罗尔斯还是通过最大最小值规则的运用,来使得他的正义原则处于被选择的地位。不过,在罗尔斯心目中,要确立两个正义原则的正当合理性,还需要将两个正义原则与功利原则进一步对比。这也是原初状态设计中运用反思平衡的一个方面。选择公平的正义原则,是使各方不仅能够保护他们的基本权利,而且由于可以达到令人满意的最小值,可以确保自己抵制了最坏的结果,他们没有为了别人享受较大的利益而默认对自己自由的损害。罗尔斯指出,任何在原初状态中被选择的原则都可能使某些人做出一种很大的牺牲,那些显然是不正义制度的受益者可能会觉得很难使自己做出某种改变。但是,“如果一个人以自己的自由和实质利益来打赌,希望功利原则的采用可能保证给他一种较大的福利,那么他可能有被他的承诺约束的困难。他定会提醒自己还有两个正义原则可供他选择。”[42]因为功利原则并没有对自由和不平等的条件下的公正利益的承诺。在既可以采用公平的正义原则也可以采用功利主义原则的社会条件下,采用功利原则就意味着放弃为公平的正义原则所确保的自由公平。在这里我们看到,罗尔斯仍然是站在一种最不利者的利益考虑的立场上,否定了功利主义的原则。通过运用最大最小值规则,我们也清楚了罗尔斯的个体主义的原则。原初状态中的人是站在自己的切身利益的立场上选择正义原则的,他们把自己的自由和利益放在最优先的地位。

罗尔斯认为,从人的心理支持的意义上看,两个正义原则也有明显的优势。当一种正义原则通过社会体系结构而得到了人们的认可,并相应产生了人们的正义感时,这样正义的制度设计就是稳定的。不过,人们产生这种正义感是有前提条件的。即在人际之间的利益比较中是否可以得到一种认同感。功利主义的原则由于忽视人们的利益不平等的问题,或者说,它只强调总量意义的净余额,而对于社会利益怎样分配的问题并没有提交答案,因而实际上对于社会不平等的问题没有从正义观上进行考察,因此,尽管两个正义原则也承认社会不平等,但它是在只有这种不平等能够为最少受惠者带来利益的前提下才承认是正义的,所以,相比较之下,功利主义比公平的正义原则所要求的社会成员的利益认同更为困难,因此,公平的正义原则所产生的就是一种较为稳固的正义观。在这种正义的制度下,每个人的自由都可得到保障,并且有差别原则可使每个人获利,即每个人的利益都得到了这种制度的保障,那么所有人都将培养起维护这一制度的倾向。在每个人的利益都得到保障的前提下,个人的正义感又转化为一种社会性的正义共同感。

罗尔斯指出,如果社会制度设计在于满足功利主义的原则,它并没有提供这种对个人利益和自由的有利保障。罗尔斯说:"对社会体系的忠诚可能要求某些人为了整体的较大利益而放弃自己的利益。"[43]因此,将功利主义的原则应用于社会体系的时候,不仅不是保障,反而是迫使人们放弃自己的利益(以道德的名义)。实际上,这是立足于社会总体利益与立足于保障个人的自由与权利的正义观的根本区别。罗尔斯指出,如果要坚持这种放弃自我利益的要求,那么,这种制度是不稳定的,除非那些必须做出牺牲的人认同比他们自己利益更宽广的利益。这个让步假设很有意思。实际上是指以一种道德的条件来保障这种功利原则指导的社会制度的稳定性问题。换言之,功利主义原则指导的社会制度本身有着一种利益设计上的内在缺陷,它只有在人们把这种利益牺牲看成是必要的代价而自觉放弃时,才会使人们感到它是合理的。但这并不是由于处在社会危急关头而要人们为了共同利益而做出必要的牺牲。它是在社会正常生活意义上对人们的要求,这种要求恰是对社会公正的剥夺。但功利主义原则却借道德的要求来掩饰它所失去的道德合理性,然而,"要我们把他人的较大利益作为对我们自己整个生活过程较低期望的充足理由来接受，这确实是一个极端的要求。事实上，当社会被看作是一种旨在推进它的成员利益的合作体系时，以下情况看来是令人难以置信的：一些公民竟被期望（根据政治原则）为了别人而接受自己生活的较差情景。”[44]罗尔斯认为从这里我们可以悟出功利主义为什么强调同情，强调仁爱在德性中所占据的中心地位。因为有了同情、仁爱的德性，这种期望就会变成现实，或者说，人们因同情、仁爱道德的补偿作用而接受这种不公正的现实。所以罗尔斯认为，除非同情和仁爱能够普遍深入地培养，这种正义观就有被动摇的危险。罗尔斯的这个思想可以得到中国传统伦理思想的佐证。我们看到，为什么强调仁爱德性的儒家思想能够与传统的专制主义制度那么兼容。因为仁爱的德性是使一种极不公正的社会能够维持下去的道德补养剂。实际上，专制主义制度能够维持下去，一是靠道德，二是靠强制。仅靠强制力是不够的，仅靠强制力的专制主义就会失去那种温情脉脉的面孔，没有仁爱或同情道德掩饰的专制主义是赤裸裸的专制主义，而赤裸裸的专制主义必然是不得人心的。当然，我们也要看到，如果我们不能从制度上改变这个社会中的人的不幸处境，强化仁爱道德也许是使得这个社会的不幸者得到慰藉的一个途径。在这个意义上，即使是专制社会中，仁爱道德也有积极意义。同时，仁爱或同情道德并不意味着在民主社会里没有它的功能，我们并没有否定在公正的社会里，还需要同情以及仁爱的德性，只是它的功能和作用不同。罗尔斯认为差别原则实质上起到了博爱的作用，这实际上也就是承认了仁爱的作用，但只是仁爱的形式不同罢了。

公平的正义原则有利于保障人们的自尊与尊严。人们的自尊通常依赖别人的尊重。我们是在他人对我们的尊重中体验到我们的自尊感与尊严感的。体现公平的正义原则的社会基本结构是一种对每一个人的利益都尊重的结构。在一个平等自由的框架内，人们在他们的社会结构中表达了相互的尊重。通过这种方式，他们保证了他们的自尊。在罗尔斯看来，通过社会制度使人在社会生活中享有自由与尊严，体现的是康德式的只把对方作为目的而不作为手段来看待的愿望。按照契约论的观点，把人作为自在的目的看待意味着至少要按照他们将在一个平等的原初状态中同意的原则对待他们。而他们接受的原则将合理地设计为保护他们的原则。人的尊严是需要制度来保障的，以两个正义原则来设计社会基本结构，使所有人享有平等的自由，体现的是把人作为目的来尊重，而不作为手段来对待。在奴隶制的社会基本结构中，奴隶没有人的尊严，在于奴隶仅仅是奴隶主的工具。公平的正义尊重所有人的平等自由权利，尤其重视社会处境最不利者的利益，因为正是在这个意义上才能体现对平等权利的尊重。在社会基本结构的设计中把人们视为目的就是要同意放弃那些不能使处境最不利者的代表人获利的设想。功利主义则不考虑这一点，甚至要求人们为了别人的较好生活前景而放弃自己的较好前景(在这里，我们不能把一个家庭内部其成员的自觉牺牲算在内)。因此，罗尔斯指出，功利主义在某种意义上并不把人看作是目的本身。而当我们为了别人而接受一种较低的生活前景时，而这在我们感到并不是公正的时候，可能体验到的是一种自尊的丧失。

罗尔斯指出，功利主义者也有可能进行反驳说，他们并不是没有尊重人,把人作为目的的思想。如边沁就提出“每一个都只算作一个,而不能算作更多”,也就是说,应当把一个人的幸福看作是与另一个人的幸福有着同等的重要性。功利主义强调社会福利的总量的增加是在全体人的意义上讲的,即对所有人都有利的意义上讲的。在这个意义上,如果联系前面所说的那个特征,那么,可以说功利主义通过把每个人的福利看作是同等重要而把人看作是目的,而它又允许用一些人较高的生活前景来平衡另一些较不利者的较低生活前景从而又把人看作是手段。因此,功利原则是把人既作为目的又作为手段。在罗尔斯看来,一个正义的社会必须排除把人作为手段的社会结构及其指导原则。他说:“两个正义原则则给了康德[的人是目的]的观念以一种更强有力的和更有特色的解释。它们甚至排除了把人们看作促进相互福利的手段的倾向。在社会体系的设计中,我们必须把人仅仅作为目的而绝不作为手段。”[45]罗尔斯的契约论具有明显的康德道义论特色。为什么在社会制度的设计上要坚持康德式的道义论?我认为,像功利主义那样仅在社会福利的总量意义上体现人的目的,但在具体政策上却把人作手段,牺牲掉人们的实际利益,即使是社会财富总量上增长了,但由于社会不平等或由于不平等所引起的严重社会不公从而使人们的生活没有尊严感(人们在社会中体会到尊严,仅仅来自于社会他人的尊重和社会公平关系。因此,一个国家中的人们,既可能穷而富有尊严,也可能富而没有尊严,也可能两者兼而有之,也可能又穷又没有尊严,如奴隶),这种有增长而严重不公的社会状态,就是类似于20世纪50至70年代南美洲国家那样的状态,这被联合国有关文件称为“有增长而无发展”的模式。

(四)理想的观察者

对于原初状态下的正义原则的选择,功利主义还有一个强有力的支持点,这就是理想的观察者的理论。罗尔斯通过比较理想的观察者与公平的正义之间的差别,使人们更清楚了功利主义本身的内在缺陷。理想的观察者是亚当·斯密提出的概念。罗尔斯在书中指出休谟(David Hume)也给出了这个定义,并具体地指出了是在人性论的第三卷的第三章第一节,尤其是从第574页到第584页。休谟在这里主要讲了人的同情的问题。但休谟所说的同情论奠定了后来斯密理想的观察者理论的基础。休谟认为同情是人性中的一个很强有力的原则,而同情表明一切人的心灵在其感觉和作用方面都是类似的。休谟的同情概念不同于中国哲学的这一概念,它只是表明他人的幸福或痛苦能够引起我们的相同的情感反映。如富人的幸福快乐也使我们感到快乐。这对于中国哲学的同情观来说是不可接受的。休谟认为凡能激动一个人的任何感情,也总是别人在某种程度上所能感受到的。而当任何性质或性格有促进人类福利的倾向时,我们就对它表示高兴,加以赞许:"因为它呈现出一个生动的快乐观念来;这个观念通过同情来影响我们"。[46]休谟还认为,人与人之间有许多不同之处,许多特殊点,但同情是人们的一个共同点。他说:"每个特殊的人对其他人都处于一种特殊的地位;我们各人如果只是根据各自的特殊观点来考察人们的性格和人格,那么我们便不可能在任何合理的基础上互相交谈。因此,为了防止那些不断的矛盾,并达到对于事物的一种较稳定的判断起见,我们就确立了某种稳固的、一般的观点。并且在我们的思想中永远把自己置于那个观点之下。”[47]实际上,在这一节的最后一段文字里,休谟所说的有类似于理想的观察者的思想。他说:“如果我们这样考虑:每个特殊个人的快乐和利益既然是不同的,那么人们若不选择一个共同的观点,据以观察他们的对象,并使那个对象在他们全体看来都显得是一样的,那么人们的情绪和判断便不可能一致。”[48]也许正是休谟的这个思想启发了斯密。斯密明确提出了理想的观察者理论,虽然在斯密那里称“公正的观察者”(impartial spectator)。公正的观察者理论是斯密的道德情感理论中的一个基本理论。在斯密那里,公正的观察者既是对他人的行为和情感的观察者,也是对自己的行为和情感的监督者。斯密继承休谟的思想,通过同情的想象而进入这一概念。斯密说:“只有借助想象,我们才能形成有关我们兄弟感觉的概念。这种想象力也不能以另外的方式帮助我们做到这一点,它只能告诉我们,如果身临其境的话,我们将会有什么感觉。我们的想象所模拟的,只是我们自己的感官的印象,而不是我们兄弟的感官的印象。通过想象,我们设身处地地想到自己忍受着所有同样的痛苦,我们似乎进入了他的躯体,在一定程度上同他像是一个人,因而形成关于他的感觉的某些想法。”[49]他还说,“每一个留意的旁观者(这里的旁观者可理解为观察者——引者)一想到他的处境,就会在心中产生类似的激情”。[50]斯密强调,同情似乎只来自对别人一定情绪的观察。这种同情的观察者对于所观察的情感似乎是会引起相同的情感或道德上赞成、反对的判断。但是,这只是斯密思想中很小的一部分,他除了在继承休谟的思想前提上,有着同情的观察者的观点外,主要还提出了一种公正的观察者的理论。同情的观察者是一种对他人情感的同感性共颤。公正的观察者则不同,观察者的同情的情感与当事人的情感或情绪既有一致也有不一致的地方,如果当事人的情感与观察者的情感不一致,就必然不是正确的和合宜的。他说:“在当事人的原始激情同旁观者表示同情的情绪完全一致时,它在后者看来必然是正确而又合宜的,并且符合它们的客观对象;相反,当后者设身处地地发现前者的原始激情并不符合自己的感受时,那么,这些感情在他看来必然是不正确而又不合宜的,并且同激起这些感情的原因不相适应,因此,赞同别人的激情符合它们的客观对象,就是说我们完全同情它们;同样,不如此赞同它们,就是说我们完全不同情它们。”[51]斯密在这里是以观察者的赞同与反对为标准的。因此,斯密所假设的这个观察者是公正而不偏私的。斯密认为,当事人除了渴望旁观者跟他的感情完全一致之外,没有别的愿望。如果看到旁观者内心的情绪在各方面都同自己内心的情绪相符,是他唯一可以得到的安慰。“但是,他只有把自己的激情降低到旁观者能够接受的程度才有希望得到这种安慰。”[52]人们为了达到这种与观察者一致的情感,就需要像观察者那样去设想自己。他说:“为了产生这种一致的情感,如同天性教导旁观者去设想当事人的各种境况一样,天性也教导后者在一定程度上去设想旁观者的各种境况,如同旁观者不断地把自己放在当事人的处境之中,由此想象同后者所感受到的相似的情绪那样,当事人也经常把自己放在旁观者的处境之中,由此相当冷静地想象自己的命运,感到旁观者也会如此看待他的命运。”[53]斯密要人们以旁观者的态度来对待自己的行为与情感。他明确地说:“我们努力像我们推测其他任何公正而无偏见的旁观者可能做的那样来考察自己的行为。如果我们设身处地地考虑问题,因而完全理解影响自己行为的所有激情和动机,我们就会因为对想象中的公正的法官的赞成抱有同感而对自己的行为表示赞同。”[54] 20世纪的一位哲学家进一步概括了斯密的这个基本理论,提出了“理想的观察者”这一概念。R. 弗思(Roderick Firth)在一篇题为“伦理的绝对主义和理想的观察者”的文章中提出,道德判断参照理想的观察者的感情应是可分析的。说“X 是对的”,意思是 X 应当得到这样一个观察者的赞许;说“Y 是错的”,意思是 Y 为他所否决。这个观察者,作为一个假设的存在者,拥有所有相关的知识(他充分了解情况),对所有人都拥有同等的爱(他是公正的),他对人对物完全没有激情,因而是绝对可靠和一贯的。[55]弗思把斯密的公正同情转换成相关全部知识,即对信息的充分占有。罗尔斯在《正义论》中所说的“一个拥有所有有关的环境知识、有理性的和公平的理想观察者”,即这种观察者的理论,综合了斯密与弗思的思想,但主要是从休谟和斯密的论点出发的。

罗尔斯指出,理想的观察者的定义没有作出任何有关正当和正义的原则可能产生的条件的假设,而只是具有某些道德讨论所具有的特征,以及我们的道德判断所具有的特征。但是,如果遵循休谟和斯密的观点,把理想的观察者设想为一个完善的同情者(a perfectly sympathetic being),就有可能产生典型的功利主义的推论。一个有理性的公平的和同情的观察者是一个采取普遍观察点的人,他处在一个他自己的利益不被考虑的地位,他具有所有必要的信息和推理能力。处在这种地位就使他对受一定社会体系影响的所有人负有同等的责任和抱有同等的同情。“一个公正的观察者以同样的方式响应每个人的利益要求,他通过评价每一个人的实际处境,来自由地运用他的同情的认同力。这样他就依次地设想他自己处在每一个人的地位,当他为每个人这样做了以后,他赞成的强度就由他同情地响应过的满足的净余额来决定。当他考虑到了所有相关各方之外,可以说,他的赞成就表现了总体的结果。在想象的同情的痛苦冲掉想象的同情的快乐之后,最后赞成的强度是与肯定性情感的净余额相等的。"[56]这里我们可看到同情的观察者的各种要素:公平、握有充分的相关知识以及想象的认同力等,这都是为了保证自然同情的准确以及公正。相比之下,在原初状态下的各方是相互冷淡的而非同情的,他们由于缺少相关的自然资质的知识和社会知识,而不得不以一种一般性的方式来考虑他们的社会安排。因此,一是完全的知识和同情的认同力产生一种对于满足的净余额(功利主义的计算法)的正确估计,在这种情况下,人们自然会赞成功利主义的正义观。因为功利主义原则强调的是在社会总额上的净余额。二是在无知之幕之下的相互冷淡的假设引出两个正义原则。换言之,理想的观察者的条件假设与原初状态的设计不是一个层次的条件,它不可能满足原初状态的条件。

其次,功利主义没有在人们之间进行认真地区分,把适用于一个人的合理选择的原则看作是社会应当选择的原则。这种观点就来自于同情的观察者理论,或者说,同情的观察者可以为这种观点提供一种演绎的基础。古典功利主义的个人概念是与公平和同情的观察者的概念相等同的。这个观察者是一个在一种经验里包括了所有欲望和满足的自我,他在想象中依次把自己与社会中的每一个成员相等同。如同我们在前面指出的斯密的话所说的,天性教导观察者去设想当事人的各种境况,天性也教导当事人在一定程度上去设想观察者的各种境况。在这个意义上,斯密实际上是认为任何人都可以通过对观察者的设想而认为自己与他人可以互通而融为一体。而社会制度作为满足欲望体系的条件是把每一个人的欲望都当作自己的欲望来观察时形成的。罗尔斯认为,由同情的认同力发现人们之间道德上的共同感,这是一种仁爱的利他主义的学说。将这种利他主义作为社会制度设计考虑的哲学前提必然带来的问题是,它不考虑人与人之间的利益差别和利益冲突。功利主义在考虑了福利的总量后,并不考虑在人们之间进行的分配。满足欲望的总体体系可能表现为一边为富人的十分的满足,一边为穷人的九分的不幸(在实行功利主义的原则前也许富人是五分的满足,穷人是十分的不幸),这在总体上确实表现为更好的幸福状态,但这种社会状态仍然使穷人处于最不幸的地位,这样的仁爱利他主义是有问题的。其次,假定穷人为了富人的更大幸福而自愿做出牺牲是很成问题的。第三,假定各方是完全的利他主义是不可能的,因为他们必定有某种可能冲突的相分离的利益。这是罗尔斯的理论的一个基本点,他始终认为任何人都有一些基本利益需要维护,他完全没有从圣徒的观点或理想出发。罗尔斯指出,对他人同样的爱的困难在于,如果对几个人有同样的爱,一旦这些人的要求发生冲突,这种爱就陷入了困境。“只要仁爱(benevolence)在作为爱的对象的许多人中间自相矛盾,仁爱就茫然不知所措。”[57]因为同情与仁爱这种情感并不包括更高层次地裁决这些冲突的正当原则。

因此，我们不能以一个同情的观察者的地位来定义公平，而是应从当事人自身的利益地位来定义公平。是他们自己必须在平等的原初状态中选择他们的正义观、正义原则，这种原则体现了他们作为平等自由权利的道德人的地位，在他们所珍视的多种善相冲突的时候，将用公平的正义原则来进行调节。罗尔斯认为，这体现了人类之爱。人类之爱是对所有人差别的承认和包容，这种人类之爱也包容了仁爱，并且超越了仁爱。

（五）平均功利主义原则

最后，还有一个问题，即原初状态下的人们可能还会选择平均功利主义的原则作为他们的正义原则。平均功利主义虽可在密尔那里找到，但主要是20世纪以来的规则功利主义的一个论点，即哈桑伊、布兰特等人的观点。强调净余额的总量增长的功利主义是古典功利主义。我们以上所谈的都是古典功利主义。平均功利原则表示社会不仅要最大限度地增加功利总额，而且要增加按人平均的平均功利。换言之，所建立的制度是要最大限度地增加各代表人的期望总额的百分比。这种百分比是以处于相应社会地位的分数乘以期望。如果其他情况完全一样，当一个社会的人口增长，甚至成倍增长，功利并不一定增长。只要在不同地位的百分比不变，功利并不改变。

罗尔斯的论证是从这样一个人的假设开始的。他假设这个有理性的人能够面对好几个社会而选择进入一个社会。他假定这些社会的成员全都有同样的偏爱，也假定这些偏爱满足了使一个人能够确定一种基本功利的条件。还假定每个社会都有同样的资源和同样的自然才能的分配。如果他准确地知道他自己的能力和利益,如果他有有关这些社会的详细信息,他也许就可预见到他在各个社会中肯定可享受到的福利。罗尔斯指出,我们可从此一步步后退。首先是假定新来者对他的才能将使他在这些不同社会里扮演的角色没有把握。如果他推测他的偏爱也跟别的所有人一样,他可能就会按最大限度地增加他所期望的福利方向做出决定。他可能把这个社会中的某个代表人的功利作为可供选择的功利,把相应的代表人的功利看作是能提供的最好前景的方向。

再进一步减少他的可知信息。假定他根本不知道他的能力,或他将要在每个社会中占据的地位。再假定他的偏爱也和其他所有人是完全一样的,他也有成为任何一个个体的同等可能性,因而也假定他不断沿着可能性的路线进行推理。那么,他的期望也就是在每一社会中获得一种平均功利。

前面的假定只是保留了所有人的偏爱完全一样这一点,现在再把这一点也去掉,我们对于这些社会成员或那选择者的具体偏爱都一无所知,对社会结构的知识也排除了。那么,这就是一个无知之幕。但我们还是假设那个新来者能够像以前一样推理,他假设自己有一种成为所有人一样的平等的可能性。那么,他会选择那个最高平等功利的社会,因为在这个社会中他可能会有最好前程。在这个意义上,原初状态的观念与平均功利原则是一致的。或者说,契约论的某种形式提供了一种支持平均功利原则的论证。

罗尔斯指出,平均功利原则的第一个困难是,在原初状态中没有假定一个人有成为任何其他人的同等机会的客观基础。首先原初状态不是建立在一个人所属的社会已知特征上的。但在推导平均功利原则的最初阶段,则是假设新来者对他的能力和他要选择的社会的设计都具有某种知识。当然,这个假设的最后阶段,是把所有相关知识都排除了,但排除所有相关知识,对个人前景的估计也只能是依据于不充足理由原则。当我们没有完全证据时,各种可能性(包括最坏的可能性)都只能被看作是具有相同的或然性。如果各方接受平均功利原则,那就意味着他们在运用或然性原则进行推理或进行判断,而这意味着冒险。但是,他们不愿拿自己的自由与福利尤其是后代的自由与福利来冒险(因为他们的决定不仅要对自己负责而且要对后代负责),并且,由于有两个正义原则作为选择对象,他们不可能再把平均功利这种或然性作为选择对象。因此,他们可能还是会运用最大最小值规则而不是运用或然性原则进行推理。

罗尔斯以埃奇沃思的观点进一步说明了平均功利原则如何得到应用的。埃奇沃思假定使自利的各方同意,把功利标准作为评价社会政策的一个政治原则是合理的。他的思想是,包括在许多场合的一个长时期里,在每一场合里最大限度地增加功利的政策大概都能给每个人带来最大功利。在税收和财产立法方面始终一贯地应用这一标准,可以产生从任何人的观点看来的最好结果。因此,自利的各方通过采用这一原则,将合理地保证他们最终不会有什么损失。但罗尔斯指出,埃奇沃思的假定是非常不真实的,特别是把他的论点运用到社会基本结构时是如此。在埃奇沃思看来,构成政治过程的决定的效果多少是独立而不相关的,而且和它们的社会效果是同一序列的。但是这种社会效果不能太大,否则不可能是独立的。同时,人们也可以随机地从一种社会地位转向另一种社会地位，使他们的生活得失能趋于平均，或者也有某种机制能确保受功利原则指导的立法确定平均分配社会的利益。"但显然社会并不是这样一种猜测性的过程，某些社会政策问题会比另一些政策问题关键得多，常常在利益的制度性分配中引起巨大和持久的变化。"[58]罗尔斯举例说，例如一个社会在贸易政策方面的历史性改变，取消长期以来对农产品实行的关税政策，以使国内的粮食价格得到下降。按功利主义的解释这一改变并不意味着对土地所有者和工业阶级产生相对持久的影响，而且其效果应是独立的。但这显然是不真实的。关税政策的改变，将使得农业人口的功利下降，而使得工业人口的福利得到提高，并将产生相对长久的影响。因此，埃奇沃思的推理只适用于那些对分配份额有着相对微弱影响的政策，而且还需要有某种制度来保证随机性。罗尔斯指出："因此，在真实的条件下，他的论据充其量只是确立了：功利的原则作为适用于较次要政策问题的立法标准，只有一个次要的地位，而这显然意味着这一原则与社会正义的主要问题无关。"[59]

罗尔斯认为，平均功利原则还有一个困难，即平均原则推理的期望的特殊性。这里的期望来自某个单独的偏爱体系，功利代表着某个人的价值体系估计的、他所面对的选择对象的价值。但现在的问题是，每一功利都是以不同个人的偏爱为基础的，正像有各种功利一样，也有许多不同的人。但平均功利原则则是从某一个人出发的，他想冒险成为一群人中的任何一个，拥有每个人的目标体系、能力和社会地位，但实际上并不存在着这样一种可能性，在不同的人之间缺少价值体系的统一性。因为各个人的价值追求，价值特性是不同的,不可通约的。在这些不同的价值追求中,不同质的欲望体系不可能得出一种平均功利值来。

平均功利原则由于上述问题而被证明是虚假的。原初状态中的人们不可能选择它,平均功利原则最后也被排除了。

罗尔斯的社会契约是一种通过选择达成一致的契约。罗尔斯的契约论首先要体现选择者的意志,选择是在没有压力下的自愿行动。这是一般有效契约的前提条件,罗尔斯的社会契约要有力量也不例外。其次,罗尔斯的社会契约不是达成一种合约,而是选择一种社会建制的正义原则,因此,必须给出充分的认知条件,同时对于进行选择的主体要具有一定的道德和认知条件,在罗尔斯这里,就是两种道德能力。对于充分的认知条件,就是上述的论证所给出的。这种充分的认知条件还结合着主体的反思平衡,这样才达到了参与主体对两个正义原则的一致同意。换言之,在原初状态下进行选择社会建制的原则,通过论证最后只能选择两个正义原则,这虽然是通过反思的平衡得出的结果,但实际上仍然体现了前提条件即原初状态设计的限制。原初状态是一种非历史的假设。为什么把原初状态视为非历史的和假设性的?"我们的解释是,原初状态中的契约,代表着在表达某些合理限制的理想的和非历史的条件下,一种慎思的合理过程的结果。实际上并不存在任何执行这种慎思过程、并确保该过程符合各种强加条件的实用方式。因此,该结果不能通过某种实际情况下各方慎思所承认的纯程序正义来确定。相反,这种结果必定是通过分析性推理来确定的。这就是说,原初状态具有足够精确的特征,以便人们有可能依据各派的本性和他们的相互遭际情况,来制定出那种可以得到理性平衡所赞同的正义观念。”[60]换言之,原初状态是一种公民各方的代表性处境设置,“是以一种可操作的和生动的建构形式,展示并统一我们道德思想的形式因素和普遍因素的一种努力,是为了利用这些因素来决定哪些正义的第一原则是最合乎理性的。”[61]罗尔斯认为,原初状态的设计实际上是一种分析性推理模式,一种思想实验性的程序设计。而他认为这也是设计一种程序正义。即这种程序所产生的结果无论是什么,都是正义的或符合正义的结果。当然,这不是社会现实中的纯程序正义,而是一种推理性的纯程序正义,但它高于社会实践中的程序。罗尔斯说:“一种社会契约论是一种假设的契约:(1)它是所有社会成员而非某些社会成员之间的协定;(2)它是作为社会成员(即作为公民)的他们而非作为在社会中占有某种特殊地位或起某种特殊作用的个体的他们之间的协定。在这一学说的康德形式——我称之为‘公平的正义’——中;(3)各派被认为是自由而平等的道德人;以及(4)这种契约的内容是规导基本结构的首要原则。我们先将道德哲学传统中所有正义观念排成一个简要的表列,然后再探问,当我们这样来限制各种选择物时,各派会一致同意这些原则的哪一种?假定我们有一种足够清晰的、为确保各派达成的协定是公平无偏所必需的条件的理念,那么,我们就可通过人们采用的原则,获得基本结构的正义内容,或者至少近似地确定这一内容。(当然,这要以道德哲学传统的合理性为前提。但除此之外,我们又能从什么别的地方开始呢?)因此,纯粹的程序正义是在最高层次上被诉求的:即条件的公平转换成人们所承认的原则的公平。”[62]他把原初状态的推理程序看成是高层次的纯程序正义,这是从理性事实出发和依据理性事实而得出的程序。

罗尔斯认为,可以把原初状态看成是对康德的自律和绝对命令观念的一个程序性的解释。换言之,原初状态是康德的基本道德理念的再现。调节康德的目的王国的原则也就是将在原初状态中被选择的原则。原初状态作为一种社会契约论的设计,它体现着自律(自主)概念与客观性概念的一致性。自主自律的行为是作为自由平等的理性存在者的我们依据自己所理解的行为原则做出的行为,这些原则是这样一些客观性原则,即由于无知之幕的限制,我们不是从我们自己的情境而是从每一个人都能独立地采取的观点来看待社会秩序,我们不是从个人的偏见而是从共同一般性的观点来判断的,这种判断的客观性是根据原初状态的种种限定而获得的。对原初状态的解释可获得这样一种意义:即以原初状态中被选择的原则去行动,体现了我们作为自由平等的理性人的本质。

在罗尔斯看来,他是把原初状态看成是康德式的本体自我理解世界的一个观察点。那么,什么是康德式的本体自我呢?即是自由平等的理性存在者。在康德思想的意义上,本体自我并不是那种任意性进行选择的自我,虽然任何人都有一种选择自由。康德自由观中的这种自由含义仅是解释人对自我的责任的本体依据,但并没有解释人的理性本质。而体现理性本质的自我选择则是那种能够选择一致性原则的选择。罗尔斯说:"如果人们像康德的观点似乎所允许的那样,假定本性的自我能选择任何具有一致性的原则,并按照这些原则(不管这些原则是什么)行动的这一点,就足以表明一个人的选择是作为一个自由平等的理性存在者的选择。”[63]原初状态中,这种本体自我有着完全的自由来选择他们所想望的无论什么原则,他们以这种选择自由来表现他们作为理智王国的平等成员。而正义的行动则充分表现了人们是什么和能够成为什么的愿望。不正义的行动则不能表现人们作为自由平等的理性存在者的本质。在原初状态中,他们独立于自然的和社会的偶然性因素,决定哪一些原则能够在他们的日常生活中坚持下去,并能表现他们在共同生活中的这种自由。原初状态中的这种假设,实际上是排除了偶然性条件的假设,从而使得人们能够达到一种一般性假设。如果处在这样一种平等而自由的条件下,人们将选择什么原则来建构一个合理而正义的社会?罗尔斯认为,理性人在这种前提下所确立的原则,是从理性自我的本质意义上开显出来的道德律。因此,罗尔斯说:“如果契约论的这个论证是正确的话,这些原则就的确是那些规定道德律的原则,或更确切地说,是适合于制度和个人的正义原则。对原初状态的描述解释了本体自我的观点和成为一个自由的平等的理性存在者所蕴含的意义。”[64]

不过,从现代西方民主社会的理性多元事实看,原初状态的这个设计有着明显困难。罗尔斯在这里的无知之幕的假设是,人们不知道自己的出身、地位等个人的特殊信息,在这样一种类似原初状态的程序中,任何一个有理性的人都会循着正义的内在规定来阐明正义的概念。有着完全自由的自我能够自由选择他们所想望选择的任何原则。但罗尔斯的原初状态的程序设计,排除了人们的其他选择而只选择罗尔斯所推荐的原则,这个程序体现了康德式的理性观念,这种自我接受这个程序,也表明了一种康德式的自我。正如哈贝马斯等人所指出的,任何一个公民都是从他自身的世界观的背景关联以及其中所潜藏的正义概念出发的,人们在运用程序和进入实质性的正义问题的思考前,其自身的前理解是不可忽略的。因此,罗尔斯的原初状态设计有着明显的困难:不可排除基于不同哲学、道德和宗教学说的世界观对于原则选择的作用(无知之幕没有排除这一点)。所有公民都是从各自的特殊世界观的视域出发,来寻求具有普遍性的道德和政治观念。罗尔斯力图限制公民各自的特殊视域,而达到一种理想的"我们的视域"。但这种理想视域只不过是康德式的视域。当然,我们看到,罗尔斯后来,对理性多元的事实的重视、重新解释两个正义原则为政治观念以及世界观的多元性和政治观念的一元性理解,都是在化解这个困境方面付出的巨大努力的体现。

注释:

[1] John Rawls, *A Thoery of Justice*, Harvard University Press, 1971, p.11.

[2] 俄狄浦斯的两个儿子厄忒俄克勒斯与波吕涅刻斯争夺王位,两人自相残杀,同日战死。由他们的舅父克瑞翁继承了王位。因为波吕涅刻斯曾勾结外敌进攻祖国,克瑞翁宣布他为叛国犯,下令禁止收葬他的尸体,违者处死。安提戈涅不顾禁令,埋葬了她的哥哥。她这样做一方面是为了尽兄妹的情谊和义务,另一方面是遵守传统的"神法"。于是克瑞翁把她判处死刑。

[3] 〔古希腊〕索福克勒斯:《悲剧二种》,人民文学出版社,1961 年版,第 19 页。

[4] 包含着道德规则意义的自然法思想从社会中的"神法"观念发展而来,但其中还有一个不可忽略的环节,就是亚里士多德的有关思想。对于这一

点,由于篇幅不可多述,读者可参看作者的另一拙作:《当代西方道义论与功利主义研究》(中国人民大学出版社,2002年版)。

[5]〔英〕梅因:《古代法》,商务印书馆,1959年版,第53页。

[6] 同上书,第96页。

[7]〔英〕洛克:《政府论》下篇,商务印书馆,1986年版,第56页。

[8] 同上书,第117页。

[9]〔法〕卢梭:《社会契约论》,商务印书馆,1980年版,第29页。

[10]〔法〕卢梭:《爱弥尔》,商务印书馆,1978年版,第10—11页。

[11]〔德〕康德:《法的形而上学原理》,商务印书馆,1991年版,第41页。

[12] 同上书,第50页。

[13] 同上书,第63页。

[14] 同上书,第59页。

[15]〔德〕康德:《法的形而上学原理》,第65页。

[16] 同上书,第68页。

[17] 这个意义上,康德将自然状态与文明社会状态区别开来,明显地受了卢梭在《论人类不平等的起源和基础》中的思想的影响。卢梭在该书中说,谁把第一块土地圈起来并且说,这是我的,谁就是文明社会的奠基者。(参见《论人类不平等的起源和基础》,商务印书馆,1962年版,第111页)

[18]〔德〕康德:《法的形而上学原理》,第138页。

[19] 同上书,第69页。

[20] 同上书,第143页。

[21] 迈克尔·桑德尔的有关论述可参看他的名著《自由主义与正义的局限》(译林出版社,2001年版),第三章,"契约论与证明"。

[22]〔德〕康德:《法的形而上学原理》,第140页。

[23] 同上书,第148—149页。

[24] Kenneth Baynes *The Normative Grounds of Social Criticism*, State University of New York Press, 1992, p.45.

[25] John Rawls, *A Theory of Justice*, p.12;参见罗尔斯:《正义论》,第10页。

[26] Ibid., p.137;同上书,第132页。

[27] Ibid.,p.141;同上书,第135页。

[28] Michael J. Sandel, *Liberalism and the Limits of Justice*, Cambridge University Press, second edition, 1998,p.105.

[29] 关于社会生活的契约化,笔者在《当代中国社会伦理生活》(四川人民出版社,1998年版)一书的"社会伦理"一章中有较详尽的阐述。

[30] John Rawls, *A Theory of Justice*, p. 16.

[31] Michael J. Sandel, *Liberalism and the Limits of Justice*, p. 131.

[32] Ibid.,p.129.

[33] John Rawls, *A Theory of Justice*,p.128.

[34] Michael J. Sandel, *Liberalism and the Limits of Justice*, pp.31–32;参见万俊人等译:《自由主义与正义的局限性》,译林出版社,2001年版,第39—40页。

[35] Ibid.,p.34.

[36] John Rawls, *A Theory of Justice*, p.516.

[37] 当然,对于罗尔斯这个原初状态的设计,批评意见远不仅于此。自《正义论》发表以来,批评的文字就远远多于罗尔斯自己的文字。人们一般认为,来自共同体主义者桑德尔的批评是最为激烈的批评。我们已经回应了一些桑德尔的批评。这里再简单讨论一下肯·宾默尔(Ken Binmore)的观点。宾默尔认为,应当把社会契约分为两类,一类是基于生存博弈的契约,一类是道德博弈的契约,这两类契约在实际生活中是交织在一起的。所谓生存契约,是基于人的肉体与心理需要的博弈。或出于人的生命安全需要的博弈,如霍布斯的战争状态。生存博弈并不需要无知之幕,是人们基于自我利益需要的博弈。它是人们在实际生活中所达到的某种均衡。如服从某人不是出于道德的考虑,而是不服从可能是更不明智的。在生存博弈的基础上,会出现道德博弈。道德博弈则是对社会公正的追求。人们随时都可能退回到无知之幕中去,提出某种公平或公正的理想追求目标,但随时都可能回到现实中来。并且,他认为这种无知之幕不需要厚到个人的所有信息都无知的程度,而是参与者都知道他自己的身份。在宾默尔看来,罗尔斯以无知之幕设制条件表达对正义的追求,只是道德博弈的表达,而不是对生存博弈的

表达(见肯·宾默尔:《博弈论与社会契约》,上海财经大学出版社,2003年版)我认为宾默尔指出了罗尔斯的契约论与那类有着战争状态内容的古典契约论的一个重大区别。就现实博弈而言,认为罗尔斯忽略了生存博弈而只强调道德博弈也是有道理的。因为罗尔斯所要解决的问题是在生存需要之上的社会公正问题,是现代民主社会的基本结构所要确立的正义原则问题,而不是在一种更低层次制度下的生存需要问题。当然,即使是在现代立宪民主制度下,也存在着生存博弈问题,这是不可回避的问题。

[38] John Rawls, *A Theory of Justice*, p.133.

[39] John Rawls, *A Theory of Justice* ,p.145;参见《正义论》,第139页。

[40] 肯·宾默尔说:“在罗尔斯提出最大最小标准是合理的或理性的时候……问题的症结在于生存价值对风险厌恶者的分量。考虑这样一个例子,有一个在生存边缘上挣扎的小村庄。这个村庄作为一个社区的生存并不依赖于它在正常年份的管理有多么成功,而是取决于它在发生严重的旱灾或蝗灾这样特殊年份的管理水平。如果这个村庄在逆境中的管理活动囿于它的习惯和传统而失败了,这种管理活动也将随着村庄消失并且不再被复制出来。因而某人会期望倾向于选择强风险厌恶的群体,看上去那些生活在贫困线上的农民顽固的保守主义态度为此提供了证据……但是演化总是选择极端厌恶风险吗?我认为答案是显然是否定的……事实是不同类型的演化力量推动我们向前而摆脱了风险厌恶行为。这些压力的性质取决于我们生活其中的社会及我们在社会中的角色。因而不同社会中不同的人一定期望在欢迎和反对风险厌恶之间达到不同的平衡,毋须讳言,风险厌恶程度高的人会胜过风险厌恶较低的人。”(《博弈论与社会契约》,第391—392页)

[41] J. Harsanyi, Can the Maximin Principle Serve as a Basic for Morality? A Critique of John Rawls' Theory. American Political Science Review, 69: 594 - 606, 1975.

[42] John Rawls, *A Theory of Justice*, p. 177;参见《正义论》,第169页。

[43] Ibid., p.177;同上书,第170页。

[44] Ibid.,p.178.

[45] Ibid., p.183;参见《正义论》,第 175 页。

[46]〔英〕休谟:《人性论》,商务印书馆,1980 年版,第 623 页。

[47] 同上书,第 624 页。

[48] 同上书,第 634 页。

[49]〔英〕亚当·斯密:《道德情操论》,商务印书馆,1997 年版,第 6 页。

[50] 同上书,第 7 页。

[51] 同上书,第 14—15 页。

[52] 同上书,第 22 页。

[53] 同上。

[54] 同上书,第 137 页。

[55] 参见尼·布宁、余纪元编著:《西方哲学英汉对照辞典》,人民出版社,2001 年版,第 460—461 页。

[56] John Rawls, *A Theory of Justice*, pp.186 - 187.

[57] Ibid., p.190.

[58] John Rawls, *A Theory of Justice*, p.171.

[59] Ibid., p.171.

[60] John Rawls, *Political Liberalism*, pp.273 - 274.

[61] Ibid., p.275.

[62] Ibid., pp.258 - 259.

[63] John Rawls, *A Theory of Justice*, p.255. 西季威克认为,康德没有解释为什么圣者和坏人的生活都同样是一种自由选择的结果,而只有像圣者那样的选择才可说表现了他的本体的自我。罗尔斯指出,在康德自由观的两种自由解释中,康德的问题在于没有解释遵循道德律的行为以一致性方式表现了人的本质,而按相反原则行动则没有表现我们的本质。罗尔斯认为,康德的主要目标是加深和证明卢梭的观点,自由是按照我们给予自己的法律而行动,而不是一种任意的自由。(同前)

[64] Ibid., p.255.

第四章　分配正义及机会平等原则

罗尔斯的两个正义原则是他的正义论的灵魂，没有这两个正义原则，也就没有他的正义论。罗尔斯的正义论思想集中体现在他的两个正义原则上。第一原则是涉及自由平等的基本原则，第二原则涉及经济分配正义以及机会平等的基本原则。第一原则集中概括了自从洛克以来的自由主义思想传统所提出的平等的政治自由原则，第二原则则系统阐发了罗尔斯的现代福利国家条件下的经济分配正义原则。罗尔斯成功地将政治自由与经济分配的正义结合在一起，作为现代民主社会的基本正义课题来研究，对于自由主义思想在现代的发展或现代阐释做出了开拓性的历史贡献。

一、两个原则与基本善

罗尔斯通过理论分析证明，在原初状态下的人们把直觉主义观念、利己主义的原则和两种形式的功利主义原则都已排除，他们只能把两个正义原则作为社会基本结构的首要原则来选择。我们知道，作为公平的正义原则实际上是两个原则，一是平等的自由原则，二是民主的平等和差别原则。按照罗尔斯在《正义论》中的思路，我们首先主要讨论第二原则，再结合立宪政体讨论第一原则。

(一)两个正义原则

罗尔斯在《正义论》中第一次完整地论述两个正义原则的内容如下：

第一个原则：每个人对最广泛的基本自由都应有一种平等的权利，这种自由是与其他人的相似自由相容的。

第二个原则：社会的和经济基础的不平等应这样安排，使它们(1)被合理地期望适合于每一个人的利益；(2)依系于职位和官职向所有人开放。[1]

罗尔斯在《正义论》中的这个表述是最初步的，在《正义论》第46节中，罗尔斯还有更为全面性的表述。在第46节中，罗尔斯对第一原则表述为："每个人对于平等的基本自由的最广泛的总体体系(the most extensive total system)都拥有一种平等权利，这种自由是与对于所有人而言的相似的自由体系相容的。"[2]在这里，罗尔斯把基本自由看成是一种总体体系。但在《政治自由主义》中，罗尔斯对第一原则的表述有一处重大修正，罗尔斯的表述是："每个人对于平等的基本自由的完全充分的体系(fully adequate scheme)都拥有一种平等的权利，这种自由的体系是与对于所有人而言的相似的自由体系(scheme)相容的。"[3]在这里，将"最广泛的总体体系"改为"完全充分的体系"。"最广泛"有着最大程度之含义，"完全充分"或"充分适当"就没有这种意义。罗尔斯指出这种修改意味着自由的体系并不是将什么东西最大化，也不是将道德能力的发展最优化，基本自由是平等地保障全体公民的社会条件。所以，这种修改更切合基本自由的社会功能。

罗尔斯提出正义的两个原则是适用于社会基本结构的原则，即它们要支配权利与义务的分派，调节社会和经济利益的分配。而每一个原则对应于社会结构的一个部分，这也就意味着社会结构可以区分为两个相对独立的部分。第一部分是旨在保障公民的平等自由，第二部分则是与社会及经济的不平等相关。罗尔斯所理解的平等自由是公民的基本自由，它包括：政治选举自由（选举与被选举担任公职的权利）、言论自由、集会自由、良心自由和思想自由；依法不受任意逮捕和剥夺财产的自由等（罗尔斯对基本自由项目的界定在不同著作中有一些变化，在我们对基本自由的论述中再讨论）。这些自由是一律平等的自由。这是公民所拥有的基本权利所决定的。罗尔斯强调，这里所说的这些自由的东西，不仅具有一种卓越的价值，并且是政治正义和社会正义的主要目的，如果不是唯一目的的话。他说："纵观整个民主思想的历史，所关注的焦点一直是获得某些具体的权利和自由，以及具体的宪法保障，例如，存在于各种权利法案和人权宣言中的具体权利、自由和宪法保障。作为公平的正义遵循的正是这种传统思想。"[4]这里值得指出的是，从1971年的《正义论》第一版到1999年的第二版，在有关正义的第一原则的表述上，还有一处重要改动。这就是在第一版中使用了单数的"基本自由"（basic liberty）。罗尔斯后来认为，这种表述是含糊不清的。因为基本自由不仅仅是某一种，而是一批，即上面所列的那些。所以在1999年的修订版，就将其改为了复数的基本自由（basic liberties），并把这些自由称为一个体系。具体表述如下："每个人对于平等的基本自由体系都有一平等的权利，这一体系是与其他人的相似自由体系相容的。"[5]

第二个原则与财富和收入分配相关。罗尔斯认为,虽然财富和收入分配无法做到平等,但必须合乎每个人的利益,同时,所有职务也必须向所有人开放。罗尔斯指出:“人们通过坚持地位开放而运用第二原则,同时又在这一条件的约束下,来安排社会的与经济的不平等,以便使每个人都获益。”[6]因此,罗尔斯的正义的第二原则并不单纯是对应社会经济领域里的财富分配问题,而是所有可能造成公民之间不平等的政治和经济领域。

这样两个原则虽然相对应于两个不同的社会结构领域,但是,罗尔斯认为,这两个原则之间的关系是确定的,即第一原则优先于第二原则,两个原则的顺序是一种类似于“词典式”排列的次序,即第一原则优先于第二原则是不可更改的。罗尔斯把这种优先性就看作是正义论的一个原则。所谓“优先”不仅是说把哪一个原则放在前面的问题,而且更重要的是说,(1)优先性原则对于第二原则有着一种总的精神上的影响力和指导意义,在罗尔斯看来,这种优先是强调第二原则的运用应该永远在一套体现正义第一原则的背景制度内进行。在这一制度背景下,政治自由的公平价值将得到保证,拥有相似天赋和动机的公民大体上具有影响政策和获得政府职位的平等机会,而不论他们处于什么经济地位和什么社会阶层。(2)两个原则并不是等值的。对前一原则的违反不可因较大的社会经济利益的补偿而得到辩护。第一原则维护的是公民的基本权利与自由,这一基本权利与自由是平等拥有的,而且是无价的,是不可以进行交换的。如任何公民的选票是不可出卖的。但后一原则涉及可比性的地位、财富与收入,涉及量化财富的分配。而公民对自己所得的财富是可以进行交换的。(3)第一原则对第二原则的优先性，还体现在第二原则必须始终体现第一原则的平等精神。这种平等是至高无上的，不能以任何借口来反对。罗尔斯说："不能以这样的借口来拒绝某些群体拥有平等的政治自由，即他们拥有这些自由可能会使他们反对有利于经济增长和提高效率的政策。"[7]也就是说，不能以效率来牺牲平等。如果坚持平等影响效率，是否是可允许的？罗尔斯的理论倾向承认这是可允许的。因这正是体现了第一原则对第二原则的支配性影响。这个问题在具体讨论两原则的关系时还要展开。

这里需要指出的是，尽管第二原则与第一原则相比，它所涉及的主要是经济利益，但罗尔斯强调，这两个正义原则具有同等的政治价值。第一个原则涉及的是如何坚持政治平等的问题，第二个原则力图解决社会不平等的问题，或者说如果必须承认不平等的合法性，也必须是在对最不利者获利的前提下。罗尔斯强调这两个原则具有同等的政治价值，是对传统的自由主义的政治价值观的突破。我们知道，古典自由主义在洛克、密尔、康德等人那里，着重强调的只是政治自由或公民自由。他们所确立的自由原则不仅把经济自由或财富占有上的自由包括在内，并且，他们的政治自由原则是通过对财产权的论证得以成立的。以洛克为代表的古典自由主义的核心观点在于财产权的确立，自由权在某种意义上是通过财产权的论证而得到证明的。而财产权是与财富占有直接相关的。他们的自由观使得他们对于经济不平等及其社会影响没有从理论进行合理探讨。古典自由主义对于经济不平等所产生或可能产生的问题没有给予理论上的关注，这既与其理论倾向相关，也可能与资本主义经济发展初期不平等问题还没有严重影响社会发展有关。

从思想史的角度看,注意到经济不平等对于社会发展作用的首先是卢梭,但卢梭的论证是从一般人类史的意义上提出的,经济不平等从来就是文明史的基本事实。对于资本主义条件下的经济不平等问题的高度重视,其理论贡献主要是马克思。是马克思深刻揭示了资本主义的不平等现象,使世人意识到在资本主义条件下不平等问题的严峻性。其次,在马克思主义理论的指引下,世界共产主义运动的兴起以及社会主义国家的出现,对于资本主义世界形成严峻挑战,从而使得西方国家从理论到政策上不得不重视社会不平等问题。进入 20 世纪 90 年代,共产主义运动的衰退和苏东国家的易帜虽然使得冷战结束,但这一理论共识作为一种财富仍然为西方思想界所接受。并且,经济不平等已经成为当代资本主义社会发展的严重困境,这是自由主义政治实践发展到当代社会必须面对的重大政治课题。如前布鲁津斯研究所所长柯密特·高登在对阿瑟·奥肯的《平等与效率》一书所写的序言中指出的:"从某种意义上说,当代美国社会的结构是双层次的。其政治制度提供了广泛的权利分配,公开宣布所有公民一律平等。然而其经济制度却建立在市场决定收入的基础上,由此产生了公民生活水平和物质福利上的悬殊差别。这种差别必然地被作为刺激——奖励和惩罚,用来提高资源使用效率和巨大的不断增长的国民总值的生产。平等权利和不平等收入的混合结果,造成了民主的政治原则和资本主义经济原则之间的紧张关系。"[8]这种紧张关系不仅是一个经济问题,而且是当代社会发展的重大政治问题,也是对民主政治制度本身的一种挑战。罗尔斯的自由主义正义原则就是在坚持自由主义的平等自由政治理念的前提下，来应对这一自由主义的实践所带来的历史困境。应当看到，以两个原则解答自由主义实践所面临的理论与实践问题，是自由主义思想史上的重大突破。

(二)基本善

罗尔斯所说的需要进行分配的东西又远不止是经济财富，罗尔斯把需要社会进行调节分配的东西都统称为"基本善"(primary goods)。所谓"基本善"就是各种各样的社会条件和适合于各种目的之手段。他认为，这些基本善对于公民能够全面发展和充分运用他们自己的两种道德能力，以及去追求他们自己的明确的善的观念，都是必需的。具体来说，对于什么内容应当包括在需要社会进行调节的基本善的范畴内，罗尔斯的看法从开始到后来基本没有改变，但对这些基本善的界定有改变。他总是把自由与机会、收入与财富，还有自尊的基础都看作是基本善。后来，在《作为公平的正义》和《政治自由主义》中，他具体区分了五种基本善：基本的权利与自由、在各种机会下的移居自由和职业选择的自由、各种政府或社会的职位、收入与财富、自尊的社会基础(与他原来在《正义论》中对于自尊和自尊基础没有严格区分不同，在正义论的第一、二编中，罗尔斯的基本善所列清单中的是自尊的基础，而在第三编中，则把自尊称为最重要的基本善，在《公平的正义》里，他强调作为基本善的东西不是自尊而是自尊的基础，这些社会性基础包括公民拥有的平等权利这样的制度性事实)。这与最初提出的基本善相比，既把机会这一不确定的概念具体化了，也把自由的概念具体化了。罗尔斯指出,基本善是参照公民的社会环境的客观特征加以确定的。这些客观特征是,他们所得到保证的制度性权利与自由,他们能够得到的公平机会,他们从其地位对其收入和财富所抱的理性期望。罗尔斯强调这些基本善不是公民自己的偏好和心理欲望,而是客观性。

罗尔斯强调,基本善是为所有公民必需的善。秩序良好的社会为公民提供一种制度性框架,使得人们能够得到一种公平共享基本善的机会,而作为个体的公民,则可以根据他们自身拥有的能力以及其他手段来修正或调整他们的目的或抱负。像收入与财富这样一些基本善就被理解为公民在平等自由和机会均等的框架内发展其目的、且适用于所有目的的物质性手段。同时,罗尔斯也指出这些基本善不能与任何全面性或完备性宗教、哲学和道德学说所表述的善相混淆。基本善是自由平等的人作为公民所需要的东西,不是那些信奉某种宗教信仰所需要的东西。基本善属于一种公平正义的政治性范畴,它存在于政治观念的范围内。但这并不意味着有着不同宗教信仰或不同哲学和道德观点的人不可拥有。

在罗尔斯看来,在基本善的清单中所列的内容,都是社会正义原则调节的范围。在他看来,第一原则也是指导社会调节的,即是对自由调节的原则,并且,平等是两个原则尤其是第一个原则的根本精神。因此,"所有社会价值——自由和机会、收入和财富、自尊的基础——都要平等地分配,除非对其中的一种价值或所有价值的一种不平等分配合乎每一个人的利益。"[9](重点号为引者加)应当看到,这里的"除非"引导的让步条件句给了前面所说的内容一个限定,尤其是对于财富和收入的平等分配。尽管如此,这也是罗尔斯与古典自由主义显著不同的地方。自由与机会的平等分配，是古典自由主义的内容,而提出收入与财富的平等分配,或者从整体倾向上看,平等的倾向,是罗尔斯正义论的一个显著特点。罗尔斯提出对社会财富以及所有社会价值的平等分配与调节,使他与古典自由主义拉开距离。但罗尔斯并不像马克思,要从根本上对于不平等的经济制度进行变革,从而达到经济平等,他同时承认,财富占有和分配上的不平等,只要能给每一个人带来利益,也就是合理的。在这里,它是作为一种让步条件而承认其合理性的,即它能符合每个人的利益。当然,这仅是一种最初步的解释,实际上,罗尔斯更强调的是对最少受惠者带来利益。但这个观点需要更复杂的解释才可弄清楚。不过,在这里罗尔斯首先确立的是这样一个基本思想:不平等分配的正义性只是它可使所有人得益于这样一种后果上,换言之,它可得到辩护只有在这样一种意义上。这是对不平等的辩护的最低限度的标准。因此,虽然罗尔斯提出了收入与财富的平等分配的口号,但这个让步条件句却是相当重要的限定。他承认不平等在给不利者带来利益的前提下的存在合理性。当然,罗尔斯提出基本善这一范畴的意义远比这要大得多。至少从正义理论上看,有了基本善这一客观性的范畴,在制度之间以及人与人之间就有了可比性;同时,也使得正义原则的应用有了可操作性。换言之,两个正义原则从原则上阐明了公平的正义在社会建构及公民社会中具有的重要性,而基本善作为考察两个正义原则在社会具体层面及其公民的实际状态方面,起着具体的指标性作用。在《作为公平的正义》中,罗尔斯是在“谁是最不利者?”这一节中阐明基本善的内容的。也就是说,正是通过这些客观可操作性的指标，可以在社会生活中发现谁是最不利者，谁是最有利者。也就是可以进行人与人之间的比较。通过人际比较，可以发现财富和占有上的不平等，也就使得正义原则的社会调节有了客观对象。在现实社会条件下，某些公民因拥有较高的收入和较多的财富，因而也就具有较优越的实现其目的的手段。为了让最不利者利用人人都享有的社会平等的基本自由，社会安排就应最大限度地扩大适合于这些最不利者的那些基本善。换言之，通过基本善这一概念，使得人们可以很清楚罗尔斯的两个正义原则之间的内在联系。具体来说，由于具体的基本善的内在特性不同，两个原则需要区别对待。抽象地说，第一原则的运用对象要求绝对的平等性，第二原则允许其对象具有一定的不平等性，但需要以第一原则所阐明的平等的基本自由来限定第二原则，从而使其正义性至少体现在对所有相关人有利上。

二、对第二原则的解释

第二原则是需要较复杂解释才可清楚的原则。第二原则可分为调节利益原则和机会平等原则两个部分。但是，怎样的调节才是合乎公平的正义观念，则是需要解释的。这是由于第二原则中所说的“每个人的利益”和“平等地向所有人开放”这两个短语的含混性，使之可以得出四种不同的解释，而只有其中一种才是合乎罗尔斯的理论意义的。首先，“平等的开放”这一短语可以作两种解释：一是作为向才能开放的前途平等，二是作为公平机会的平等；其次，“对每个人有利”就可作两种理解，一是理解为或是效率原则在对社会基本结构起作用；二是差别原则在对社会起作用的情况下达到的。如果是效率原则起作用，加上向才能开放，罗尔斯把它看作这是一种自然的自由体系，如果将第二原则作第二种解释，并且仍然在效率原则之下，那可以得出自由的平等，或自由主义的解释。如果对个人有利是依据差别原则对社会基本结构起作用来达到，加上把"平等地开放"理解为向才能开放，就得出了自然的贵族制理解；如果把平等的开放理解为公平机会的平等，如果是效率原则在起作用，就得到了自由的平等的理解；如果是差别原则在起作用，就得到了民主的平等。

(一)帕累托效率原则

在这里，至少两种理解都与效率原则有关。因此，首先我们必须理解罗尔斯在什么意义上使用效率这一概念。罗尔斯明确地指出，他是把帕累托(Pareto)的公式化的佳度原则(the principle of optimality)直接运用到社会基本结构上。他说："我将总是用'效率'(efficiency)这一术语来取代它，因为这在文字上是正确的，而且是为'佳度'这一术语所意示的是，这个概念比它实际意义要宽广得多。"[10]很清楚，罗尔斯的效率这一概念实际上是帕累托的佳度原则。在罗尔斯的《正义论》中，有着对这一原则的经典表述："一种结构，无论何时都不可能改变它，来使得它使一些人(至少一个人)处境更好而不使得一些人的处境(至少一个人)变坏，那么这种结构就是有效率的。"[11]

帕累托佳度是20世纪中期最重要的福利经济学原则。20世纪30年代，罗宾逊(Lionel Robbins)等人对于人际比较概念发起了激烈的批判,把人际效用比较判为“规范的”或“伦理的”,从而认为仅仅是表达了某种伦理情感或态度,而没有描述意义,因而认为人际效用比较完全没有意义。当人际效用比较被回避之后,福利经济学所剩的标准就是帕累托佳度(Pareto Optimality)。福利经济学理论认为,只有在理想的市场中,生产和一般均衡状态是帕累托佳度。也就是说,在理想的市场中,各个人各自按照理性的指引来力图达到自己利益的最大化,便能导致生产与交换的一种均等状态。在这种状态里,没有一种可选择的方案能令其中一个人境况变好而不令别人的境况变坏。这就是帕累托佳度。

帕累托佳度原则的运用是以理性经济人的假设为前提的。理性经济人是经济学的理论预设。这种理性经济人的行为也就是他的追求效用函数(utility function,“utility”亦译为“功利”)最大化的行为。换言之,功利追求是每一个市场经济行为者对其自身关于某类选择对象之偏好程度的排列。效用函数表明,个体合理地追求最偏好的对象,或者说,只有符合效用函数最大化的行为选择才是合理性的。经济学理论认为,在理想化的市场条件下,人们都会追求一种非合作性的个体效用函数的最大化,其结果是社会整体的效用最大化。

帕累托佳度就是对这种集体理性的一种表达。帕累托佳度既把自利行为追求看成是唯一基础,同时强调功利的社会总量的意义。帕累托佳度除了前面所用的表述外,还有另一种表达,这就是帕累托优态:一种状态是 S1,相对于另一种 S2 的帕累托优态(Pareto Superiority),当且仅当至少 一个人在 S1 中的状况好于在 S2 中的状况,而无人在 S1 中的状况劣于在 S2 中的状况。布坎南说:

"帕累托原则近似于这样一个原则:社会安排在下述意义上,即在追求一个帕累托佳态和一种帕累托优态的努力都承认一些人的得利不应使其他人不利的意义上,应当是互利的。"[12]因此,帕累托佳态体现的原则表达了传统经济学意义的这种集体理性:不是所有人都可能达到的其最偏好的状态,只是这种最优状态之外的任何状态都可能令至少一个人的状态变坏。集体理性的目标是在每一种可能的方向上,达成某种整体的最优。

在现代西方福利经济学中,帕累托原则是最重要的一个社会效率原则。帕累托原则仅仅需要这样一种假设:我们能确定一个人相对于自己以前的状况究竟是处境变好了还是变坏了,而并不作人际间的功利比较。同时,帕累托原则所强调的"互利"是在社会总效用(总功利)的意义上,即它根据社会状态的最大限度地扩大最优目标的倾向来比较社会状态。因此,帕累托原则内在具有功利主义的逻辑,它所强调的是总和系列,同时又是效果论的,即它体现的是,任何选择,不论是行为还是动机规则或政策,都受到它们的后果状态的善的终极规定。但我们又要看到,这种在个人自利追求基础上的帕累托原则,作为一种集体理性,同时体现了功利主义的局限性,布坎南指出:"一种多数人一无所有而少数人却无所不有的状态,事实上也可以是帕累托佳态,因为改善不幸的多数人的条件可能要降低优越的少数人的条件。"[13]罗尔斯也指出:"存在着许多有效率的结构。例如,那种一个人得到全部产品的分配也是有效率的,因为没有别的可使某人得益而不使其他人受损的再分配办法。"[14]从效率的观点来看,如果没有别的可改善某些人的前景而不损害另一些人的前景的再安排方式,这种安排就是有效率的。因此,我们看到,帕累托效率原则的关键点在于不损害或降低任何人的现有处境,只要能够达到这样一种状态或分配结果,就是有效率的。因此,我们必须意识到罗尔斯在帕累托佳度原则上的效率不同于投入产出意义上的生产效率。通过分析,我们也可以意识到帕累托佳度意义上的效率概念有着巨大的不足,实际上,这也是罗尔斯所意识到的。帕累托佳度意义上的效率是一种均衡态,如果打破这种均衡态,即如果要改善某一个而不得不使另一个的处境变坏,那么,这种未打破前的均衡态就是有效率的。这里的问题在于,帕累托佳度原则并不问达到这种佳态是不是公正合理的,正如罗尔斯指出的,可能那种某人获得全部产品而他人一无所有的状态也就是帕累托佳态。当然,这是把帕累托佳态从逻辑上推到某种极端。但这表明,正如罗尔斯所说的那样,可以存在着许多有效率的社会基本结构的安排。每一种安排都标志着一种对社会合作利益的特殊划分。这里既可以是合乎正义的,也可以是不合乎正义的。因此,罗尔斯指出,那种认为只要社会体系是有效率的就没有理由关心分配的观点,等于是宣布说所有有效率的安排是同等正义的,而这是没有道理的。罗尔斯说:"从正义的立场看没有人会认为恰巧由某一个人占有一切这件事无关宏旨。这一宣称对于社会基本结构来说也是同样不合理。"[15]

(二)自然的自由体系

上述考虑表明仅有效率原则是不够的,效率原则本身并不足以成为一种正义观。因此,必须以某种方式得到补充。或者说,必须受到某些背景制度的约束,一旦这些约束得到满足,由此产生的有效率的分配才可承认为是正义的。罗尔斯所说的自然的自由体系就是这种约束的第一种。这种有效率的分配是这样一种情形：收入和财富的有效率的分配，是由资源的最初分配起作用的。也就是说，由收入和财产、自然才干和能力的最初分配来决定的。正是在这些最初分配的条件下，达到一种确定的有效率的结果。如果我们把这种结果既看成是有效率的也是正义的话，那么，我们就必须接受决定资源的最初分配的基础。这种基础也就是这样一种背景制度的安排，即平等自由的背景和一种自由市场经济的背景。它们要求一种形式的机会平等，即所有人都至少有同样的合法权利进入所有有利的社会地位。罗尔斯把这种平等表述为“平等地向才能开放前途”。但是，自然的自由体系的缺陷在于，资源的最初分配受到自然的和社会偶然因素的强烈影响。因此，自然的自由体系内在包含着对某种不公正因素的承认，或以这种不公正因素为前提，即把任何人现在既有的社会地位、财富占有都默认为是正当合理的。罗尔斯指出：“我们可直觉到，自然的自由体系最明显的不正义之处就是它允许分配的份额受到这些从道德观点看非常任意因素的不恰当影响。”[16]

自由主义的解释是通过如下办法来克服这一缺陷，即在对才能开放的主张外，以机会的公平平等原则来进一步扩展这一条件。机会公平平等原则强调的不仅是一种形式上的开放，而且是使所有人都有一平等的机会达到它们。所谓有平等的机会，也就是说，有着同样能力和才干的人，有着同样愿望使用这些能力和才干的人，应当有同样的成功前景，而不论他们在社会体系中的最初地位是什么，不论他们生来属于什么样的收入阶层。并且，这种开放不仅是在同等能力同等对待的意义上讲的,而且实质上是在对所有人开放的意义上讲的。在理论上不能把任何人排除在外——只要他具有正常的两种道德能力——即使是有着某种缺陷的人。罗尔斯指出,要求地位或职位平等地开放不仅仅是,也不主要是出于效率的考虑。也并不意味着所有人都能从一种职位开放的社会安排中得利。并且,或许职位不完全开放更能吸引较高人才。但是,机会公平平等原则意义上的职位开放表达的是这样的信念:"如果某些职位不是在基于公平的基础上对所有人开放,那些被拒绝在外的人恰恰感觉到的是不公正的对待,虽然他们可从那些被允许占据那些职位的人的较大努力中受益。他们的抱怨是公正的,这不仅是因为把他们排除在从那些职位所能获得的外在的报赏如财富和特权之外,而且他们得不到体现致力于社会责任的实践和技能得到的自我实现的体验。他们被剥夺掉了一种人类的基本善。"[17]机会的公平平等原则体现的是第一原则的深刻影响,是基于人人权利平等的基本信念对于社会基本制度(基本结构)的安排。罗尔斯在《正义论》中曾经设想,要把社会体系设计得像纯粹的程序正义那样,以便无论产生什么结果,都是正义的。而机会的公平原则就是要保证社会合作体系的纯粹程序正义性。换言之,罗尔斯希望通过机会的公平平等原则,来使得社会的基本结构成为体现纯粹的程序正义的结构。但后来,罗尔斯放弃了这样一种设想,认为他所提出的社会基本结构所体现的正义仍是一种实质性的正义。尽管如此,机会的公平平等原则在他的第二原则中仍然处在一个优先地位。因为如果没有这一原则,公平的正义分配就不可能实现。同时,结合差别原则(这一点下面将会展开),罗尔斯认为,机会的公平平等更强调必须给那些有着较少机遇的人以机会。应当有更广泛的选择对象向那些机遇较少的人开放,使他们处在一个公平正义的社会中比其他社会中有更多的实现价值的机会。差别原则认可了差别的存在,在这个意义上,公平机会原则优先于差别原则;同时,公平机会原则优先于对社会效率或社会较大利益总额的考虑。换言之,对机会的公平平等的侵犯不能由一部分人或整个社会所享有的较大利益总额来证明其合理性。

(三)分配的自由主义及自然的贵族制观念

不过,自然的自由体系尽管加上自由主义的补救,即仅仅加上机会的公平平等原则,可称为分配的自由主义。但仍然不是罗尔斯心目中的最佳分配原则。因为,虽然机会的公平平等对这一体系有冲击,这一体系本身仍然存在着对社会和自然的偶然因素的确认。同时,公平的正义原则的平等倾向还需要进一步的限定才可得到体现,这个限定就是差别原则。

分配的自由主义解释是在机会公平平等原则下的对自然的自由体系的一种限定,这种限定也就是减少人们生活的最初境遇中偶然因素和自然运气对分配份额的影响。但是,这种解释虽然排除了社会偶然因素的影响,但还是允许财富和收入的分配受能力和天赋的自然分配的决定。罗尔斯认为,这种允许本身并不是正当合理的。他的主要论据是:“在背景制度允许的范围内,分配的份额是由自然抓阄的结果决定的,而这一结果从道德观点看是任意的。正像没有理由允许通过历史和社会的机会来确定收入和财富的分配一样,也没有理由让天资的自然分配来确定这种分配。"[18]这里我们要区分两个层次的问题。一是可以为机会的公平平等原则所调节的偶然因素,即通过社会活动的公平机会,来减少人们对生活的最初境遇的依赖。在现实生活中,人们的成功往往依赖于幸福的家庭和社会环境,这使得那些有着同样天资的人,在受教育和取得同样成功方面的平等机会难以得到。在罗尔斯看来,完全消除自然天资的影响是不现实的,同时完全消除家庭及环境的影响也是不现实的。但从道德的观点看,存在这种影响对于人们的社会处境来说是不公平的。因此,我们既要承认这一事实,同时也要在承认这一事实的同时,采取一种原则,使之能够减轻自然抓阄的任意结果。或者说,削弱社会的和自然的任意带来的社会后果。第二则是天资的自然分配对收入和财富占有的影响。这个问题在罗尔斯的正义的分配原则中,同样也是受到调节的因素。因为在罗尔斯看来,它所造成的财富占有上的不平等同样是不合理的。对第一个层次的问题进行的调节是靠机会公平平等原则来进行调节,罗尔斯称为"分配的自由主义";对第二个问题进行的调节则是为差别原则指导的调节。

在对罗尔斯的这种观点进行评价前,我们再把罗尔斯对自然的贵族制观念进行一些解释。罗尔斯的自然的贵族制是在社会背景制度上除了形式的机会平等外,不对偶然因素作任何限制。所谓"形式的机会平等",也就是社会地位向才能开放前途。但这里不是以效率原则为指导,而是以差别原则为指导,在差别原则之下,自然禀赋较高的人的利益将限制在有助于社会较贫困部分的范围内。它类似于一种帕累托佳态,如果对上层的人给得少,那么那些处于下层的也将得到的少。对那些处境较好的人的辩护只能是，如果他们的地位和生活水平降低，那些居于下层的人的生活会更糟。当然，罗尔斯所说的“贵族制”并不是说实行封建社会的贵族制，“贵族地位”形式上是向所有人开放的，但由于这种体制不作任何缩小社会差别、改变社会条件以达到机会公平平等的努力，因此地位低的人难以达到更高的地位。这里的实质性问题仍然是没有对自然的偶然因素进行限制，即除了形式的机会平等外，不作任何调节社会偶然因素的努力。在罗尔斯看来，上面那种自由主义的观念和这种自然贵族制的观念都是不稳定的，都不是一个公平正义的社会所可取的。

很清楚，罗尔斯通过否定或限定自然或社会的偶然因素对分配的合理性而否定了上述三种选择，其实质性的因素就是否定了他所说的从道德的观点看是任意的那些自然天资、家庭财富、地位、出身对人们的分配所造成的影响。在罗尔斯这里，这些都是正义原则所调节的对象。在罗尔斯看来，这些因素导致的人们的收入分配，是一个从道德的观点看不应得的问题。罗尔斯对分配原则考虑的重心在于，如何减少社会的和自然的偶然因素对人们的收入分配和社会地位的影响，从而达到一种平等的倾向。在这里，是两个层次的问题，一是社会的偶然因素，二是能力与天赋的自然因素。对于人们的社会地位、等级，即人们社会生活或活动的最初出发点造成不平等，通过机会的公平平等原则进行调节人们一般异议不大。因为如果把这种限制固定化，或强调出身、地位的差别，那许多出身低微的人的潜能就没有适当的条件来发展，许多人的发展机会就会被扼杀。并且，社会阶层之间的鸿沟就会加大，社会的两极分化也必然加大。罗尔斯强调，正义的主要问题是社会的基本结构,其理由是它的影响极其深刻广泛并且自始至终。正义原则在针对社会基本结构的作用时,主要的也就是调节社会结构使得一些人的出发点比另一些人的出发点更为有利的问题。罗尔斯说:这一社会基本结构“在划分社会合作产生的利益时使某些出发点比另一些出发点更为有利。两个正义原则要调节的正是这些不平等”。[19]

罗尔斯认为,如果允许第二层次的因素影响人们的收入分配和财富占有,仍然是一种社会不合理的不平等。在他看来,“正像没有理由允许通过历史和社会的机会来确定收入和财富的分配一样,也没有理由让天资的自然分配来确定这种分配。”[20]罗尔斯说:“也许有些人会认为,那些有着较高自然天赋(natural endowments)的人应得那些资质(assets)和使它们的发展成为可能的优越个性。因为他在这个意义上是更有价值的,他应得他用它们能获得的较大利益。然而,这个观点却是不正确的。以下观点似乎是我们已考虑了的判断的一个确定点:没有一个人应得他在自然天赋的分配中所占的位子,正如没有一个人应得他在社会中的最初出发点一样。”[21]罗尔斯认为,对任何个人来说,正如他的出身地位不是由他自己所支配的一样,他的天赋也不是由他自己的愿望能够支配的。因此,正如他的出身地位所决定的收入分配是不应得的一样,由他的天赋所决定的收入分配也是不应得的。出身地位和自然才能的自然分配本身是偶然性,不能由偶然性的因素来决定收入分配的高低。

那么,我们怎样看待人们的个人天赋呢?在罗尔斯看来,应当把人们的自然资质或者说个人天赋看成是一种社会共同资产。他说:“把自然才能(natural talents)的分配看作是一种共同资产(a common asset),共同分享这种分配利益(不论其结果是什么)。那些先天有利的人,不论他们是谁,只能在改善那些不利者的状况的条件下从他们的幸运中得利。在天赋上占优势者不能仅仅因为他们天分较高而得益,而只能通过抵消训练和教育费用和用他们的天赋来帮助不利者得益。没有一个人能说他的较高天赋是他应得的,也没有一种优点配得到一个社会中较有利的出发点。但不能因此推论说我们应当消除这些差别。我们另有一种处理它们的办法。社会基本结构可以如此安排,用这些偶然因素来为最不幸者谋利。”[22]罗尔斯的基本思路是,首先确立的是平等的公民权这一基本观察点,从这一观察点出发,来判断社会的和经济的不平等,以及社会和经济的不平等的根源所在。罗尔斯说:“现在我们应当尽可能地从平等公民的地位来评价社会基本结构。这一地位是由平等自由的原则和机会的公平平等的原则所要求的权利和自由确定的。当这两个原则被满足时,所有人都是平等的公民。也就是说每个人都占有相同的地位。在这个意义上,平等的公民权确定了一个普遍的观察点。”[23]同时,平等的公民权又不仅仅是一个基本观察点,而且是一个基本标准,罗尔斯以这样一个标准提出他的分配合理性原则。这是因为,观念上的平等仅是一种理论标准,而在社会现实中,则是基本的和自然的不平等。与平等的公民权作为观察点相配合,罗尔斯提出最不利者群体(the least fortunate group)的概念。怎样能够使得最不利者受益,是罗尔斯公平的正义理论的目标所在。而他使最少受惠者得益的思想,也就是损有余而补不足。个人的天赋或自然资质较高的人因为有着较有利的处境从而有着更多得利的可能,从平等的公民权意义上看,这种多得也就是不应得的,应当纳入社会调节的范围。但罗尔斯的这个思想遭到了诺齐克等人的激烈批评。后来罗尔斯的《作为公平的正义》中,他重新解释了自然资质,他说是把自然资质(天赋)的分配看作是一种共同资产,而不是自然天赋本身。实际上,罗尔斯在《正义论》也就是这么说的。他说,天赋的所有权毫无疑问还是个人自己的,但人与人之间天赋的差别是存在的。而分配就是要调节这种差别或差异。在这个意义上,罗尔斯又说,这种差异能被看作共同资产。他从相反的方面来提出问题,他问道,某些人天生就比别人的天赋高,这难道不是一种不幸吗?是否存在着任何能够被自由平等的公民共同接受的政治原则,以便用来在自然天赋的分配上对社会加以指导?在他看来,差别原则就是这样一种调节自然天赋产生的差别的原则。这样,天赋好的人不仅能够从他们自己的天赋中获得更多利益,而且使得他们能够有利于天赋差或处在天赋上不幸位置的人的利益。实际上罗尔斯所说的是要把天资高的人的所得纳入分配范围。当然,从诺齐克的观点来看,即使是说自然天赋(资质)的分配(实际上只有对其带来的社会利益的分配,社会不可能对个人拥有的自然资质或天赋进行再分配)仍然是对一种正当合法的个人所得的侵犯。

罗尔斯还认为,道德应得的观点也是不妥当的。当代哲学家罗斯(W.D.Ross)认为,收入、财富和一般生活中的美好事物都应按照道德的应得来分配。欧文·克里斯托尔也持有同样的观点。他认为,人们之所以拥护资本主义,是因为资本主义是一种公正的社会秩序,就是说,在道德价值和报酬之间有密切联系。历史地看，把德性与幸福联系起来，认为德性决定幸福是亚里士多德的德性论的基本论点。在亚里士多德看来，人的好生活是与德性的概念内在关联在一起的。德性在人对善的追求中和人的好生活中起着中心性的作用。但亚里士多德的德性幸福观是一种个人幸福观，而不是一种分配观。亚里士多德的公正或正义观中的比例平等，则是与分配相关的。比例平等指的是贡献与应得的对等性。不过，罗斯的观点和克里斯托尔的观点在实践中有着明显的困难。一个人的贡献大小可以通过他所生产的东西来衡量，但一个人的道德价值无疑不会随着他的生产情况而变化。并且，没有人会认为，当他个人的能力退化了，他的道德价值也经历了某种退化。在罗尔斯看来，道德价值的概念从属于正当和正义的概念，它在分配份额的实质性规定中起不到作用。罗尔斯认为，“只要个人和团体参与了正义的安排，他们也就获得了公认的规则所规定的相互之间的权利要求。如果他们完成了现存制度所鼓励的事情，他们也就获得了某些权利，而且正义的分配份额尊重这些权利。”他还说：“在一个秩序良好的社会里，个人通过做现存安排所鼓励的某些事情而获得分享一份社会产品的权利……当一个人在正义制度中接受了某个地位时，在这方面他就有了维持正义制度的责任和尽自己责任的义务；所以，一个遵守正义体系和尽职责的人有权要求其他人也相应地对待他。他们必须满足他的合法期望。这样，当正义的经济安排存在时，个人的权利要求就要借助一些被认为是与这些实践相关的具有不同重要性的规范和准则来恰当地解决。”[24]道德应得则是按努力来分配，这不是建立在对人的合法期望的前提上的。因此，罗尔斯认为，按照道德价值来奖赏人的说法是不正确的。而当罗尔斯批评以个人表现出来的道德价值作为分配依据时,他实际上所赞同的是按贡献付酬的政策(见上引文)。然而,按贡献付酬的应得观是与罗尔斯所提倡的否定个人的天赋、才能和自然资质的平等倾向内在冲突的。因为个人的贡献是与个人的才能、天赋以及自然资质分不开的。而相信按贡献付酬,实际上是市场经济的一个结果。这与罗尔斯所提倡的通过政府调节来倾向于平等的分配是有着内在矛盾的。在这个问题上,罗尔斯与哈耶克一样,都反对把财富分配与道德价值相联系,但一个是主张政府干预主义的平等正义论者,另一个则是自发市场秩序的拥护者,认为任何政府干预必然破坏市场秩序。

(四)差别原则

我们再回到对第四种选择的解释,即民主的平等与差别原则。罗尔斯的民主的平等是在机会的公平平等的前提下通过差别原则达到的。因此,这里我们要解释的就是差别原则。罗尔斯的选择是不仅排除社会偶然因素的影响,同时也排除财富分配受能力和秉赋的自然分配的影响。在罗尔斯看来,上述三种分配原则都是有缺陷的,都没有体现公平正义的精神。罗尔斯首先确立了机会的公平平等原则,但是,仅有机会的公平平等原则还不够,如果是在效率原则之下,这与所有人都受益的公平正义目标并不是一回事。要把使所有人受益作为中心目标,就必须放弃效率原则,即在采取机会公平平等原则的前提下,选择差别原则。换言之,机会的公平平等原则与差别原则的结合,才可表达正义的第二原则。差别原则是通过挑选出一种特殊地位来确定的,这种特殊地位即最少获利者(或最少受惠者)的地位。罗尔斯认为,社会的基本结构和经济的不平等都要通过这一地位来判断。罗尔斯说:“假定存在着平等的自由和公平机会所要求的制度结构,那么,当且仅当境遇较好者的较高期望是作为提高最少获利者的期望计划的一部分而发挥作用时,它们是公正的。”[25]

罗尔斯的差别原则是如下图表来说明的。

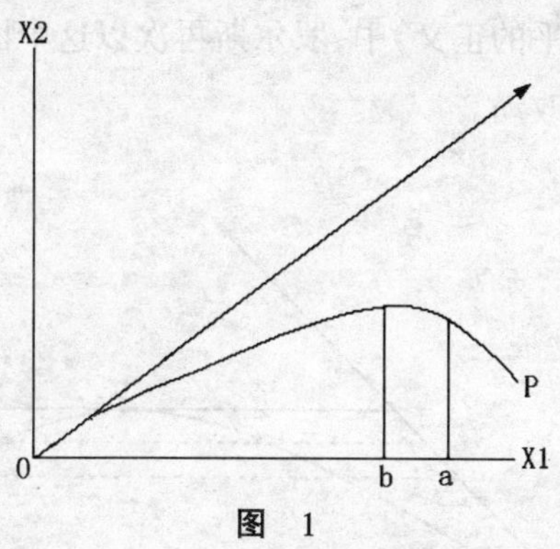

图 1

图中 X1 为社会基本结构中最有利的代表人。当他的期望提高时,X2(最少受惠者)的前景也得到改善。设 OP 曲线为代表 X1 的较大期望向 X2 的期望所做的贡献。原点 O 代表所有社会基本善都被平等地分配时的假定状态。现在 OP 曲线总是处在斜线为 45 度的直角平分线之下,因为 X1 总是状况较好。按功利主义的理解,最好的分配是在 b 点以外实现的。因为 b 点以外代表了更大的总量。功利主义倾向于对总量增长或更大的总量给予更高评价,而对怎样分配这个总额总是冷淡的。从罗尔斯的理解看,差别原则只有当曲线 OP 达到最高点即 b 点时才可完全满足。罗尔斯指出,差别原则本身有着强调的平均主义倾向,除非有一种改善两个人(X1 和 X2)状况的分配,否则平等的分配更可取。那么,这里值得指出的是,这条贡献曲线达到倾向平等的最高点后,它开始向下即向偏好 X1 的下方倾斜,与此同时,则意味着对 X2 的贡献减少,即意味着 X2 的处境恶化。罗尔斯指出,由于 b 点总是在 a 点的左面,在其他情况相同的条件下,可以说功利主义允许有较大的不平等。

在《作为公平的正义》中,罗尔斯再次以这个图表说明差别原则。不过,有所改动。

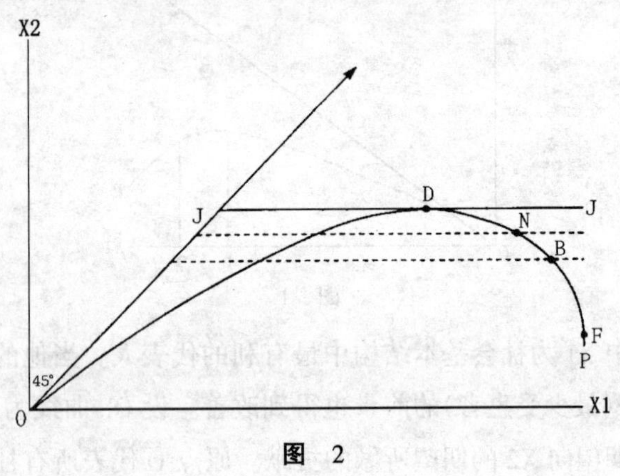

图 2

罗尔斯对于图(1)的 b 点和 a 点作了变动。同时加了三条平行线。这三条线都与 OP 曲线的某一点相交。D 点是最接近于平等的效率点,这种平等是由 45 度斜线代表的。N 点是纳什(Nash)点,在这里,功利的生产达到最大化,B 点是边沁(Bentham)点 ,在这里,功利的总量达到了最大化。同时,效率点从 D 点移向 F 点(feudal),即封建点,在 F 点,OP 曲线变成垂直线。

这里需要解释的是最上那条平行线(JJ 线)。在罗尔斯的原图中,只有这条线是实线,其余两条都是虚线。这条线是最高的平等——正义线(JJ 线)。罗尔斯设想 45 度线东南区间充满了平行的平等——正义线。从端点向东北延伸的任何一点,都有这样一条线。罗尔斯认为,社会的目标就是要达到从 O 点到 P 点这条线上的最高平等——正义线。要想达到这一点,就必须沿着 OP 曲线向东北方向移动至最大程度,当这条曲线弯向东南方向时,就停下来。换言之,最可取的一点是 D 点,最可取的平行线是为 D 点所在的那条线。这意味着一个最有利群体的基本善的更大指标只以这种方式来加以辩护,即它增加了另一不利群体的指标。而在 D 点南边的任何一点,都意味着这种互惠性不再存在。

罗尔斯依此来评判一种社会体系(或方案)的正义性。第一种情况是那些最少有利者的期望确实最大限度地增加了,处境较好者的期望的任何改变也不可能影响或改善最少有利者的处境(因为最少有利者的期望已经最大限度地增加了)。罗尔斯称这为完全正义的方案。第二种安排是所有那些状况较好的人的期望都对最少有利者的福利有所贡献。如果他们的期望降低,那么最少有利者的前景也要受损。在这种状况里,最不利者的期望没有达到最大值,这是充分正义的但不是最好的正义安排。罗尔斯指出,一个社会应当避免的是使那些状况较好的人的社会边际贡献是一负数。在富人与穷人之间的距离拉大,穷人的状况则越来越差,这违反了相互有利的民主平等的原则。这种状况也就不是一种正义的安排。因此,罗尔斯的差别原则不是突出差别,而是强调有利者对较不利者的贡献,强调社会合作性。

罗尔斯认为,差别原则表明,社会是一个合作体系。对于不同的合作体系来说,存在着不同的 OP 曲线,并且某些体系能被设计得更为有效。他说:“如果某种体制的 OP 曲线在给予更有利者的报酬是既定的情况下,总是给予更不利者最大的报酬,那么,这种体制就是比其他体制更为有效的。”[26]换言之,差别原则承认人们由于各种偶然性造成的各种差别,但是,这种差别尤其是最有利者的所得所带来的应是对最不利者有利,否则,这种不平等就是不允许的。罗尔斯说:“差别原则要求,财富和收入方面的差别无论有多么大,人们无论多么情愿工作以在产品中为自己挣得更大的份额,现存的不平等必须确实有效地有利于最不利者的利益。否则这种不平等是不被允许的。”[27]

其次,罗尔斯宣称,差别原则的另一个特征是,“为了最大程度地提高最不利者的期望(按照收入和财富来计算),它不需要世代持续的经济增长。持续的经济增长不是一种理性的正义观念。我们不应该排除密尔的社会理念,即当社会处于一种正义的稳定状态的时候,其(实际的)资本积累就会停止。秩序良好社会的描述应该容许这种可能性。”[28]这是罗尔斯在《作为公平的正义》中提出的明确的观点。在《正义论》初版(1971)中,罗尔斯只是提出,如果假定在原初状态中的人们要选择一种平等的自由原则和有利于每一个人的有限的经济和社会不平等,那就没有理由认为正义的制度会最大量地增加善。如果在这种情况下会增加,那也只是一种巧合。也就是说,合乎公平的正义的社会体制并不把这作为社会目标。从《正义论》到《作为公平的正义》,经过近三十年的思考,罗尔斯明确提出世代性的持续增长如果超出公平的正义目标,这种增长就不是合理的社会目标。不是社会财富越多越善,而是社会财富的增长以符合最不利者的利益为标准。这里再一次体现了罗尔斯的正当对善的优先性。同时在这里也看到了罗尔斯作为正义论的理论家与经济学家的眼光的重要区别。不是经济增长,而是社会公平才是评价社会制度的基本尺度。当然,我们看到,罗尔斯的这种观点的前提是在经济有了增长之后,而不是处于赤贫的社会条件之下。同时,罗尔斯强调,经济的发展要以是否可给最不利者带来最大利益来评价。

对于差别原则,罗尔斯还以另一概念“补偿原则”来进一步说明它的平等的倾向。所谓“补偿”,是指由于出身和天赋的不平等是不应得的,对此方面的不平等应给予某种补偿。罗尔斯说:“补偿原则就认为,为了平等地对待所有人,提供真正平等的机会,社会必须更多地注意那些天赋较低和出生于较不利的社会地位的人们。这个观念就是要按平等的方向补偿由偶然因素造成的倾斜。”[29]不过,罗尔斯指出,差别原则与补偿原则还是有区别的。差别原则并不要求社会去努力抹平人们之间的差别。补偿原则强调社会政策应当向不利者方面倾斜,差别原则并不反对这一点,但它同时也认为,如果可以通过更重视天赋较高或较有利者的处境改善来达到,这也是可以的。差别原则虽然不同于补偿原则,但它却可达到补偿原则的某种目的。差别原则所要达到的目的是,使社会基本结构可以安排得使人们的偶然因素来为最不利者谋利。

这里需要指出的是,差别原则并不仅仅是强调使最不利者获利,而且认为,处于社会不同层次地位的人,都因最不利者的期望提高而受益。这就是罗尔斯所说的链式联系。当地位最不利者获益时,处于中间状况的其他人也将获益。“首先,制度的建立旨在推进所有人共享的某些基本利益;其次,各种官职和职位都是开放的。这样,下述情况看来就是可能的:如果立法者和法官运用他们的特权和权力改善了较不利者的状况,他们也就普遍改善了所有公民的状况。"[30]同时,由于社会旨在从改善最不利者的处境开始,因此,在这样一种社会基本结构中,"首先,最大化最贫困的代表人的利益,为了最贫困的代表人的平均福利,最大化次贫困的代表人的利益,依次类推直到最后,为了所有前面的 N —1 代表人的平均福利,最大化最好状况的代表人的利益。我们可以把这看作是词典式差别原则。不过,我总是以简单的形式运用差别原则。所以……第二原则可以表述如下:社会的和经济的不平等应这样安排,以使它们(1)适合于最不利者的最大利益;(2)依系于公平平等的机会条件,所有的官职和职位向所有人开放。"[31]

我们注意到,罗尔斯对第二原则的表述,从开始"对所有人有利"到最后为"对最不利者的最大利益",这一转变更清楚地反映了罗尔斯的差别原则所体现的倾向。罗尔斯把这一倾向看成是伦理的博爱精神的体现。自由、平等、博爱是西方近代以来的主要价值观念,但是,在近代以来的西方社会中的地位远不如自由平等那么重要。自由、平等作为最主要的政治理念发挥作用,但是,博爱仅被看成是一种伦理的理念。它不被定义为一种民主权利,而仅仅是表达某种心灵态度和行为类型。但是,忽视博爱的作用是不妥当的。如果没有博爱,我们就无法清楚认识自由平等等权利的价值。博爱体现了一种平等,换言之,没有平等精神的人不可能有博爱精神。但平等精神不等于就是博爱。博爱是一种平等的尊重和关爱。它是一种伦理精神。博爱使得从伦理方面也可以体现出平等的政治价值。同时,博爱也是一种团结的纽带,在存在着博爱精神的人之中,相互的爱的存在,人们的利益冲突或相互冲突就会减少。博爱使得人们主动地关怀和给予他人。而对博爱的这种理解表明它不包含可以在社会政策方面确定性的内容。博爱的理想表现出对于一个较大的社会群体成员之间的团结的愿望。但这种愿望在有着根本利害冲突的人们之间是不现实的。罗尔斯指出,这肯定是它在民主社会受到忽视的原因。许多人感到博爱在政治事务中没有合适的地位。但在两个正义原则中,社会不平等如果存在,它的合理性只有在它有助于最不利者的福利的意义上。这样,博爱也就有了它的地位。换言之,博爱也就是一个完全可行的标准了。也就是说,罗尔斯心目中的理想正义的社会,所有公民处在社会合作体系中,即使是最为有利者,他的利益所得也应同时为最不利者带来利益。在这个意义上,根本的利益冲突就应当消除,或得到消解。同时,我们看到,罗尔斯把传统的自由平等博爱与两个正义原则联系起来,自由相应于第一个原则,平等相应于与公平机会平等联系在一起的第一个原则的平等观念。博爱则相应于差别原则。博爱的观念也就在民主的解释中确立了一个地位。这也表明,政治原则也需要道德价值的支持。

不过,我们应该注意到差别原则的内在问题。差别原则的关键在于确定社会处境最不利者,这种社会最不利者是完全由社会基本善的占有情况所确定的。当代西方一些学者因此提出,基本善有两个方面,一是社会基本善,二是自然基本善,如健康、肢体完整。而先天残疾,则是在自然善方面有不足的人,这些人如果是与正常人一样同样多的社会基本善,他们与那些正常人相比,仍然处在一个不利的社会地位。G.A.柯亨及阿玛蒂亚·森等人把罗尔斯的基本善从经济学上进行理解，把社会基本善窄化为可供分配的商品或物品(罗尔斯的基本善中的“善”一词与柯亨使用的是同一词：“goods”)，在这个意义上，柯亨为我们介绍了森在《什么是平等?》一书中以及后来对罗尔斯的批评，他叙述道：森反对基本善的论证是简单地但却是有力的。在社会生活中，有着不同社会处境和身心处境的人，对于社会基本善的量的需要是不同的。所以森认为，“依据基本善来判断利弊将导致一种道德上的部分盲目性”[32]，这将使得我们对人群中需要更大量的物品来满足自身需要的人以某种一律性的标准来看待他们。森提出量的问题，是从人有了商品而能使人做什么或起什么作用的意义上讲的。森指出，一种“拜物教性残疾”只关心商品本身，而不关心商品“能对人做”什么[33]。或者，正如森后来表达的这个观点：“人们从商品中得到的是什么取决于不同的因素，判断人的利益只依靠商品占有关系和服务的尺度是非常使人误入歧途的……从把焦点放在商品本身到商品对人意味着什么的移动似乎是很有道理的。”[34]森不仅强调能力与商品或占有物对人的能力的意义，同时强调商品或占有物对人起的功能性作用。在森看来，平等不是商品占有上的平等，而是能力平等，或通过补偿达到的某种平衡。在这个意义上，平等原则应当反对对一个盲人和半瘫痪的人进行平等的商品供应，因为为了使得瘫痪者得于活动，他需要更大的资源。森也用了贫穷的跛者的例子来有效地质疑罗尔斯的基本善。虽然贫穷的跛者有一种阳光性气质，“或者因为他有很低的情绪状态而不论何时，当他看到彩虹时，他的心跳就加快。”[35]但不能从他的这种心态来看待他的幸福需要。因为一个人也许调整了他对他的环境的期望,学会了在逆境中生存,勇敢地微笑着面对它,但不能因这个事实而虚无化了他对补偿的要求权。为了克服面临不幸处境所产生的自然反应,它的平静反应了他的值得尊敬的和值得奖励的努力。但因为这个人与生俱来的天性就被赐福而有着格外阳光性的气质,因而并不需要什么努力来克服不幸带来的精神痛苦,即使是如此,补偿的需要仍然有着直觉性力量。并且这意味着不仅是福利的平等而且是福利机会的平等在一个跛者面前都失灵了。[36]金里卡在归纳森等人的这种批评时指出:“差别原则本来旨在缓和人们的自然资质对他们的影响,但在寻找标准以确定最不利者的地位时,罗尔斯没有把自然的基本益品(即 Goods)纳入考虑,因此,对于那些遭受本不应得的自然劣势的人而言,他们实际上没有得到任何补偿。”[37]金里卡认为这是罗尔斯的差别原则的重大问题之一。以森和柯亨等人为代表的这种批评倾向,应当看到是对罗尔斯原则的重要发展或补充,而不应看到是与罗尔斯对立,即他们代表了更全面的平等主义倾向。

总之,我们注意到,罗尔斯的第二个原则所体现的是一种平等主义的倾向。这种平等倾向是在对最不利者的最大受益中体现出来的。但罗尔斯的平等主义倾向,是在承认社会的和经济的不平等的前提上提出来的,他不是无条件地承认不平等的社会事实,他认为,只有当这种不平等可使最少受惠者受惠时,才是正义合理的。因此,罗尔斯的平等主义的倾向并不在于完全取消社会的和经济的差别,完全消除社会经济的不平等。完全消除社会经济的不平等,是柏拉图、卢梭以及马克思的倾向。罗尔斯强调如果不平等的存在有合理性的话,那在于这种不平等能够带来的后果上。与第一原则相比,第一原则所确立的基本自由则是完全平等的自由,这种平等要体现在社会生活尤其是政治生活的各个方面,而第二原则则承认不平等,主要是承认在经济领域里的不平等。当然承认这种不平等受到两个条件的严格限制:一是机会的公平平等,二是符合最少受惠者的最大利益。完全自由平等和承认不平等前提下的平等主义的社会经济倾向,这是罗尔斯两原则的内在差别。但我们要注意到,后一个平等主义的经济倾向,是罗尔斯的自由主义理论的新特色。古典自由主义理论历来强调财产权作为人的天赋权利而不得侵犯,从平等的方向对人的财富占有进行社会调节,是罗尔斯对以洛克为代表的古典自由主义理论的修正。但正是这一修正,遭到了以诺齐克为代表的彻底权利论的自由主义的批判。

实际上,政治自由的平等以及从天赋人权意义上的基本权利的平等,从而承认经济财富占有上的不平等,是以洛克为代表的自由主义的基本特征。而卢梭则代表了另一倾向。卢梭既提倡政治的自由平等,同时也提出了经济财富占有的平等。卢梭认为,人类社会的不平等与人所遭受的压迫和不自由的最深刻根源在于私有制的出现,而在卢梭的理想的契约社会中,则是消除了财富占有不平等的社会,即人们所有的财产都归为社会集体所有的社会。[38]也就是说,卢梭所追求的平等,不仅是要在政治领域里实现,而且要在经济领域里实现。从卢梭的逻辑来看,实际上只有经济上的平等才可有人类的真正自由平等。在经济领域里实现平等,就必须消除财富占有上的不平等倾向。而消除财富占有上的不平等,也就是剥夺财富的个人占有方式。卢梭的这一思想为马克思所继承。然而，剥夺财富与自由主义对天赋权利的肯定是直接冲突的。卢梭的财富平等所导致的是他的集权主义思想，从而与他所提倡的政治自由发生内在冲突。前苏联斯大林式的社会集权主义在计划经济体制之下，人们不仅没有个人财富，而且也没有人身的基本自由。为什么会如此？我们认为，经济上的不平等在财富占有的私人性前提上，具有一种自生自发的存在机制。因此，要消除财富占有上的不平等，也就必然要消除产生不平等的根源，即生产资料以及生活资料占有上的不平等。但即使是要做到前者，也必须依靠强大的政权力量，并且要把人们对个人利益的一切追求都看成是政治性的恶。我们看到，卢梭在《社会契约论》中就把公意（总意志）与众意或个人意志对立起来，强调只有公意才是绝对的善。这种对立的结果也就是取消了人们的基本自由。因此，我们看到，政治的自由平等与财富的占有平等两者之间呈现一种不相容的关系。从西方现代自由追求的历史看，自由主义的实践同样给后人留下了自由与平等冲突的两难处境。现代民主国家保障人们的平等的政治自由，但却留下了经济财富占有上的不平等这一社会难题。无论是卢梭式的模式还是洛克式的模式都没有处理好自由与平等上的两难关系。罗尔斯汲取了卢梭式的倾向，虽他不同于卢梭，罗尔斯力图以卢梭式的倾向来减缓财富占有上的不平等，这使得他不得不加强或强化国家分配的功能。

（五）代际正义

差别原则不仅涉及这一代人的经济利益分配，同时还涉及代际之间的利益问题。但是，代际之间的利益与差别原则呈现一种复杂的关系。

确立差别原则以及实际运用差别原则,都必须确立社会最低受惠值。最低受惠值是在考虑到社会最少受惠者工资等因素的情况下,可能提高其期望的最大限度来确定的。因此差别原则要求有一种很高的最低受惠值。因此,一个公正的社会如果实行差别原则,就有可能提高最少受惠者的实际利益。差别原则的根本特征在于那些收入高或处境好的公民能够以他们的不平等的收入或地位来为收入低或处境差的人带来好处。因为只有达到这样的结果,社会的和经济的不平等才能为公平的正义原则承认为正当的。

代际正义则是把一整代人看作是一个单位,把不同的世代看作是不同的单位。人类的世代又是一个时间单位,它是在时间中延续的。对于时间来说,则是具有不可逆的性质,因此,对于时空中存在的无限多的世代而言,则具有不可共时性的性质。当然,人类的世代共时性还是存在的,但是有限世代的共时性。这种有限共时性相对于漫长的时空中存在的人类来说,要看到它的不共时性仍是一个基本特征。

对于代际正义问题,有两个思考的维度,一是代际之间的经济关系,二是代际之间的环境关系。因为不同的世代都需要生活在同一个地理环境或同一个地球上,前一代人的活动对于后代人生存的环境有着不可避免的影响。怎样维护环境使其更适应于后来人类的生存,这就是一个代际正义问题,它是通过环境伦理学的研究来回答的。当然,作为共时存在的几代人而言,也有一个环境正义问题。即怎样的活动才对我们赖于生存的环境起到保护作用,也是当代人应当关注的,不仅仅是为了后代。代际之间的经济关系在于,当作人类的某个世代物质财富的创造劳动开始有了剩余产品之后,必然的结果就是将它遗留给他的后代。在这个意义上,任何一个后来的世代都必然继承前代人所创造的劳动财富。而当人类社会有了更多的物质财富,同时人类社会的消费欲望也得到了普遍增长之后,那么,就会出现需要消费多少财富,以及为后代储备多少的问题。同时,在现代工业社会的条件下,任何劳动财富的创造,都离不开对自然资源的开发与利用。许多自然资源都具有不可再生性的特点,这一代的开发利用,意味着后一代人不可再利用,或无此资源利用。在这个意义上,也存在着一个资源储备的问题。这些问题就是储备原则需要面对的问题。

正义的储备原则是与社会最低受惠值有着内在关系的原则。假设最低受惠值是为按比例的所得税所支付的转让金调节的。在这种情况下,提高最低受惠值需要提高对消费或收入课税的比例。大概当这种比例增大到某一点时,就可能发生如下情形:或者是恰当的储备不能形成,或者沉重的课税大大干扰了经济效率,以至于不是改善而是降低了现在世代的最少获利者的前景。在这两者之间的那一点,便是正确的最低受惠点。在这点上,差别原则就得到了满足。

罗尔斯所讨论的代际正义问题,主要集中在储备原则上。并且罗尔斯所说的正义的储备原则是从正义第二原则的意义上进行规定的。罗尔斯指出,功利主义对待储备原则的正当性界定则不同。功利主义所追求的是最大限度的总功利,就必然导致一种过度的积累率。同时,由于人们意识到不能在时间上偏爱当代而轻视未来,从功利主义的利益计算法即最大利益的净余额的观点看,功利主义将要求人们为了未来各代的较大利益而牺牲现在的利益,因为所换来的未来世代较大利益足以补偿现在的牺牲。但罗尔斯指出,这种使一些人的所失与另一些人的所得相平衡的利益计算,在代际之间看来更难得到辩护。

从差别原则所确立的储备原则仅仅涉及这一代人在什么意义、什么程度上能够为下一代储备什么,储备多少。从功利主义原则提出的储备原则则仅仅看到更大的储备有利于将来世代,将在未来世代产生更大效率,但因此而更多地牺牲了当代人的利益。功利主义着眼的是储备所产生的更大利益,而没有确立一个最低限度的承受点。因此可能导致一种非常高的储备率,这将使较早世代承受过度负担。

然而,从不同世代的关系上看,差别原则并不能适用于正义的储备原则。进行储备的第一代人不可能从后代那里得到任何好处,而最后一代则得到所有前代的积累好处,但却可以不要求任何储备。他们得到的最多而给出的最少。罗尔斯说:"差别原则不适用于储备问题的原因清楚了。后面的世代没有办法改善最不幸的第一代的处境。差别原则在此是不能运用的,这似乎意味着,如果还有什么的话,则根本没有储备的情况。"[39]差别原则可用于确立一个当代的最佳储备点,但从差别原则的基本内涵,也就是最有利者的地位和处境只有能够为最不利者受益才是公正合理的意义上看,差别原则不能运用于不同世代的人们的福利关系。因为最先进行储备的世代无疑是处于最不利者的地位,后代由于前代的储备或物质财富的积累而过得更好,这些处境好的后代根本不能为前代做什么。

为此，罗尔斯认为，必须从另一种意义上来解答储备正义原则。罗尔斯以原初状态来解答这一问题。罗尔斯对原初状态的设计是，在原初状态中，所有的世代都在原初状态中有其代表，但没有人自己知道是属于哪一个世代。在这个意义上，谁都可能从最不利者的地位出发来提出储备原则的问题，同时，任何人也都会同意有这样一种对后继世代都有利的储备原则。因为凡涉及所有人的亦为所有人所关心，很明显，当一个合理的储备率保持下去，每一代(除了第一代外)都可以获得好处。而每一代都把公平地相等于正义储备原则所规定的实际资金的一份东西留给后代。他们从前一代的这种等价物中得到好处，而他们也以这种方式回报社会。因此，在确立了关于制度的正义原则之后，原初状态的各方代表所确立的就是正义的储备原则。"储备原则代表了在原初状态中所获得的对于以前所接受的关于维持和推进正义制度的自然义务的一种解释。在这种情况下，伦理问题就是这样一个问题：即不计时间地同意一种在一个社会历史的全部过程中公正地对待所有世代的方式。"[40]而只要遵守了这一原则，那么每一代都从前面世代获得好处，而又为后面世代尽其公平的职责。

在这个意义上，罗尔斯认为，我们需要联系储备原则来理解差别原则。因为储备的开始是从最少受惠的那一代人开始的，并且要由这一代人随着时间的延伸，来实质性地调整积累率。同时，任何一代可接受的储备率都是由差别原则来确定的。而任何一代在做了可接受的储备的条件下，都将最大限度地提高他们的期望。因此，储备原则作为一个要素，实际上限定着差别原则的运用，同时，有限制的储备原则又是为差别原则所限定的。因此，两者之间存在着相互限定的关系。因此,虽然我们不可能像在同代人之间那样运用差别原则,但差别原则仍然对于规定代际正义的储备原则起着制约作用。

罗尔斯的代际正义原则主要是通过储备原则来实现的,他没有涉及环境的代际正义问题。而这一储备原则主要讨论的是资金的储备,当然罗尔斯在提及资金的储备时,指出不仅是工厂和机器,而且还有知识、文化和技艺。但是,罗尔斯的储备原则的主要问题是没有涉及对自然资源的运用。自然资源是一种自然储备,它不是一个积累问题,而是一个消耗问题。自然资源在相当多的品种上,都具有不可再生性的特性。如矿藏、石油等。在这个意义上,自然资源具有时间偏爱性。这种时间偏爱与储备原则处在最不利者的第一代刚好相反。在这些资源上,最后一代可能最没有可能享受自然资源。因此,它与储备原则所表明的好的进递规律正好相反。罗尔斯从原初状态的立场看是反对时间偏爱的。从正义的储备原则看,我们也应当反对所谓的时间偏爱。即不是我们到手的资源都应尽情地消耗光,而应为后代着眼。但我们是否应当把自己放在最后一代的位置上?因为在原初状态中的人们,都不知道自己属于哪一世代。因为从罗尔斯的思路出发,人们首先是将自己放在最不利者的地位来考虑正义问题的。但如果在自然资源问题上把自己放在最不利者的位置上,那也就意味着人们为了最后一代着想,最好不要使用现在就可利用的自然资源。或者只能利用可再生性资源。但这是目前人类的实践不可能做到的。目前人类有限的智慧更多的是关怀最近的将来,而对于遥远的将来,则在人们的视野之外。

罗尔斯的正义储备原则理论所面对的是一个这样的现代社会;人们最大化的是自己这一代或共生的几代的幸福需要,同时也没有一个社会没有储备,没有储备的社会是一个不安全的社会。那种为了后代或后几代而牺牲现在世代人的幸福的功利主义原则已为当今发达国家所抛弃。消费主义或超前消费观念盛行于天下。不过,即使如此,也不能不看到任何一个健全的国家宏观政策都有战略性的储备原则。罗尔斯的理论告诉我们,怎样可兼顾这两者。人类不可能不考虑后代的需要,可应当为了惠顾当前的最少受惠者也应确立一个最适储备点。

注释:

[1] John Rawls: *A Theory of Justice*, Harvard University Press, 1971, p. 59.

[2] Ibid., p. 302.

[3] John Rawls: *Political Liberalism*, p. 291. 这里需要注意到,英文"scheme"和"system"都有中文"体系"的意思,后者具有一组相关要素集合为一个整体的意思;前者则有一个有序安排的体系的含义。罗尔斯将体系换成"scheme"这一概念,更强调了基本自由的建构性而不是自发性的意义。

[4] 〔美〕罗尔斯:《作为公平的正义》,上海三联书店,2002年版,第72—73页。

[5] John Rawls: *A Theory of Justice*, Harvard University Press, 1999, p. 53.(以下不注明1999版的,皆为1971版)

[6] John Rawls, *A Theory of Justice*, p. 60; 参见罗尔斯:《正义论》,第57页。

[7] 〔美〕罗尔斯:《作为公平的正义》,第75页。

[8] 〔美〕阿瑟·奥肯:《平等与效率》,华夏出版社,1987年版,第1页。

[9] John Rawls: *A Theory of Justice*, p. 62; 参见罗尔斯:《正义论》,第58页。

[10] John Rawls: *A Theory of Justice*, p. 66.

[11] Ibid., p. 67.

[12]〔美〕布坎南:《伦理学、效率与市场》,北京,中国社会科学出版社,1991年版,第16页。
[13] 同上书,14页。
[14] John Rawls, *A Theory of Justice*, p.69;参见罗尔斯:《正义论》,第65页。
[15] Ibid.,p.71;参见罗尔斯:《正义论》,第67页。
[16] Ibid.,p.72;参见同上书,第68页。
[17] Ibid.,p.84.
[18] Ibid.,p.74.
[19] Ibid.,p.96.
[20] Ibid.,p.74.
[21] Ibid.,p.103.
[22] Ibid.,pp.101 – 102.
[23] Ibid.,p.97.
[24] Ibid.,p.311; p.313.
[25] Ibid.,p.75.
[26] 罗尔斯:《作为公平的正义》,第102页。
[27] 同上书,第103页。
[28] 同上。
[29] Rawls, *A Theory of Justice*, p.100;参见罗尔斯:《正义论》,第96页。
[30] Rawls, *A Theory of Justice*, p.82;参见同上书,第78页。
[31] Ibid., p.83.
[32] Amartya Sen, *Equality of What?* In S. Mcmrrin(ed.), Tanner Lectures on Human Values; Cambridge University Press , 1980,p.216.
[33] Ibid., p.218, see also "Ethical Issues in Income Distribution", in Resources, Values and Development (Oxford,1984), p.294; Commodities and Capabilities (Amsterdam,1985), p.23, the Standard of Living(Cambridge,1987),pp.15 – 16,22.
[34] Amartya Sen, *Introduction*, *in Choice*, Welfare and Measurement (Oxford, 1982),pp.29 – 30.
[35] Amartya Sen, *Equality of What?* p.217.

[36] 柯亨的叙述见"Equality of What? On Welfare, Goods and Capabilities", seen in *The Quality of Life*, ed. by Martha Nussbaum and Amartya Sen, Oxford University Press, 1993, pp.16–17.

[37]〔加〕威尔·金里卡:《当代政治哲学》,上海三联书店,2004年版,第140页。金里卡还说到另一个差别原则的不足,他以一个人选择休闲性娱乐,另一人选择种植,结果那个选择休闲娱乐的人因而贫困,而那个选择种植的人因而富有。但差别原则要求那种正确选择的人为那个错误选择的人的代价提供补贴。但实际上,罗尔斯已经在批判功利主义的时候说到"作为公平的正义并不把人们的倾向和偏好看成是既定的(不论它们是什么),然后再寻求满足它们的最好方式。相反,他们的欲望和志向从一开始就要受到正义原则的限制"。(John Rawls, *A Theory of Justice*, p.31.)罗尔斯对于人们因昂贵的享受偏好而造成的问题并不持一种支持态度。

[38] 卢梭在《社会契约论》中谈到财产权时说:"集体的每个成员,在集体形成的那一瞬间,便把当时实际情况下所存在的自己——他本身和他的全部力量,而他所享有的财富也构成其中的一部分——献给了集体……国家由于有构成国家中一切权利的基础的社会契约,便成为他们全部财富的主人。"(卢梭:《社会契约论》,第31页)

[39] John Rawls, *A Theory of Justice*, p.291.

[40] Ibid., p.289.

第五章　从理论原则到社会建制

罗尔斯为了论证两条基本的正义原则,以社会契约论的模式提出了一种论证程序,这种论证程序在于接受古典契约论的基本前提,从而确保正义问题得以在社会成员间公平解决。同时,罗尔斯运用反思的平衡方法,以确保论证的周全性。自从罗尔斯的理论问世以来,人们认为,罗尔斯在这两个方面都是成功的,罗尔斯既复活了古典的社会契约论,使它重新具有理论的活力;同时他所创造性地使用的反思平衡方法,也被认为是对理论探讨的一个新贡献。

运用社会契约论的方法对正义理论原则论证的成功,对于罗尔斯的正义论而言,具有重要的奠基性意义。然而,从理论原则到社会建制,这两者之间在理论上的跨度之大是可想而知的。一是从虚构的前提出发而得出的基本原则,这无疑具有试验性和理想性,并且"无知之幕"的设计实际上是高度抽象的。二是必须对应现实的社会条件,实现从理论原则到现实的社会建制。也就是说,需要解决论证证明为合理的两个正义原则如何落实到社会制度层面的问题。这是现实的也是经验性的问题。在某种意义上,这是对罗尔斯的思想试验性理论的现实价值的重大考验。我们认为,罗尔斯的理论(从《正义论》到《政治自由主义》)成功地接受了这个考验。

一、宪政与制度设计

罗尔斯的正义论提出以后,德沃金第一次在“正义与权利”一文(后收入《认真对待权利》一书,哈佛大学 1977 年版)中把罗尔斯的正义论称为一种建构主义理论。在《政治自由主义》中,罗尔斯直接阐明了自己的政治建构主义理论。依据罗尔斯的理论,政治建构主义是把政治正义的原则或内容描述为某种建构程序的结果。因此,罗尔斯的正义论首先在于某种建构性程序,然后才是他的政治正义原则。这种建构性程序,不仅在于他的原初状态,而且在于他的制度性程序设计。因此,罗尔斯的政治建构主义不仅提出了正义原则,提出一种指导基本制度和社会结构的正义原则;而且还提出了一种建构性程序。

(一)解除无知之幕

罗尔斯在《正义论》中提出了一个建构性的程序,这个程序就是逐步解除无知之幕的程序。换言之,从原初状态的思想试验到现实政治社会的飞跃是通过逐步解除无知之幕实现的。

罗尔斯在《正义论》中提出了一个四阶段过程。在第一阶段,在原初状态条件下确立正义原则;一旦正义原则得到确立,在原初状态中的各方回到社会条件中来,召开一个立宪会议,并依据正义原则制定一部宪法,这部宪法要保护公民的权利与基本自由,这是第二阶段。三是立法阶段,即制定涉及社会基本结构和经济活动的法律，在这个阶段，法律、经济和社会政策的正义性得到了考虑。四是司法及正义规范的实践阶段。这四阶段的过程就是从理论原则到社会建制的活动。

无知之幕随后的三个阶段，也就是无知之幕越掀越高的过程。在立宪阶段，他们已经有了有关他们社会事实的一般性知识，如社会的自然环境、资源、经济发展以及政治文化水平，无知之幕已经被部分排除了，但他们还不知道自己的社会地位以及自然天赋等个人的特殊信息。但这时，他们能够以他们所确立的正义原则来评判关于社会制度的各种主张，并且将选择最有效的正义宪法。在第三阶段，政治宪法不再是讨论的对象，他们的信息也更多了，他们将选择罗尔斯所推荐的福利经济和其他社会政策。罗尔斯认为，这两个阶段应当有一个分工，第一原则即平等自由原则构成了立宪会议的主要标准，宪法确认平等公民的共同可靠地位，实现政治正义。在立法阶段，第二个原则发生作用，它表明社会经济政策的目标是在公正的机会均等和维持平等自由的前提下，最大程度地提高最少有利者的长远期望。最后一个阶段，每个人都可接触到所有事实，对知识的限制不复存在，并且我们可以看到在对正义基本结构的充分理解前提下对规则的充分运用。

人们对罗尔斯的这个从无知之幕到现实社会建制的过程有诸多批评。在涉及人们的批评之前，想先强调一下制宪的重要性。在罗尔斯的理论中，一部正义的宪法是一个正义的社会基本结构(社会基本制度)的关键所在。社会基本结构的基础是宪法[1]，而构成宪法基础的是政治原则，即两个正义原则。因此，罗尔斯的正义原则实际上是指导宪法的原则，是宪法的实质性灵魂。但如果没有宪法，罗尔斯的原则就是永远悬于空中的幽灵，由此我们也可看到宪法在罗尔斯理论中的重要性。

（二）宪法

宪法（institution）为规定国家根本组织之大法，以罗尔斯的语言来说，社会基本结构是为宪法所确立的。宪法作为国家之根本大法而区别于其他一般性法律，从形式上讲，自古希腊罗马以来，西方就有宪法，亚里士多德曾辑成希腊158国的宪法（政体）一书。这里所谓的宪法即是指国家机关的组织及权限的法律。自中世纪萌芽的现代宪法首先强调的是对国王权力的限制。历史地看，最具有现代意义的就是1215年英国颁布的大宪章（Magna Carta），该宪章为英王与当时大小贵族及教会人士所缔结的一种契约，其目的是限制国王的权力。自16世纪路德宗教改革至18世纪末英法革命期间，可能看作是现代宪法观念逐渐成熟的时代。“根本法”（lex fundamentalis）逐渐成为学者及政治生活中的常用名词，而当时根本法的观念，就受到以霍布斯、洛克和卢梭为代表的社会契约论的深刻影响。从文化及历史的渊源看，一是来源于类似于大宪章那样的贵族领主与国王之间的契约，二是来自于基督教的圣约（Conventant）观念。《圣经》即为新旧约，是上帝与人之间的约定。如克伦威尔军队中的激进分子对于政治的理解就根源于这种圣约的观念。他们认为，各种团体的成立，应以由各成员共同承认的一种约定为依据，团体成员有选举团体领导之权限；1647年克伦威尔向议会提出的人民公约，其初稿即是在此思想影响下为清教徒所草拟的，这个公约现已被认为是现代宪法的起源之一。这个公约列举了诸项公民的权利,就是议会也是不能侵犯的。在此之前,1620年,一批清教徒乘“五月花”号去北美洲创立殖民地,他们仿效基督教的约定观念,草拟了一份公约,以为赴美建国的约法,并得到了全体签字。此项约法被认为是现代宪法的远源。1776年美国的独立宣言(马克思誉为“第一个人权宣言”)、1787年美国《联邦宪法》、1789年法国大革命中的《人权宣言》以及1791年的美国的《人权法案》,可以看作是现代宪法的成熟,并由此奠定了现代宪法的精神内核。[2]由于现代宪法观念是在18世纪形成的,由此人们称这为现代宪法的“第一世纪”。正是从这个历史时期向前,欧洲大陆各国开始了它们的立宪活动。

现代宪法不仅仅是通过一部根本法来确立国家组织结构,更重要的是,现代宪法与人权或公民的基本权利的概念是内在相关的。人权或公民权利是宪法的内核,宪法是人权或公民权利的固化。宪法与人权的关系是规范与价值、法定形式与实在内容之间的关系。人权或公民权利并不是因宪法而产生,人权并非源于宪法,但宪法则应为人权或公民权利而存在,人权或公民权利是由宪法来保护的。宪法是人民自由的宪章,是人权的宣言书和保障书,宪法就是一张写着人民权利的纸。相反,如果不以人权为基本内容,或虽规定有部分人权条款却纯属点缀,那么,宪法的存在也只是徒具虚名。而背弃人权或者不保障人权的宪法可以说就不是宪法。宪法调节国家生活和社会生活的各个方面,规定国家的根本制度和根本任务,但贯穿宪法规范的最主要线索只有一条,那就是公民的基本权利与公共权利之间的关系。宪法既要约束政府权力使其正当行使,同时又要保障公民各项权利的真正实现。正像美国政治学家卡尔·J. 弗里德里希所说:“宪法和宪政的真正本质……可以通过提出这样的问题而被揭示,宪法的政治功用是什么?因为其功用旨在达成特定的政治目标。在这其中,核心的目标是保护身为政治人的政治社会中的每个成员,保护他们享有的真正的自治。宪法旨在维护具有尊严和价值的自我,因为自我被视为首要的价值,这种自我的优先,植根于……基督教信仰,最终引发了被认为是自然权利的观念。因此宪法的功能也可以被阐释为规定和维护人权的……在整个西方宪政史中始终不变的一个观念是:人类的个体具有最高的价值,他应当免受其统治者的干预,无论这一统治者为君王、政党还是大多数公众。”[3]

宪法体现的公民的基本权利,是通过限制政府权力来达到的。它的主要工具是法治与正当程序,即一系列限制政府专横地侵犯个人权利的程序。它意味着不仅要限制统治者,而且要约束每一个决策者。罗尔斯在其早期把纯粹程序正义放在首位,尔后世人的批评使他修正了自己对纯粹程序正义的向往,从而把实质性正义放在首位,这与他的理论体系是一致的。但这并不意味着他不重视程序正义问题。罗尔斯在谈到立宪阶段时,反复强调的就是一个程序正义的问题。罗尔斯认为,在立宪阶段,第一个问题就是要设计一个正义程序。即能保护公民的基本自由的程序。同时他也意识到,任何可行的政治程序都有可能产生一种不正义的结果。在宪政民主的任何形式的政权中,完善的程序正义的理想都不可能实现。因此,第二个问题就是如何从正义的、可行的程序安排中挑选出那种最能导致正义的有效的立法程序安排。正如卡罗尔·爱德华·索乌坦所说:“人们可以认为一般的宪政只不过是在正当程序概念普遍化过程中的更进一步而已。它旨在以多种方式限制权力,不一定通过法律限制,并且提供保护使个人免遭一切形式的专横权力之害,无论是大规模的权力还是小规范的权力。而且,它不仅仅是一种规范性的理想或一个政治纲领。我们也有一个宪政研究计划,它研究的是为建立自我约束制度所需的基本技能。"[4]当然,罗尔斯所探讨的是程序的理想和实质的理想怎样结合起来,而不仅仅是要求程序正义。但这样并不意味着程序不重要。没有正义的程序,也就不可能实现实质性的正义原则。正义的程序仍是先决条件。查尔斯·W.安德森指出:"自由主义政治的任务就是创造一个可靠的、可预测的、一贯的行为框架,个人能够在其中执行他们的计划或项目时多少可以肯定其成功的前景。在一个危险的、变化无常的世界里,政治的任务就是创造一种合理的秩序作为人类自由和明智的行动的必要条件。合理的秩序也是公正的一个条件,因为如果人类的选择和行动的结果是值得重视的话,这些结果必须是从意图、努力和计划得来,而不是从碰巧的运气或幸运得来。"[5]自由主义并不意味着任意,自由主义对立宪的重视从历史上看恰恰在于以宪法来约束统治者以及一切决策者,从而使得公民得到平等的自由。

在上述意义上,罗尔斯的正义原则实质上体现了现代宪法的实质性精神。换言之,罗尔斯的正义论把自1776年《独立宣言》以来所体现的原则给予了一种哲学概括。当然,从罗尔斯的理论思路看,罗尔斯首先所要确立的是两个正义原则,然后把它运用到社会环境中去。同时,从罗尔斯提出的四阶段论看,罗尔斯明显的是一种制度设计论者。"宪政主义者"(constitutionalist),从词源上看,也就是制度设计者。创制(to constitute)也就是创造或者产生。在某种意义上,罗尔斯的正义论之整体也就是从设计者的观点出发的正义论。他从设计者的观点出发来理解人类的社会制度或基本结构,并由此提出对于社会基本结构和社会制度的理性重建。当然,这种理性重建并不是无中生有,就个体公民而言,罗尔斯认为将具有两种基本道德能力或理性能力的公民置于一种正义的环境中,通过一种设置的程序,就可进行这种制度性重构。换言之,从设计者的角度看,罗尔斯所诉诸的是健全公民的道德能力。

美利坚合众国的建国经历,也可以看作是制度设计的一个典范。美国宪法的缔造者首先是确立了人人自由平等的宪法原则以及组建现代民主政体的原则,尔后才缔造了这个国家。当然,许多人指出,美国宪法并非是凭空设计,[6]但是,我们也要看到,美国的联邦宪法是没有先例的,从对参与制宪人士言论的分析表明,美国宪法的产生,在诸多关键性方面是"一种创造性的突破"。美国宪法的制度性设计,不仅在于洛克、孟德斯鸠以及休谟等人的影响,而且还在于设计者的理性能力,或对政治道德理性能力的运用。如威廉斯对宗教信仰自由的看法所导致的突破,麦迪逊对联邦制的构想等等。[7]

二、制度设计的合法性问题

对于人类社会的基本制度设计,自从人类的理性意识到社会制度可以由人的理性来建构之时起就存在。从中国历史看,周代的分封制就是中国历史上最早有记载的制度设计,而秦朝的郡县制则是中国历史上最成功的制度设计。汉袭秦制,秦虽早亡,但秦朝的社会建制却延续了两千多年。20世纪是一个世俗理性胜利的世纪,人类对自我理性的自信也表现在20世纪的人类对于社会制度的大规模的重建上。然而计划经济体制的建构则在上个世纪末随着历史时光的流失而逐渐消失在人们的历史视野之外,哈耶克的自发自由秩序的观念在这种历史事实面前显得特别有力。这也必然带出一个问题:制度设计有合法性吗?

(一)理性与建构

20世纪大规模的制度设计是基于对理性的信赖,不过,从渊源上看,近代以来人类对理性的信赖则是发轫于启蒙运动。启蒙运动在宗教祛魅的同时,确立起理性的权威。康德在《什么是启蒙?》一文中说道,敢用自己的理性!这就是启蒙运动的口号。在启蒙思想家看来,中世纪之所以处在长期黑暗之中,就在于没有理性光芒的照耀。而理性的最大功用就在于对人类合理制度的设计。社会契约论就是相信理性的制度设计的最好见证。然而,在18世纪之后,在西方思想界,理性的这种功能遭到了人们的质疑。法国大革命的多方面影响尤其是雅各宾党人的恐怖行动宣告了这种基于理性的社会设计的破产。在哲学上,黑格尔将理性的概念发展到极端导致了传统理性主义的破产。因此,在黑格尔之后,则是强调生命意志、生命存在的非理性主义的流行。传统的社会理性以及道德理性,先是遭受到马克思、尼采,尔后则是遭到了弗洛依德的批判与否定。但这并不意味着启蒙运动的理性之光已经耗尽。在对西方式资本主义制度批判的前提下,仍然怀着对理性的信仰进行社会制度的重构。这种重构的重点之一就是计划经济体制的设计。不过,这种重构的对象不是在西方国家,而是在西方世界之外。在西方思想界仍是处在马克思、尼采和弗洛依德的社会批判影响之下。二次世界大战之后,西方学术界开始从以尼采、马克思和弗洛依德为代表的社会批判影响[8]下走出。20世纪六、七十年代以来,制度设计或建构主义的思想重新得到重视,所用的方法就是罗尔斯式的建构设计方法。在政治经济学领域里,有以布坎南为代表的契约论的制度建构主义,在社会学领域里,有以哈贝马斯为代表的从语言学出发的交往理性的重建理论,在政治学、法学领域里,有以罗尔斯为代表的新宪政论。新宪政论在美国已经成为一支重要的学术队伍,并且他们已经有了自己的学术团体(Committee on Political Economy of the Good Society)。这里首先值得指出的是法兰克福学派的哈贝马斯。法兰克福的批判理论秉承马克思对资本主义的社会批判原则,强调马克思主义的精髓是对现实的批判,而发展到哈贝马斯这一代,则从以批判为重点转向理论性的重建。在哈贝马斯这里,他诉诸语言学的规则,进行交往理论的建构,并且通过交往理论的建构来重构社会合理性。在哈贝马斯看来,日常语言是人们交往的基础,也是现代合理性可以生发的坚实基地。哈贝马斯通过语言交往合理性的研究,把潜藏于语言交往中的伦理规则提升出来,并由此提出一种程序主义的伦理学以及社会交往模式,也可以看作是一种社会设计。而且,哈贝马斯所做的也是一种理性的重建和规范性内容的重建。哈贝马斯所要整合的是自我分裂的理性,所以他提出交往理性,他的交往理性的概念也具体体现在他的规范性内容之中。在哈贝马斯看来,这种理性是人的一种能力，言语活动本身就体现了这种能力。近来，哈贝马斯在他的交往理论的前提下，又提出了商议政治（Deliberative Politik）的概念，这可以看作是他的建构主义思想的新发展。这个问题留待以后讨论。

哈贝马斯采用建构性方法是受到语言学和语用学的启发。实际上，哈贝马斯自己的哲学基础就称之为“语用学”。乔姆斯基的语言学表明，具有语言资质的说者与听者能够依据他的语言资质进行语句的转换与生成。乔姆斯基所重点研究的不是语法本身，而是那种理想的说者与听者的语言能力。这种语言能力也就是人的一种理性或心理的能力，在乔姆斯基看来，这种能力几乎是人类的一种与生俱来的能力。语言的普遍现象也表明，人类建构符合语言规则的句子的能力普遍存在。从乔姆斯基到哈贝马斯，表明从语言建构到规范伦理学及政治理论建构的关联性。

人类对规范性普遍内容的把握以及把它运用于具体情境的理性能力，早已是哲学研究的主题。应当看到，这是亚里士多德的实践哲学的一个中心议题。亚里士多德强调的人的理智德性，指的就是这种理性能力。[9]实践理性具有的规范建构性功能体现在社会生活的各个方面。人类的各种游戏规则从无到有的建构，是实践理性的功能。一盘棋如何下，首先是个规则问题，这类规则是人的理性建构的。没有规则就没有某类游戏活动，建构规则对于这类活动具有本体性作用。还有一类规则，则是有活动在先，而规则起着调节性作用。交通领域里的交通法规的确立以及人们的习惯性遵守，体现的是实践理性的功能。没有交通法规，车辆也得通行，这类规则具有调节行为活动的功能。除了人类的理性有意识的建构的规则外,在不同的文化活动中还有从习惯而来的即自发生成的规则。就人类的生产活动而言,马克思曾经指出,就是最蹩脚的工程师也比蜜蜂建造蜂巢的活动高明得多。因为工程师在建造一个产品之前,在他的大脑里已经有了他的产品的蓝图,而这是像蜜蜂这种动物的活动不可能有的。这也就是说,这种大量的日常性的生产活动也离不开人类的理性设计。实际上,小至一个产品的设计生产,大到一个大型企业的生产开工,都离不开人类实践理性的设计与构想。

人们对自身的存在状态、对社会生活的反思,都可说带有某种价值意义,都在探求某种善。在这种反思的过程中,人们自觉或不自觉地运用理性建构能力进行规范性内容的设想。因此,对于某种宏大的社会主题如社会制度的反思,必然具有某种实践理性精神,而对社会制度进行某种理性建构是在不同时代、不同社会思想领域里的一个基本倾向。在古希腊思想家那里,对于实践理性建构性功能的强调无过于柏拉图。柏拉图的《国家篇》(又译为《理想国》)所论证的就是一个哲学家王所统治的国家是最好的国家,哲学家的哲学智慧或哲学理性使他最有资格为王。启蒙运动的思想家们所向往的也就是一个理性支配的世界。在法国启蒙思想家那里,宗教、自然观、社会、国家制度,一切都受到了最无情的批判,一切都必须在理性的法庭面前为自己的存在作辩护或者放弃存在的权利。思维着的理性成了衡量一切的标准。恩格斯指出:"我们已经看到,为革命作了准备的 18 世纪的法国哲学家们,如何求助于理性,把理性当做一切现存事物的唯一的裁判者。他们要求建立理性的国家、理性的社会,要求无情地铲除一切和永恒理性相矛盾的东西。”[10]而近代以来的空想共产主义或空想社会主义的思想家们，如莫尔、康帕内拉、圣西门、傅立叶等，则是直接进行社会理想蓝图的设计。卢梭的社会契约“理想”在恐怖时代得到实现，而当人们为了摆脱恐怖，最后却不得不陷于拿破仑的专制统治，虽然拿破仑所代表的是市民社会的精神。理性的设计在政治恐怖中实现了它的可怖的一面，正如恩格斯所说的：“当法国革命把这个理性的社会和这个理性的国家实现了的时候，新制度就表明，不论它较之旧制度如何合理，却决不是绝对合乎理性的。理性的国家完全破产了。”[11]空想社会主义对未来的美好设计则由于他们设计的空想性而完全找不到实现的途径。20 世纪的思想家再回过头来看柏拉图，指出柏拉图的理想国也就是一种专制主义的国家，以波普的话来说，柏拉图是开放社会的敌人。实际上，我们也看到，计划经济体制是 20 世纪最大的经济体制的设计，以为一个至上的理性可以一览无余地指挥整个社会的生产、调拨整个国家的社会产品以及以指令来支配整个国家的经济生活。这种无视经济生活价值规律的作用而企图以一个至上的理性来支配一切的社会计划，只能给经济生活带来重重困境。随着苏东的瓦解，中国、越南等社会主义国家从计划经济体制迈向市场经济体制，从而也宣告了这种理性万能论的破产。

因此，一方面，我们要看到实践理性的建构功能是人类活动正常展开的前提之一；另一方面，我们不得不看到理性对社会（制度）设计的潜在的危险。那么，是不是人类的理性只能进行那种日常性的生活或生产性的设计，只能在建构日常生活的事件中发挥作用，而对于宏大的社会主题，如一个社会的基本制度、基本结构，则是理性所不能触及的？换言之，当人们从那种日常经验培养出对实践理性的自信，从而着手对诸如社会制度的设计，就必然陷于虚幻或狂妄？如果是这样，制度设计还有合理性吗？借用哈贝马斯的语言，它的合法性在哪里？这个“合法”并不意味着符合某种法规，而是它的存在的理由。如果它没有存在的理由，那制度设计就是不合法的。

(二)哈耶克的自发秩序论

有必要看一看哈耶克的基本观点。人们认为哈耶克是一个坚定的自生自发秩序的维护者，社会制度设计的反对者，不过，这种看法值得分析。我们知道，哈耶克提出了“进化论理性主义”与“建构论唯理主义”的对立。在他看来，这是两种传统的对立。进化论的理性主义是以大卫·休谟、亚当·斯密等苏格兰哲学家所阐明的传统，人们认为，保守主义者的伯克也对这一传统做出了贡献。进化论的理性主义基于自生自发的程序而对各种传统和制度进行解释；在建构论的唯理主义传统中，最为知名的代表人物乃是笛卡尔、百科全书学派学者、卢梭和孔多塞等人，建构论的唯理主义则旨在建构一种类似于乌托邦式的社会制度。所谓自生自发的程序，按照哈耶克的说法：“在各种人际关系中，一系列具有明确目的的制度的生成，是极其复杂但却条理井然的，然而这既不是设计的结果，也不是发明的结果，而是产生于诸多并未明确意识到其所为会有如此结果的人的各自行动。”[12]建构论的唯理主义则立足于每个个人都倾向于理性行动和个人具有的理智和追求善的假设，认为凭藉个人理性，个人足以知道并能根据社会成员的偏好而考虑到建构社会制度所必需的境况的所有细节。进化论的理性主义并非不承认理性,在哈耶克看来,个人理性只是一种工具,一种抽象思想的能力,理性的功能在于引导个人在一个他无力充分理解的复杂环境中进行活动,并使他能够把握复杂情境中的一般性规则,并进而进行决策。因此,哈耶克的进化论的理性主义强调社会秩序以及制度的自生自发以及自然演进性,同时,把理性的功能仅限于个人活动。同时,哈耶克把社会秩序分为两种类型,一是内部秩序,二是外部秩序。他认为外部秩序是人为的建构的,或通过人的意志而强行制定的,而内部秩序则是自生自发性的。在他看来,自由市场经济秩序是最典型的自生自发程序,当然,并不局限于市场程序。他甚至认为,道德、法律、语言、书写、货币与市场以及整个社会秩序都归属于这一自生自发秩序范畴,即社会本身的秩序是自生自发的秩序。另一方面,他认为在社会秩序王国里,组织是一种外部秩序,组织是一种经过人的深思熟虑而设计出来的结构,其所以被创造,是为了实现某一目的。与自发秩序不同,组织是服从某一头脑的指挥的,因而相对来说是一个简单的秩序。但政府是一个兼有两种秩序规则的组织系统,或者说它使用了两种不同类型的规则,它以自生自发性秩序为依托,从而使它可以运用外部秩序。建构论的理性主义倾向于把一些完全不适用于非人为设计过程的东西归之于社会,进化论的理性主义则把社会看成是一个非人工设计的过程。建构论的理性主义要么就是看不到自生自发秩序与精心构造的秩序的差别,或者就是相信构造出来的秩序比自生性秩序优越。他们意识不到人为建构的秩序不可取代自生自发的秩序在社会生活中的功能。在哈耶克的理论中,我们必须注意到他所强调的是规则系统的人为设计与进化生成的区别所具有的关键性作用。他所要批判的是那种"认为所有的社会制度都是，而且应当是，审慎思考之设计的产物的观念"。[13]因此，哈耶克并非反对理性，而是反对理性的滥用，认为只有在累积性框架内，个人的理性才能得到发展并成功地发挥作用。在他看来理性并非万能，我们必须维护那个理性不及、不受个人理性控制的领域。理性不可对这个领域进行人为的设计，但这个领域却是个人理性得以发展和有效发挥作用的环境。反过来说，哈耶克强调外部秩序是人为建构的。因为外部秩序并非是自生自发的，而是人们的建构设计的产物。

同时，哈耶克认为自发性社会秩序是自发性规则系统，这一规则系统本身是在文化的进化过程中发展起来的。在哈耶克看来，文明社会中的成员都并非有意构建一些行为模式，这是牢固确立的习惯和传统所导致的结果。对这类习惯的普遍遵守，乃是我们在这个世界上得以生存的必要条件。而规则系统及其生成进化的进程乃是一种理性不及的过程。像道德、法律这类规则，产生于这样一个过程，一开始被采纳是由于其他原因，或出于偶然，尔后这些惯例得到延续，乃是由于采用这些规则的群体能够胜过其他群体。因此，有效规则的采纳，并非是理性选择的结果，而只是这些规则约束了我们，使我们能够更好的生存。行为规则因有助于实施它的人们而到了发展。在哈耶克看来，应当区分两种规则，一是形成于人类的生物进化过程之中的，从而具有普遍性的规则；一种是由于文化进化而具有的规则，这些规则与人的生物的本能相对，依据个人的理性也无力评价和理解这些规则的作用方式（我们只有遵循这些规则但我们往往不知其存在的理由)，文化规则由于文化的多样性而具有多样性与可变性(哈耶克还在外部秩序与内部秩序的意义上谈了两种规则，即内部规则和外部规则。内部规则是自生性秩序的规则，而外部规则则是立法机关对个人从事某一特殊任务的指令性规则)。但这并不意味着人们可以脱离具体情境的文化规则而进行理性的设计，而是要把自己确立在文化进化生成的行为规则的限度内。值得指出的是，哈耶克认为在这个限度内，人们可以谈制度改革。他说:“在我们力图改善文明这个整体的种种努力中，我们还必须始终在这个给定的整体内进行工作，旨在点滴的建设，而不是全盘的建构，并且在发展的每一阶段都运用既有的历史材料，一步一步地改进细节，而不是力图重新设计这个整体。”[14]

那么，哈耶克对建构论的唯理主义的批判是否已经回答了我们提出的问题？启蒙运动(具体来说，法国大革命)对社会制度的设计以及计划经济的秩序设计之所以不成功，仅仅是由于人们以自己的个人理性触及到了那个不可触及的领域？我认为，哈耶克正确地意识到了社会的生活秩序不是设计出来的，而是进化演进来的。因此，作为社会秩序之整体，是不可能通过设计创造出来的。计划经济体制对整个经济秩序的设计就是以一个至上主体的理性来代替整个自发性经济秩序，而没有意识到整个经济秩序是个人理性所不及的。法国大革命的失败则要复杂得多。整体性社会秩序是行动的产物，而不是理性设计的结果。理性设计由于触及这一理性无能替代自生自发性的功能领域，从而招致失败。这是问题之一，另一问题是，法国大革命力图重构整个社会道德。麦金太尔指出:“雅各宾俱乐部及其垮台的真正教训在于,当你试图重新创造的那种道德表达方式一方面为普通大众不相容,另一方面又与知识精英格格不入时,你不能希望在全民族的范围内重塑道德,以恐怖方式把道德强加在他人身上的企图——圣·贾斯特丹的方法——是那些瞥见这个事实但却不愿意承认它的人出于孤注一掷的权宜之计。(所以我认为,正是这个问题而不是公德的理想滋生了极权主义)”。[15]在法国大革命期间,固执的单身汉被看作是德性的敌人,过分注重外表也是一种恶,长发是德性的象征,而去理发也是一种恶,衣着简朴、居住简陋被看作是有德性等等。毫无疑问,这种重构社会道德的愿望是与文化进化所生成的道德规则相冲突的。文化演进生成的社会道德规则较之表层的制度规则,处于民众生活的底层,有着深厚的大众社会心理和集体无意识的支撑,幻想在一个短暂的生活时期彻底改变社会生活的道德准则(造就“新人”),并且以激烈的社会暴力来强化这种愿望,所招致的只能是更为激烈的社会反抗。

其次,哈耶克激烈地反对建构性唯理主义,但最后他并没有排除对制度设计的可能,只是认为不可全盘进行设计,如莫尔的乌托邦那样的设计。应当看到,哈耶克所真正反对的是对整个社会制度的全盘性重构,而且是没有文化根基的或无视历史文化进化环境地进行理性的重构。因此,哈耶克的自生自发理论实际上是为建构主义留下了一条出路。在他看来,制度设计的合法性在于尊重传统与历史文化遗产。我们也看到,他认为外部秩序是人为设计的。他也并不认为外部秩序没有意义,而是认为政府是在两种秩序规则的意义上运作的。正是在这个意义上,布坎南认为哈耶克的理论是与契约论的建构主义相容的。布坎南说:“哈耶克本人就是一个基础立宪改革的坚定倡导者,这种基础立宪改革体现在非常具体的改革建议中。因此,哈耶克实际上把进化论观点同建构主义—立宪主义观点结合起来了。”而且,“这种立场使得他的观点在其体系内保持一致,也同我们这些作为契约论者的,或许更容易归类为建构主义者的人的观点相符合。”[16]因此,哈耶克的自生自发秩序理论实际上只是强调了任何建构或改革必然尊重文化传统及其历史前提,但并不意味着不可进行建构。同时,他将社会秩序进行外部秩序与内部秩序的区分,在某种意义上是强化了人为设计,因为没有理性设计,外部秩序不可存在。因此,哈耶克强调反对理性的僭越,提出理性的局限性,并非是认为不可进行制度设计,而是认为这种设计应是尊重历史前提下的创新,一如美国宪法的设计体现了对洛克、孟德斯鸠等人思想的继承,以及英国自由大宪章以来的传统和清教徒的追求自由的传统的继承。美国宪法创造了一个新秩序,一个新制度,但并不意味着在原有的文化中没有根基。恰恰相反,它可说是这种文化理念的现实化。同时,我们又不可否认它的创新性。作为一种制度,它确实是原有社会所没有的。在这个意义上,理性虽不是万能的,但又确实不是无能的。因此,我们可以说,个人理性也有那种可以透过历史事件发展的内在线索,把握历史进程从而推进历史的可能。否则,我们也无法理解哈耶克自己推进制度改革的努力。[17]

至于柏拉图在《国家篇》里所提出的理想国的极权主义和专制主义问题,我认为,并不在于他对社会制度所进行的理性重建这一行为本身,因为在我看来,任何人都可能有他自己的未来社会蓝图，只要他还是一个理性存在者。柏拉图的问题在于他自己就是一个拥护极权主义和专制主义思想的人，他的理想国设计体现了他的这个倾向。依波普尔之见，柏拉图虽从逻辑上得出结论只有哲学家才可为王，他的哲学家的定义是“热爱真理的人”。但作为王者的哲学家，为了城邦的利益，则是靠谎言与欺骗来进行统治。因此，波普尔认为这个定义显得柏拉图并不十分诚实。波普尔指出，在柏拉图的理想国中，国家的利益支配着公民从摇篮到坟墓的全部生活，而毫无个人自由的空间[18]。并且，这个国家知识、哲学、科学以及数学的需要都是为了统治的需要，而不是个人发展的需要。艺术与神话都是危险的，因为它们与统治的需要不相符合。

由此观之，对社会制度或社会基本结构进行理性的建构是在多重危险中穿行。那种真正对人类社会具有危害性的理性重构(当然所有的设计从设计者的愿望来看都是“善”的或为了实现“善”)，一旦得到社会的实行，就是那个所实行这种理性方案的社会的大灾难。因此，我们并非是一般性地反对理性设计或建构，恰恰要反对的是那种专制主义倾向的社会设计。同时，真正有助于社会进步的理性的建构也必须立足于文化进化自身的根基，才不至于成为乌托邦或社会灾难。但这里需要指出的是，我认为，不能以在自身的文化传统中没有任何根基为理由来反对进行制度性的改革设计。应当看到，在一个民族的悠久的历史文化中，绝不可能只有有利于专制统治的文化因素，而没有有利于民主发展的因素。印度自独立起就实行现代民主制，但在这之前，印度这个大国从来就没有民主制的经验。因此，如果在某种倾向于专制的传统中，以及身处暴政的统治之下，我们仍然以维护自生自发的秩序为借口，以这种文化中没有民主倾向而只有专制倾向为借口(这可能不符合任何一个民族的历史事实)来反对任何推进改革的活动,那只能意味着为黑暗政治进行辩护。但我认为,上苍绝不可能把一个民族永远滞留在社会灾难之中,任何一个民族的深重灾难都会有尽头,如果上苍不想让这个民族灭亡的话。

(三)宪政论

我们再来看看罗尔斯的正义论通过制宪活动对社会基本结构的重建。首先,罗尔斯的前提是两个正义原则。这一原则是得到理论论证的原则。其次,这一正义原则体现了洛克以来的自由传统的原则。哈耶克的理论突出了自生自发的秩序与制度设计的对立,但在哈耶克的理论里,也并非认为自生自发的秩序就是十全十美的秩序,他只是强调制度设计不能不顾文化演进所生成的基本规则(不过如果夸大这种观点,历史可能就要特别惠顾某些民族,而听任某些民族永远处于悲哀境地:因为它们没有文化自发演进生成的伦理原则!)。就罗尔斯而言,他的宪政观并没有游离西方社会的公民或美国公民的基本政治直觉。正如哈贝马斯所指出的:"他提出的那样一种正义论,可以找到与它联系的文化,是通过传统和习惯培养已经在日常交往实践和单个公民直觉中扎下了根子的自由主义基本信念。"[19]罗尔斯的正义原则要通过制宪在社会基本结构中体现出来,其结果就是保障普通公民的基本权利、限制政府的僭越权力。因此,正义原则的倾向是反专制主义的、民主的倾向。埃尔金说:"在传统上,西方宪政思想的突出主题是要设计一些政治制度来限制政治权力的行使。政治制度被认为是一些人用来谋求取得对另一些人的优势的手段。但是,当制度得到适当的安排时,它们就能阻止这种企图沦为专横和主宰。因此,古典的宪政思想传统上关注于最大限度地‘保护社会成员彼此不受侵害……同时将政府侵害其公民的机会降至最小程度’。它的目标就是‘避免暴政’。正如麦基尔韦恩所说的,宪政就是意味着‘对政府施加合法的制约……[它的]反面是专制统治’。”[20]罗尔斯就是这种宪政论者。不过,在当代意义上,宪政论有古典宪政论与新宪政论之分。古典宪政论着意于设计一种政治体制,它提供一个使公民在其中管理自身事务的框架。社会问题大都通过私人间的互动来解决,法律与市场使这种互动成为可能。社会福利的增进是通过私人的努力而不是通过政府的行动来实现的。新宪政论在古典宪政论的基础上,为自己提出了更多的要求。即在维护政治生活的民主化的同时,积极关注与推进社会福利。而在组织公民之间的利益分配的同时,又不至于使得政府陷于专制之中。新宪政论的这种努力典型地体现在罗尔斯的两个正义原则以及两者的关系上。在这个意义上,罗尔斯不是自生自发的秩序论者,但也不是哈耶克所批判的靶子。

关于社会建制还有一个一般性的理论问题必须回答,这就是,尽管罗尔斯所体现的这种民主倾向是不容质疑的,但如果我们相信哈耶克所维护的自生自发秩序的论点,就必然问道,这样大规模地进行制度设计是否有充分理由？是否是必要？

应当看到,人类对于良好政治体制的关注的热情从来没有减弱过。但是,在经过几千年的不同时代不同国家的政治实践,我们有理由看到罗尔斯所提出的制度设计对于人类在这一领域里的探求是一个真正的贡献。尽管如诺齐克那样的哲学家对于他的设计所导致的公民生活的特性问题以及诉诸国家调节分配的欲望提出了质疑(这个问题我们在对罗尔斯的批评中再展开),我们必须看到,就目前为止,罗尔斯的这种努力所体现的新宪政论是成功的。我们认为,任何时候都不应放弃这种使政治体制变得更好的努力。如果人类不能通过反思和选择而建立良好的政府,如果人类的政治体制永远注定要依赖于偶然事件和暴力控制,那将是人类的普遍不幸。而要使得人类得到自由、安宁与幸福,必须要有良好的制度。这种制度或许可以通过自生自发的秩序演进而来,如英国式的近代民主的发展,或许在其文化前提中不存在着这种机遇。但这并不意味着在这样一种文化环境中没有任何可以走向民主、自由的因素。因为如果说人们更愿意受人奴役而不愿意有尊严的生活这可能不合人性,也不是一个历史的事实。实际上,历史的发展总有一些契机,或者说,在某些时候可能就处在某种十字路口。因此,强调自生自发秩序的作用与看到自生自发秩序的局限性同样重要。如果在某个历史关头,人们不用自己的理性而等待事件的自然演变,听天由命,那就将失去创造历史的机遇。人类的不同历史时期都有过这样的机遇(但某些民族可能错失了这种机遇因而在黑暗中等待)。如像托马斯·潘恩在 1776 年曾宣称的:"时代期待我们通过制定一部最为高尚、纯洁的宪法去再次开辟整个世界。"[21]

同时,美国宪法的制定以及实施表明,大规模地进行制度设计是可能的、也是必要的,只要在设计和操作过程中在那些理性不及的范围内考虑到人类理性的限制。当然,我们不仅仅应当把宪政看作是限制权力和提高公民福利，而且应当看到它在形成一种良好的生活方式上的功能。一种专制的政体不仅是统治者可以为所欲为，而且使得专制制度下的臣民的灵魂变形，生存的需要压倒了精神健全的需要。在这个意义上，我觉得，朗·富勒的观点很有启发性，他说："我们必须把一项制度看成是一个活跃的事物，自行突入一个有各种相互作用的力量的领域，以复杂的形式和在不同的程度上改造这些力量。一项社会制度使得人类生活本身变得与没有这项制度时大不一样。因此我们不能简单地问，它的目标是好的吗？它适合于达到这个目标吗？相反，我们必须立即提出一个比较含糊和复杂的问题——就像这样：在有其他制度存在的情况下，这项制度是否创造了一种令人满意的和值得人们努力的生活方式？"[22]在埃尔金看来，政治制度的目标是一个次要的问题，重要的是要看到这个制度下的人民或公民们是怎样生活的，他们会因此形成怎样的相互关系。因此，政治不仅仅涉及走向何处（关于这一点我们实际上是知道得很少的），而且涉及我们在前进中的相互关系如何。因此，政治制度本身是造型性的，它塑造一个民族人民的特性以及社会生活的特性。[23]如果我们不注重这些问题而仅仅注意它的前进目标，并且认为我们可以为前进目标而付出社会代价是应当的，很有可能就会因所谓代价（它的实际作为）而不知它驰向何方。在这种意义上，也为我们理解罗尔斯的理论提供了一个参照。罗尔斯提出的社会建制是要解决原初状态下的人如何回到社会状态下实际生活的问题，是要提供一个政治环境使得这些公民的权利得到保障。

三、建构主义

罗尔斯的立宪论建构主义有着合理的存在理由。前面已述，人们对罗尔斯的这个四阶段论有着诸多批评。如 H.L.A.哈特(Hart)对罗尔斯的批评。哈特提出罗尔斯的正义论在涉及自由及其优先性时，有两个严重的问题。一是说罗尔斯对于各派在原初状态中采用这些基本自由以及一致同意它们具有优先性所依据的那些根据并没有给予充分说明；二是说在立宪、立法和司法三阶段运用正义原则时，对于如何进一步具体规定基本自由、并使这些自由作为已为人们所了解的社会环境条件而得到相互调整，尚未有任何令人满意的标准。[24]罗尔斯认为，哈特的这个批评意见对于他的正义原则理论提出了相当中肯的意见。罗尔斯在 1999 年出版的《正义论》修订版中，考虑了人们的批评意见。尤其值得指出的是，在《政治自由主义》中，罗尔斯大大强化了他在《正义论》中涉及甚少的他的正义原则是如何为现实的现代民主社会所接受以及它如何在现实的民主社会运作的问题。他对这一思考重大问题思考的成果就是这部《政治自由主义》。值得指出的是，他在《政治自由主义》中很少涉及伦理学或道德哲学的内容，他解决这一问题的路途主要是政治哲学的而不是道德哲学的。罗尔斯在《政治自由主义》的"导言"中谈到，在《正义论》中，没有将道德哲学与政治哲学区分开来。而在《政治自由主义》中，他明确地把这两者区分开来。对于罗尔斯后期思想的这种倾向，我们应当联系《正义论》中的基本问题来讨论。应当看到，罗尔斯所强化的这种倾向，实际上是弥补《正义论》中所缺乏的，这样使得他的正义论更有说服力。我们只要指出如下事实也就够了：在《政治自由主义》中，罗尔斯仍然强调正义论的基本主题是社会基本结构，仍然强调他的两个正义原则，仍然强调原初状态、基本善、其个人观（两种道德能力）、社会观（合作体系）以及正当的优先性。这些都是他的基本理念，都是在《正义论》中充分阐述了的（当然他在《政治自由主义》中从政治哲学的角度重新进行了阐述）。在《正义论》中，他几乎用了200页的篇幅从伦理学或道德哲学的角度来谈正义社会的稳定性问题，而对在一个多元民主的现代社会，怎样面对政治方面、道德方面、宗教方面以及文化上的多元性以及冲突性，来达到一种政治的共识——这一根本问题，则几乎没有涉及。如果不能从理论上论证这一问题，正义原则既不可能落到现实层面，也不可能正确论述正义社会的长久稳定性问题。所以，罗尔斯指出，在《正义论》的第三部分中的稳定性理论与公平的正义理论整体是不一致的[25]。但我们也要看到，罗尔斯在《政治自由主义》中强调，他的正义原则是政治观念，而在《正义论》中，则是一种全面性的政治和道德学说，也就是说，罗尔斯的理论性质发生了变化。因此，我们既要看到《正义论》与《政治自由主义》的不同，即前者不区分道德哲学与政治哲学，也要看到两者的内在一致。并且，还要意识到，罗尔斯的重大修正的目的在于如何使得他的公平的正义原则能够在现代多元民主社会能够实现。我们只有统一看待罗尔斯为之奋斗终身的事业，才可对罗尔斯的正义论有一完整理解。

在这里，重要的是还要意识到，罗尔斯以“政治自由主义”这一用语所表明的对于传统自由主义的重大修正。我们知道，大多数传统的自由主义理论家为世人提供了一个共同的模式。典型地看,他们或是从某些最基本的道德断言,或是从关于人性的观点出发,然后建构一个可容纳这些基础性前提的正义理论,从这一方面看,传统的自由理论是建基于更为基本的哲学、道德或宗教的前提上的。如美国独立宣言所说,因为我们的造物主使我们所有人都成为平等的人,因此,我们每个人都享有不可让渡的生命、健康、自由和财产权。我们知道,洛克的自然权利论的自由主义是建构在宗教学说的前提上的,康德的自由主义理论是建构在道德形上学的基础的。密尔作为一个功利主义者,他的自由主义理论是建立在功利主义的基础上的。功利主义的基础性理论是一种趋乐避苦的人性理论,因此,在他看来,快乐是内在的善,道德上的正当行动在于最大化这个善,同样,政治正义在于政治制度、政策和法律能够导致最大多数人的最大化的快乐。密尔在《论自由》中指出,政治自由的制度安排其价值就在于能够为最大多数人带来最大化的快乐。因此,传统的自由主义政治理论几乎都是建构在某种全面性(compehensive,或译"完备性")学说的基础上的。从全面性学说的立场看,政治正义理论不可能是无哲学立场的,它总是需要某种可称为背景性基础理论的支持的。具有全面性理论的理论家要提出一种自由主义的正义理论,也就是将它的全面性哲学或道德理论应用于政治领域,并且是以这种全面性的理论来为这种正义理论提供论证。如密尔的自由主义是得到他的功利主义辩护的理论,杰弗逊的自由主义是得到他的宗教学说的辩护的,同样,洛克的自由主义正义观也有他的宗教背景理论的支持。如果他们关于人性和人类起源的宗教学说得不到维护,那么他们的自由主义的正义观也得不到维护。

在《政治自由主义》中，罗尔斯为自由理论提供了一个新的框架，对于政治哲学的方法和目标提供了一个新的概念性解释。对于传统的自由主义，他提供了一个可替代性的解释框架，即“政治自由主义”的框架。在罗尔斯看来，自由主义的正义理论不是从某种关于人性的道德理论或宗教理论出发的，而是从民主思想的传统出发的，或者说，是从西方的自由主义的政治文化的传统与现实出发的。在罗尔斯这里，自由主义的正义理论不是某种全面性学说在政治领域里的运用，一种政治自由主义是无立场(freestanding)的或独立于任何全面性宗教、道德和哲学学说的，它既不来自于这些学说中的任何一种，也不代表它们中的任何一种。它不诉诸人性的道德学说或宗教学说，不诉诸自然的或超社会的解释，而诉诸自由主义的传统和自由主义的政治实践。如果说，传统的契约论意义上的自由主义都是建构主义，那么，在这个意义上，罗尔斯的建构主义必然与传统的建构主义不同。他与将他的自由主义的正义理论称为政治自由主义一样，他将他的建构主义称之为“政治建构主义”。那么，这种政治建构主义有什么特色呢？这里我们从直觉主义与罗尔斯的区别谈起。

(一)合理直觉主义与建构主义

在《政治自由主义》中，罗尔斯没有像在《正义论》中那样再谈四个阶段这样具体的政治程序设计，而是从政治哲学的理论高度，富有说服力地论证了他的政治建构主义。换言之，现在罗尔斯就把他的正义论看成是政治建构主义理论。并从建构主义哲学的立场上论证了建构以两个正义原则为基本立宪原则的政治社会的可能。

在《政治自由主义》中,建构主义、重叠共识以及公共理性都是其基本理念。公共理性、重叠共识以及政治的正义观念等基本理念都可归在建构主义名下。因此,我们需要首先谈他的“建构主义”(constructivism)这一基本理念。罗尔斯明确提出他的正义论是一种政治建构主义(political constructivism)理论。他说:“政治建构主义是一种关于政治理念的结构和内容的观点。也就是说,一旦达到反思的平衡,政治正义的原则(内容)可作为某种建构(结构)程序的结果来描述。在这个为原初状态所塑造的程序中,作为公民代表的理性行为主体并服从合理条件,选择公共正义原则来范导社会基本结构。”[26]他强调,他所研究的是一种建构主义的政治正义观念,在他看来,他的政治建构主义具有如下四个特征:一、政治的正义原则可以作为一种建构程序的结果来描述;二、建构的程序从根本上说是建立在实践理性的基础上,而不是理论理性的基础上的;三、它以一种颇为复杂的个人与社会概念来形成和构建社会的结构;四、政治建构主义具体规定了一种合理性的理念,并将这种理念应用于各种不同主题:观念与原则、判断与根据、个人与制度。罗尔斯的政治建构主义的特点在于,他首先制定出原初状态(原初状态不是被建构出来的),也就是制定出一种程序,通过这一程序表达所有相关应用于政治正义的原则和标准中的理性标准和合理性标准。罗尔斯说:“当我们把秩序良好社会作为公民间合作的公平体系的基本理念作为出发点,来为立宪政体制定出一种政治观念时,该政治观念就有一种建构的可能性,它隐含在作为建构基础的实践推理观念和原则系列之中。"[27]这里需要指出的是，所谓“建构”(construction)不是对已经存在的客观事实的建构，已有的客观事实是不可能建构的。如关于奴隶制的事实，如果它已经存在，就不取决于正义原则，去建构事实的说法是站不住脚的。不过，罗尔斯指出在(社会实在意义上)的客观事实之外，还有一类事实，这就是思想性事实。也就是说，有两种事实，一种是人们在给出理由说明为什么一种行为或一种制度是正当的或不正当的、正义的或不正义的时所指的事实。这些事实是所谓造成正当或不当特征的事实，另一种则是关于正义的内容、或德性的本质、或政治观念本身的事实。说奴隶制是不正义的，在于我们有一类标准，据此来评价奴隶制。这类标准是可以通过建构程序来提供。或者说，这类事实是由建构程序所提供(to give)的。换言之，建构程序可以提供这类思想事实来评价社会世界的客观事实。所以，罗尔斯说："关于第一类相关事实，人们之所以架构一种建构程序，在普遍意义上，是要确立可具体指明有关行动、制度、个人和社会世界的事实的原则和标准，这些原则和标准是与政治慎思密切相关的。"[28]具体地说，建构主义所要建构的，是通过所建构的程序，提供思想性事实，即原则与标准，并据此来评价相关事实。当然，辩证地看，被建构所论证或所提供的原则或标准进入立宪或制度设计之中，就可以创建与这类原则或标准所认可的社会世界的事实。

要准确地把握罗尔斯的政治建构主义的哲学特征，还需要将罗尔斯的建构主义与直觉主义和康德的道德建构主义的特征进行比较分析才可做到。

罗尔斯指出，合理直觉主义的第一个特征是如果道德的第一原则和判断是正确的,那么,它们就是关于一种独立的道德价值秩序的真实描述。换言之,直觉主义认为这种道德秩序不依赖于任何人的心理活动和理性活动,它是一种独立存在。政治建构主义则把政治原则表述为一种建构程序的结果,有理性的行为主体选择这些原则去范导社会的基本结构。

第二个特征是,合理直觉主义认为道德的第一原理是通过理论理性为人们所了解的。即道德的知识部分是通过一种知觉和直觉获得的,也是通过在恰当的反思层面上可接受的那些第一原理组织起来的。政治建构主义则认为,建构的秩序从根本上看是建立在实践理性的基础上的,而不是建立在理论理性的基础上的。实践理性所关注的是根据对象的观念来创建这些对象,如作为政治奋斗目标的正义的立宪观念。

第三个特征是,合理直觉主义缺少充分的个人观念,不需要作为认知者的自我观念。因为第一原则的内容是由那种适合于知觉和直觉了解的道德价值秩序所给定的,也是为恰当的反思可接受的那些原理所组织和表达的。这里基本的假定是,把第一原则认知为真产生了一种由于这些原则之故而行动的欲望。道德动机有一种特殊的起源:对第一原则的直觉知识。政治建构主义则以一种相当复杂的个人观念和社会观念将形式与结构赋予其建构。即把个人看作是属于政治社会的公民,把政治社会看成是世代相传的社会合作的公平体系。个人的道德能力和社会合作理念在这里起了关键性作用。但直觉主义的那种极不充分的个人观念不可能具有这种建构性作用。

第四个特征是,合理直觉主义以一种传统的方式来看待道德判断,即认为当道德判断是接近于独立的道德秩序时,它们便是真实的,否则就是虚假的。政治建构主义既不去利用或否认真理概念,也不去讨论这种概念,政治建构主义认为它的原则只是政治概念,而不是真理概念。政治建构主义所有的是一种理性概念,并将这种理性概念运用于不同的主题:观念与原则,判断与根据,个人与制度。

罗尔斯进一步指出,建构主义与合理直觉主义都依赖于反思的平衡的理念。直觉主义依赖于反思的平衡使其知觉与直觉相互支持,建构主义通过反思的平衡检验得出的结论是否与其判断相称,检查它对程序的系统阐释是否正确。这两者的差异在于,直觉主义把一种程序看成是正确的,是因为正确地遵循该程序通常能够做出正确而独立的给定判断;政治建构主义之所以把一种判断看作是正确的,是因为该判断出自理性而又合理的建构程序——当我们正确地系统解释和正确地依照着这种程序时,认为在适当的反思层面,实践理性的正确模式在整体上将产生正确的正义原则。而一旦达到反思平衡,直觉主义者就会认为,他们所考虑的判断是真正符合一种独立的道德价值秩序的。而建构主义者则认为,建构程序正确地塑造了与合适的社会和个人观念相联系的实践理性原则。政治建构主义的实践理性原则是公民共享的公共理性原则。罗尔斯说:"理性直观主义说:程序之所以正确是因为正确地遵守程序(在独立条件下)往往给出了正确的结果。建构主义说:结果之所以正确是因为它来自它所正确地遵守的那个正确的合理而理性的程序。这两种观点都是把我们通过反思思考的东西归结为基本标准。"[29]

(二)康德的道德建构主义

在《政治自由主义》中,罗尔斯不仅指出了直觉主义与政治建构主义的差别,也指出了康德的建构主义与政治建构主义的差别。罗尔斯提出他的建构主义与康德的建构主义的差别,很值得注意。这是因为,他在《正义论》中的正义论,是康德式的道义论学说,他反复指出他的理论与康德学说的渊源关系。然而,他现在则提出他的理论与康德理论的差别。不过,先让我们看看他所说的差别。

罗尔斯指出,第一,康德的学说是一种全面性或完备性学说,在康德的学说中,自律或自主性理想对所有生活具有范导性作用。康德的学说既是一种关于本体论的哲学、道德形而上学,同时也是一种政治哲学和法哲学,对于自然、社会、人的世界观以及人生观起着一种全面性的解释和指导性作用。公平正义的政治自由主义不可能起到这种作用,它仅在政治领域发挥其作用。

第二,对政治建构主义来说,一种政治观点是否是自律性的,取决于它如何表现出作为秩序化的政治价值。如果一种政治观念表现出与合适的政治社会观念和个人观念相联系的实践理性原则之上的政治价值秩序,则该政治观点就是自律的。秩序化价值的特点在于强调秩序本身体现价值,体现政治观念的特性。

康德的自律是构成性自律。即道德价值和政治价值的秩序必须通过实践理性的原则和观念才得以建立,或者说才能构成它自身。构成性自律意味着,所谓独立的价值秩序并不构成它自身,须通过实践理性才得以构成。直觉主义的独立给定的价值秩序观念是康德所反对的。罗尔斯认为,他的政治建构主义拒弃康德的构成性自律观，但认可康德的道德建构主义的如下观点：实践理性原则源于将实践理性作为要素的道德意识，这些原则并不能从别的什么地方推导出来。康德认为，理性有其自我渊源和自我确证。罗尔斯接受康德的这个观点。政治建构主义并不单纯从实践理性出发，它也需要一种塑造社会观念和个人观念的程序。这是与康德有区别的。换言之，实践理性原则能够对政治秩序发挥作用，但同时要看到秩序本身的价值意义。

第三，在康德的观点中，个人和社会的基本理念的基础是先验理想主义（目的王国）。政治建构主义除掉了康德式的形而上学，把公平的正义原则作为组织性理念来使用。

第四，政治建构主义从隐含于公共政治文化中人们共享的理念中，力图开出一种可以获得自由而符合理性的判断一致的政治观念，换言之，力图在理性多元的文化中找到一种公共性基础。这是政治建构主义的目的所在。而康德哲学的目的在于为理性信仰进行合理辩护。罗尔斯认为，在康德看来，不仅理论理性与实践理性是统一的，而且力图表明自然法则与道德自由是相容的。当然，这是罗尔斯的看法，在哈贝马斯看来，正是康德的三大判断代表了现代性的理性三分。康德力图弥合这三分性理性，他的努力的结果就是保留上帝或给宗教留下地盘。

罗尔斯认为，这四种差别中的任何一种都意义深远，都足以使公平的正义与康德的道德建构主义区别开来。[30]

罗尔斯在《政治自由主义》中明确地把他的正义论与康德的道德学说区别开来，当然是在建构主义的意义上讲的。罗尔斯指出，建构主义这个概念在算术哲学以外，运用得不多。不过，罗尔斯认为算术哲学与康德哲学都可看作是建构主义的。建构主义的理念是系统设计的一种程序性代表,在这种程序性代表中,所有相关的正确推理的标准都尽可能相互掺合,待人评定。如果判断是正当地遵循正确程序并仅仅依据正确前提,它就是合理而健全的。在康德对道德推理的说明中,程序性代表是由绝对命令给定的,在算术中,程序表达着自然数是如何从基本单位的概念中产生的,每一个数都是从前一个数中产生的。不同的数由其在这样产生的数列中所处的位置相互区别。程序表明了那些构成有关数的事实的基本属性,所以从该程序中正确推出的各种关于数的命题都是正确的。建构主义概念的关键在于它的程序与前提。在这个意义上,罗尔斯的理论(在《正义论》中和在《政治自由主义》中)与康德的理论都可看作是一种建构主义。

罗尔斯指出的政治建构主义与康德的道德建构主义的四个差别无疑是明显的。但我们怎样看待罗尔斯的《正义论》中所表明的康德式的思想倾向?尤其是,罗尔斯在《政治自由主义》中从建构主义角度提出的这四个差别,是否意味着罗尔斯已经偏离了康德?当然,我们看到,就是在《正义论》中,罗尔斯也指出他的理论与康德的理论有差别,但《正义论》中的差别不是根本性的。罗尔斯的道义论的正义论在根本点上没有离开康德。这里所说的四个差别,就第一个而言,源自于罗尔斯自己观点性质的改变。虽然罗尔斯仍然坚持两个正义原则,两种道德能力以及原初状态的观念等,但他已经把正义原则看成是政治观念性的原则,并且他的正义观念不是一种全面性或完备性的学说。就第二个而言,罗尔斯也是从正义的政治观念意义上讲的。在《正义论》中,罗尔斯是认同康德的实践理性原则以及康德的本体自我观念的，即强调自由平等的理性存在者，把这种理性存在者作为自证之源。在《政治自由主义》中，他同样承认这点，这表明罗尔斯的理论仍然与康德的理论有关系。但是，罗尔斯这时强调政治观念与政治秩序之间的内在关系，而不是从构成性自律的意义上看待这种关系。就第三个而言，这是在《正义论》中就已经存在的差别。第四个差别也已经隐含在《正义论》中，不过，在《政治自由主义》中，罗尔斯重新确立他的正义理念的政治特性使得这个差别更为明显罢了。从罗尔斯把正义原则看成是政治观念的角度看，罗尔斯的理论与康德的道义论的政治哲学和伦理学的距离拉大了。但这并不意味着罗尔斯的政治哲学没有康德政治哲学和伦理学的成分。康德的自由平等的自然法则以及普遍立法原则（绝对命令）是《正义论》中的两个正义原则的哲学渊源，在《政治自由主义》中，两个正义原则仍然是其阿基米德点，不过其性质已经从一种全面性学说的核心转化为政治观念了。值得指出的是，罗尔斯自己指出他的政治建构主义与康德的道德建构主义的差别，实际上表明他自己已经从道德建构主义转向政治建构主义，不再把政治哲学与道德哲学糅合在一起。

现在我们再看看罗尔斯的政治建构主义的具体内涵，即他所说的政治建构主义建构了什么？罗尔斯的回答是，他所建构的是一种政治正义观念的内容。这一内容也就是在原初状态下的各方在无知之幕之下所选择的正义原则。[31]罗尔斯把在《正义论》中提出的正义原则就看成是他的建构主义的成果。与此相关的第二个问题是，作为一种程序性的代表设置的原初状态，是被建构出来的吗？罗尔斯的回答是，它只是被制定出来的。实际上，罗尔斯的从原初状态到立宪、立法和司法的四程序,也是一种被制定的建构性程序。当然,罗尔斯着重指出他对原初状态设计这一程序设计的基础性地位。罗尔斯说:“我们是从作为自由平等的具有理性和合理性的公民之间的合作的公平体系、并把这一体系看成是秩序良好社会的基本理念着手的。然后我们制定出一种程序,该程序展示出各种强加于各方的理性条件,而各方作为合理性的代表将为这样一个社会的基本结构选择公共的正义原则。我们这样做的目的,是通过这一程序表达所有相关的应用于政治正义的原则和标准中的理性标准和合理性标准。如果我们的这种做法恰当,我们就可设想,这种贯穿于原初状态的论证的正确有效的工作,应该可以产生最为合适的支配公民之间政治关系的正义原则。在这一方面,作为参与一良好秩序社会合作的公民的政治观念塑造着政治正当和政治正义的内容。”[32]因此,对于罗尔斯建构主义的程序设计而言,公民的概念和秩序良好社会的概念具有重要的意义。这是他的建构主义程序的基础性观念。罗尔斯的解释是,这两种观念或是纳入到这个建构程序之中的,或是为这个建构程序所塑造的。怎么理解他所说的后一种意思?罗尔斯的公民概念也就是两种道德能力的概念。正义感的能力使公民能够理解、运用并在行动上遵循理性的正义原则,正义原则具体规定着社会合作的公平体系。善观念的能力是一种值得我们为之追求的目的和目标的观念能力,公民以一种适合于政治正义的方式来形成其善观念的能力,而这种能力也可说是由该程序(原初状态)的各方的合理性所塑造出来的。公民的正义感能力则是在这一程序本身通过诸如合理性的对称条件这类特征塑造出来的。秩序良好社会的概念的一个特征在于它的公共性,从这个意义上,它也为原初状态下的各方公共选择的自由以及相互承认的原则这些条件所塑造。总之,作为一种政治建构主义,必须有为了建构什么而设计的条件,这些设计的条件就是出发点。就古典契约论者而言,自然状态是被制定的,自然状态的条件所隐含的自然权利(如霍布斯)和自然法(如洛克)的正当性或正义性是为自然状态的条件所保证的,尽管他们的权利观念或自然法观念是一种形而上学的天赋观念。康德虽然也有一种形而上学的自然权利观念,但他的权利的正当性和正义性是通过绝对命令的程序来保证的,并且它的基础来自于实践理性和实践理性的普遍立法性。罗尔斯的政治建构主义的关键在于基础性的设计,即原初状态的设计,这是保证他的正义原则能够胜出的设计,也是论证两个正义原则的合法性设计。就这个目的而言,他的建构性设计达到了。与康德相比较,罗尔斯也需要实践理性的概念,但他的建构主义是将实践理性的概念与合适的社会概念(秩序良好的合作体系)和个人概念与正义原则的统一着手进行的。

我们通过上述讨论发现了罗尔斯在本体论上的明显困境。我们知道,罗尔斯的公民概念是他的正义论的本体论条件,即平等正义的基础性条件是公民的两种道德能力。这两种道德能力首先是作为先决条件被纳入到建构程序中去的,但罗尔斯又说它是被塑造出来的,即是通过后来的程序塑造出来的。我们再看看罗尔斯的《正义论》本身。在进入原初状态的公民那里,我们发现他们都是具有两种道德能力的健全的公民。但在《正义论》的第三部分,我们发现罗尔斯力图解决的问题是如何在一个正义的社会里培育这样合格的公民的问题。因此,实质上,罗尔斯对原初状态的设计,是把一个还没有存在的条件当作一个先决条件来看待。抽掉了这样一个本体论前提,罗尔斯的原初状态这样关键性的假设就没有存在的条件了。为什么会出现这样一个困境?我认为这是罗尔斯既继承了古典契约论的传统,又放弃古典契约论的形上学的结果。在古典契约论者那里,如在洛克等人那里,公民的权利或是天赋的,或是造物主所赋予的。但在罗尔斯这里,是因两种道德能力而享有的(人们也可以不无理由的询问,那些没有具备这种能力的是否也享有得到保护的权利?)。而这两种道德能力不可能是天赋的,那就必然设想是在一种合理的或良好秩序的社会中培育起来的。但这种社会秩序来自于最初的契约,来自于原初状态;而进入原初状态的人必须具有这样两种道德能力,否则他们不可能具有选择正义原则的内在能力。罗尔斯的建构主义无能解决自身的本体论问题。

不过,完整地理解一种建构主义,不仅仅要看是否能够完善地确立起基本原则,还有看它对实践方面的建构。也就是说,程序性建构不仅在于类似于原初状态那样的出发点的建构,还在于社会建制性程序设计。即通过什么样的程序使得建构出来的原则得到社会实践的贯彻。就这个意义而言,霍布斯的社会建构就是一个失败的建构,卢梭的社会建构也不是完全成功的,康德的建构只停留在理性事实的层面,只有洛克的社会建构经得起逻辑的检验。但洛克的社会建构有它的历史局限性,即他并没有处在我们这样的理性多元的历史时代。在一个理性多元的历史时代,怎样才能使得这种社会建构不至于落空?这就是罗尔斯的《政治自由主义》

中回答的问题。

注释：

[1] 罗尔斯强调，宪法是社会结构的基础，是用来调节和控制其他制度的最高层次的规范体系。因此，每个人都有同样的途径进入到宪法所确立的政治程序中。参见 John Rawls, *A Theory of Justice*, 1999, p.200.

[2] 18 世纪的后 25 年美国与法国宪法观念的互惠性影响，是西方法学界经常研究的一个主题。

[3]〔美〕卡尔·J. 弗里德里希：《超验正义——宪政的宗教之维》，三联书店，1997 年版，第 14—15 页。

[4]〔美〕卡罗尔·爱德华·索乌坦："一般的宪政论"，〔美〕斯蒂芬·L. 埃尔金和卡罗尔·爱德华·索乌坦编：《新宪政论》，三联书店，1997 年版，第 106—107 页。

[5]〔美〕查尔斯·W. 安德森："实用自由主义、法治和多元政体"，《新宪政论》，第 119—120 页。

[6] 拉塞尔·阿莫斯·柯克说："宪法不只是写在羊皮纸上的条条。如果一部成文法持久存在，而其他绝大多数成文宪法却没有存在许久，那就说明这一文件成功地来自长期确立起来的各种习惯、信念、制定法和利益，并且反映了人们中的优秀分子业已承认，至少是默认的一种政治秩序。简而言之，宪法并不是创造出来的；它们是逐渐形成的。"见〔美〕肯尼思·W. 汤普森编：《宪法的政治理论》，三联书店，1997 年版，第 41 页。

[7] 就那个时代的传统智慧而言，是这样两项相关性的主张：一、只有一种真正的信仰；二、维护这种真正的信仰是国家政府的职责。威廉斯认为，宗教迫害是与耶稣基督的教义相违背的，是与不能对良心进行强迫相违背的。他提出必须允许人们在这个世界上信仰他们所想要信仰的东西。他坚持认为，对真假信徒的判断不应该由世俗统治者，甚至宗教统治者作出，而应由上帝在审判日作出。他提出，教会是完全宗教性的，不能为了其宗教目的而动用世俗国家权力。他认为，不同宗教信仰的人一旦接

受宗教信仰自由的观念,他们就能真正和睦相处。参见尼尔·默里:“宪法与1787年政治领域的一种创造性突破”,见《宪法的政治理论》,第3—21页。

[8] 西方学者认为,尼采、马克思是对现代性批判的先声,弗洛依德的性文明、文化理论也是一种对西方文明的批判理论。从尼采、马克思和弗洛依德的理论观点出发,人们在看待一种制度、一种理性行为模式时,更多地是要去研究那潜在于制度背后的权力欲望、社会的动力在于阶级斗争之中,或存在于本我的盲目冲动之中。而作为社会表现的那些观念、制度,则好比是一种幻觉、一种伪装性的意识形态。

[9] 亚里士多德的“中道”德性观,即所谓既不太多也不太少,既不过度也不不及,是一种没有既定答案的东西,它是需要道德实践者在具体情境中通过自己的理智判断来把握的东西。亚里士多德对勇敢德性的论述生动地说明了这点。见亚里士多德:《尼可马科伦理学》,中国社会科学出版社,1991年版。

[10] 〔德〕恩格斯:《马克思恩格斯选集》第三卷,人民出版社,1972年版,第407页。

[11] 同上。

[12] Hayek, *The Constitution of Liberty*, London and Chicago, 1960, pp.58-59.

[13] Hayek, *Law, Legislation and Liberty: Rules and Order* (1), The University of Chicago Press, 1973, p.5.

[14] Hayek, *The Constitution of Liberty*, London and Chicago, 1960, p.70.

[15] 〔美〕麦金太尔:《德性之后》,中国社会科学出版社,1995年版,第300页。

[16] 〔美〕布坎南:《自由、市场与国家》,上海三联书店,1989年版,第85页,第117页。

[17] 哈耶克自己不仅写了《自由宪章》(*The Constitution of Liberty*, 中译本书名为《自由秩序原理》),也提出了理想宪法的说法。如在《法律、立法与自由》第三卷中就详细地讨论了理想宪法的问题,即立宪问题。在这里,他还提出了立法议会与政府议会间职能划分的改革主张。他在谈到宪法传统时,认为世界上只有少数几个国家颇具幸运地有着一个强大的宪政传统,许多国家还缺乏相应的传统和信念作为宪法的支撑(在这些

国家我们怎样诉诸他们的自生自发秩序?)。同时也谈到了移植西方民主制度在许多国家的失败。这种失败的原因之一他认为没有把在西方国家默认的原则写进去。但如果这些只是西方国家所有的,而不在当地的文化进化规则之内(按照哈耶克的逻辑),我们把西方所默许的观念写进去又有什么用呢?而这样做是否是理性的僭越?参见 Hayek, *Law, legislation and Liberty*(Ⅲ), The University of Chicago Press, 1979, pp.105－128.

[18] 参见 k. R.Popper, *The Open Society and Its Enemies*, Rouledge & Kegan Paul Ltd., 1957(普波尔:《开放社会及其敌人》),第八章。在这一章里,波普尔从多个方面十分犀利地批判分析了柏拉图的极权主义和专制主义思想。

[19]〔德〕哈贝马斯:《在事实与规范之间》,三联书店,2003年版,第75页。

[20]〔美〕斯蒂芬·L.埃尔金:"新旧宪政论",《宪法的政治理论》,第27页。

[21] 转引自〔美〕罗伯特·J.摩根:"制定者们失去的世界",《新宪政论》,第23页。

[22] 转引自〔美〕斯蒂芬·L.埃尔金:"宪政主义的继承者",《新宪政论》,第150页。

[23] 参见同上。

[24] H.L.A.Hart, "Rawls on Liberty and its Priority", University of Chicago Law, 40(1973).

[25] John Rawls, *Political Liberalism*, Columbia University Press, 1993, pp.xv－xvi.虽然罗尔斯这样讲,但他在《政治自由主义》中仍然指出稳定性问题包括两个方面,一个方面是通过道德心理学来回答,另一个方面是通过重叠共识理论来回答。见本书第141—144页。

[26] Ibid., pp.89－90;参见罗尔斯:《政治自由主义》,译林出版社,2000年版,第94页。

[27] Ibid., p.123;参见罗尔斯:《政治自由主义》,第130页。

[28] Ibid., p.122.

[29]〔美〕罗尔斯:《道德哲学史》,上海三联书店,2003年版,第328页。

[30] 上述内容见罗尔斯:《政治自由主义》第三讲,第一、第二节。

[31] John Rawls, *Political Liberalism*, p.103.

[32] Ibid., p.103;参见《政治自由主义》,第108—109页。

第六章　重叠共识与公共理性

重叠共识(overlap consensus)与公共理性是罗尔斯在《政治自由主义》中所使用的重要的概念,这对概念对于理解罗尔斯在《政治自由主义》中的基本思想起着关键性的作用。在罗尔斯看来,作为一种政治哲学的基本体系,政治自由主义需要一系列相关概念。秩序良好的社会观念,社会合作的公平体系观念、公民个人的观念都是政治自由主义的基本观念。两个正义原则是《正义论》中的核心或基本内容,在政治自由主义体系中,以两个正义原则为基本内容的政治的正义观念,同样起着核心性作用。不过,我们看到,上述概念或观念已经在《正义论》中得到了系统阐述,尽管在《政治自由主义》中从政治哲学的角度进行了重新阐述。对于政治自由主义而言,罗尔斯还补充了一些基本概念,如重叠共识和公共理性,这些在政治自由主义中得到重视的新的理念,是理解罗尔斯政治自由主义的重要概念。

一、多元性的全面性学说及其共识

"重叠共识"是罗尔斯在《政治自由主义》中提出的一个新概念,也是构成他的政治自由主义理论的支柱性理念之一。罗尔斯通过对这一理念的阐释，合理地解答了在一个理性多元而冲突性全面性学说存在的现代民主社会，如何达到理性的共识和正义的社会秩序、如何达到长期稳定性的问题。

(一)民主社会的基本事实

在罗尔斯看来，重叠共识之所以必要，是因为在现代民主社会，存在着诸种基本的政治文化的事实。“第一个事实是，在现代民主社会里发现的合乎理性的全面性(comprehensive 或译为“完备性”)宗教学说、哲学学说和道德学说的多样性，不是一种可以很快消失的纯历史状态，它是民主社会公共文化的一个永久特征。”[1]在罗尔斯看来，这是自由制度的政治条件和社会条件所产生的结果，如果还没有产生这种多元性，也将会产生各种相互冲突而且合乎理性的全面性学说的多元性，并且将长期存在下去。罗尔斯认为，这并不仅是由于阶级利益冲突的结果，而且是自由制度框架下自由实践理性的产物。因此，罗尔斯并不像马克思，他从自由制度的特性来看待这个问题。

这种理性多元的特征是任何一种全面性的学说都不可能得到所有公民的认同。罗尔斯指出:“现在，严重的问题是，现代民主社会的特征不仅是为一种全面性宗教学说、哲学学说和道德学说的多元性所表明，而且也为一种互不相容然而却又合乎理性的诸多全面性学说的多元性所表明。这些学说中的任何一种都无法得到公民的普遍确信。任何人也别指望在可预见的将来它们中的某一种学说或某种别的合乎理性的学说将会得到全体公民或几乎全体公民的确信。政治自由主义假定，出于政治的目的，一种合乎理性的然而又是互不相容的全面性学说的多元性，乃是一立宪民主政体的自由制度框架内人类理性实践的正常结果。政治自由主义还假设，一种合乎理性的全面性学说并不拒斥一种民主政体的根本(the essentials)。”[2]什么是全面性学说？这是这样一种合理性学说，可把这种学说看成是一种理论理性的实践，它以一种或多或少的方式涵括了人类生活的主要宗教、政治和道德的方面，它组织和描述那些得到该理论认可的价值观从而使得这些价值观相互相容，并且表达了一种可理解的世界观。每种全面性的学说通过特别重视某种价值观而相互区别开来。全面性学说也是一种实践理性的实践，它挑选出一些它认为值得重视的价值，当它们冲突时，以它内在的价值观来平衡它们。但一种全面性的学说，不论是作为理论理性还是实践理性而出现，都被用在系统性的阐述中。功利主义是人们所熟悉的一种全面性学说。说它是全面性的在于，无论人们怎样理解，功利原则都被说成是适用于从个体行为、人际关系到整个社会组织乃至国家法律的全部主题的原则。并且，一种全面式的学说一般属于或源出于一种思想或学说的传统。现代民主社会是多种异质性的全面性学说共存的社会。换言之，一个现代民主社会在特征上不仅有多元性的宗教、哲学、道德学说，而且这些学说在特征上是不相容的合理性的多元性。这些学说没有一个能够得到公民的普遍认同。不过，罗尔斯自己认为，他在《正义论》中虽然没有讨论正义的政治概念与全面性学说的区分问题，但在那里的一个本质特征是，一个奉行公平正义原则的秩序良好社会，它的所有公民都认同的这种政治概念是基于一种全面性学说。罗尔斯把这看成是《正义论》中的严重问题。合理而不相容的学说的多元性这个事实表明，以这样一种政治概念去实现秩序良好的公平正义的社会是不现实的，因为它与可预期的最好现实条件不一致。

罗尔斯指出，第二个事实就是，只有靠压迫性地使用国家权力、人们对某种全面性的宗教、哲学和道德学说的持续共享性理解才得以维持下去。“如果我们把政治社会当作以认同一种全面性学说而达到统一的共同体，那么，对于政治共同体来说，压迫性的使用国家权力就是必需的。”[3]罗尔斯在提出这一观点的同时，指出中世纪的宗教裁判所的产生绝非偶然，它对异教徒的压制，是保持那种共享的宗教信仰的需要。罗尔斯认为，这一解释适应于任何一种合乎理性的全面性宗教学说、道德学说和哲学学说。在他看来，一个社会的信念统一在合乎理性的功利主义的基础上，或统一在康德或密尔的理性自由主义的基础上，都同样需要国家权力的制裁。罗尔斯把这称为“压迫性事实”。罗尔斯以中世纪的宗教裁判所为例，指出压迫性事实的存在，实际上也就表明在罗尔斯的心目中，并非是只有在现代民主社会中才有那种信仰或道德学说上的认同的多元性。人们基于不同的文化传统、不同的社会经验和阅历、基于多样性的文化环境，必然产生全面性的哲学学说、宗教学说和道德学说的多样性或多元性。这不论是在民主社会还是在传统社会，都是如此。只不过，在现代民主社会，这一现象更为突出。即使在中国的传统社会，在社会生活中长期存在着儒、释、道三家鼎立的社会文化现象。而当某一种全面性学说在政治权力的推崇下，利用它的独尊地位来压制或罢黜其他全面性的学说时，实际上也就是出现文化压制与文化专制的时期。中国历史上长期存在全面性学说的多样性或多元性这一事实，但也长期存在压迫性的事实。而压迫性事实的存在是以全面性学说的多元性事实为前提的。以维持自己的理论独尊地位而罢黜百家，不仅仅是扼杀了文化与哲学、道德和宗教学说的多元性，同时也是扼杀了自由。因此，压迫性事实是与现代民主制度的自由本性不相容的。

第三个普遍事实是，“一个持久而安全的民主政体，也就是说，一个未被分化成持有相互竞争的学说观点的和敌对的社会阶层的政体，必须至少得到该社会在政治上持积极态度的公民的实质性多数的自愿支持。这一事实加上第一个普遍事实，意味着政治的正义观念要发挥为立宪政体证明的公共基础作用，就必须是一个能够得到各种不同且相互对立的然而却是合乎理性的全面性学说的广泛认可。”[4]在以往社会，是靠压制其他全面性学说而维持下去的，也就是靠扼杀自由才能维持下去的，而在现代民主社会，则是靠维护自由生存下去的。而要维持自由，也就必须承认多种全面性学说的共存的合理性。因此，罗尔斯实际上在提出个人享有的充分广泛的自由体系的正义原则之后，提出了多种全面性宗教、哲学和道德学说的相容性问题，提出需要制度保障(不出现压迫性事实)的问题，并且意识到这个问题对现代民主社会的重大意义，这是他对自由原则的又一次重大修正或重大发展。这种相容性问题也就是不依持任何一种全面性的哲学学说、宗教学说或道德学说，而寻找到一种能够得到各种互不相容但却合乎理性的学说支持的政治的正义观念。换言之，既然任何一种合乎理性的宗教学说、哲学学说和道德学说都不能得到全体公民的一致性认同，那么，在一个秩序良好的自由民主社会里，就不是依靠某种全面性学说,而是撇开现存的或可能存在的各种全面性学说,为立宪政体构造一种政治的正义观念,以使那些支持或可能支持这种政体的人认可这一政治观念。“为使这种政治的正义观念本身赢得人们的忠诚,我们不设置任何学说性的障碍,以便它能够得到一种理性而持久的重叠共识的支持。”[5]也就是说,在各种不同的学说之间寻求相互间的重叠共识面,这种共识是公民全体的观点,它是公民参与和支持民主政体的基础,也是确保民主政体得以持续稳定发展的基本理念的基础。

罗尔斯还从立宪民主政体下的政治关系方面指出压迫性事实的不合法性问题。罗尔斯指出,政治权力总是依靠政府使用的制裁而形成的强制性权力。而在立宪政体中,政治权力在终极意义上,只是公共的权力,这种权力是按照规则加在公民头上的。这里的问题是,什么时候使用这种权力才是合适的?而作为自由平等的公民,必须按照什么样的原则和理想才能把我们自己看成是在履行这种权力?罗尔斯认为:“只有当履行政治权力的实践符合宪法——按照公民的共同人类理性可接受的那些原则和理想,我们可合理地期望他们将赞同把所有公民规定为自由平等的人的该宪法的根本内容——时,履行政治权力的实践才是充分合适的。这就是自由主义的合法性原则。”[6]以宪法为准绳才具有合法性。宪法所保障的是公民的自由平等的权利,公共权力是公民们平等的分享的权力。如果以公共权力去强化一种全面性的宗教或哲学学说,压制其他的全面性学说,这种压迫性事实是不合法的,并且是不合理性的。罗尔斯强调指出,“作为理性的公民相互之间必定会产生不可妥协的分歧。在存在一种合乎理性的学说的多元性的时候,要求利用权力的制裁来纠正或惩罚那些与我们观点相左的人,是不合乎理性的或错误的。”[7]

除了上述三个主要的普遍事实之外,罗尔斯还提出两个普遍事实。一是可以从“理性”(the reasonable)和“合理性”(the rational)两概念的区分中看到的普遍事实,罗尔斯给“理性”的规定是,理性是作为公平合作体系的社会理念的一个要素,即体现在社会公共的正当与公正秩序方面的思考是理性的思考,而合理性则适用于个人社会功利目标的追求。前者类似于我们所说的价值理性或道义精神,体现的是正义的观念;后者类似于我们所说的个人工具理性或功利精神,或体现的是个人的善观念。合理性的行为主体所缺乏的是道德的敏感性,而这种道德敏感性是人们介入公平合作的体系,与他人合作的基础。因此,理性与合理性是相互补充的,两者都不能离开对方而单独存在。不过,罗尔斯指出,基于前者的判断与基于后者的判断必定产生矛盾或差异。政治自由主义所追求的不是简单排除个体公民的合理性的善观念,也不是放弃更基本的公共理性观念,它是要在这两者之间寻找一种恰当的协调,以自由宽容的原则,在丰富多样的个人合理性观念中寻找一种可达共识的公共理性基础。另一个普遍事实是从可称为“判断的负担”(the burdens of judgment)的事实中推导出来的。所谓“判断的负担”,也就是个体公民之间产生的合乎理性的分歧的根源。换言之,“判断的负担”也就是个体判断背后所承受的东西、由于每一种全面性的宗教、哲学和道德学说不可能得到所有公民的认同,所以每个公民只能从各自所信奉的哲学、道德或宗教学说出发,对于社会公共问题提出自己的判断,因而公民的观点必然会有差异甚至产生冲突。罗尔斯把这看成是合乎理性的分歧。作为理性的人和作为合理性的人,我们不得不做出各种不同的判断,对于这些不同的判断所产生的不同观点,也许有的正确(为真),也许有的全是假的,但无论如何,都必须采取宽容的态度。罗尔斯认为,这些判断的负担对于民主的宽容理念来说具有头等重要的意义。总之,罗尔斯分析的这五个普遍事实归结到一点,也就是观念或观点的分歧是公民之间的正常现象,为了使得民主社会得以延续和发展,不可以国家权力进行制裁与压制,因为这是与宪法所认可的公民的自由平等权利相悖的。必须寻求解决分歧与冲突的合法性方式,这是多元性现代立宪民主社会所必然产生的对公正秩序的和谐统一的公共理性的要求。因此,在宽容精神的前提下,我们需要寻找到一种适合于立宪民主政体的政治的正义观念,在这样一种政治观念的前提下,实现不同理念背景下的公民的重叠共识。

(二)重叠共识的基础

重叠共识所应对的是相互冲突而又合理的学说的多元性事实,在现代民主社会中,合乎理性又不相容的宗教、道德和政治的完备性或全面性学说的多元性是一种持续的特征。社会的统一与公民的团结不可能建立在某种全面性学说的基础上。那么,它的基础在何处?罗尔斯说:“为了了解一个秩序良好的社会怎样达到统一和稳定,与政治的正义观念一道,我们引进了另一个政治自由主义的基本观念,即合理性的全面性学说的重叠共识的观念。在这样一种共识中,合理性的学说各自从它自己的观点出发赞同这个政治理念。社会团结是建基于这种对政治观念的共识上的。”[8]

因此，重叠共识既与合乎理性而又互不相容的诸多宗教、哲学和道德学说的多元性事实相关，也与政治的正义观念相关。以罗尔斯的理解，重叠共识要限于政治领域及其价值方面，即以民主的立宪政体相适应的政治的正义观念。因此，在罗尔斯看来，公民的完整的观点来自于两个部分，一是可以被看作是公共认识到的政治的正义观念，另一部分则是公民自己持有的全面性学说。当然，这并不意味着两者之间没有联系。个人以什么方式来决定所有人都认同的公共性政治观念，是与他们自己所拥有的全面性观点相联系的。但在政治自由主义看来，政治的正义观念则是核心。罗尔斯说："第一，社会的基本结构为一种政治的正义观念来调节；第二，这一政治的观念是诸种合乎理性的全面性学说的重叠共识的中心；第三，当宪法的根本和基本正义的问题处于危险之中时，按照这种政治的正义观念来疏导公众的讨论。"[9]没有政治的正义观念，立宪民主政体也就没有了基本原则；没有政治的正义观念，重叠共识就没有基础，大众的讨论也就没有准绳。政治的正义观念是立宪民主社会的最基本的理念。

怎样的政治观念才是最合适的政治正义观念？在《政治自由主义》，罗尔斯将在《正义论》中提出的两个正义原则或者说，公平的正义原则看成就是立宪民主政体的政治的正义观念。换言之，他在政治自由主义中所要论证的是"最合适的政治正义观念"，也就是公平的正义。罗尔斯指出，这种最合适的政治正义观念具有三个特征，一是正义观念的主题是作为现代立宪民主的或民主政体的基本结构。罗尔斯在现代立宪民主的意义上重新界定社会基本结构这一基本概念。在罗尔斯看来，属于基本结构的那些制度对于确保正义的背景条件起着重要作用。罗尔斯从一种动态的观点看待制度的背景正义问题。他认为,即使是在全部理想性条件下建构起来的基本制度,其正义性也有可能在随后的阶段上遭到削弱。除非这一结构得到恰当地规导和调整,否则,最初正义的社会过程将不再是正义的。因此,必须有各种特殊制度来保持背景正义,须有合适的正义观念来界定这些制度。第二个特征是一种政治的正义观念是作为一种独立的观点提出来的。从公平的正义看,这是罗尔斯对他的正义原则所作的重要更改。在《正义论》中,罗尔斯认为他的正义原则从属于一种全面性的学说,或者说,它本身就是一种全面性的学说,而作为一种政治观念,在罗尔斯看来,就必须是独立于各种全面性学说,只应用于基本结构。在这个意义上,罗尔斯把政治观念与道德观念区别开来。罗尔斯认为,道德观念与政治观念的应用区别是一个范围问题。如果一个道德观念适用于一种广泛的主题,并普遍地面对所有主题,则该主题就是普遍性的。而当它包括了各种有关人生价值、个人品格理想以及友谊、家庭和联合体关系的理想等,它就是全面性的。政治的正义观念的第三个特征是,它的内容为隐含在民主社会的公共政治文化之中的基本理念所表达。这种公共政治文化,是为一种立宪政体的各种政治制度以及对其解释的公共传统、共同的知识文献和历史文本所组成。换言之,政治的正义观念是从这一政治文化内部形成的,它体现了它的政治文化的传统。[10]

对应于上述的三个特征,罗尔斯论证了公平的正义作为最合适的政治正义观念的依据。罗尔斯指出,两百多年来民主思想发展的历程表明,人们对立宪民主的基本制度应该如何安排,从而满足自由平等的公民之间的公平合作的条件需要，仍然没有一致性的看法。与洛克相联系的传统和与卢梭相联系的传统体现了民主制度观念的内在冲突。前者更强调贡斯当所说的“现代人的自由”，即思想自由、良心自由和基本的个人权利，后者则为强调贡斯当所说的“古代人的自由”，即平等的政治自由和公共生活的价值。作为一种只应用于基本结构的独立观点，政治自由主义的公平的正义不偏向这两种倾向中的一种，而是综合了这两种倾向，这体现在：首先是把两个正义原则作为基本制度如何实现自由和平等的价值的指南，其次，是通过说明一种公平正义的观点，从这种观点出发，我们可以把这些原则看作是比人们所熟悉的正义原则更适合于作为自由而平等的民主制下的公民理念。对基本的政治和社会制度的这样的安排，可以更适当地实现公民的自由平等的价值。罗尔斯指出，公平正义的两原则的每一个原则都在一个特殊领域调节各种制度以及各种基本权利、自由和机会。罗尔斯把公平的正义原则视为政治正义观念的范例，指出它有如下三个主要特征：“一，它是(立宪民主政体所熟悉的)那种确定的基本权利、自由和机会的具体化；二，它规定权利、自由和机会的特殊优先性，尤其是对普遍善和完善主义的价值要求的优先性；三，它包括各种确保所有公民充分有效地利用他们的自由和机会的所有适当的目的——手段的尺度。”[11]进而言之，这两个原则通过保证政治自由的公平价值、机会公平和差别原则表达了一种自由主义的平等主义(egalitarian)的形式。

罗尔斯指出，要为现代立宪民主政体找到一个共享的基础，不仅需要把传统的自由主义的观念提到一个新的层面来认识，而且需要切入政治文化背景。在罗尔斯看来,公共政治文化中积累着人们隐约意识到的基本理念和原则,清晰而系统地阐述这些原则,以使它们能够组合成一种适宜于民主社会的公民所需要的确定的政治正义观念。罗尔斯以一种基本程序化方式将其表述出的公平的正义原则,原本就蕴含于公共政治文化背景之中。因此,罗尔斯认为,公平的正义理论已经达到了它的目标,已经有了能为人们公共接受的政治观念。“这样,该观念便能提供一种得到公共承认的观点,从这种观点出发,所有公民都能相互检验他们的社会制度和政治制度是否公正。……因此,公平的正义的目的乃是实践的;它本身表现为一种正义观念,该正义观念可以为公民作为一种理性、明智而又自愿同意的政治协定的基础而为公民所共享。”[12]

在上述意义上,罗尔斯重新确立了公平的正义原则与观念的性质,即从康德式的道德哲学的正义观念改铸为一种政治自由主义的正义观念。作为康德式的道德哲学或道义论的正义观念,所强调的是与一种全面性的道德哲学的内在联系,或者说,它是一种全面性的道德哲学意义上的正义观,作为一种道德哲学,不可避免地需要一种本体性自我的哲学预设甚至形而上学的预设,因此,它最多也只是诸多种全面性的自由主义学说,如自由主义的经济学说、法学学说或道德学说中的一种,在现代立宪民主政体的社会文化的多元性条件下,难以获得信奉不同的全面性学说的公民的认同。而对公平的正义原则以及观念的重新界定,也就是将其从一种全面性学说意义上的道德哲学改铸成一种政治观念,这种政治观念只是以公共政治或社会基本结构为基本主题,并不寻求某种全面性的哲学、道德和宗教学说的理论支持。在这个意义上,我们看到在《政治自由主义》中,更为集中地讨论了在《正义论》中所强调的重心,使得公平的正义观念成为超越于任何全面性或完备性学说(而是一种独立的观念)、只适合于公共政治领域里的观念。

(三)重叠共识的两个阶段

罗尔斯把重叠共识在政治实践中的发生和运用分为两个阶段。第一阶段的重叠共识称为"宪法共识",第二阶段的共识才称为重叠共识。或者说,宪法共识是第一阶段的重叠共识。

从罗尔斯在《正义论》中的思路来看,在原初状态中,人们受到无知之幕的掩蔽,不知道各自的特殊境遇,也并不拥有各自具有特殊性的全面性或完备性学说,但从原初状态的处境下,人们运用反思的平衡,最后确立了公平正义的两原则。罗尔斯说:"迄今为止,我一直假设,一旦两个正义原则被选择,那么各方就回到他们的社会地位并随之按照正义原则来评判关于社会制度的各种主张……我设想一旦各方在原初状态中采用正义原则之后,他们就要召开一个立宪会议。"[13]当人们进入现实社会,无知之幕越掀越高,人们必须面对合理性的不相容的多种有关道德、宗教和政治的学说,在这样一种思想资源背景下进行立宪,或进行宪法设计。对于立宪活动,在《政治自由主义》中,罗尔斯不是从原初状态进入,虽然在这部著作中仍然反复地谈到了原初状态,但在讨论宪法共识时,则是尽可能地从现实历史出发。罗尔斯在提出宪法共识何以产生的问题时,认为由于各种各样的历史事件和偶然性所致,人们把某些自由主义的正义原则作为一种纯粹的临时协定接受下来,并且将这些原则与现存政治制度合并起来。就像是宗教改革后人们把宽容原则当作一种纯粹临时的协定加以接受一样。这里的问题是,在一种满足这些自由的正义原则的宪法中,这种最初的默许怎么会不断发展为使这些原则本身得到人们的认同并成为宪法共识的呢?

罗尔斯认为,我们可能把所接受的政治正义原则看成是源自某种自己所接受的全面性学说,或者虽然不是从这种学说中推导出来的,但却是与之相容的,或也可能是不相容的。在日常生活中,对于这三种情况中的哪一种,通常没有作出决定,也没有多想过这么回事,而是慢慢地认同了这些已经合并到他们的制度之中,并已融入到其政治实践中的正义原则。到后来,如果人们认识到他们所接受的全面性学说与这些正义原则不相容,那么,他们就很可能会去调整或修正这些学说,而不是放弃这些原则。罗尔斯之所以这样看,是因为,在他看来,社会基本结构是一个封闭的体系,我们只能生入其中,死出其外。我们终生都受到它的影响。社会基本结构对于人们具有塑型性的作用,它持续地生产和再生产着某种个人。

罗尔斯以十分清晰而浅显的语言指出了近代立宪民主政体的正义原则作为一种宪法共识的形成过程。从西方历史看,这个过程的起点可追溯到英国1215年的《自由大宪章》,宪法共识的成熟可以美国宪法的形成为标志,而在思想史上,则以洛克和康德的自由理论为标志。当美国宪法的制定者在费城起草这一合众国的基本宪章时,自由权利的观念已经深入人心。卡尔·J. 弗里德里希说:“人权从自然权利经由公民自由权向社会自由的发展带来了十分显著的结果和这些权利的扩展。它们被广泛地视为一个健全的政治秩序中的主要组成部分。在回顾这一发展时，人权的捍卫者在理论上和实践上都普遍承认，这些权利可以通过宪法规定的条款来界定该政治社会所珍视的价值。因此，其具体而详细的阐述会因社会的不同而有区别。但是，这些阐述包含了一个共同的内核：承认人自身拥有其固有的尊严，并因此有权获得实现其生命潜能的机会。”[14]这就是罗尔斯所说的宪法共识，这种宪法共识绝不是一时一事所形成的，它凝结了西方社会近三百年来历史奋斗所得出的思想的精华，它已经成为全人类的伟大财富。卡尔·J. 弗里德里希说：“克伦威尔、斯宾诺莎和康德所了解的，也是我们必须铭记在心的东西，因为詹姆斯·麦迪逊要使它具体体现在我们的宪法中，那就是，一个人的尊严的核心是他的确信、他的信念、他的信仰。对于一种宪法秩序的安全和存续来说，确保这个最深处的自我比任何边界或任何秘密都更为生死攸关。对于任何建立在人权信念基础上的社会来说，生存和安全的任务成了保护最深处的自我这样一件与保护最外层的边界同等重要的事情。”[15]弗里德里希在这里所说的就是罗尔斯所言明的自由主义的立宪的正义原则，这些原则来自于不同的合乎理性而且甚至不相容的全面性学说，如宗教学说和哲学学说，它们在近现代的社会历史条件下，汇集成宪法共识。当然，罗尔斯的叙说既是历史地也是非历史的。因为，历史上的自由主义原则并不完全等同于罗尔斯的公平的正义原则。罗尔斯的宪法共识的核心是公平的正义这个政治的正义观念。当然，我们可意识到罗尔斯的这个宪法共识的核心与历史所形成的这个核心的关系，它是历史上真实的宪法共识核心的继承与发展，在某种意义上更集中地代表了洛克以来的自由主义传统所提倡的自由平等的精神。

罗尔斯认为,当自由主义的原则有效地调节着基本政治制度时,它们也就达到了一种稳定的宪法共识的三个要求。第一,理性多元论的事实最初导致了一种临时协定的宪法政府,然而,自由主义的原则就需要满足如下要求:最终固定某些基本权利和自由的内容,并赋予它们以特殊的优先性。这样就可以把各种保证排除在政治议程之外,明确而坚定地确立政治竞争的规则。第二,一种稳定的宪法共识是与应用自由主义原则所包含的那种公共理性相联系的。它们只诉诸有关政治程序以及各种基本权利和自由的制度事实。第三,稳定的宪法共识需要政治生活中的合作德性,如理性的德性和公平感,以及为满足他人而做出让步的意愿。所有这些德性都与那种每个人可以公共地接受的条件基础上与他人合作的意愿相联系。在这里,罗尔斯提出宪法共识将德性作为一个必要条件,是与20世纪末美国共同体主义者批评自由主义学说忽视了德性伦理的历史背景相关的。

宪法共识的发展趋向一种重叠共识。重叠共识不仅是面对诸多全面性学说的多元性事实而在立宪原则指导下合乎理性的达成公民共识的途径与方式,而且在于通过这种途径与方式,达到正义的社会制度的长久稳定的问题。在罗尔斯的全部理论中,正义制度的稳定性问题是通过两种方式来解决的,一是主要在《正义论》中讨论的公民正常而又充分的正义感的培养,它是通过道德心理学来回答的。公民在秩序良好的立宪民主社会里,获得一种正常而充分的正义感,因而他们能够服膺该社会的正义安排。罗尔斯认为,假如公民的品性和利益是通过在正义的基本制度下生活而形成起来的，那么，他们的正义感就足以抵制各种非正义的倾向。二是在《政治自由主义》中提出的重叠共识。由于存在着理性多元论的普遍事实，需要有一种政治的正义观念能够成为重叠共识的核心，通过重叠共识来使得合乎理性而又互不相容的各种全面性的学说能够使得它们的冲突不至于危及公民间的团结，换言之，使得立宪民主政体能够得到各种全面性学说的支持，从而实现良好秩序社会的长久稳定。

对于一个民主政体而言，稳定也具有压倒一切的重要意义。罗尔斯也讨论了，怎样实现稳定的问题，实际上是有多种途径。可以有这样一种方式，即先制定出一种政治观念，然后找到一种使那些反对这种观念的也是能与我们一道分享这种观念的方式。如理性说服的方式。如果理性的说服不能有效，也有像柏拉图所描写的智者那样，以一种论辩术压制对方，从而达到一种非理性的说服。最后，如果这样的方式也不能达到目的，通过国家权力实施惩罚或施用暴力手段，或恐怖手段来达到人们的默认的同意，从而达到一种政治稳定。

罗尔斯指出，公平的正义理论不是以这样的方式来关注政治稳定性问题。通过培育公民的正义感是在《正义论》中探讨的主要途径。罗尔斯认为，那些在正义制度下成长起来的人，能够获得一种足以保证这些制度稳定的正义感和理性忠诚。但这仅仅是问题的一个方面。多种合乎理性而又相互冲突的全面性学说的存在是一个民主社会的永久性事实，如何使得这种冲突不至于摧毁民主政体的制度框架，而是保持在这个框架内，并且使得这些相互冲突的全面性学说的持有者都能拥护这样一个民主制度，还需要有重叠共识来发挥作用。也就是说,面对这个问题,诉诸道德心理学是远远不够的。罗尔斯说:“公平的正义所需要的这种稳定性,是建立在它作为一种自由主义政治观点基础上的,它以能够为理性而合理的和自由而平等的公民所接受并诉诸他们的公共理性为目的……如果公平的正义不能赢得那些认同合乎理性然而却相互冲突的全面性学说——这些相互冲突的学说的存在,乃是自由主义观念本身所鼓励的那种公共文化的特征——的公民合乎理性支持的话,它就不可能是自由主义的。”[16]因此,罗尔斯认为,稳定性问题并不是让那些反对某一观念的人通过有效制裁来使他们按此观念去行动的问题,仿佛只要我们一发现了某种健全的真理、放之四海而皆准的真理,我们的任务就是将该种真理强加于人。如同卢梭所说的那样,强迫人们自由,如同法国大革命中的雅各宾党人以血腥的恐怖将卢梭的理念强加于社会公众一样。这样一种救世主式的社会行动只能造成新的社会恐怖;或者像霍布斯那样,以新的社会专制恐怖来维持社会的稳定。相反,公平的正义只用一种恰当的方式来赢得每一个公民的理性支持。公平的正义所理解的政治合法性只是以寻求公共的证明基础为目的,它诉诸公共理性,诉诸被视为既是理性而又具有合理性的、自由平等的公民。

因此,在罗尔斯看来,重叠共识的第一个特征就在于要寻求各种合乎理性的全面性学说的共识。各种合乎理性的全面性学说在某种程度上都为某些公民所认同,对自由平等的公民的尊重,就体现在对他们的信仰和观点的尊重。理性多元性不是人类生活条件的一种不幸,而是一种长久存在的事实。在某种意义上,它是人类思想、观念、理性多样性的产物。在自由的民主制度下,这一特征更为显著。罗尔斯把理性多元性(reasonable pluralism)与多元性(pluralism)区分开来。前者只包括理性的学说,后者则包括理性与非理性,甚至反理性的学说。共识是在理性多元性之上的,也就是理性学说的多元性之上的共识。但罗尔斯认为,即使是非理性的全面性学说,虽然共识不是建立在这之上,但却有一个如何包容的问题。在这个意义上,他同样肯定了那些非理性的全面性学说存在的合理性。[17]

第二个特征是,公共的正义观念是独立于各种全面性的宗教学说、哲学学说和道德学说之外的观念。把政治的正义观念解释为一种独立的观点,它不提供超出该政治观念之外的特殊的宗教的、形而上学的和认识论的观点,但它却能够得到这些理性的却互不相容的学说的支持。怎样理解这种重叠共识?罗尔斯举了三种重叠共识的模式化方式。第一,宗教学说与政治观念的重叠共识。政治的正义观念包含着信仰自由和宗教宽容的原则,因此,各种理性的宗教学说认同这一政治观念,并赞同立宪政体下的基本自由权。第二,在诸如康德和密尔这一类全面性的自由主义道德学说基础上认同这一政治的正义观念。换言之,持有康德和密尔式自由主义道德学说的人,会从他们所持有的学说前提去推演这种政治观念的基础,从而从他们的全面性学说的角度去认同这种政治的正义观念。第三种模式却不具有这种对称性,除了正义观念所系统规定的那些政治价值之外,还包括其他非政治的价值。在把政治价值仅仅作为其中一部分的那些价值领域,不同的全面性观点都通过从自己的领域里引申出的理念而达到一种广泛的统一。在这种全面性的观点中,对于政治的正义观念的认同是通过对各种判断的平衡而得到的。罗尔斯指出:“每一种全面性学说都以一种不同的方式与政治观念相联系。如果说它们都认可这一政治观念的话,那么,能这样做首先在于对该政治观念的推演性支持,并在各自学说的范围内继续支持这一政治观念;其次,作为一种令人满意的和近似于最好方式,就是在正常社会条件下支持该观念;最后一种方式是,依赖于值得考虑的判断来平衡相互竞争的价值观以支持该观念。”[18]

罗尔斯还提出了重叠共识的深度与广度的问题。罗尔斯指出,这种共识能够在多大程度上深入公民的全面性学说?他们又能在多具体的程度上达成对这一政治观念的一致认识?罗尔斯说:“这种共识所下达的是基础性的理念,公平的正义正是在这些基础性理念内制定出来的。我们假设,人们所达成的协定足够深入,足以达到作为公平的合作系统的社会理念,以及作为理性而合理的、自由平等的公民的理念。至于其广度,它涵括一种政治观念(在此情形中,是指公平正义的观念)的各种原则和价值;它适用于作为整体的基本结构。”[19]换言之,一种重叠共识的深度,要求其所达成共识的政治原则和政治理想必须建立在一种政治的正义原则的基础上,该政治的正义原则适用于公平的正义所阐释的社会理念和个人理念。其广度则超出了将民主程序制度化的政治原则,包括了那些涵盖着作为整体的基本结构的原则。罗尔斯认为,重叠共识之所以能够达到这样的深度和广度,而不是一种临时协定,就在于它并不是建立在各自利益平衡基础上的一种权宜之计,它是处于只能生入其中而死出其外的群体成员对自己的合作体系的基本结构的原则的共识,这里不仅有对自己的利益的共识,有对服从某种制度安排合理性的共识，而且“所有确认该政治的正义观念的人都从他们自己的全面性观念出发，并基于其全面性观点所提供的宗教根据、哲学根据和道德根据来引出自己的结论，人们依据不同的理据确信同一个政治观念，这并不使得他们对该政治观念的确信更少宗教、哲学或道德[的成分]，因为他们所真诚地持有的理据决定了他们的确信的性质”。[20]换言之，公平的正义这一政治的正义观念，可以得到多种宗教的、哲学的和道德的全面性学说的理论支持。如果说，任何一种合理性的哲学都需要有某种道德哲学的支持，那么，政治自由主义的政治哲学并非没有道德哲学的理论支持，它并非是一种无需道德支持的纯粹政治哲学，而是可以得到多种合理性的道德学说的支持。并且，在一种涉及社会基本结构，或终生在其中的合作体系的基本观念意义上的政治观念，就不仅仅是一种政治的观念，而且也是一种道德观念，这种道德观念并非是某种全面性学说派生的道德观念，而是一种政治伦理学意义上的道德观念。它类似于美国的“宪法宗教”，即对宪法忠诚是超党派、超宗教派别和超各种全面性学说的作为公民的忠诚。为立宪政体所确立的那些正义原则具体体现在人的品格中，表现在人们的公共生活中。它虽然是超党派、超宗教和超各种全面性学说的，但得到上述各个方面的实践的和理论的支持。我认为，罗尔斯将公平的正义原则从政治伦理学(伦理政治一体)的原则改置为政治自由主义的原则，使它与某一种全面性学说拉开距离，将其置于多种宗教、哲学和道德全面性学说之上(或之中)而又不超脱这诸多全面性学说，得到这诸多全面性学说的支持或重叠共识，既是对以美国为代表的自由主义的政治实践的理论总结，同时也为现代条件下的政治自由主义开创了一种新模式。

二、公共理性

对于罗尔斯的政治自由主义而言,重叠共识的基本理念对于解答现代民主社会的理性多元条件下的正义原则的应用起了关键性的作用,对于现代民主社会正义原则的运行开创了一种新的解释模式。同时,在罗尔斯看来,重叠共识与公共理性是内在关联的。没有公共理性的概念,无从深入理解重叠共识。公共理性的概念或基本理念对于罗尔斯的政治自由主义也具有相当重要的意义,通过这一概念,政治的正义观念才有了普遍性的社会基础。

(一)理性与公共性

在这里,首先要看看罗尔斯对理性这一概念的规定。在前面的有关论述中,已经涉及了这个概念。在罗尔斯的理论中,"理性"(the reasonable)和"合理性"(the rational)是相对应的一对概念。在罗尔斯看来,理性与合理性的区分可追溯到康德那里,即对绝对命令与假言命令的区分代表了理性与合理性的区分。在这个意义上,理性的概念意味着一种道义原则的至上性,而合理性则意味着功利目的或对个人利益(善的)追求的正当性。这实际上是韦伯的价值理性与工具理性的区分,不过罗尔斯把后者称为合理性罢了。罗尔斯认同了这种区分。但是在更为限定的意义上使用理性概念,即提出与尊重公平合作的条款意愿联系起来,并将它与认识到的判断负担并接受判断的负担联系起来。因此,理性是作为公平合作体系的社会理念的一个要素，而为所有人接受的理性的公平条款，也是其相互性理念的一部分。合理性的概念适用于人们如何认定适当的利益与目标以及采取适当的工具等手段选择。在这个意义上，罗尔斯指出，理性是公共的，而合理性则不是，“正是通过理性，我们才作为平等的人进入他人的公共世界，并准备对他们提出或接受各种公平的合作条款。这些条款已作为原则确立下来，它们具体规定着我们将要共享、并在我们相互间公共认定是奠定我们社会关系基础的理性。”[21]实际上在康德哲学的意义上，人们也是通过体现实践理性的普遍法则才与普遍他者相关联的。罗尔斯认为，正是这种价值理性或道义理性，才使得我们得以进入他人的公共世界，而工具理性或功利理性则仅仅是规划个人的善的理性，它不具有这种功能，并且，人如果仅有合理性而没有理性则就没有人类社会的公共世界，只有人与人之间的冲突与竞争。因此，罗尔斯认为，理性不仅使我们进入公共世界，而且是理性建构了这种公共世界的框架。他说：“只要我们是理性的，我们就会创造出公共世界的框架……没有一个确定的公共世界，理性就会成为空中楼阁，而我们就可能在很大程度上诉求合理性，尽管理性总是在约束着人对人像狼一样的相互撕杀(foro interno)的现象(用霍布斯的话说)”。[22]但罗尔斯指出，我们不要以为这是一个对人的道德要求很高的世界，这个理性的世界不是一个圣徒的世界，但也不是一个自我中心主义者的世界，而是一个存在相互性因而可能相互合作的世界，这种公平的合作需要这种理性的支撑。在任何时候任何情况下，公平的合作的条款需要作为道德能力基础的道德力量和道德理性。

对于公共理性的把握,还有一个与之相关联的概念,这就是公共性(publicity)的概念。罗尔斯提出,作为公平的正义理念所理解的公共性具有三个层次的内容。第一层次是在社会受到公共的正义原则有效调节下达到的,即公民们接受这些正义原则,并了解他人也同样接受这些原则,这种知识反过来又为公众所认识。罗尔斯认为,公共性第一层次的内容是为原初状态所塑造的。在原初状态下的各方代表考察他们的正义观念,他们将一致同意的原则必定作为公共的政治正义观念发挥作用。第二层次涉及普遍信念的问题。人们依据关于人性以及政治的和社会的制度一般应如何运作的普遍信念,接受那些正义的首要原则。罗尔斯认为这些信念是与公共正义相关联的,并且这些普遍信念可以得到公共分享的研究方法和推理方式的支持。在罗尔斯的理论中,无知之幕下的各方代表的选择可以看作是这种对正义原则接受的范例。也就是说,各派只从公民们所共享的作为公共知识的普遍信念出发来进行推理。公共性的第三层次涉及对公共正义观念的充分证明问题。罗尔斯认为,这一充分证明也将为公众所了解,或者至少也可在公共范围内得到恰当证明。也就是说,有些人到目前为止并不想为政治生活做哲学反思,但是,如果他们想去做这种反思的话,这种充分证明就表现在公共文化中,反映在它的法律制度和政治制度上,反映在解释它们的各种主要历史传统中。罗尔斯对公共性的这三个层次的划分和解释,虽然立足于他自己的公平正义理论,但也可以反映出他对公共性的一般理解,即与社会基本结构、基本制度以及调节基本结构与制度的正义原则相关的公共知识、普遍信念以及对政治正义观念的公共范围的充分证明。一般而言,公共性是与私人性相对而言,公共领域与私人领域是相对应的。公共权力、公共善(利益)、公共舆论、公共财物、公共设施、公共场所,理性的公共性证明等都属于公共领域。不过,罗尔斯所言的"公共",仅指公共领域里最基本的或核心的部分。

哈贝马斯有一简明的概括,这对于我们理解罗尔斯的这两层次的内容富有启发性。哈贝马斯说:"'理性'是道德人格的一个特征。只有有正义感的人,才是有理性的人,他们愿意并能够充分考虑合作的公平条件,但是,那些意识到人类认识能力不可靠——即承认'理性负担'的人也是有理性的。他们公开论证他们的政治正义性观念。……所谓'公共性',是指共同的视角,由此出发,公民相互用更好的论证说服对方究竟什么是正义的,什么是非正义的。这种公开使用理性的视角是所有人都共有的。只有它才赋予道德信念以客观性。"[23]

(二)公共理性的特征

罗尔斯对理性与公共性的规定是我们理解公共理性这一概念的前提。公共理性的概念体现了这两方面的特征。罗尔斯说:"公共理性是一个民主的民族[人民]的基本特征,它是它的公民的理性,是那些共享平等公民身份的人的理性,他们的理性主题是公共善:这是政治的正义观念对社会基本制度结构所要求的,也是这些制度应当服务的目的所在。于是,公共理性便在三个方面是公共的;作为公民的理性自身,它是公共的理性;它的主题是公共的善和基本正义问题;它的本性和内容是公共的,这一点由社会的政治正义观表达的理想和原则所给定。"[24]因此,公共理性就有三种含义:一、它是民主国家公民的理性、平等公民的公共理性;二、其主题是公共的善(利益);三、其本性和内容是公共的。在这个意义上,罗尔斯明确地把他所说的公共理性与哈贝马斯在市民社会的文化舆论意义上的公共领域区别开来。他所说的公共理性,是立法者的理性、执政者(比如总统)和法官的推理理性,各派政治领导人的推理理性以及公民对宪法根本和基本正义问题投票表决时的推理理性。而哈贝马斯所说的公共领域,类似于罗尔斯所说的背景文化。

有公共理性,也就有非公共理性。公共理性是与非公共理性区别开来。这类似于哈贝马斯的公共领域与私人领域的区分。但罗尔斯认为,他所说的公共理性并不是与私人理性相区分的,而是与非公共理性相区分的。在罗尔斯看来,公共理性只有一种,非公共理性但有许多种。在非公共理性中,有各种联合体的理性,如教会、大学、科学团体和职业群体(行会)。合作性群体需要对将要进行的活动进行推理,相对于该活动的成员而言,这种推理是公共的,但相对于政治社会和那普遍公民而言,则是非公共的。罗尔斯把这种联合体的理性又看成是社会理性,也存在着社会中小型群体的理性,如家庭理性。非公共理性由许多公民社会的社会理性所构成,与公共政治文化相比,它属于"背景文化"。

公共理性具有限定性实质内容和普遍公民所共享的推理方式。就限定性内容而言,只适用于那些包含着可称为宪法根本和基本正义问题的政治问题。那么,什么是宪法根本(constitutional essentials)的内容与基本正义问题?罗尔斯说:"(1)具体规定政府的一般结构和政治运行过程(包括立法、执法与司法权;多数规则的范围)的基本原则;以及(2)立法的多数不得不尊重的公民的平等的基本权利和自由,诸如选举的权利和政治参与权利、良心自由、思想和结社自由,以及法规保护。”[25]罗尔斯提出,这两种宪法根本之间有着重要的区别。一是具体规定政府一般结构和政治过程的根本内容,二是具体规定公民的平等基本权利和自由的宪法根本内容。其次,罗尔斯认为,公共理性与其他所有人类理性一样,都具有某些共同的要素;判断概念、推论原理、论证规则以及其他许多因素,一种推理方式必须把一些基本的理性观念和原则统合为正确的标准和证明标准。掌握这些理念的能力是人类共同理性的一部分。因此,公共理性本身包括着在公共范围内的充分证明的可能。公共推理(理性)的标准也就是我们的自由外在限制性的标准。那些具体规定着我们的基本权利和自由、并有效地引导和调节着我们所服从的政治权力的理想、原则和标准,既是我们理性判断的结果,同时也是我们理性判断的标准,也是对我们的自由的外在限制。因此,从公共理性的意义上,自由主义的政治观念除了其正义原则外,也包括了各种探究指南(guideline of inquiry)。这些探究指导具体规定着各种与政治问题相关的推理方式,和检验各种与政治问题相关的信息标准。没有这类指导,我们就无法运用各种实质性正义原则,而且会使得政治观念不完善。

罗尔斯把公共理性的限定性内容看成是公共理性所施加的限制性作用的内容。换言之,并非所有政治问题都是公共理性所及的问题,只有涉及根本性政治问题时才体现了公共理性所要反映的政治价值。在这些问题上必须尊重公共理性,关涉到最根本政治问题的地方,如果不尊重公共理性的限制,那么,我们在任何其他地方也不会尊重这些限制。

我们怎样理解公共理性的限制呢？罗尔斯把最高法庭(the supreme court)作为公共理性的范例。从罗尔斯的解释我们可以意识到公共理性的限制性作用。为了解释最高法庭作为公共理性的范例,罗尔斯依据美国的立宪政体的实践,提出立宪主义的五项原则。第一个原则是洛克在《政府论》中提出的建立一个新政体的人民的创制权力(constituent power,或译为“立宪权”)、政府官员的日常权力以及作为选举人在日常政治实践中的权力的区分。人民的创制权力建立起一个调节日常权力的框架。

第二个原则是较高的法律与普通法律(ordinary law)的区分的原则。较高的法律是人民的创制权力的表达,其可作为人民意志的较高权威。普通立法也有权威,它是国会的普通权力和选举人的权力的表达,较高法律约束和指导着这种普通权力。

第三个原则是,一个民主的宪法是人民以一定方式统治自己的政治理想的较高法律的一个原则性表达。公共理性的目的在于表述这个理想。政治社会的某些目的,如建立正义与促进一般福利,也可在宪法的导言中陈述,在权利法案或政府的框架内也可确立某种限制,如法的适当过程和确立法律的平等保护。这些都可看作是政治价值和它的公共理性。

第四个原则借助一部获得民主承认并带有权利法案的宪法,公民实体永久性地确立了某些宪法根本的内容,如政治权利与自由的平等基础、言论与结社自由,以及那些确保公民安全与独立的权利与自由,诸如移居的自由和择业的自由等。

第五个原则是在立宪政府里,最终的权力不能留给立法机构或最高法庭，它们仅仅是宪法的最高司法解释者，最终的权力是由三个权力分支，即立法、司法和行政权三者共同握有的。这三种权力分支处于一种恰当的相互关系之中，每一个权力分支都对人民负责。

这五个原则实际上是罗尔斯所说的公共理性的实质性具体内容，在具体的公共论坛的政治辩论或日常政治运作中，遵循这五个原则，也就是符合公共理性的限制。罗尔斯指出，立宪民主是双重的，它把创制或立宪权与普通权力区别开来，也把人民的较高法律和立法机构的普通权力区别开来。罗尔斯说："最高法庭适合于这种双重性的立宪民主理念，它作为一种制度性设置保护较高法律。通过运用公共理性，最高法庭将使法律免受短暂多数立法的腐蚀，或者更有可能遭受组织化的和占据优势地位的狭隘利益的惯用伎俩的腐蚀。"[26]其次，罗尔斯认为，最高法庭的作用不仅是辩护性的，而且通过发挥作为制度范例的作用，还应对公共理性发挥恰当而持续的影响。这意味着，公共理性是法庭所运用的唯一理性。"说[最高]法庭是公共理性的范例，也意味着在他们的合理性观点中，运用他们有关宪法和宪法程序的知识，努力发展和表达他们所能提出的合乎理性的意见，仍是法官的一项任务。……在进行这种解释时，我们可以期待法官们能够并实际诉求于公共观念的政治价值。"[27]法官们不能求助于他们自己的个人道德，也不能求助于普遍的道德理想或道德德性。他们必须把这些东西看成是与自己无关的。他们必须诉诸那属于公共观念以及政治正义价值的标准，还有从公共理性的角度看是最合乎理性理解的那些政治价值。第三，最高法庭作为公共理性最高范例的作用还在于，在公共论坛上赋予公共理性以生动性和有效性,它是通过其关于根本政治问题的权威性判断来发挥作用的。当法庭以一种合乎理性的方式清楚而有效地解释宪法的时候,它便发挥了这种作用。

罗尔斯提出的立宪主义的五项原则以及最高法庭作为公共理性的范例体现,表达了他所理解的公共理性。在政治实践上,公共理性的限制实际上就是以宪法精神为准绳所体现的限制。简要地说,公共理性的内容是由政治正义观念所给出的,这一内容分为两部分,一是适用于基本结构的实质性正义原则,它体现在宪法精神中。二是使公共理性成为可能的探究指南。值得指出的是,罗尔斯对公共理性的阐释,不是从理论出发,也不是像对重叠共识的阐释那样,以政治的正义观念为核心,紧扣公平的正义原则,而是把美国的政治实践作为具体范例来进行阐释。

(三)公共理性的限制

在公共理性的范围内,仍然存在着类似于重叠共识中的政治的正义观念与各种合乎理性而又互不相容的学说之间的问题。人们可能会问道,在讨论和投票决定最根本的政治问题时,为什么公民们应该尊重公共理性的限制?当基本问题发生危机时,为什么公民只应诉诸公共理性、公共正义观念而不诉诸那种他们所信奉的全面性学说?提出这种问题是以为公共理性与公民们所信奉的不同的全面性学说之间存在不相容性,因而有一个倾向或悖论存在。

罗尔斯认为,民主社会的政治权力虽然是一种强制性的权力,但是,它作为一种公共权力,永远是作为集体性实体的自由而平等的公民的权力，自由平等的公民的投票权体现了他们行使这种强制性的权力。那么，我们应该按照什么原则来行使这种权利呢？罗尔斯的回答是，只有我们符合宪法精神来行使这种权利，才是恰当的，这就是自由主义的合法性原则。对于政治权力的行使也应如是观之。因此，由于政治权力的行使本身必须是合法的，所以，公民的理想便给公民们强加了一种能够相互对那些根本性问题进行解释的道德义务，而不是法律义务。换言之，他们要相互解释，他们所拥护和投票支持的那些原则与政策怎样才能获得体现公共理性的政治价值的支持。这一义务也包含了一种倾听他人意见的态度，和一种在他们应该对别人的观点作出理性回应时保持的公平心。这是因为，在罗尔斯看来，民主社会包含着社会基本结构内公民之间的一种政治关系，该社会是他们生于斯并在其中正常度过终生的社会。这意味着，公民们还平等地分享着他们通过选举和其他方式相互行使的强制性权力。因此，当基本问题发生危机时，作为理性而合理的公民，他们知道他们所信奉的宗教学说、哲学学说和道德学说的多样性，但他们应当随时准备根据每一个人都能合乎理性地期待他人可以作为与其自由和平等相一致的说法，相互解释他们的行为。罗尔斯认为，满足这个条件，是民主政治的理想要求我们做的工作之一。这也包含着对公共理性理想的理解。罗尔斯说："公共理性理想的关键是，公民应当在每一个人都视之为政治的正义观念的框架内展开他们的基本讨论，这一政治的正义观念是建基于那些可以合乎理性地期待他人赞同的价值，和每个人都准备真诚捍卫的可作如此理解的观念上。这意味着，我们每一个人都必须具有一个有关那些原则和指南的标准——这些原则与指南是我们可以合乎理性地期待其他公民(他们也是自由平等的)也一道赞同的——且准备解释那些原则和指南的标准。"[28]因此,罗尔斯指出,所谓公共理性的限制显然不是法律或法规的限制,而是我们尊重一种理想时所尊重的限制,这种理想便是民主政治或民主政治条件下公民的理想。

这种民主政治的理想,或者说公共理性的理想也就是合法性原则或政治的正义观念得到那些持有不同的全面性学说的公民的真诚支持。罗尔斯认为,立宪政体所实现或所体现的政治价值对于公民来说是非常重大的价值,因为他们对于这个基本结构或政体来说是生入其中死出其外的。"因此,当政治观念获得各种合乎理性的全面性学说的重叠共识的支持时,公共理性的悖论也就烟消云散。公民义务与重大价值的结合,以每一个人都认为可以合乎理性地期待他人能够接受的方式产生出这种支配他们自己的公民理想,而这种理想又反过来得到各个理性个人所信奉的全面性学说的支持。公民认同公共理性的理想,不是把它作为一种政治妥协的结果,也不是作为临时协定,而是从他们自己合乎理性的学说内部出发的。"[29]在这里,重叠共识的概念与公共理性的概念没有区别。因为重叠共识的核心就是政治的正义观念,而政治的正义观念就是关涉到社会基本结构的观念,是与宪法根本内容一致的,或者说,就是宪法精神的体现。因此,重叠共识也就体现了公共理性精神,体现了公民义务与重大价值的结合。在罗尔斯看来,这也体现了一种公民理想。在这里,罗尔斯用了不同的理想概念,但实质只是一个东西,即自由平等的价值理想。

从政治实践中,罗尔斯意识到,公共理性的明显困难在于,公共理性常常允许人们对任何一个特殊问题提出多种合乎理性的答案。大家都诉诸政治价值,但却不能达到一致意见。怎样看待前面所说的一致而这里却说不一致?前面所说的一致是在重大价值或者说宪法的根本内容意义上讲的一致,在某种意义上可看作是一种形而上的层面,涉及根本原则的一致,这里所说的分歧是在形而下的层面,在具体问题上的分歧。罗尔斯认为,如果产生了这种分歧,那么,所求的目标就是达到一种理性的平衡。这里的问题产生于公民们是持有不同的全面性学说的理性人,人们从各自所信奉的学说出发,在公共理性允许的范围内对于一些具体问题必然产生分歧,如堕胎问题。然而,"公共理性所要求的是,公民能够根据政治价值的理性平衡来相互解释清楚他们的投票选举行为,每一个人都明白,公民们当然会认为他们所坚持的合乎理性的全面性学说的多元性,能为这些政治价值提供更深刻的且常常是超验的背景支持。在每一种情况下,对个体公民来说,究竟信奉哪一种学说,是一个良心问题。确实,每一个公民所主张的政治价值平衡都必须是合乎理性的,而且,一个人也可以被其他公民看作是理性的。但并不是所有的合乎理性的平衡都是相同的。那些与公共理性相冲突的全面性学说是不能支持政治价值的理性平衡的学说。然而,假定这些学说实际上支持着一种理性平衡,人们还能抱怨什么?"[30]在这个意义上,罗尔斯好像早就预料到桑德尔对重叠共识的异议。在桑德尔看来,重叠共识就是把各种合乎理性而又相互冲突的全面性的宗教、哲学和道德学说括置起来存而不论,从而把我们的政治身份与人格身份分离开来。[31]罗尔斯并非完全认为政治价值与源于各种全面性宗教学说和道德学说内的价值所涉及的主题不同,从而是完全不相干的。罗尔斯既提出从不同的全面性学说可以得出政治上的重叠共识,这就表明了他并没有将这两种价值完全分离开来,在这个意义上,也就意味着政治价值与各种合乎理性而不相容的全面性学说所体现出来的价值起着相互支持的作用。当然,罗尔斯也意识到这些全面性学说所体现的非政治价值与政治价值的冲突的可能,或者说,这种冲突也有危及政治价值的可能。但罗尔斯认为,可以依据公平的正义原则,或者说重叠共识的核心,以及公共理性的理想来解决这种冲突。而理性的平衡,就是这样一种解决冲突的方式。罗尔斯举了堕胎问题。对于这个问题,有三种重要的政治价值。一是对人身的尊重,二是政治社会长期而有序的再生产,三是作为平等公民的妇女平等。罗尔斯认为,这三种价值中的任何一种理性平衡,都将使一个妇女有正当合格的权利去决定是否在头三个月内终止怀孕。其理由是,在其怀孕期间,妇女平等的政治价值高于一切。罗尔斯从政治自由主义的价值立场提出了这种理性平衡的原则。

对于全面性学说与公共理性的关系,还有一种排斥性观点与包容性观点的存在。所谓排斥性观点,是说在基本政治问题上,如果按照各种全面性学说明确给定的理由,永远没有办法进入公共理性,但这种学说可以给出公共的理性,可这种公共理性却不是支持该学说本身的理性。与排斥性观点相反,还有另一种观点,该观点允许公民在某些境况中提出那种他们认为是根植于他们的全面性学说而作为政治价值基础的东西,这样做将强化公共理性的理想,这是公共理性所理解的包容性观点。那么,问题就成了我们应该按照排斥性的观点来理解公共理性的理想还是按照包容性观点来理解公共理性的理想?

罗尔斯设想了三种不同类型的社会。第一是秩序良好的社会。在这种社会里,公民的基本权利已经得到保障,而且也不存在必须去反对的基本的社会不正义。社会一般成员都确信有一种坚实的合乎理性的全面性学说的重叠共识。公民们认同政治的正义观念的价值,并通过诉诸政治观念的价值而尊重公共理性的理想。罗尔斯认为,在这种社会里,公民们只需诉诸政治价值,而不需诉诸他们所信奉的全面性学说。因此,公共理性可以遵循排斥性的观点。第二是接近于秩序良好的社会,但人们在运用正义原则时,存在着一种严重的冲突。如某种宗教团体只支持公共教育,而另一宗教团体则支持教会学校,但他们都拥护立宪民主政体,对宪法根本有着一致性认同。然而,这种对立会使那些有不同信仰的人渐渐怀疑他们各自对根本性政治价值的忠诚。罗尔斯认为,消除这种怀疑的方式是各对立团体的领导人,在公共论坛上讲明他们依据自己所信奉的全面性宗教学说是如何认同政治价值的。罗尔斯认为,公共论坛上的争论会有助于人们的相互信任和公共信心,通过各自的阐述,达到人们的重叠共识。或者说,通过自己的全面性学说,达到公共理性。第三种情形则不是秩序良好的社会、且对宪法根本内容存在着深刻的分歧。在这种社会情形里,就会产生严重冲突或分裂。如美国的南北战争时期。南北战争时期的废奴主义者的行为是基于他们所凭藉的宗教学说的。[32]他们认为并且他们也看到,他们的行动是实现秩序良好和正义社会的最佳方式,只有在这样的社会里,公共理性的理想才可最终得到人们的尊重。在此情形下,某些基督教教会的非公共理性就证实了明确的公共理性的结论。马丁·路德·金所领导的民权运动也同样如此,不过,金所诉诸的是正当宪法所表达的那些政治价值。并且,宗教学说无疑是金的观点的基础,但这些观点是以一般性语词表达出来的,而且它们都充分证实了宪法的价值,符合公共理性。在这个意义上,所采取的也就是包容性观点。也可以说,废奴主义者和民权运动的领袖们都没有反对公共理性的理想。由此可见,公共理性的运用情形取决于社会历史条件的变化。只有在一种真正符合政治正义观念的社会基本结构和社会秩序之下,公共理性的理想才能得到充分的体现。而公共理性的理想越是能够在一种秩序良好的民主社会生活中体现出来,这种社会秩序也就越为稳定。政治的正义观念与人们所尊重的公共理性的理想是相互支持的。一种为人们所承认的政治的正义观念所调节的秩序良好的社会能够形成一种正义感,这种正义感能够使得公民们乐于履行其公民义务,不至于生产与之对抗的冲动。反过来,秩序良好的社会制度又支持着已在公民心中坚实确立起来的公共理性的理想。

重叠共识和公共理性的理念是《政治自由主义》中最重要的两个理念。通过这两个理念以及建构主义的理念,罗尔斯实现了从《正义论》到《政治自由主义》的转换。《正义论》与政治自由主义最大的不同不仅在于前者是建基于康德式的道德哲学之上,后者则改置于政治哲学本身,而且在于,前者是在一种普遍主义的立场上,后者则是历史主义的和反普遍主义的。当代美国哲学家罗蒂就持有这种看法。这种历史主义与反普遍主义的视野典型地体现在罗尔斯对重叠共识和公共理性这两个理念的阐释上。

就罗尔斯对这两个基本理念的阐释而言,两者之间有着内在的联系。重叠共识的核心和公共理性的基本内容都是政治的正义观念,或者说,公平的正义原则。这两个理念所应对的都是民主政体的长久稳定性问题。罗尔斯提出这两个理念的历史文化背景是现代民主制度下的合乎理性而又相互冲突的全面性学说的多元性事实,或者以哈贝马斯的语言来说,世界观的多元性事实。如果能够达到一种稳定的多元性世界观的政治共识,稳定性问题也就可以得到理论上的解决。不过对于稳定性问题还需要联系公共理性的理念来阐释。而通过对公共理性这一理念的阐释,我们发现这一理念对于美国民主社会历史实践的依赖。依哈贝马斯的理解,罗尔斯的目标是重构当代社会政治文化及其民主传统中埋藏的基本直观的政治观念。同时,从理论的结构来看,无论是多元性重叠共识还是公共理性的理想状态,都需要另一理念的支持,即秩序良好社会。罗尔斯对公共理性的限制或者说排斥性观点或包容性观点的解释,说明了重叠共识并不是在任何历史条件下都有可能。罗尔斯实际上指出了只有在秩序良好的民主社会,重叠共识才是现实的,而在不是这样的社会,都没有多少可能性,尤其是在对于基本的政治价值有着严重冲突性理解的社会,或那种历史时期,如美国南北战争的历史时期。因为这种严重冲突已经危及到了对基本政治价值的理解,并造成了社会分裂,因而不可能看成是秩序良好的社会。不过,罗尔斯的理解是,如果在这样的历史时期,即使是产生不了重叠共识,但也可以从各自或某一种全面性的学说中产生合乎公共理性的政治价值观。因此,在这样的历史时期,就不是重叠共识而是公共理性的理想对于维持民主政治社会的运行,起了关键性作用。换言之,现实的重叠共识还需要另一个重要理念即秩序良好社会这一理念的支撑。然而，十分值得注意的是，当罗尔斯的阐述秩序良好的社会这一基本理念时，他将重叠共识作为在理性多元论这一社会事实条件下的秩序良好社会的必要条件。这是循环论证吗？但我认为这是互为条件。重叠共识是秩序良好的社会的必要条件之一（另一必要条件：秩序良好社会是为公共的正义观念有效调节的社会），秩序良好社会把重叠共识在一定广度和深度的实现看作是它的基本指标之一。从实践上看，它是立宪民主政治与支持立宪民主政体理念的全面性学说的相互作用的产物。

哈贝马斯还指出，罗尔斯提出重叠共识这一理念，是要解决"稳定性问题"，因此，重叠共识所表达出来的只是一种功能，即正义理论可以不用暴力而促使社会合作制度化，而这样做的结果，只不过是在理性多元性的社会中思考现实话语可能发生的过程。"这样一来，'重叠共识'就只是实用性的一个征候，而不再是理论正确性的一种证明；于是，'重叠共识'关注的就不是可接受性以及相关的有效性，而是接受问题本身，也就是如何确保社会稳定的问题。如果我对罗尔斯的理解是正确的话，他并不想用这种方式把论证和稳定性问题区别开来。他认为，他的正义概念具有'政治意义'，在这一点上，他更多地是想消除获得论证的可接受性与实际接受之间的区别……在我看来，罗尔斯应当在可接受性和实际接受之间作出更清晰的区分。"[33]这里所说的可接受性也就是在理论上的应当可能性，或逻辑上的可接受性，实际接受则是现实可能性。我认为，哈贝马斯的这个批评是正确的。在《正义论》中，罗尔斯是建立了一个正义论的理论模式，主要考虑的是理论上的可接受性,或者说,理想的正义社会应当如何的问题。而在《政治自由主义》中,他主要考察的是他在《正义论》中确立的公平的正义原则在现实的多元性民主社会的可接受性问题。但由于他以《正义论》中的论证前提作为他的理论前提,因而也就不可能进行可接受性和实际接受性的区分。

不过,由此引发的哈贝马斯的第二个问题是,罗尔斯在政治自由主义中的政治概念或公平正义的政治观念的定性问题。在《正义论》中,罗尔斯认为他的正义理论是一种全面性学说,也就是一种包含了哲学观和道德观的政治学说,因而必然包含对于正义的真理观。或者说,罗尔斯在这里将政治的正义与真理问题紧密联系在一起。但在《政治自由主义》中,罗尔斯将其正义的政治观念与任何全面性或完备性学说脱钩,从而也就与任何具体的真理观拉开距离,不是真理而是理性取代了它的基础性地位。换言之,罗尔斯强调正义的政治观念不依赖于任何哲学本体论或终极真理之类的学说概念。哈贝马斯认为,如果我们将理论的可接受性与该理论实际被接受性之间进行区分,那么也就会发现,一个社会成员首先要被这种正义理论所说服,然后才会同意。因此,正义理论自身要提供一些前提,使人们认为它具有某种真理性,从而对于我们形成共识来说是合理的。否则人们不会同意它,也就不能作为人们之间进行政治协作的基础。但罗尔斯并不这样看。罗尔斯并不否认真理可以成为社会成员共识的基础。但他否认真理是形成共识的唯一基础或必要条件。在罗尔斯看来,社会团结的最深厚的基础不在于某种真理达成的共识,而在于社会中所有合乎理性的全面性或完备性学说都以某种方式来支持正义的政治观念。换言之,公民们通过各自信奉的全面性的宗教学说、哲学学说和道德学说认同这一共享的政治观念,这种理性的共识,是理性多元的民主社会最深也最合乎理性的社会统一基础。实际上,从罗尔斯的重叠共识观出发,如果坚持从某种全面性学说出发的真理观来看待社会正义问题,必然达不到真正的共识。

注释:

[1] John Rawls, *Political Liberalism*, p. 36;参见罗尔斯:《政治自由主义》,第 37 页。

[2] John Rawls, *Political Liberalism*, pp. xvi – xvii.

[3] Ibid., p. 37;参见罗尔斯:《政治自由主义》,第 38 页。罗尔斯在这里指出的压迫性的使用国家权力的必需性是在保持一种全面性或完备性学说的支配性地位的意义上讲的。也就是说,如果要使得一种全面性的宗教学说、哲学学说或道德学说得到多数公民的认同,这在一种自发形成的社会条件下是不可能的,只有使用国家机器对其他信仰进行压制才有可能做到。从这个意义上讲,压迫不仅仅有阶级划分意义上的压迫,也有对不同学说、不同信仰进行的制裁性压迫。如基督教史上教皇对异端的迫害,英国历史上对新教教徒的迫害。在历史上,精神的压迫比起阶级压迫可能更为残酷。

[4] Ibid., p. 38;参见罗尔斯:《政治自由主义》,第 39 页。罗尔斯在《正义论》第 59 节中也提到过重叠共识的问题。在那里,他认为,虽然不同的正义观存在着相当的差异,但仍然可存在着重叠性而不是严格一致的意见。但这个思想没有得到充分发挥。

[5] Ibid., p. 40;参见罗尔斯:《政治自由主义》,第 41 页。

[6] Ibid., p. 137.

[7] Ibid., p. 138.

[8] John Rawls, *Political Liberalism*, p. 134.

[9] Ibid., p.44.

[10] 对于这个问题,我们应该怎样看待?即如果认为一种文化传统内部不存在这种现代民主的资源,是否这个民主就注定要永远处于一种专制主义式的统治之下?因为从它的传统内部难以开出这样一种现代的立宪民主政体。我们认为,不能如此悲观地看待任何文化传统,尤其是那些有着长久的专制主义文化传统的民族文化或宗教文化。如果认为自由平等是现代民主自由的中心理念,那么,我们看到,即使是在为伊斯兰文化占主导的阿拉伯地区,虽然至今多数阿拉伯国家仍然处在一种政教合一的专制主义的统治之下,但伊斯兰教的基本精神之一就是提倡在安拉面前的人人平等。就西方的文化传统而言,基督教的在上帝面前的人人平等也可看作是现代民主精神的一个渊源。中国长期以来虽然处在专制主义的统治之下,但是中国儒家的许多思想也具有现代意义。如儒家的原始人道精神,就可以通过现代阐释而得到合理的发挥。

[11] John Rawls, *Political Liberalism*, p.6.

[12] Ibid., p.9.

[13] John Rawls, *A Theory of Justice*, 1971, p.196.

[14] 〔美〕卡尔·J. 弗里德里希:《超验正义——宪政的宗教之维》,三联书店,1997年版,第111页。

[15] 同上书,第110页。

[16] John Rawls, *Political Liberalism*, p.143;参见罗尔斯:《政治自由主义》,第151—152页。

[17] 参见 John Rawls, *Political Liberalism*, xviii;他认为,如果存在这样的学说,不是要去压制它们,而是如何去包容它们,从而使它们不至于削弱社会的统一和正义。我觉得这个思想更为重要。这是因为,尤其是在一种民主进程的国家中,以谁的标准来确立合理性还是不合理性本身就是一个相当重大的问题。怎样能够包容那些与自己的思想、观点和学说相冲突的学说,而不因与自己的学说相冲突就说成是不合理性的,给予压制甚至打击,是一个现代社会必须严肃面对的严重问题。怎样能够把那些不相容的(同时也是非理性的)观点、学说的存在看成是合理性

的,这本身同样可以看成是一个成熟的民主社会的标志之一。

[18] John Rawls, *Political Liberalism*, p. 171.

[19] Ibid., p. 149;参见罗尔斯:《政治自由主义》,第158页。

[20] Ibid., pp. 147-148.

[21] Ibid., p. 53;罗尔斯:《政治自由主义》,第56页。

[22] Ibid., pp. 53-54;罗尔斯:《政治自由主义》,第56页。

[23] 〔德〕尤尔根·哈贝马斯:《包容他者》,上海人民出版社,2002年版,第76页。

[24] John Rawls, *Political Liberalism*, p. 213.

[25] Ibid., p. 227.

[26] Ibid., p. 233.

[27] Ibid., p. 236.

[28] Ibid., p. 226.

[29] Ibid., p. 218.

[30] Ibid., pp. 243-244.

[31] 见〔美〕迈克尔·桑德尔:《自由主义及其正义的局限》中"对罗尔斯政治自由主义的回应",2001年版,第223—239页。

[32] 如废奴主义者威廉·埃勒利·钱宁提出反对奴隶制的理由就来自于基督教。他说:"我终于从心里有了反对把一个人当作一种财产来占有和使用的有力证据了。按照上帝和正义的旨意,他不能是财产,因为他是一个有理性的、道德的和不朽的存在。因为他是按照上帝的形象创造出来的。"转引自 John Rawls, *Political liberation*, p. 249;罗尔斯:《政治自由主义》,第265页。

[33] 〔德〕尤尔根·哈贝马斯:《包容他者》,上海人民出版社,2002年版,第74页。

第七章　平等的基本自由

自由是罗尔斯政治哲学的核心概念之一。罗尔斯的两个正义原则中的第一原则,集中概括了他的自由理念。罗尔斯认为,公民的自由平等是一个立宪民主政体下的制度性课题,因此,虽然在原初状态下的各方代表选择了正义的两原则,但正义原则的实现是在立宪政治的条件下实现的。因此,罗尔斯的思路是结合现实民主政治来讨论自由问题的。

一、公民的三种自由

罗尔斯在《正义论》的开篇即指出正义是制度的首要德性,而这一制度的正义所体现的也就是以自由概念为核心的德性。罗尔斯的《正义论》中有一种普遍主义的和超历史性的倾向,认为所有合理性的人类社会制度都应是为他所理解的公平的正义原则所调节的制度。因为在他看来,从原初状态的观点看,也就是从永恒的观点看,它是世界之内的所有有理性的人都能够接受的那种思想和情感形式。从《正义论》到《政治自由主义》,很多人批评了罗尔斯的这个普遍主义的思想倾向(类似于启蒙运动的倾向),尔后罗尔斯接受了人们对正义原则的实质性看法,即罗尔斯的正义两原则,不过是现代民主制度这一历史背景条件的反映,体现的是现代民主精神(类似于一种后现代主义看法,或话境主义的看法)。在这个意义上,罗尔斯把自己的正义原则看成是现代民主社会的正义原则,同时把自己的自由观看成是关于现代民主社会的公民自由观。

公民的自由可分为内在自由与外在自由。内在自由是直接建构在人的道德能力的前提上的。罗尔斯谈人的自由,类似于康德,是在人的道德能力的前提下谈的。即人因拥有两种道德能力而内在具有成为自由人的可能。自由并不是任意的自由,而是人为自己立法的自由,人服从自己的道德律或正义法则的自由。人作为具有两种道德能力的理性人,在本质上或在康德的目的王国意义上,同时也是平等的。

外在自由是人在社会生活中的自由。内在自由只是一种理性事实,它在现实生活中需要制度的保障。在任何社会生活中,都可能存在着理性的道德人,但并不意味着任何历史条件下都可能有人的自由。内在自由必然通过社会生活中的自由体现出来,而这种体现,也就是从政治制度中体现出来。即人类的社会制度是其社会成员的制度性保障,而不是人对人的压制、压迫、奴役或专横的工具。如何在政治制度下获得自由,是自洛克以来的自由主义传统所应对的主要课题。

这种自由同时又是结成这一社会共同体或联合体,或如罗尔斯所说的,社会合作体系中的所有成员的平等自由。自由主义强调,自由一定是平等的,从制度框架意义上看,一定是提供一种平等的自由保障,如果在这种制度中,只有少数人享有特权性的自由，而多数人则是受到制度性压迫或专制，那就并不意味着是一种自由制度。马克思曾指出，在以往的人类社会，只有少数人有自由。建构一种确保为正义原则或政治的正义观念所调节的人人平等自由的宪政体制，是罗尔斯心中所萦怀的基本构想。

（一）把握善观念的道德能力

罗尔斯的自由理论是一个包容宏大的体系。在某种意义上，罗尔斯的整个正义理论就是一个现代自由理论。就自由理论本身而言，则涉及几个层次的自由理念。罗尔斯不仅从立宪政体的基本结构意义上探讨自由及其实现，而且提出了平等自由的基本原则以及自由的社会体系，同时也从个体公民的角度提出了公民本身的自由依据。

就公民本身的自由而言，公民在如下三个方面被看作是自由的。第一，“公民在这种意义上是自由的，即他们认为自己并相互认为对方拥有一种把握善观念的道德能力。”[1]罗尔斯在这种意义上所说的自由，是指任何人可以不将自己与任何特殊的善观念不可分割地联系在一起，因而公民们都有形成、修正和合理追求自己的善观念的道德能力。罗尔斯在这里所说的实际上是道德的自主性（autonomy，又译为“自律”）。罗尔斯也说过，康德的道德哲学的核心概念是自主性概念。自由主义道德的核心也就是自主性概念。所谓自主性，也就是自我立法。自由体现人们能够自我立法并服从自我的立法。在传统社会，我们的宗教认同、道德认同和身份认同都屈从于某种宗教传统、家庭出身或地位。人们一生下来，就有确定的地位、身份，这种地位身份并不是由自己选择的，而是为你所处的社会地位所决定的。在这个意义上，自我的善观念也是先天地被决定的。在另一种意义上讲，传统社会也有各种全面性的宗教学说、哲学学说和道德学说。在西方中世纪，善观念主要从属于基督教学说。由于中世纪宗教的不宽容性以及中世纪宗教的绝对统治地位，人们不可能在宗教学说之外形成和获得善的观念，并且，宗教的不宽容也使得社会道德舆论不承认这种善的存在。在现代，也有多种全面性的宗教学说、哲学学说和道德学说，人们的善观念也与这些全面性学说有着渊源关系，但由于现代社会的宽容性，理性多元合法性的存在，选择和决定自我善观念的权利交给了个人。当公民们从一种宗教转向另一宗教或不再信奉某种宗教时，他们不会不是他们以前所是的同一个人。而在中世纪的情形则不是如此，当你不再信奉某种宗教时，你就不再是你所是的同一人，你不仅被革出教门，而且你或许不可能成为某个家庭、某个国家的一个成员。

现代社会自我决定自我善观念的自由，从而使得我们有了两种不同性质的认同。一种是公共认同或制度性认同，即当我从一种宗教认同转向另一种宗教认同时，我并没有放弃我的制度性认同或对基本法律的认同。正是在这个意义上，我仍然还是那个我。另一方面，我对宗教的认同则成为我个人的私事，如同我对某种道德学说的信奉是个人私事一样。这样，我们一方面确信政治正义的价值，捍卫在政治制度和社会政策中体现的政治正义的价值。另一方面也有非政治价值的承诺，在非公共的生活中也追求其他价值，如家庭生活的价值。这是现代自由的体现。但是，如果在我所忠于的祖国和我所心爱的朋友之间发生冲突，我该怎么办？实际上，自古以来就有忠孝不能两全之说。但在中国的传统社会中，价值体系虽有公私之分，但并没有像现代社会这样清晰。在现代西方思想界，激进的自由主义思想往往更强调道德自我对政治制度的独立性，道德自我的价值高于政治忠诚的价值（当然，政治忠诚并不等于对政治正义原则的信奉）。罗尔斯并不偏向这两者中的一方，而是认为，对政治正义的承诺和自我善观念的承诺两者同样重要。在罗尔斯看来，"这两种承诺和依附——政治的和非政治的——具体规定了道德认同，并塑造着一个人的生活方式，即塑造着一个看待他自身在社会世界做什么和努力实现什么的方式。如果我们突然丧失了这些，我们就可能会迷失方向，无法继续生活。事实上，如果失去了它们，我们可能认为，生活没有任何意义了。但是，我们的善观念可能且常常改变，这种改变通常是缓慢的，但有时又是相当突然的。当这些改变突然发生时，我们很可能会说，我们不再是同一个人了。我们知道这意味着什么：我们把这归结为我们终极目的、承诺和一种深刻而普遍的转移或倒转，归结为不同的道德（它包括我们的宗教）认同。然而，这种转变并不意味着我们的公共认同和制度认同有任何改变……也不意味着我们的人格认同有任何改变。"[2]罗尔斯在这里讲了两层意思，一是这两者对我们同样重要，二是我们个人的善观念可能经常变化，但这也不意味着我们的人格发生变化，只要公共认同没有改变，我们还是以前那个我们。

（二）自证之源

公民的自由还体现在公民是各种有效要求的自证之源。罗尔斯说:“公民将自己视为自由的,即他们认为自己是各种有效要求的自证之源(self-authenticating sources),也就是说,他们认为自己有资格向他们的制度提出各种要求,以发展他们的善观念(假如这些善观念是在公共的正义观念所允许的范围内)。[3]”这一点我们在其他地方已经讨论过。[4]这里再从契约论的意义上讨论一下。从契约论的观点看,社会基本制度是订约的全体公民建构的,公民们通过契约行为普遍地参与了社会制度的建构。而公民们之所以要建构政治社会的政治制度,从洛克以来的自由主义传统观念看,是要有效地保护自己的权利。这个观念为罗尔斯所浓缩为原初状态的基本理念。历史地看,契约论的观念通过近代200年来的缔造民主宪法的行动得以体现出来。所谓自证之源,还应有另一层更深含义,即公民们的行为合理性从根本上看,不是从制度为公民所确立的标准意义上看,而是应从公民的善观念来看。制度或法的标准的合理性或合法性来源于全体公民的善。

同时,自证之源也表明了在历史的过程中它始终是在发挥作用。因为这并不意味着一个民主国家有了一部民主宪法就一劳永逸了,公民们仍然有资格从自我的善观念出发,对于制度提出自己的要求。立宪政体所创建的民主社会的基本制度之所以不可能认为可以一劳永逸而不需要变动,是因为在罗尔斯看来,任何社会制度都不可能是纯粹的程序正义的制度,总会在某种意义上产生结果的不公正甚至严重的不公正,从而总是需要依据现实的政治实践将其向前推进。在这个意义上,哈贝马斯所认为的在市民社会的生活中,“无法重新点燃原初状态中的那种激进民主的灰烬”[5]看法也就显得有些不当。就是在《正义论》中,公民们在四阶段的顺序中，持续不断地讨论正义原则和社会政策问题，也体现了罗尔斯把政治自由与政治民主看成是一个开放的过程。在《政治自由主义》中，罗尔斯把公民对制度要求的资格能力看成是公民自由的基本要素之一，再次强调了公民政治自由与政治民主的内在要求。在某种意义上，公民的这种政治自由体现了社会基本制度与公民的正义感和道德感的能力之间的一种互动关系。公民的这种政治自由也是公民的政治权利的体现。

（三）自我承担责任的能力

罗尔斯认为，公民在第三个方面的自由，是公民们具有能够为他们的目的承担责任的能力（capable of taking responsibility for their ends）。把公民看作是能够对自己的行为和目的负责的行为主体，既出于对公民的两种道德能力的预设，同时也出于对社会基本制度是正义制度的预设。换言之，公民们能够为自己的行为承担自己的责任，既在于自己的道德自主性（自律），同时也在于正义的社会制度背景。任何个人在社会中生活，都摆脱不了社会制度性的强制因素的存在。自由主义的思想家也承认某种必要强制的需要。个人在任何社会制度下生活，是自由的还是不自由的，在于个人是否受到任意的强制或专横的干涉，尤其是是否有来自于政府的专横的干涉。在哈耶克看来，负责的个人需要有一个保护框架，以便能按照自己的处事标准来过自己的生活，这个框架需要一整套法律来支撑，而所谓必要的强制，就是推行这一套法律所需的那种程度和那种类型的强制。罗尔斯也认为，我们不可回避政府的权威，但政治权力的行使必须合法，并且，政治权力并不意味着只是某些政府官员的权力,在民主政体中,公民们平等地分享着他们通过投票和其他方式行使的强制性政治权力。在这个意义上,自由就正如安东尼·德·雅赛所归纳的:“1,自由只可以受到合情合理的强制所限制;2,如果,但是只有在如果有必要对人施加强制方可防止对他人造成损害时,对人施加强制是合情合理的;3,合情合理的强制是受权依法执行的。”[6]雅赛指出,几乎一切版本的自由主义都接受这一限制性规则。罗尔斯说:“对自由的一般描述有如下的形式:这个或那个人(或一些人)免除了这种或那种限制(强制)或一类限制(强制),因而可自由地做什么或不做什么。”[7]他对“自由”的这个界定与哈耶克的完全一样。哈耶克说:“一个人不受制于另一个人或另一些人因专断意志而产生的强制状态,亦常称为‘个人’自由或‘人身’自由的状态。”[8]哈耶克认为,这样一个定义是符合该词的原始意义的。一个人的自由也就是不受到他人意志的专横控制,对自由的侵犯也仅来自于他人的强制。因此,要清楚自由的含义,也就要弄清楚“强制”(或限制)的含义。哈耶克说:“所谓‘强制’,我们意指一人环境或情境为他人所控制,以至于为了避免所谓的更大的危害,他被迫不能按自己的一贯的计划行事,而只能服务于强制者的目的。”[9]哈耶克的这些解释比罗尔斯自己的定义更为完备,根据这些定义,所谓“自由”也就是一种没有强制的状态。处于强制则服务于他人的专断意志,强制与他人的专断意志联系在一起,因此,也就是说,自然事物与人之间没有强制关系,在人之外,没有什么可以构成强制。人们可能受到自然的限制而不能做什么,但这不是不自由,而是无能的表现。在人类社会中,奴隶受到他人专断意志的控制,因而是最不自由的。人们在受到他人的强制或限制时,才是不自由的。人的自由是人与人之间的一种关系状态。在这种状态中,任何一个人不需要把自己的意志交付给他人。不过,按照密尔对于自由的经典表述,人类的自由只能受到一种限制,即不伤害他人的限制。或者说:“个人的自由必须约制在这样一个界限上,就是必须不使自己成为他人的妨碍。”[10]正是在这两种意义上,罗尔斯说:“当个人摆脱某些强制而做(或不做)某事,并同时受到保护而免受他人的侵犯时,我们就可以说他们是自由地做某事或不做某事。”[11]自由也就是人们可以在不受干涉、不受限制、不受控制的情形下自我做主的行动。

正是在这一合理限制的前提下,我们才可谈人的自由行动以及人的自我责任。人能够为自己的行动和目的负责,也就意味着人能够自由地行动。而自由行动又与另一个概念相关联:选择。如果人没有在多种可能的选择中进行选择的可能,自由也是一句空话。尤其是在人生重大的事务上,如职业、前程、婚姻等重大事务上。在传统社会中,你一出生就受到了你的具体的背景条件的规定,人一生下来就命定的是牧羊人、首领、公主、太子,你不可更改你的环境给你的前程、你的地位、你的职业。你对自己的人生目的没有自我选择的可能,而注定的责任则是不可避免地加之于你的身上的。在这个意义上,我们不可能谈自由行动,虽然社会认为你应当对你的行动以及目的负责。在强调选择以及人对自己的选择行为负责的意义上,存在主义强调存在先于本质,而你的本质是通过你的选择造就的学说就是一种自由主义的学说。人可能对重大的人生事务进行选择在于有一自由的背景制度。而个人选择在这种前提条件下是否能够实现(自由实现),取决于个人从他所面临的各种抉择中选择其一的能力(当然,人们可能面对各种冲突性的选择而左右彷徨,但这并不意味着他不处于自由抉择之中,有时也并不意味他没有能力,而只是意味着其他因素的影响。但这已不在我们在此的研究范围内)。

谈论人的自由行动及其责任,在有的思想家那里,这就是选择权的问题。如雅赛所说:"与普遍流行的观点相反,政治的基本问题并不是自由、公正或平等。这几个问题都是派生出来的。从最深刻的意义上讲,政治的基本问题是选择问题。"[12]雅赛提出了三个选择的基本原则:一,个人能够选择,并且只有个人才能选择("个人主义"原则)。二,个人能够为自己选择,为别人选择,或者既为自己也为别人选择("政治"原则)。三,选择的意义在于选取所偏爱的选择方案("无支配"原则)。对于第一原则,雅赛的解释是,只有个人才有思维能力,只有个人才能做出选择,既然他们具有这样的能力,那么,他们也就应该对自己的所做负责。在这个意义上,雅赛的这个原则正是罗尔斯所提出的公民自由的这个方面。雅赛将第二原则称为政治原则,这是因为,存在着许多不可分割的社会利益,需要许多人共同进行选择。第三原则提出所谓的无支配性,即个人的选择合理性存在于个人自身而不在于他人的强制或支配性。有意思的是,在雅赛提出个人自由是选择问题的同时,萨托利也提出个人的自由问题是选择问题的说法。萨托利提出,完整的自由具有如下五个特征:独立、隐私权、能力、机会和权力。在他看来,独立、隐私权与能力、机会和权力的关系是一种条件与结果的关系。萨托利指出,只有在我的行动不受阻挠的时候,才能够说我有行动的能力。而这种行动的能力也就是选择的能力。他认为,如果把自由的形而上学的哲学观念与经验概念混为一谈,那就不可能发掘出它的核心意义。这个核心意义不是别的,“就是选择的自由。政治自由(独立状态)保护并允许个人进行选择,而那些依次相关的各项自由则充实了便于进行更大、更多有效选择的持久性条件。隐私权就是不受强制地求诸自身去进行选择;能力是一种对有效选择的扩张;机会则意味着在可供选择的范围内实现选择;权力在自由的背景下则是指平等的条件,是进行有效、平等的自由选择的条件。因此,自由一词一般是用来泛指选择的自由。”[13]我们认为,雅赛和萨托利的相关观点有助于我们理解罗尔斯关于公民自由的第三个方面的思想。罗尔斯把公民自由看成是能够对自己的行为负责,无疑也就肯定了人们的选择自由。这种选择自由也就是在不受干涉的情况下自我做主的自由。

讨论公民的自由问题,指出自由也就是人们可以在不受干涉、不受限制、不受控制的情形下自我做主或自我负责的行动。这样也可能是把以赛亚·伯林(Isaiah Berlin,以下简称“伯林”)所说的消极的自由与积极的自由合二为一了。所谓消极的自由也就是不受强制的自由,积极的自由的根本意义在于自我主宰、做自己的主人。在自由主义的传统中,伯林对消极自由与积极自由的区分具有很重要的意义。伯林有说服力地指出,积极的自由很容易陷入它的反面——强制或不自由。[14]这是因为,“自主”这一概念本身,已暗含着自我分裂交战的意蕴:一方面是先验的、支配性的控制者,另一方面则是需要加以理性约束的经验性的欲望与激情。“对人的定义施以足够的操纵,则自由是什么意思,便唯操纵者的意愿是从。”[15]伯林指出,积极的自由使得自由变性,在于改变自由的主体概念,将自我进行分裂,并将自我的自由看成是一个部落、种族、教会、国家等等的一个因素,而将这种整体看成是真正的自我,从而将这种整体性的意志强加在顽抗的成员身上,来使他获得"更高层次"的自由。罗尔斯的自由概念无疑吸收了伯林的思想。罗尔斯即使是讲积极的自由,也首先是将其确定在公民自我这一层次上,并始终是立足于作为个体的公民自由,以公民的个体自由为轴心来讨论现代政治社会的自由问题。这与在古希腊的民主政体下所说的公民自由是完全不同的概念。这个问题我们在讨论了直接民主与间接民主之后再回过来讨论这个问题。

二、基本自由及其优先性

(一)基本自由

从上述三个方面的公民自由的角度看,公民的自由是与社会基本结构或社会制度性环境有着不可分割的内在关系的。从社会正义的意义上,罗尔斯提出每个人都有平等的基本自由。这个平等的基本自由主要为正义的第一原则所表达:"每个人对于平等的基本自由的完全充分的体系(fully adequate scheme)都拥有一种平等的权利,这种自由的体系是与对所有人而言的相似的自由体系(scheme)相容的……在正义的第一原则中,平等的基本自由可以具体表述为下列项目:思想自由和良心自由,政治自由和结社自由;由个人的自由与[人格]完整性(integrity)所具体规定的那些自由;最后是法律规则所包含的各种权利。"[16]这是罗尔斯在《政治自由主义》中所列出的项目表。在《正义论》1971 年版本中，他提出的基本自由是以下项目：政治上的自由(选举和被选举担任公职的权利)及言论和集会自由，良心自由和思想自由，具有保障个人财产权利的个人自由，依法不受任意逮捕和剥夺财产的自由。而在 1999 年版本中，他提出了如下项目：选举与被选举的自由；言论和集会自由；良心和思想自由；个人自由，它包括：免受心理压迫和身体攻击的自由，人格完整的自由；个人的财产权，为法的规则理念所界定的不受任意逮捕的自由。[17]《正义论》两个版本的内容大致一致，但与《政治自由主义》中所列出的项目表最大的差别在于《政治自由主义》没有把财产权作为基本自由项目。我认为，这更符合罗尔斯的基本思想。财产权或个人财富是受到第二原则调节的因素，如果它是基本自由，那就意味着不可动摇的优先保护性。罗尔斯这里所说的自由也就是权利，即人们享有的得到优先保护的各种权利。这些权利基本上是个人的自由权，包括某些基本的自由和公民权利。人们认为，罗尔斯的这个基本自由表与古典自由主义或当代的自由至上主义提出的包括财产权在内的权利论来说，都大为缩小。罗尔斯反复强调自由是制度的某种结构，是规定种种权利和义务的某种公共的规范体系。而被罗尔斯规定为基本自由的项目，则是一些最基本的自由项目。

罗尔斯指出，到底哪些自由可列为基本自由，可以通过两种方式来得到。一是历史的方式。即我们可以概观各民主国家的宪法，并将那些得到正常保护的自由集结成一个表列，然后再来考察这些自由在那些具有良好效果的宪法中所发挥的作用。第二种方式则是理论的方式，即考察一下哪些自由对于两种道德人格能力在整个生活中的充分发展和充分实现来说是最根本的社会条件。即联系罗尔斯的个人观念来考察基本自由。但不论包括哪些需要宪法保护的自由,都必须认识到,各种基本自由必须被看作是一个整体或一个体系,它们之间是相互规定,或相互限定的。从宪法的考虑来看,无论是哪个西方民主国家,无疑都把财产权看作是当然需要保护的自由权。因此,我们只能从后者那里得出这种考虑。

罗尔斯把影响到或制约两种道德能力的发展的条件看成是确立基本自由的最基本依据,罗尔斯在《政治自由主义》中的第八讲中通过两节的论述说明了这个问题。这里简单地交代一下。罗尔斯把良心自由与形成善观念的能力联系起来考察,把善观念的能力定义为一种形成、修正和合理追求某一决定性善观念的能力。我们无法保证我们现在的生活方式在所有方面对我们来说都是最合理的、不需作什么修正而对我们永远是好的。在这个意义上,良心自由,以至失误或犯错误的自由乃是发展和实践这种能力所必需的社会条件之一。就正义感能力而言,最稳定的正义观念是为两个正义原则具体化了的正义观念,且假定每个人都具有一种有效的正义感,为正义原则所体现的基本自由从而可得到人们的相互承认,因为它们是公共的,并且直接告诉人们这些基本自由。而这些基本自由作为制度性因素才是最有效的确保所有公民的正义感的发展的条件。

(二)基本自由的优先性

基本自由的优先性首先体现在第一原则对第二原则的优先性。相应于从原初状态选择社会正义原则到实施运用的四个阶段,在罗尔斯的正义论中,第一原则即平等自由的原则构成了立宪会议的主要标准。该标准的基本要求是:个人的基本自由,良心和思想自由应得到保护;并且,政治过程在总体上应是一个正义的程序。这样,宪法确认了平等公民的共同可靠的地位,体现了政治正义。而第二原则则在立法阶段起作用,它运用于社会基本结构的第二部分,即对一般的经济和社会政策起作用,它表明社会的和经济的政策的目的在于公正的机会平等和维持平等自由的条件下,最大程度地提高最少获利者的长远期望。在罗尔斯的理论中,第一正义原则优先于第二正义原则则体现了立宪会议优先于立法阶段。罗尔斯的这四阶段说法只是一个正义原则如何在社会生活中起作用的解释模式,并不等于是对立宪会议以及立法机构如何活动的一个解释。在这个意义上,第一原则也就是立宪原则,而第二原则则是一般立法原则或涉及公民的社会经济政策的正义原则。

自由的优先性意味着,它赋予各种基本自由一种特殊地位,如相对于公共善和完善论的价值来说,它具有不可动摇的优先性。公共善和完善论的价值是分别指功利主义目的论学说和完善论的善概念。这些概念是指在不考虑正当的情况下来确定个人的欲望、偏好或个人偏好的满足。功利主义可以以某项自由阻碍了经济效率或经济增长为理由(公共善的理由)来反对平等的自由,或者说,在功利主义看来,如果牺牲掉平等自由,可以换来经济的增长或效率的提高,那这就是合理的选择。但罗尔斯认为这种理由在公平的正义原则看来不能成立。如果以追求某种公共善或完善论价值的理由来限制自由,那就违反了自由的优先性原则。罗尔斯甚至认为,即使因某些人的基本自由的限制或被否定,从而使得这些人获得更大好处，或由此分享到较大的利益总量，也不能这样做，才是符合正义原则的。自由的优先性表现在不能因经济利益而牺牲掉自由，即使我们可由此换来更大的实惠。罗尔斯的这个思想是与功利主义直接对立的。在功利主义看来，人们的或社会的安排只要能够产生最大的善，也就是正当的或正义的。按照斯马特的行动功利主义原则，甚至一个行为只要它的效果好于其他可选择的行为，不论是正义的还是非正义的，都是一个好行为。[18]坚持自由的优先性也就是坚持自由的至上性，即不为任何利益的考虑而牺牲自由的价值，自由的价值是高于一切的价值。当基本自由遭到损害甚至被否定时，即使这样做我们由此而获得了更多的实际物质利益或经济水平的提高，但我们却由此而失去了最重要的东西。这是得不到罗尔斯的理论承认的。

罗尔斯也意识到，由于基本自由本身也会相互发生冲突，需要进行限制，在这个意义上，基本自由的任何一种都不是绝对的。但这种限制或调节是为了使得各种基本自由成为一种连贯的体系，从而可以平等地给人们提供所有的基本自由。一种基本自由只能因另一种或多种其他的基本自由而被限制，换言之，自由只因自由之故而被限制。它永远不能因其他的价值而受到限制或遭到否定。在各项基本自由之间，也有产生相互冲突的可能。那我们应当怎样看待这个问题？在罗尔斯看来，必须从制度性问题入手。即调整那些规定这些基本自由的制度，使得这些基本自由能够成为一个彼此协调的自由体系。

在这里，我们要注意到罗尔斯对基本自由因相互冲突而需限制与伯林所理解的自由限制不同，但可以补充我们的理解。在伯林看来,任何自由都不是绝对的,也就是应当受到限制的。在他看来,给狼充分自由就不能给羊有充分自由。伯林从不同人的自由相互冲突来理解限制的需要。要使得拥有不同价值观的人的自由相容,必须相互限制。但在社会生活中,我们可看到一个基本现实,只要有人不自由,必定是受了他人自由的干预。正如马克思所说,没有人反对自由,如果有的话,最多也是反对别人的自由。这是一个社会成员的自由冲突的问题。这个问题的存在,有人认为是由于那些少数享有自由的人对多数人自由的限制,无政府主义者如巴枯宁等就认为,自由就在于消除任何他人的限制。马克思主义则认为应当追求一种少受限制(或摆脱不平等)的经济(政治)平等的制度框架,在这样一种制度中,实现个人自由。罗尔斯则认为人与人之间的自由冲突在于没有确立一个需要保护的人人享有的基本自由。但从基本自由本身来看,也有相互冲突的可能,因而基本自由本身也不是绝对的。但基本自由从整体上看,应是绝对优先于其他社会考虑的,否则,基本自由就会受到削弱。但基本自由的优先性也不意味着摆脱任何限制,或任何人的限制。基本自由作为一种相互约束的整体,也体现为人们之间对他人自由的尊重。因此,自由主义的自由观与无政府主义的自由观是有着本质区别的。

在罗尔斯看来,自由的这种相互限制体现在制度性调节上。任何一种基本自由都有一个中心应用范围。或者说,有一个对应的实践范围。自由的优先性体现在对这种应用范围的宪法保护上。如对言论自由的宪法保护和宪法限制。言论自由并不意味着我们可以在一个公共论坛上同时开口而没有秩序,也并不意味着我们可以不尊重他人的尊严或有损宪法所保护的自由权利。如果大家不接受探究和争论的合理程序,言论自由就失去了它的价值。自由的优先性需要制度性调节。同时,可以通过制度的调节,使得各种基本自由相互融合而不是相互冲突。

基本自由的优先性还体现在对于列入基本自由中的自由与基本善中的其他项目的优先性。罗尔斯在《正义论》和《政治自由主义》中提出了这五个方面的基本善(primary goods)。我们在前面有关章节中论述过,这里再简述如下:一,基本自由(政治自由、思想自由和良心自由等等);二,移居自由和多种机会的择业自由;三,各种职位的权力与各种职责;四,收入与财富;五,自尊的社会基础(有时罗尔斯也就只说到自尊)。就基本善而言,基本自由(basic freedom)是其中的一个基本善。但在罗尔斯看来,它是其中的根本性的善,或最重要的善,因为它与基本善相比,具有优先性。这是正义的第一原则优先于第二原则所决定的,这种优先性意味着,如果基本善并不能得到满足或发生冲突时,应当优先满足的是基本自由的要求,其次,基本自由对于其他善处于一种指导性的地位,基本自由调节着其他基本善,如收入与财富的分配。换言之,要根据平等的基本自由的优先满足情况来决定收入与财富的分配,而不应以收入和财富分配来影响到基本自由的平等实现。罗尔斯所强调的是,政治自由对于全体公民来说必须是平等的,而不论公民的社会地位和经济地位如何。在这个意义上,每个公民都具有谋求公职和影响政治决策结果的公平机会。只有基本自由得到了保障,才可确保所实现的社会自由是民主的,而不是贵族式的或共和式的。当然,在罗尔斯的理论中,罗尔斯也认为,仅有平等的政治自由和个人自由是不够的,社会的安排必须能够使最少受惠者得到最大利益。哈特(herbert Hart)曾在这个意义上对罗尔斯的基本自由的优先性提出过批评,他提出,强烈的经济需要可以是生死攸关的事,其地位为什么应该低于个人自由权?但实际上罗尔斯已经通过强调差别原则在理论上重视了这个问题。当然,后来罗尔斯也承认了哈特论证的力量,并在《政治自由主义》中针对哈特的批评,进一步论证了自由优先性问题。指出基本自由及其优先性在于平等地保证全体公民的社会条件,而如果缺乏对政治自由的公平保证时,那些具有相对较强的手段的人就可排斥那些具有较弱手段的人,从而使他们的处境更坏。

(三)基本自由的限制

基本自由的优先性意味着自由只因自由之故而被限制,这一基本原则对于罗尔斯的理论来说,还有两种情况需要说明。这就是各种基本自由可能或者是不够广泛,或者是不平等。或者说,一是社会生活中存在着的不正义现象限制了基本自由,二是在社会生活中基本自由的实现是不平等的。在这种社会条件下,怎样坚持自由的优先性?

罗尔斯指出,对基本自由的限制如果来自自然界的限制和人类生活中的偶发事件,或者是来自历史和社会的偶然因素。罗尔斯认为这些因素的限制是合理限制,不会影响正义原则在社会生活中发挥它的作用。这种情况正如我们前面所讨论的限制一样。换言之,即使在一个秩序良好的社会里,思想和良心自由也要服从合理调节。问题在于在一个存在不正义现象的社会里,对基本自由的限制。这种不正义的现象可能来自于社会安排之中,也可以是某些个人的行为。罗尔斯认为,人的行为倾向是否正义,它在许多方面都依赖于各种社会制度,特别是依赖于这些社会制度是否正义。罗尔斯设想,在一个为两个正义原则所调节的秩序良好的社会里,其社会倾向是摒弃或至少是控制着人的不正义倾向。但是,一个现实的社会都可能是这样一个正义的社会吗?

在这个意义上,罗尔斯认为,他的正义理论应当分为两个部分。一是理想部分,二是非理想部分。就理想部分而言,也就是在原初状态下通过人们对两个正义原则的选择而建构起来的社会。而这两个正义原则之所以被选择,是在假定这两个正义原则会被普遍服从的基础上考虑的。换言之,罗尔斯的正义理论假设了人们对正义原则的严格服从。正义原则是那些在有利环境下的一个秩序良好的社会的原则。通过正义原则,它确立了一个完善正义的基本结构的观念,以及在人类生活的确定约束下的个人的相应义务和责任。非理想部分是应对在不太幸运的历史条件下应当采取什么原则的问题。

罗尔斯认为,就理论而言,理想部分与非理想部分应当看成是一个整体。理想部分提出了如果有可能我们就应当去实现的正义社会。他说:“我们根据这个观念来判断现存的种种制度;如果它们没有充足理由就违背这一观念的话,那么在此范围内它们就被视为不正义的。正义原则的词典式次序指定了这一理想部分的哪些因素相对来说是更为紧迫的,这一次序暗示着优先性规则也要同样地运用到非理想的情形中去。这样,在环境许可的范围内,我们就有一种排除任何不正义的自然义务。……虽然正义原则是属于一种理想状态的理论，它们却是[和我们的日常正义信念]普遍相关的。”[19]罗尔斯的这个思想实际上讲明了他的正义论的基本用意。我们在前面有关地方指出，罗尔斯在《正义论》中，主要是从一种理想态或原初状态的社会状态出发来讨论社会正义问题，从而给出在一种理想状态下应当如何提出和回答社会正义问题的答案。罗尔斯认为这种理想状态理论的长处就在于它可以为我们评判现实的社会制度提供一个标准，同时正义理想的任务也在于将理想状态充分论证的原则运用到现实状态中去。运用正义原则的词典式优先的原则，首先消除那些与基本自由的偏离最大的社会不正义现象。

非理想的状态除了有社会的不正义现象外，还存在基本自由不够广泛和基本自由不平等的问题。所谓不够广泛，是指基本自由所受到的适当限制，如与公共秩序相一致的方式来调节良心与思想自由。政治自由中的多数裁决规则也可看作是不够广泛的一个方面。根据正义原则的词典式次序的观点，对自由范围的限制是为了自由本身的缘故，它所产生的是一种较少但仍平等的自由。罗尔斯这里所意指的不够广泛，仍是一种正义制度允许范围内的不够广泛，他没有把不正义的制度下的基本自由不够广泛的问题包括在内。没有讨论如何在一种不正义的制度下或近似正义的制度下如何扩大基本自由的问题。我们看到，从1215年英国的《自由大宪章》到1689年英国光荣革命胜利后通过的《权利法案》，这一漫长的历史时期实际上是一个罗尔斯所说的基本自由从无到有和不断扩大的过程。

基本自由的不平等问题，是这样一些问题：如有些人拥有比其他人更多的表决权,或者社会的某个阶层完全没有选举权,那么政治自由就是不平等的。在许多历史条件下,较少的或不平等的政治自由可能被证明是正确的。或者说,是由于历史条件的限制而允许。我们要接受两个正义原则的词典式次序,但这并不要求我们否认自由价值依赖于环境的观点。而接受自由价值适当变通的观点,并不意味着可以为农奴制、奴隶制或宗教的不宽容辩护。只有当奴隶制或农奴制排除了更坏的不正义时,它们才是可容忍的。如以前各城邦不带回战俘而总是处死战俘,现在各城邦根据协议同意把战俘当奴隶。但从这种理由来看的奴隶制最终也是要被完全抛弃的,因为交换战俘是一种更理想的安排,放回某一共同体的被俘人员比奴隶制更可取。这表明,某些历史的条件可以为历史的合理性进行辩护,从长远来看,没有内在正当合理性的制度性安排终究会被否定。同时,即使是在那种历史条件下是正当合理的,其合理性也在于使得那些有较少自由的人得到了某种补偿,从而表明了它的正当合理性。

基本自由的平等性是理解罗尔斯第一原则的关键所在。如果一种基本自由在所有的公民中不能够得到平等地实现,必须提出它的正当性理由何在。不能由经济增长和经济效率的理由来否定基本自由的平等性,这也就是罗尔斯所说的优先性原则,同时,这也表明,自由只因自由之故而被限制,“这有两种情况:一,一种不够广泛的自由必须加强由所有人分享的完整自由体系;二,一种不够平等的自由必须可以为那些拥有较少自由的公民所接受。”[20]

（四）政治自由的公平价值

现代西方民主国家所面临的问题是，随着公民之间的基本自由的平等地实现，社会和经济的不平等也随之产生。怎么看待这个问题？罗尔斯在《政治自由主义》中探讨了这个问题。首先，基本自由是通过各种制度化的权利与义务来具体规定的，这些权利与义务使公民们有资格去做各种他们所愿做的事情，并禁止他人干涉这类行为。这样，为宪法所规定的基本自由就为生活在这种制度下的公民们的生活方式与机会建构起了一个合法性的架构。这种生活与机会的架构对于这个制度下的合法的任何公民来说都是平等的。无知与贫穷会妨碍人们利用这个开放性制度架构去实现自我的价值，妨碍人们去实现自由价值。但是，“我们不把这些障碍看成是对人的基本自由的限制，而是把它们看作是对自由价值的影响，即影响个人利用其自由。……像收入和财富这样一些基本善就被理解为公民在平等自由和机会均等的框架内发展其目的，且适用于所有目的的物质性手段。这样，在公平的正义中，平等的基本自由对于每一个公民来说都是一样的，且不会产生如何补偿较少自由的问题。”[21]在这里，罗尔斯将制度保障的基本自由与个人在这种制度中实现自由的价值区别开来。应当看到，这种区分是很有说服力的，它解释了同样的制度对于不同的人有着不同的意义。自由表现为平等公民的可以享有的基本自由的体系，它们对于所有人都是平等的，一视同仁的，而个人则因他所拥有的能力、地位、财富的不同而有着相对不同程度的自由实现。罗尔斯把它称为自由的价值。自由对于所有人是一律平等的，这是制度框架或制度环境，自由的实现则不同，它体现为不同价值的实现。

但是，罗尔斯的正义论并不满足于这种区分性解释，公平的正义理论是倾向于公平和平等，即如何在这样的现实条件下也能最大可能的实现平等？虽然并不存在对较少自由的补偿问题。罗尔斯也意识到，这种区分仅仅是一种定义的区分，而不能解决任何社会和经济不平等的实际问题。这个问题并非不是问题，罗尔斯不同于诺齐克，在诺齐克那里，只要基本自由或个人权利得到保障，社会和经济的不平等不在他的政治哲学的视野内。罗尔斯认为，对于这个问题应当诉诸社会的基本结构，也就是说，“社会基本结构的安排要能够使得那些最不利者，利用人人享有的平等的基本自由所能得到的基本善达到最大化。这一点决定了政治正义和社会正义的核心目的之一。”[22]要解决这个问题，首先就要把基本自由与基本善的概念联系起来，将平等与自由联系起来，使之成为一种统一连贯的观念。也就是说，既在基本自由优先性原则下将基本自由置于绝对保障的地位，同时，也需要使得人们能够利用基本自由的制度性框架来使得社会处境最差的人得到最大的利益。

正义的第一原则之所以包含了对政治自由的公平价值的保证，是因为它对于建立公正的立法过程来说至关重要，同时对于我们确定宪法所规定的公平政治过程是否在一个平等的基础上向所有人开放来说也是极为重要的。具体来说，这种保证意味着政治自由对于全体公民的价值必须是基本平等的，在此意义上，每个人都具有谋求公职和影响政治决定的结果的公平机会。这种公平机会的概念是与第二原则中的机会均等概念并行的。因此，政治自由的公平价值实际上是有利于社会处境最不利者的。不过，罗尔斯指出，对于政治自由的公平价值问题并没有在《正义论》中展开论述。在《政治自由主义》中，罗尔斯强调了政治自由的公平价值。他认为："保护政治自由的公平价值的问题即使不比确保市场的有效竞争更为重要，也具有同样的重要性。因为只有这些自由的公平价值得到了基本保障，公正的背景制度才可能得以确立或得以维持。"[23]罗尔斯认为，对政治自由的公平价值的保证有以下几个特点：一是它确保每个公民都能公平地和大致平等地利用公共设施，这种公共设施服务于一种明确的政治目的，即它是每个公民都能公平地或大致公平地利用由宪法法则和宪法程序所具体规定的那种公共设施。二是这种公共设施有着限制性空间，如果缺乏政治自由的公平保证，那些具有相对较强手段的人就可能会聚集在一起，排斥那些只具有较弱手段的人。在这个意义上，正义的第二原则就有十分重要意义。如果没有第二原则的限定性作用，对政治自由的利用将更多地从属于那些社会地位和收入分配中有利地位的人。

这里涉及罗尔斯对待政治自由的基本态度。在自由主义的传统中，贡斯当把政治自由看成是古代人的自由即类似于雅典城邦中的公民的政治自由（这个问题我们在下面有关部分将具体展开），将它与现代人所强调的思想与良心自由或个人自由区别开来，个人自由又可称之为"消极自由"即不受干涉的自由，而参与性的政治自由则可看作是"积极的自由"。贡斯当认为现代人的自由较之古代人的自由有着更为重要的价值，伯林也持有这种观点，在他们看来，政治自由的作用也许在很大程度上只是保持其他自由的工具性价值。但在罗尔斯看来，作为第一原则的基本自由无疑包括政治自由,并且应当给予优先性地位。或者说,应当以自由的优先性来保护这些政治自由,并且,从基本自由的清单可以看到,罗尔斯是把政治自由与个人自由不可分割地放在一起来考虑的。因此,这并不意味着罗尔斯不重视类似于良心自由这类“现代人的自由”,但我们应当看到他的思想与伯林等人还是有区别的。这个问题以下我们还将展开。

对于政治自由的问题还应当回到政治权力本身来讨论。政治自由的核心问题是权力问题,有人形象地指出权力的核心问题是“杀人”。专制国家有随心所欲地进行统治或杀人的权力,那就意味着它的臣民丧失自由或随时有丧失生命的可能。与罗尔斯不同,乔·萨托利注意到了这个问题,萨托利谈政治自由问题是以权力为轴心的。他指出:“(1)谈论政治自由就应当关注控制权力的权力,关注权力承受者的权力;(2)政治自由问题的真正焦点是,怎么才能保护少数的以及有可能丧失权力者的权力?我们享有政治自由,这就是说,我们是自由公民,仅仅是因为具备了这样的条件:公民有可能运用较小的权力去抵御较大的权力,否则就会——或者无论如何都能——被它轻易吞没。”[24]我们认为,萨托利这样看待政治自由有着深刻的现实意义。从萨托利的观点我们可以看到,罗尔斯谈论的基本自由或政治自由,实质上是公民的保护权问题。不过我们还要看到两者的区别。罗尔斯的政治自由概念是以当代美国的民主政治实践为讨论背景,而萨托利对政治自由的讨论则基于一种历史的视野或全球性视野(因为在当前的世界上,还有不少专制主义国家)。不过,我们看到,萨托利对于政治自由这种积极自由是与消极自由同等重视的。在他看来,政治自由虽绝不是唯一的自由,但它是基本自由,它是所有其他自由的必要条件。萨托利深刻地指出:"只有精神上的自由还不够,如果舌头并不自由的话。要是我们在安排自己的生活上受到阻碍,那么这方面的能力几乎就没有什么用处。如果一位大权独揽的主子妨碍那些所谓积极的自由得以发展,它们怎么能是充分的呢?只有消极的自由还不够,这个说法指出了明摆着的事实:我们需摆脱外物的自由,是为了能够实现行动的自由,避而不谈这一点就是忽略了实质性问题。"[25]在这个意义上,他几乎与贡斯当与伯林的观点相左(实际上只是有距离),但与罗尔斯则是一致的。在萨托利看来,自由不仅是摆脱外物的自由,同时也是参与国家事务的。而"如果我们忘记了参与的可能要取决于某种独立地位而不是相反,这就是错误的。"[26]因此,消极自由与积极自由是相辅相成的,仅强调消极自由本身是不能成立的。

三、政治参与原则

基本自由的一个基本方面就是政治自由,政治自由的集中体现就是政治参与。罗尔斯说:"当平等的自由原则被运用到由宪法所规定的政治程序时,我将把平等的自由原则看成是(平等的)参与原则。参与原则要求所有公民都应有平等的权利来参加立宪过程和决定其结果,这个立宪过程将确立公民要服从的法律。公平的正义开始于这个观念:只要共同原则是必要的并对所有人都有利,它们就是从一个得到适当规定的平等的原初状态的观点中制定出来的,在这种状态中,每个人都被公平地代表着。参与原则把这个观点从原初状态转用到作为制定其他规则的最高层次的社会规则体系的宪法上。”[27]首先,罗尔斯的这个原则表明了美国的宪法与法律之间的紧密关系。安杰伊·拉帕金斯基说:“美国宪法是一个法律文件。它不仅陈述了美利坚合众国的追求,建立了美国的政治体制结构,还清楚地表述了一整套渗透于美国法律之中的规范。由于这个缘故,美国宪法同它所降生的法律文化环境之间的联结较其他宪法更为紧密。”[28]政治参与原则是为宪法所确立的,并由此而得到相应的法律规则的保证。能否将抽象的宪法公式或规则落实到具体的法律条文中,这里体现了宪法与法之间的关系。在这一点上,英美法系(普遍法系)与大陆法系是不同的。如美国宪法的第一修正案就提出了关于言论与出版自由的条款,并有一套保护表达自由的法律体系,而在欧洲各国,新闻出版、游行、集会、结社以及其他形式的言论是由不同的规则来调整的,这些规则是一个一个地颁布的,且通常每个规则的意图也不同。正因为这样,美国宪法的许多特点在属于普遍法系的印度比法国和德国更容易扎根。1949年10月14日尼赫鲁在美国国会的演讲中承认,在印度宪法的制订过程中“我们受贵国宪法的影响特大”。[29]二战后的许多新兴民族国家在其立国的宪法中,都有类似于美国宪法强调人人生而平等的基本观念和保护公民权利的条款。但是,如果并没有相应的实施性法律体系,只能流于空文。其次,罗尔斯提出参与原则并没有脱离他的原初状态的假设,是把原初状态体现的平等观点贯彻到立宪活动中并具体凝结为宪法规定。

(一)直接民主与间接民主

这里涉及到对原初状态是怎样的一种政治状态的理解。在《正义论》中,参与原初状态的是各方(parties),像上面我们的引文,罗尔斯也有时用到“代表”这样的概念。所谓“各方”,也就是全体公民。这个基本观念与在霍布斯、洛克和卢梭那里的古典契约论的基本成员观是一致的。如果我们把原初状态下的各派选择一种指导宪法(建构政治体制结构,或社会基本结构)正义的原则看作是最初步的政治行为,在原初状态下的政治行为就类似于直接民主的政治行为。因为它是全体参与的政治活动。而在美国宪法指导下的政治活动,却是间接民主的活动,即公民是通过选票来影响政治。美国宪法成功地创立了一个现代大国范围内实施民主制度的范例。这是卢梭等古典契约论者看来几乎不可能之事。因此,有必要讨论一下参与原则在直接民主制之下与间接民主制下的不同。

人类从原始社会向文明社会的过渡期,直接民主是一种正常的政治生活方式,这种直接民主形式之一就是各部落的军事大会。作为进入文明社会后的政治制度的,就是古希腊的直接民主制。直接民主制是城邦的产物,但也有来自于远古的军事大会这样的远古民主的因素。在荷马的《伊利亚特》中,就有军事大会的描述,公民大会的前身就是军事大会。[30]现代的民主都是间接民主,即代议制民主,我们受到代表的统治,而不是自己统治自己。但古希腊的直接民主也不意味着统治者与被统治者二者是一回事。古希腊雅典的直接民主典型形式体现在公民大会(Ecclesia)上。全体男性公民年过20都有资格参加公民大会。公民大会所通过的法令,相当于现代的法规条令,它体现了这个政治机构的全部公共权力。[31]直接民主也就是人民不间断地直接参与行使权力,而间接民主是一种代表制,即由公民选择的代表行使政治权力,并且通过制度,对于权力行使者实施限制和监督,这为一套规则体系来表达。

然而,古希腊的直接民主制只能看作是人类的一种民主试验。在公元前五世纪至四世纪,雅典是平民民主政体、僭主政体、寡头和贵族政体[32]交替的历史时期。亚里士多德亲身经历了雅典的民主政体的衰败。在亚里士多德的描述中,民主政体是穷人的政体,而贵族政体则是富人贵要的政体。寡头政体与贵族政体都有财产的标准(后者还加上品德的标准)。亚里士多德说:"'平民政体'一词的确解应该是自由而贫穷——同时又为多数——的人们所控制的政体;相似地,'寡头政体'一词的确解应该是富有而出身(门望)较高——同时又为少数——的人们所控制的政体"。[33]在古希腊,平民政体也有不同的类型,如雅典就有温和的平民政体和极端的平民政体。在亚里士多德的叙述中,平民政体的第一个类型就是最严格的遵守平等原则的类型。在这种政体中,依公众决议所宣布的"命令"就可以代替"法律"。亚里士多德说:"平民群众的'命令'有如僭主的'诏敕',平民领袖就等于,至少类似于僭主的佞臣;在这种平民政体中,好像在僭主政体中一样,政权实际上落在宠幸的手里。'平民领袖'们把一切事情招揽到公民大会,于是用群众的决议发布命令以代替法律的权威。一旦群众代表了治权,他们就代表了群众的意志;群众既被他们所摆布,他们就站上了左右国政的地位。还有那些批评和指控执政的人们也是同造成这种政体有关系的。他们要求由'人民来作判断';于是人民立即接受那些要求,执政人员的威信从此扫地而尽。这样的平民政体实在不能不受到指摘,实际上它不能算是一个政体。凡不能维持法律威信的城邦都不能说它已经建立了任何政体。"[34]亚里士多德对于他身处的民主政体微词颇多。但从亚里士多德的描述中,我们经历了中国"文化大革命"的人有着十分深切的感受。亚氏对平民政体的描述不就像是对我们的群众专政和群众夺权的描述吗?历史有时惊人地相似。我们看到,在公元前四世纪,平民政体与寡头政体处于尖锐的对立冲突中,平民推翻寡头统治,寡头统治又被平民所推翻,而且平民政体由于自身的问题也经常发生政变。公元前四世纪,城邦的分崩离析已经走到了极端。不是富人为了自身的利益实行统治,就是穷人为了自身的利益实行统治——而这就是亚里士多德所面对的民主政体。正如我们在文化大革命中的感受,亚里士多德只是说出了他的所闻所见,而古希腊的民主(平民)政体正在被内在的冲突或阶级斗争所粉碎。当然,我们不是亚里士多德,面对古希腊的精神遗产而把直接民主说得一无是处。古希腊的平民政体中的平等精神以及参与政治的自由是我们今天仍然需要珍惜的。

但我们不得不看到直接民主本身的问题所在。直接民主制是一种公民的自我统治方式。自我统治意味着公民要用毕生的精力去为国家服务:从成年到死,平时不遗余力地献身国家,战时献出鲜血和生命。正如伯里克利在其著名的为其阵亡将士的"丧葬词"所说的:"在我们这里,每一个所关心的,不仅是他自己的事务,而且也关心国家的事务;就是那些最忙于他们自己的事务的人,对于一般政治也是很熟悉的——这是我们的特点:一个不关心政治的人,我们不说他是一个注意自己事务的人,而说他根本没有事务。"[35]萨托利认为,全体公民如此深度地卷入政治生活,将造成社会生活的各种功能的失衡。政治肥大症造成了经济的萎缩,民主愈完美,公民愈贫穷。因此导致以政治手段来解决经济问题,即为了弥补财富生产不足,而去没收财富。于是这种古代的民主制似乎注定要毁于富人和穷人之间的阶级斗争。因为它在损害经济人时造就了一批政治动物。在这个意义上,直接民主就是一种博弈为零的政治。还有,萨托利说:"古希腊民主政体是一种最简陋——从这一点说——也最粗糙的结构:它实质上是由'发言权'组成的,不允许甚至从未想到设个'出口',特别是灾难性地缺少过滤器和安全阀。具体地说,古希腊的制度不能从重要信息中筛去琐碎的噪音和从长远需要中筛去眼前的一时兴致。"[36]而间接民主则可以通过多层次、多滤层的政治决策程序,获得靠直接性不能获得的防范性和制约力。最后,直接民主还有一个可行性的问题。直接民主需要每一个人的参与,但个人都不在场的自治是不可能的,而所有的政治决策都要所有人在场这是不现实的,如果做得到,那只能是政治膨胀而其他功能的萎缩。关键性的问题是,卷入的人越多,而参与的效力也就越少。在一个现代大国进行直接民主是不可想象的。卢梭就在这个意义上说到过,首先,要有一个很小的国家,使人民很容易集会并使每个公民都能很容易认识所有其他公民。然后要有地位上与财产上的高度平等,否则权利上和权威上的平等便无法长期维持。[37]梭伦改革创制时,约四万男性公民。因此,直接民主只在城邦这种范围内可能做到,而在一个现代大国,则是根本不可能。因此,对于现代国家的公民而言,也只有实行间接民主。我们今天所谈的参与原则,也是在间接民主意义上的参与。

这里需要指出的是,民主(Demokratia)这个概念长期以来在思想史上并不是一个得到正面肯定的概念。不仅在古希腊思想史上的柏拉图和亚里士多德等人对于民主这个概念充满了贬意,而且就是在积极提倡自由的近代思想家卢梭和康德那里,对于民主都没有持一种肯定态度。"民主"这一概念的本意是多数人的统治。在卢梭的《社会契约论》中,卢梭虽有专论"民主制"的一章,并认为民主制适应于小国,但对于民主制并没有从实质上肯定它。他说:"就民主制这个名词的严格意义而言,真正的民主制从来就不曾有过,而且永远也不会有。多数人统治而少数人被统治,那是违反自然的秩序的。我们不能想象人民无休止地开大会来讨论公共事务;并且我们也很容易看出,人民若是因此而建立起来各种机构,就不会不引起行政形式的改变。"[38]所谓政府形式的改变,是指如果建立起政府,其职能为许多执政者所分掌,则少数人迟早会掌握最大的权威,从而改变政府的民主性质。所以他说:"没有别的政府是像民主的政府或者说人民的政府那样地易于发生内政和内乱的了;因为没有任何别的政府是那样强烈地而又那样不断地倾向于改变自己的形式的,也没有任何别的政府是需要以更大的警觉和勇气来维持自己的形式的。"[39]

近代以来的进步思想家,在反对君主专制主义的同时,所赞同的是"共和制"。如哈林顿(他写了非常有名的《大洋国》)和约翰·

密尔顿都是近代思想史上有名的共和主义者。“共和”(respublica)所表达的观念,指的是属于每个人的事务,或者是与每个人有关的事务,这个观念本质上完全不同于权力属于人民的观念。“民主”所指的多数人的统治是指一部分对另一部分人的统治,涉及明确的主体(平民),而“共和”这一概念从词源学上看,其意思相当于公共财富或公共利益(commonwealth or common weal)。卢梭也在这个意义上把共和制置于民主制之上。1795年,康德严厉抨击了那些把民主政体混同于共和政体的人,在康德的思想中,共和是与专制直接对立的,而民主政体就是专制政体。他说:“共和主义乃是行政权力(政府)与立法权力相分离的国家原则,专制主义则是国家独断地实行它为其自身所制定的法律的那种国家原则,因而也就是公众的意志只是被统治者作为自己私人的意志来加以处理的那种国家原则……民主政体在这个名词的严格意义上就必然是一种专制主义,因为它奠定了一种行政权力,其中所有的人可以对于一个人并且甚而是反对一个人(所以这个人是并不同意的)而做出决定,因而也就是对已不成其为所有的人的所有的人而做出决定。这是公意与其自身以及与自由的矛盾。”[40]康德把民主政体等同于专制主义和暴政,并不意味着隐含着他对法国大革命的贬抑性看法,康德对法国大革命是持一种肯定态度的。对于民主制度的这种看法在当时思想界是一种普遍的看法,美国费城所产生的第一部现代民主的宪法在制定者们看来是共和宪法而不是民主宪法,因为在联邦党人看来,他们所建构的政体是代议制的共和政体。他们在民主与共和之间做了严格的界分。民主意味着直接民选的政府,而共和则是代议制的政府。

那么，是什么时候开始有了这种转变而从思想观念上把民主视为追求的理想目标？萨托利认为，这个转变是在17世纪之后缓慢地发生的。他说："我们的民主政体的理想之源在于这一原则：培育国家的酵母和营养品，是差异而不是划一。这个观点随着17世纪后的宗教改革才立住了脚跟。我们不得不这样笼统一说，因为要把这个新的生活观归功于个别思想家、事件或运动，即使并非不可能，那也是极端困难的。这种观念的成熟过程既缓慢又曲折，而且正如历史上常见的那样，思想往往是懒洋洋地蹒跚着跟在现实后面去理解正在实现的东西。"[41]重新确立民主作为一种社会理想，必定有某种新东西，这种新东西就是对于社会多元性的积极认识。而对于社会理性多元的认识，宗教改革或清教徒起了重要的作用。换言之，当天主教徒和清教徒在17世纪表现出同样的不宽容时，这种民主的观念还没有出现，直到17世纪，多元性还被视为动乱之源，认为它导致国家衰落，而全体一致则被认为是任何国家都不可缺少的基础。伴随着对于理性多元性事实的确认，并且以多元差异作为政治思考的基点时，一种新的民主观念形成了。这种转变又是与自由主义文明相伴随的。换言之，它是随着天赋权利观念的深入人心，宗教宽容才得以建立。萨托利说："正是通过这种认识上的革命性转变，我们称为'自由主义'的文明才一点一滴地建立起来；正是通过这条途径我们才达到了当代民主。古代的帝国、独裁政体、专制政体、旧的和新的僭主政体，统统都是清一色的世界，而民主政体则是多彩多姿的世界。但这是自由主义的民主制度，而不是古代民主制度，它以不同政见和多样化为基础。是我们而不是希腊人民发现了如何在 concordia discors(求同存异)的基础上建立一种政治制度。”[42]民主意味着宽容,意味着与不同政治见解、不同宗教信仰的人共处于一个政体之下。这是现代民主的新内容。到了19世纪中叶,人民主权的概念才在政治过程中作为积极的建设性因素发挥作用。然而,现代的人民权力的概念与希腊民主政体中的人民权力的概念完全不可同日而语。现代的人民权力是立宪制度授予的权力,监督和制约的权力,而古希腊那里,只是直接的任意的权力。正因为如此,现代民主制度的寿命才得以超过古代的民主制度而有着长久的生命力。换言之,两百年来,民主的概念已经发生了很大变化,在美国立宪时人们所认定的民主与共和之间的根本区别已经不再存在。

就美国的民主实践而言,民主也被看成是代议制,当下的民主制是一种代议民主(a representative democracy)。美国法学家认为,美国的政体已经从一种贵族式的共和政体转变为代议制的民主政体。[43]这也是现代民主与古代民主制根本不同的地方。古代的直接参与公民大会的民主权利(人民权力)转变为投票权或普选制。正是在这个意义上,美国法学家路易斯·亨金认为:“我们是一个民主国家,因为我们现在享有普选权。”当然,民主不仅仅是选举权,但在西方思想界看来,民主对于普选制来说是不言而喻的。正因为有了普选权,人民主权的概念才在现代意义上得到了落实。亨金说:“我认为,普选权和直接选举改变了我们的民主和代议制的性质和内容。作为我们政府二百年来的基础的人民主权和代议制政府,已经变成现实。现在,我们大家都得到了代表;我们的代理人必须对我们所有人负责,确实也在对我们所有人负责,并对我们负有说明义务。现在,我们所有人才是‘我们人民’,是该社会契约的一方。现在,我们大家都是被统治者,而我们的政府要具有合法性就必须有我们的同意。我们对民主的信奉应当渗透于我们的政体之中。一般来讲,我们从贵族式共和向代议制民主的转变,要求我们对我们的政体及其制度进行彻底反思。”[44]从亨金的理解来看,当代美国的政治体制已经从共和走向民主,行政最高领导人已是全体人民普选产生,直接选举与代议制的结合,创造了现代大国民主的范式。因此,民主而不是共和已是美国政治的特征。

(二)古代人的自由与现代人的自由

在罗尔斯的正义论的意义上,参与原则实质上是政治自由原则。由于古代的直接民主与现代的间接民主的区别,因此,在具体讨论参与原则时,我们还需区分一下古代人的自由与现代人的自由问题。这个问题我们在前面涉及,但没有展开。我们应看到,由于民主形式的改变,古代人所有的政治自由已经不同于现代人所有的政治自由。伯里克利为他的城邦公民所享有的政治自由而深感骄傲。他说:“我们的制度之所以被称为民主政治,因为政权是在全体公民手中,而不是在少数人手中,解决私人争执的时候,每个人在法律上都是平等的;让一个人负担公职优先于他人的时候,所考虑的不是某一个特殊阶级的成员,而是他们有的真正才能。任何人,只要他能够对国家有所贡献,绝对不会因为贫穷而在政治上湮没无闻。正因为我们的政治生活是自由而公开的,我们彼此间的日常生活也是这样的。”[45]人们一般也认为,希腊精神也就是自由精神,古希腊的自由体现在精神领域里的各个方面,如文学、雕塑、哲学与科学等等,也带来了人类精神文化各个方面的辉煌灿烂的成就。政治自由也是古希腊自由精神的一个方面。

古希腊人在平民政体之下,有着选择与罢免官吏的权利、有着通过公民大会直接参与政治事务的权利,并且,公民们在法律面前人人平等。但我们要看到,古希腊的政治自由是通过什么方式来达到的。在古希腊人看来,人是政治动物(亚里士多德的定义),城邦就是一个政治共同体,个人作为这个共同体的成员,在这个共同体中追求共同的善,从而也获得自己的好生活。正义的德性是一个共同生活的标准。在古希腊人看来,纯粹个人性的,与城邦国家无关的道德准则是不可想象的。个人作为这个共同体的一员,也就是作为公民而存在。在古希腊人的概念里,公民的概念就等同于个人的概念。城邦生活就是他的政治生活,也是他的个人生活。而离开城邦生活或城邦事务去想象个人生活是不可理解的。正如伯里克利所说,如果没有公共的事务,我们就可说他根本没有事务。如果说,在城邦中不可能人人都没有个人的事务,但至少这是希腊城邦的道德价值标准。在古希腊城邦中,服从人人遵守的法律的行为才是正当的行为,城邦的法律既是公共生活的准则,也是个人生活的准则。没有公共生活准则之外的私人生活准则。如果不顾法律而自行其是,就已经偏离了一个公民的标准。亚里士多德曾在《政治学》中谈到平民政体的两个特点:"其一为'主权属于多数',另一为'个人自由'"。但不要理解为在古代民主政体中存在着类似于我们所说的个人自由。亚氏在这里所说的"个人自由"是一个贬意词。他紧接着说:"平民主义者先假定了正义在于'平等',进而又认为平等就是至高无上的民意;最后则说'自由和平等'就是'人人各行其意愿'。在这种极端形式的平民政体中,各自放纵于随心所欲的生活，结果正如欧里庇特斯所为‘人人都各如其妄想’[而实际上成为一个混乱的城邦]。这种自由观念是卑劣的。公民们都应遵守一邦所定的生活规则，让各人的行为有所约束；法律不应被看作是[和自由相对的]奴役，法律毋宁是拯救。”[46]因此，正如伯里克利所说的，古希腊人所说的自由是在政治上的自由。

这里的关键在于如何领会“个人自由”这一概念。有没有相对独立于政治生活或政治生活标准的个人自由或受到法律保护的私人生活领域？这就是我们所说的个人自由。而在亚里士多德的视野里，这无异于无法无天。古希腊人无从知晓这种个人自由。这种个人自由是文艺复兴以来人道主义、人文主义或个人主义精神的产物。这就是现代欧洲公民或美国公民所理解的自由。贡斯当说：“对他们每个人而言，自由只受法律制约，而不因某个人或若干人的专横意志受到某种方式的逮捕、拘禁、处死或虐待的权利，它是每个人表达意见、选择并从事某一职业、支配甚至滥用财产的权利，是不必经过许可、不必说明动机或事由而迁徙的权利。它是每个人与其他人结社的权利……它是每个人通过选举全部或部分官员，或通过当权者或多或少不得不留意的代议制、申诉、要求等方式，对政府的行政施加某些影响的权利。”[47]这就是贡斯当所说的现代人的自由。贡斯当所概括的古代人的自由是：“古代人的自由在于以集体的方式直接行使完整主权的若干部分：诸如在广场协商战争与和平问题，与外国政府缔结联盟，投票表决法律并作出判决，审查执政官的财务、法案及管理，宣召执政官出席人民的集会，对他们进行批评、谴责或豁免。然而，如果这就是古代人的自由的话,他们亦承认个人对社群权威的完全服从是和这种集体性自由相容的。你几乎看不到他们享受任何我们上面所说的现代人的自由。所有私人行动都受到严厉的监视……在古代人那里,个人在公共事务中几乎永远是主权者,但在所有私人关系中却是奴隶。作为公民他可以决定战争与和平;作为个人,他的所有行动都受到限制、监视与压制。"[48]贡斯当也指出,相比较而言,雅典有着比其他城邦国家更多一些就现代意义而言的个人自由,这是由于雅典的商贸相对发达。但在雅典,我们同样可能看到古代自由所有的那种独特特征。在雅典,个人隶属于社会整体的程度远远超过现代欧洲的任何自由国家。

古代人的自由与现代人的自由的根本差别就在于在古希腊人那里,他们没有与城邦相对独立的个人概念,他们不可离开公民来想象个人的概念。与社会结构、社会地位以及出身、地位相对独立的个人概念,完全是近代以来的产物,而为古代世界所不知晓。相应地是,他们的自由也是与他们的生活紧密相关的社会结构与共同体的形式相关的。除此之外,他们不可想象还有属于自己的私人领域的正当自由。同时,贡斯当对于雅典的自由的批评并无不当之处。雅典的个人实际上并不受保护,并且任由集体摆布。那种民主并不尊重个人,而是随时都在怀疑个人。"它对杰出的个人尤为猜疑,对个人的评价反复无常,对个人的迫害冷酷无情。它是个把贝壳流放作为预防措施——滥罚无辜——而不是惩罚措施的城邦,这就是放逐以弗所的埃尔蒙多的民主制度,因为它不容许一个公民比其他公民更优秀。在这种制度下,个人的地位总是危在旦夕。因为正如拉布莱所说:'对公民的唯一担保就是他那份主权'，他补充说，这就说明了'为什么在希腊和罗马会发生这种事情，一夜之间就可能从最高自由堕入最苛酷的奴隶状态'。"[49]现代民主与之相区别的根本不同在于，以制度来保护我们作为一个人的个人自由。

在这个意义上，我们再来看罗尔斯所说的公民自由。罗尔斯的公民自由无疑体现了现代人的自由精神。罗尔斯所用的"公民"概念，并不等同于古希腊的公民概念。因为在古希腊人那里，难以想象个人除了公民之外，还有其他的特性。如果除开公民的规定来看待某个人，那只能意味着他还没有进化到公民的状态，因而是一个未开化的人，一个不能从事政治活动的人。如果把公民的自由完全等同于从属政治共同体的主权性自由，无疑剥夺了我们作为现代人的自由。罗尔斯所提出的自由的三个方面，个人的善观念，个人作为自证之源以及个人的自我行为负责的能力，这样三个方面的规定，已经完全不同于贡斯当所规定的古代人的自由。罗尔斯已经把相对于公共政治事务的公民自由放在了首要位置来考虑(这个问题在讨论良心自由时我们还要涉及)。当然，罗尔斯对于贡斯当与伯林的观点是有保留地汲取的。关于罗尔斯的政治自由观我们已经说了很多。首先我们必须意识到罗尔斯所说的政治自由的内涵与古希腊的政治自由的不同，罗尔斯所说的政治自由，是立宪民主政体的自由观，而古希腊人的则不是。同时也要看到，他并不认为政治自由在现代没有地位，在看到古代希腊没有重视个人自由的同时，同样需要认识到政治自由的重要。现代的政治自由对于个人自由起着制度性保护的作用，不认识到这一点，我们同样要犯错误。

(三)政治参与的平等性及其依据

我们再回到前面来。罗尔斯提出的政治参与原则实际上可以分为两个部分,即原初状态下的直接参与,以及立宪过程的直接参与以及在民主制度的正常运转过程中的间接参与。因为罗尔斯无疑提出了在原初状态下的全体成员是直接参与的。但在《政治自由主义》之中,罗尔斯把"各方"改为"各方代表",他说:"原初状态只是一种代表设置(a device of representation);它把各派——每一派都对一自由平等的公民的根本利益负责——描述成处于公平地位,并描述成按照适当限制而可以提出充分理由的那些条件来达成一致契约的各方。"[50]罗尔斯反复谈到他的原初状态是一种代表设置,当然他这样做是为了回应人们对原初状态中的个人观的批评。但这样做时,实际上就从全体公民的直接参与转变为间接参与了。我觉得罗尔斯的这个考虑符合现代民主实践的实际。

罗尔斯提出的参与是平等自由的体现,那么,怎么才能从公民的参与中体现出平等自由呢?首先,罗尔斯强调的是选举权的平等性。即每一个有选举权的人都有一张选票的规划被严格坚持时,它意味着每张选票在决定选举结果中具有大致相同的分量。如果每个选区有代表的话,也要求立法成员代表相同数量的选民。其次,参与原则认为所有公民至少在形式上都应有进入公职的平等途径。每个人都有权加入各种政党,从而有着进入政界的平等机会。在这个意义上,参与原则与正义的第二原则中的机会均等原则是内在一致的。平等政治自由在这两点上突出体现了它对全体公民的平等性。不过,对于第一点罗尔斯是有保留意见的。他指出,最明显的政治不平等是对一人一票规则的侵犯。但他认为,那些反对平等政治自由的人提出了对所需形式的各种证明。至少他们准备证明政治不平等对较少自由的人来说是有利的。罗尔斯以密尔的论证来说明这点。密尔认为,受过良好教育、智力超群的人应当有额外的选票,以便使他们的观点具有较大的影响力。虽然所有人都有自己的一票,但那些在管理公共事务方面能力较强的人应当有更大的发言权,他们的影响应该足够大。密尔相信,任何人,包括那些在政治事务方面言微力轻的人都能从这种安排中得到好处。罗尔斯在此的看法有点不那么直截了当。他说他不想批评密尔,只是为了举例解释。但他接着又提出,"政府的目标被设想为集中在共同善上,即旨在维持对每个人有利的条件并达到对每个人有利的目标。在这一前提有效的范围内,某些人能够被判明为是拥有优越的智慧和判断力的,其他人则愿意信赖他们,并承认他们的意见具有更重要的意义。"[51]在罗尔斯看来,这就好比大家都在一条船上,乘客愿意让船长掌舵,因为他们相信船长更有知识。因此,他说:"在某些方面国家之舟和海上之舟有相似之处,在这种相似的范围内,政治自由的确是受其他的、可以说是确定乘客的内在善的自由支配的。如果我们承认上述假设,那么一人多票制就可能是完全正义的。"[52]在这里,罗尔斯是从政治自由的工具价值以及对于全体公民尤其是对最不利者有利的意义上论证一人多票制的合理性。没有这些前提,罗尔斯是不会赞同密尔的。

当然,我们看到,罗尔斯是有保留地承认了密尔的观点。在罗尔斯看来,公民的自我统治不仅仅是工具性的,民主应当还有更高的目标。当平等的政治自由确实有一种公平的价值时,它必定对公民生活的道德性质产生深刻影响。那种在其中平等的政治权利具有公平价值的自治,其结果是提高自尊和作为平等公民的政治资格意识。公民在他所处的较小共同体中发展起来的自我价值意识,又在整个社会结构中得到了肯定。因此,平等的政治自由不仅仅是一种工具性手段,这些自由有着自身的价值,平等的政治自由自身价值是不能与政治自由作为工具来相比较的。同时,平等的政治自由强化了公民的自我价值感,是公民自尊的政治社会条件,增强了公民的义务感和职责感,从道德心理学来说,这恰是正义制度达到稳定的道德心理学基础。

民主制度下的投票权和进入公职的平等机会权利是平等的政治自由的基本方面。为什么所有公民都应有这种平等权利?民主理论的哲学依据在哪里?我们知道,在苏格拉底、柏拉图的哲学中,政治的知识如同造船术、修鞋匠的技术一样,是一门专门知识,然而,民主制度则把凡是在群众集会上能够用论辩术打动人的人都推为群众政治领袖或成为重要公职的人。政治成了一门不学无术的人可以在其中驰骋的领域。柏拉图的理想国所确立的哲学家王的概念,就是说,政治是一门最高智慧的学问,它需要最高的智慧,而只有哲学家为王的国家才可得到最好治理。在这个意义上,柏拉图从根本理念上否定了雅典的平民政治。从柏拉图的政治需要专门知识或最高智慧的理论看,民主制度在根本上是站不住脚的。政治只是社会精英的活动领域,大众只能接受政治精英的统治。或者说,大众只有接受政治精英的统治,这个社会才是一个秩序良好的社会。在柏拉图式的精英政治理论里,公民大众是没有政治参与权的,给予一个人不适当的东西,他只能不适当地处理它。把一个国家的治理给予不适当的人,或让不适当的人来参与国家的治理,他只能把国家治理得更糟而不是更好。我们前面已述,雅典或更广泛地说,古希腊的民主并不是一种完善的民主制,但从古希腊的民主制中得出的那些基本原则,虽然形式有变化,但至今仍被当代的民主制度所遵奉。并且,正如美国的法学家所说,美国的政体是从共和走向了民主,表明民主制则更为适合当代的政治环境。那么,它的生命力何在?

不可否认,柏拉图为一种精英政治或寡头政治所提出的合理性理由是强有力的。国家的统治需要专门知识,但是,政治所需要的,不是类似于生物学、化学或医学意义上的科学知识,政府在涉及正义、公平、平等、人民幸福、健康、福利以及安全等问题进行决策时,即使需要相应的专门知识,也并不意味着是一种纯政治的专门知识,这种决策是在进行某种伦理的判断和政治价值的判断,而并不意味着是通常意义上的科学判断。苏格拉底在提到雅典人听从一个不懂海防事务人的煽动,而修建海军码头,认为这类似于我们信赖没有专门知识的人而要求他提供专门性服务。但苏格拉底在这样讲时,是把政治等同于某种专门性知识,但他这样看待是有问题的。政治涉及的不仅是专门知识,更重要的是政治眼光,即对于国家的公共利益和全城邦人民的共同利益的考虑,这是一种伦理的判断或政治价值的判断,它已经超出了政治知识或某些专门知识的范围。

当然,人们会说,我们可能在各个专门领域需要听取专家的意见,在政治领域就没有这样的专家吗?在任何人类历史时期,或任何一个地区、民族或国家,都可能有某种杰出的人物,或杰出的政治人物，这些人物由于他们的能力或威望，从而使得他们无论如何都有更多的发言权，也可能这些人物就是某种统治者，他们的智慧是一个民族的幸运。然而，我们由此可说在民主制度下，也需要接受某种杰出人物的统治吗？他或他们在什么意义上可以做我们的主人呢？如果他不仅在知识上高人一筹，而且知道一个好政府应当追求的目的，知道什么时候以什么手段来实现这些目的，并且他具有崇高的德性，能够全身心地投入公共目的。那么，他应当作为我们的主人吗？在中国传统的政治生活中，中国人历来相信为民做主的清官，相信那些有着真正官德的官吏能够为自己做主，而从来没有想过或很少想过自己可以为自己做主。中国儒家的政治理想从来都是夏、商、周三代的王道政治，即尧、舜、禹那样的圣人政治理想。中国的道德哲学和政治哲学从来都把人格修养放在突出地位，强调自天子以至于庶人，一以修身为本，从而成就圣人理想，达到天下大治。

如果我们朝这个思路上走，那么根本无法得出民主制的理由。即使是中国古代士大夫所持有的那种王道政治的民本观念，也只是一种官本位的观念。当然，民主制并不是不承认历史的伟人，但是，政治制度本身涉及的是权力关系，权力并不是知识。社会基本政治制度本质上是一种权力，一种体现国家权力的社会制度，一种有着各种强制力量的公共权力。公共权力从社会中产生但又居于社会之上，它履行着政治统治和管理社会事务的双重职能。正是由于公共权力凌驾于社会之上而又有着这种双重职能，决定了公共权力对于权力行使人员所具有的诱惑性、扩张性、侵犯性和排他性等腐蚀性。在文明时代，握有权力就意味着给掌权者带来普通人难以享有的社会地位、财富与荣誉，权力总是伴有着某种社会权利。这与原始社会后期的氏族权力是根本不同的。氏族权力是公共服务性的而且是受到社会基本成员监督的权力。韩非在《韩非子·五蠹》中，将传说中的尧与禹的艰辛劳苦和他那时的县令的权位之重以及荫及子孙的情形进行对比，可以看到古人对此已有认识。中国古代的圣人理想在某种程度上实际上就是没有看到原始社会末期或文明社会的开端时期的传说典范对于已经改变了性质的公共权力已经没有意义。对于每一个行使公共权力的人来说，都潜在地有着将权力运用所达到的公共目的或利益转化为他自己的个人目的和利益的可能。这是因为，自从文明史以来，任何担任公职的人，都有自己的私人利益。[53]而权力的行使在某种意义上就是利益分配权的行使。1887 年，英国阿克顿勋爵说了一句名言："权力导致腐败，绝对的权力导致绝对的腐败。"我们不可说在文明史以来的公共权力的行使过程中，所有人都受到公共权力的腐蚀，我们总可以在某个历史时期找到像包大人那样的清官、好人。但是，如果我们总是把我们的命运寄托在这种不世出的清官身上，而没有想到自己可以决定自己的主宰，经验表明，我们总是有着极大的可能任人宰割。孟德斯鸠说："一切有权力的人都容易滥用权力，这是万古不易的一条经验。"[54]权力的滥用也就意味着侵犯其他权力，甚至危及民众的利益和生命财产。

正因为如此，我们必须破除柏拉图的哲学家王的神话，以及君权神赋的神话，从而把权力归还人民。换言之，从理论上，我们根本不可能发现那样一种人，可以把统治人民自己的权力决定性地委托给他（因为他不是道德神，他有七情六欲，他有自己的个人利益,他的理性还有可能犯错误,而且绝对的权力本身还会腐蚀他),那么,我们只能诉诸人民自己统治自己。当然,我们不排除有那种杰出人物或智力超群人物或历史性的伟大人物,在美国200年来的民主制度下,也不是没有杰出人物和伟大人物。但权力所具有的腐蚀性、排他性、扩张性本性对于任何人都是适用的,正如我们所说的,没有人不犯错误。因此,"如果不存在这样的人,他确实无疑地比他人都更具统治的资格,因而在国家的统治上,可以把一种决定性的权力彻底委托给他,那么,除了全体服从法律的成年人,还有谁更有参与的资格?"[55]达尔说:"如果政府应该对每个人的幸福给予同等的考虑,那么,为什么不能给予所有成年人以参与权利,让他们自己决定何种法律和政策能够最有效地达到他们所希望的目的,而不论他们的目的关注的是非常狭隘的个人的幸福,还是全体人民的幸福?"[56]在这个意义上,民主还了公共权力的本质特征,即公共权力所追求的是社会成员全体公共的幸福,既然每个成熟的社会成员有权决定什么是自己的最大利益,那么,在关涉到自己的最大利益的公共幸福的事务上,这个权力应当还在于他们本人。当然,家长可以代替他的孩子做出什么是对他的孩子最好的决定,但任何成年公民绝不等同于被人监护的孩童。在罗尔斯看来,人人享有平等的政治权利以及其他正义权利的资格只有一个要求,即公民具有两种道德能力。只要他能够自我负责,能够具有形成自我的善观念的能力,他就具有政治自由。罗尔斯指出,对于平等的正义的充分条件即道德人格能力的要求并不是严格的。如果某人生来就缺乏必要的潜在性,如果某人的正义感并不是很强,他的差强人意的正义感能力这一事实并不是剥夺他享受充分的正义保护权利和参与权利的理由。“只要满足了一定的最低限度的[要求],一个人就有资格获得同其他任何人同等的平等自由……如果某些人突出地具有为一定的职位需要的公正或正直的司法德性,他们就可以正当地获得和这些职位相联系的任何好处。然而,平等的自由原则的应用不受这些差别的影响。人们常常认为基本权利和自由应当根据能力而有所不同,但公平的正义拒绝这一点:只要具备了最低限的道德人格,一个人就有权得到全部的正义保障。”[57]

(四)参与原则的限制

一人一票制是平等的政治自由的一个方面,但在任何时候,对于任何政治问题所进行的表决都可能形成冲突或对立的两种意见或多种意见。在这个意义,民主的统治实际上是一个多数统治的问题。在这里产生了两个问题,一是少数人的权利问题,二是多数的统治问题。谁站在多数一边,与多数人一样投票,谁就是赢家;谁站在少数一边,他投的票就不起作用。少数所投的票就是无效票。既然他所投票无效,那么,怎么体现他的权利,或他的权利何在?在这个意义上,少数人的权利与多数人的“专制”是一个问题的两个方面。

在公民投票上的参与原则必然导致多数与少数这样一个结果。罗尔斯指出,参与原则的范围是根据一些宪法手段对纯粹多数裁决规则程序的限制程度来规定的。最广泛的政治自由与较小范围的政治自由都在于宪法所规定的怎样对待多数裁决的原则。前者在于这样一种宪法规定,即为了使任何有意义的政治决定都不受到某些宪法约束的阻碍,使用纯粹的多数裁决规则程序,少数不可蔑视也不能阻止多数。也就是说,只要某种决议或动议获得法定的多数,就意味着获得批准。后者在于用一种权利法案限制多数的权力和范围(如要求一个量上更大的多数),或根据宪法手段对纯粹多数裁决规则进行限制,如推迟获得多数通过的决议实施的时间,使得公众或议会有一个审慎考虑的时间,从而作出更深思熟虑、更审慎稳当的决定。罗尔斯认为,如果同样限制适用于每个人,并且所采用的约束在任何时候都倾向于平等地降临于社会的各个阶层,那么,这些安排是与平等的政治自由相一致的。而一种通过各种传统手段来限制多数裁决规则的宪法,可以更接近自由的目标和导致更多的公正。

罗尔斯对多数限制原则的论述实际上指明了民主制下的一个基本事实:多数原则实际上是有限制的多数原则。多数原则为什么需要限制?这涉及根本性的民主问题。首先我们从人类历史上看,无论是种族的还是宗教的多数,一直都在迫害少数歧视少数,有时甚至灭绝少数。因此,多数的统治并不是民主的观点,如果多数原则是不受限制的或绝对的,假设又是压制反对派权利的多数,其统治必定是多数的专制。中国文化大革命中的群众专政,就是一种多数的统治和专政。在文化大革命中的少数或"走资派",不仅没有发言权,而且生存权也在广大群众手里。

实际上,美国对多数裁决原则的限制也是在民主制的发展过程中建立起来的。当托克威尔写作《论美国的民主》时,托克威尔写下了他对美国民主的感受,这个感受就是多数在美国有着无限的权威。托克威尔认为这种无限的权威使得美国的民主是极端的民主,从而形成了多数的"暴政"。他说:"当一个人或一个党在美国受到不公正的待遇时,你想他或它能向谁去诉苦吗?向舆论吗?但舆论是多数制造的。向立法机构吗?但立法机构代表多数,并盲目服从多数。向行政当局吗?但行政首长是由多数选任的,是多数的百依百顺工具。向公安机关吗?但警察不外是多数掌握的军队。向陪审团吗?但陪审团就是拥有宣判权的多数,而且在某些州,连法官都是由多数选派的。因此,不管你所告发的事情如何不正义和荒唐,你还得照样服从。"[58]在托克威尔看来,美国共和政体的最大危险来自于多数的无限权威或多数的暴政。而所谓多数的暴政不仅在于少数的意见得不到尊重,而且更为严重的是,少数的生命安全也得不到保障。因此,罗尔斯强调,"一个民主政权以言论、集会、思想和良心的自由为先决条件。"他指出:"如果公共论坛对所有人都是自由的、开放的、连续性的,每个人就都应当能够利用这个论坛。所有公民都应有了解政治事务的渠道,他们应该能够评价那些影响他们福利的提案和推进公共善观念的政策。而且,他们应有一种公平的机会把一些替换的提案补充到政治讨论的议事日程中去。"[59]罗尔斯在强调对多数裁决原则的限制时,托克威尔所说的那些问题应当都是在他的心目中的。"当伯纳姆写道'从我们所使用的民主一词的意义上说(不考虑它的发明人古希腊人如何理解),民主的基本特征就是允许少数派有政治表达权'时,他正确地相信自己说出了一个得到广泛接受的民主观。阿克顿勋爵是这样说的:'我们判断某个国家是否真是个自由国家,最可靠的办法就是检验一下少数派享有安全的程度。'而古格列摩·费雷罗则对整个事情作了如下精确的表述:'在民主制度中,反对派像政府一样,是对人民主权生死攸关的机制。压制反对派就是压制人民主权。'"[60]换言之,有限制的多数统治才是民主的基本特征,而只有保护和尊重少数的个人自由权,民主才能生存下去。

实际上,多数裁决原则作为民主制度的操作性原则,只是一个量上的原则,并且,这个原则必须加上对少数人的权利的真正保护才可有真正的民主。就民主的选举而言,是以选举的当选者来取代世袭特权人物或以种种方式强加给人民的不公正统治者。一个合法的政府是人民选择的政府。但选举并不是让一个比自己更坏的人来统治自己,因此,民主的选举应当是选优,即让那真正能够代表人民的人,出类拔萃的人来进行统治。在这个意义上,选举是一种质的选择。但在什么意义上可以说,多数的选择就一定是质的选择呢?多数人的同意就意味着对质的正确判断吗?这两者之间有必然的联系吗?如果选举还有一个可操纵的问题的话,我们不是要考虑一个如何不被人愚弄或不让坏人的多数来压倒好人的少数的问题吗?多数就正确,而少数就不正确吗?尼采不是说过,一个优秀的人,能够抵得上一万个人吗?有人认为,某些社会状况使得人们无不担心,如果真正要选举的话,黑社会的人都有可能选上来。在这些意义上,数量与质量都是不可等同的两个概念。现代西方国家的选举过程也变成了一个抓选票的过程,谁抓的选票越多也就越好。在数量规律之下,值得当选者常被不值得当选者排挤掉。怎样才能使得选举成为是质的选择,或为了质的优越而进行的数量安排的选择——如同现代民主制度的奠基人约翰·密尔所设想的那样,是现代民主制度发展所遇到的一个基本问题。

但无论怎么看,现代民主制度无法避免不用多数裁决原则。有限制的多数原则是一个民主政治或民主统治原则,没有这个原则,让少数支配多数,只能意味着民主的丧失(历来的专制统治,都可说是少数统治多数)。多数原则尽管有我们所考虑的如此多的问题,但民主之所以需要这一原则,我认为,强有力的理由在于它体现了多数的权利。一个人只能算作一个,而不能算作更多,密尔提出的这一自由主义的政治原则,就体现在这一多数原则上。既然一个人只能算作一个,多数的权利在量上就有绝对优势。如果多数的意见是错误的,那只能意味着这个民族、这个国家、这个集体的选择是错误的。当然,这里我们还必须假定多数意见的形成是通过正常的和正当的民主程序形成和产生的,并且是在对反对意见没有压制的环境下,充分认真地考虑了反对意见而形成的。在这个意义上,多数的意见好比上帝的声音,如果因此造成历史的灾难,甚至导致这个民族的覆灭,那只能意味着这是历史的趋势所造就,或上帝让它覆灭。萨托利认为,多数原则是最适合民主要求的程序和方法。最适合并不意味着最好。而是说,如果不用这一标准,别的标准更坏。使用有限制的多数裁决原则,就好比在许多不好的标准中,选一个最少坏处的原则。但要使这个原则真正体现民主精神,一定是与少数的权利保护一起发挥机制作用。在政治操作过程中,虽然多数在决策上必占优势,或多数必然胜出,但公民的平等的尊重与公民的平等自由就体现在少数派是否或如何得到了保护。

四、个人自由

在罗尔斯的基本自由项目表中,除了政治参与性自由外,其余全部关涉到个人自由的基本项目,或者说,是贡斯当所说的现代人的自由。而在诸多个人自由中,罗尔斯最为强调的是良心自由,其次则是思想言论自由。

(一)良心自由

所谓良心自由,是指个人在道德与宗教信仰方面的自由,换言之,个人有选择自己的道德信念和宗教信仰的自由,从而个人有对自己的道德观和宗教信仰负责的自由。这里的"个人"指的是每一个人。罗尔斯认为,良心自由是人们在原初状态下道德选择的原则。换言之,是在选择政治的正义原则之先就确定了的原则。罗尔斯提出如下理由。原初状态就是无知之幕的状态,在无知之幕状态下,各方无法确定他们所代表的那些个人是否拥有哪种道德的、哲学的和宗教的观点和信念,但可以假定,各方所代表的人们都拥有某种道德的、哲学和宗教的观点和信念,只是不知道是哪一种。在这种情形下,他们不能冒昧地让少数人的宗教拥有较少的良心自由,因为他们自己可能就是那少数人,从而让多数人拥有的那种宗教占支配性的地位,因而出现一种不平等的良心自由。在这种情况下,拥有较少良心自由的人就会遭到压制或欺压。"他们不能让自由冒险,不能让占支配地位的宗教、道德学说随心所欲地迫害或压制其他学说。即使假定(这仍然有疑义)一个人最终属于大多数的情况(如果一个大多数存在的话)比他不属于大多数的情况具有更大的可能性,以这种方式来冒险也表明一个人是在不严肃地对待他的宗教和道德信仰,或者他没有高度地评价他的信仰自由”。因此,“良心的平等自由似乎是原初状态下的人们所能接受的唯一原则。”[61]而如果只有一种适合于各派保证平等的良心自由的选择性正义原则的话,为了保障他们的良心自由,他们就将采用这个原则。罗尔斯认为,对于各人自己的道德的和宗教的信念并不是拿来协商的因素,它们都是先于进入原初的契约状态而为各人所具有的,各方不能简单地放弃这些信念和相应产生的各种特殊善的观念,不能因功利的考虑而放弃自己的道德的和宗教的信念。

其次,良心自由也可以看作是一种不受他人强制,而依据自己的认知改变自己的善观念的自由。可以把人们善观念的能力看成是一种形成、修正和合理追求某一决定性善观念的观念。这种能力也就是一种自我修正、自我完善的能力。这种能力是与良心自由分不开的。不可能强迫一个人去改变自己的道德、宗教信念,但也不能认为一个人没有改变自己的信念的可能,同时也不能认为我们现在赞同的生活方式已经完美无缺而无需改变,而在善观念的变化下改变我们原来认同的生活方式,这也体现为我们的善观念的能力。但这种能力是与良心自由为前提的。即把对什么而言是对个人的好的自由与权利交给对自己的行为负责的主体,这既是公民的一种基本自由,同时也是与良心自由密切相关的。并且,在自我的善观念上失误或犯错的自由(只要这种错误不危及他人自由)也是与良心自由密切相关的。在罗尔斯看来,良心自由、失误以至犯错误的自由乃是发展和实践这种善观念能力所必需的社会条件之一。罗尔斯强调，个人的特征是以这些道德能力来描绘的。而我们的道德能力是通过不断试错来获得、来提高的。必须允许我们在基本自由所允许的范围内失误或犯错误，这种善观念才有可能形成和发展。因此，为了保证善观念形成和发展的可能性，原初状态下的各方也会采取那些能够保护良心自由的原则。

罗尔斯强调，良心的平等自由是在原初状态下的人们所能接受的唯一原则。在罗尔斯的基本自由体系中，只有良心的平等自由放在这样重要的位置上。良心自由的重要性在于它是规定个人的本体性因素，从康德以来的自由理论，强调个人的自主性，自我对自己的立法性，也就是强调自我的主宰性。这既是自由的本质，也是自我的本质。如果一个人的信仰遭到社会和他人的强制或干涉，他的心灵也就受到了他人的强暴，如果他违心地屈从于他人的意志，也就没有了他的自我。贡斯当在 1819 年那篇《古代人的自由与现代人的自由之比较》的著名演讲中指出，对于一个英国人、一个法国人、一个美国公民今天所理解的“自由”而言，自由是只受法律制约、而不受他人的专断意志强制的权利，它是每个人表达意见、选择职业、支配甚至滥用财产的权利，迁徙的权利和结社的权利以及参与选举的权利和对政府的行政施加影响的权利。[62]古代人的自由体现在参与政治事务中的权利，它们是公共事务的主权者，“但对我们今天视为弥足珍贵的个人选择自己宗教信仰的自由，在古代人看来简直是犯罪与亵渎”。[63]在罗马帝国时期，基督徒曾因自己的信仰而被投进狮笼中喂狮，布鲁诺则为了自己的科学信念而被罗马教廷烧死在罗马的鲜花广场。人有自己的独立信仰,在古代世界是一件罪恶。但早期的基督徒虽被喂狮,基督教则渐次征服了整个欧洲,布鲁诺虽被罗马教廷活活烧死,但他的科学信念则赢得了他身后的世界。还有,苏格拉底虽因他的思想被雅典人处于死刑,但他的思想则流传了千秋万代。斯宾诺莎因他的思想信仰而被犹太教革出教门,并使他蒙受了巨大的人生耻辱。然而,斯宾诺莎的思想则是西方哲学的宝贵财富。人类通过无数的扼杀信仰与思想自由的错误和罪恶证明了良心的平等自由的重要,它的弥足珍贵性是无论怎样说也不过分。贡斯当强调:“个人独立是现代人的第一需要;因此,任何人绝不能要求现代人作出任何牺牲,以实现政治自由。”[64]良心自由是罗尔斯在原初状态下强调的唯一原则,在这个意义上,罗尔斯类似于贡斯当,强调个人自由、个人独立的绝对优先性,认为这种优先性是无论以什么理由也不能否认或忽视的。贡斯当把个人自由置于政治自由之上,罗尔斯虽然反复强调他的基本自由是一个体系,内在相互协调,但也可以看出他对政治自由的重视程度远高于对个人自由的重视。罗尔斯在谈到政治参与原则时体现出他的这种思想。当然,贡斯当主要是从总结法国大革命只注重政治参与自由而完全忽视个人自由的血的教训得出这个结论的。但贡斯当也认为,现代的政治自由也是重要的。他说:“个人自由是真正的现代自由。政治自由是个人自由的保障,因而也是不可或缺的。但是,要求我们时代的人民像古代人那样为了政治自由而牺牲所有个人自由,则必然会剥夺他们的个人自由,而一旦实现了这一结果,剥夺他们的政治自由也就是轻而易举的了。”[65]伯林也曾指出过,个人自由完全是现代的产物,而在古希腊人那里,是并不知道的。然而,如果我们现代人只知政治参与的自由,实际上也就会像贡斯当所说的那样,对于我们现代人来说,结果比古希腊人还不如,如果我们仅满足于政治上的虚假自由,我们的全部自由都会被轻易剥夺。不过,对于消极自由与积极自由的分离性理解,已经遭到了人们的质疑。[66]但我们也应看到这种区别性理解的历史与现实的合理性。这不仅是法国大革命,而且是许多现代追求自由和解放的国家实践中的严重问题。

罗尔斯的良心自由论首先在于原初状态的设计。这种设计不仅在于在原初状态中需要,它也为人们在现实社会中的良心平等自由提供了有力的论据。从而使得各方有着充分的理由来采纳自由优先性的原则。在罗尔斯看来,无知之幕的处境从立宪会议的观点看,必然导致选择一个能保障道德自由、思想自由、信仰和宗教活动自由的政体。即从原初状态的程序设计来看,人们只能选择这样一个政体。在这样一种政体下,国家不支持任何具体的宗教,也不惩罚或伤害任何宗教机构或非宗教机构。在这个意义上,良心自由体现为一种现实社会中的宗教自由,体现为宽容。在这样一种政体之下,要求公民加入某一宗教派别的国家观遭到人们的抛弃,法律保障对叛教者的保护权。这就是说:“叛教者如同根本不信教一样,不被看成是犯法者,因而更谈不上会受到惩罚。国家以这些方式确认道德和宗教的自由。”[67]

罗尔斯的这一思想体现了自由主义的一贯观点。洛克就强调指出,掌管灵魂的事不属于官长。洛克说:“我之所以说,它不是官长的职责(如果我可以这样说的话),是因为我认为官长的职责,是由法律所规定并以惩罚作为强制手段的。但是一种仁爱的关怀,包括教诲、劝诫和说服,是对每个人都不能否认的。因之,掌管灵魂的事属于每个人自由,也只能留归他自己。"[68]如果他对自己的灵魂漠不关心呢?洛克说:"我倒要反问一句:如果他对自己的财产或健康漠不关心,而这显然与公民政府关系更为密切,那又该怎么办呢?官长能以法律保证他不会成为穷人或病夫吗?法律充其量只保障公民的财产和健康不受他人的欺诈和暴力的侵害,而不能保障所有者自己不会对财产漫不经心或管理不善。"[69]在洛克看来,人们对自己的道德与宗教信仰问题,如同对待自己的财产与健康一样,是个人的事务,既不是教会,也不是政府可以强制为之的。洛克强调,"灵魂拯救的事不可能属于官长掌管,因为即令法律和刑罚的威力能够说服和改变人的思想,却全然无助于拯救灵魂。"[70]这种迫于威权的改变等于扭曲良心,而信仰的生命力,全在于内心的确信。

那么,在民主政体的条件下,有没有对良心自由的限制的可能?有一种通常的观点,认为良心自由要因公共秩序和安全的共同利益而受到限制。怎样看待这种观点?罗尔斯认为,首先我们要有一种民主社会的正确的国家观。必须把国家理解为由平等的公民所组成的联合体,国家法律要按照原初状态下人们都会同意的原则来调节个人对道德、精神、利益的追求活动。公共权力机构只是全体公民的代理人,因此,"在道德、宗教问题上,政府既没有权利也没有义务做它所想做的或大多数人想做的事情。政府的责任仅限于保证平等的道德、宗教自由的条件。"因此,"这种限制并不意味着在任何意义上公共利益都优越于道德的和宗教的利益,同时,接受这些限制也不要求政府把宗教事务看成是无足轻重的事情,或者当哲学信仰与国家事务发生冲突时,政府可以声称有权压制哲学信仰。”[71]罗尔斯所说的后一种情形,同样适应于道德。所谓道德、宗教上的良心的平等自由,包括道德上的平等。即任何人都有追求自己所认为的幸福的权利。当然这也没有否认苏格拉底的探问的意义。苏格拉底总在探问,什么样的生活才是好生活?但苏格拉底的结论就包括在他的探问之中。虽然我们看到苏格拉底很少显得比别人更有知识,比他人在道德上高人一筹,也很少看到苏格拉底得出明确的结论,他的询问每每总是不了了之。但我们仍然可以在一些篇章中,看出苏格拉底的结论。如在《会饮篇》中,苏格拉底最后是在众人皆醉的情形下宣讲他的爱欲的哲学的。这意示着世人当中只有他才是清醒者。在《国家篇》中,柏拉图则把哲学家王的理念全盘托出,表明了这种追问必然得出的结论:在人与人之间,在智慧与德性上必然是不平等的,这种必然的不平等,有一条永远没有办法越过的鸿沟。因此,从德性生活的追问开始的探求,必然得出柏拉图式的理想国的结论,而柏拉图的理论显然不是民主的理论。启蒙运动的思想家们则设想了一种高于大众的教育家,而他们也忘了,教育家首先也是要受教育的,如果在一种不道德的环境中,我们如何才能培育出道德高尚的道德家呢?正因为如此,卢梭在设计他的契约理想社会时,需要天才的立法者。而他的《爱弥儿》,则就是从构想新人受教育的社会环境问题入手,但那同样是一种虚构的环境。很显然,只要我们将人们从道德上把人们分为道德的或不道德的两部分人,而道德的人必然超越其上,从而也就破坏了社会平等的前提。当然,我们这样讲并不意味着人与人之间没有道德上的区别,但这种区别首先必然是在尊重每个人的理性选择的前提下的区别。同时，历史地看，道德的区别是一种很成问题的区别。从道德区别的观点看，苏格拉底对雅典人的罪不意味着是他的道德问题吗？斯宾诺莎被革出教门不是严重的道德问题吗？早期基督徒被人视为异端时，同样不是被认为不仅仅是信仰问题而且也是道德问题吗？因此，从自由的观点或从民主的观点看，我们必须假设个体之间有某种类似性，比方说，都具有从事活动的同等能力，都是理性成熟从而可以意识到自己的错误或改错的能力，即形成自己的善观念的能力。"如果缺少这些假设，对人类目标的推进就可能使一些人受到压制，或至少使某种准许的自由受到限制。"[72]

正因为如此，罗尔斯在公共秩序与共同利益与良心自由之间的冲突性问题上，提出如下观点：如果说要受到限制，那并不意味着公共利益优越于或高于良心自由。只能把公共秩序理解为是每个人达到其自身目的和实现他对他的道德、宗教责任的解释的必要条件，而对这些条件的破坏就是对所有人的自由的一种威胁时，提出对良心自由的限制才有一定的合理性。"进一步说，只有当一个主张不如此限制就将破坏政府应当维护的公共秩序的合理期望存在时，良心自由才应当受到限制。"[73]罗尔斯强调指出："宽容不是从国家的实际需要或理由中推演出来的。道德和宗教的自由来自于平等的自由原则。假设这个原则具有优先性，那么否认平等的自由的唯一理由就只是为了避免更大的不正义或者避免丧失更多的自由。"[74]因此，在良心自由的限制上，罗尔斯再次论证了自由优先性原则所提出的"自由之因自由之故而被限制"的基本观点。

在《正义论》中，罗尔斯还讨论了对不宽容者的宽容问题。首先，罗尔斯认为，如果拒绝给予不宽容团体以平等自由时，这种团体似乎是没有权利抗议的。因为抗议所针对的是对双方都接受的原则的侵犯。可是，虽然不宽容团体没有权利抗议对它的不宽容，但并不能说宽容团体有权利压制不宽容者。如果他们遭到压制，不宽容者可以抗议，这不是作为不宽容者的抗议权利，而是正义原则遭到侵犯时反对侵犯的权利。因为平等的自由在缺乏充足理由的情况下被否定，正义也就被侵犯了。而所谓充足理由，也就是是否不宽容者对他人的平等自由构成危险，或危及他人生存的基础。在罗尔斯看来，当不宽容者对其他人的平等自由不构成直接危险时，宽容者并没有权利来压制不宽容者。因此，罗尔斯认为，虽然不宽容团体自身没有权利抗议对它的不宽容，但只有当宽容者真诚地、合理地相信他们自身和自由制度的安全处于危险之中时，他们才应该限制不宽容团体的自由。或者说，是在维护平等的自由本身是必需的时候，实行对不宽容者的自由的限制才是符合正义的。

（二）言论自由

思想自由是个人自由的基本方面。良心自由涉及个人的宗教道德信仰自由，这是思想自由的一个方面；另一方面，思想自由也体现为言论的自由或表达自由。一般认为思想自由比良心自由外延要广些，包括道德、信仰、意见、观点等言论表达方面的自由。言论自由也就是表达自由。《牛津法律大辞典》认为言论和表达自由是主要的公民权之一。其含义是指公民在任何问题上均有以口头、书面、出版、广播或其他方法发表意见或看法的自由。这一自由权受到了尊重他人利益要求的限制,而他人利益则在某种程度上是由诽谤法、藐视法和其他法规加以保证的。[75]实际上,除了良心自由的范围外,表达自由也就是思想自由。从表达自由体现了思想自由的意义上看,表达自由也就是思想自由。斯宾诺莎认为,言论自由与思想自由是同一的。在他看来,一个"民主国家应当容许思想言论自由"。[76]他极端厌恶和反对专制政权压制个人的思想自由,指出:"思想分歧矛盾的人,若强迫他们只按最高当局的命令说话,是不会没有可恶的结果的……所以政府剥夺个人吐露心里的话的这种自由,是极为严酷的。"[77]压制表达自由也就是压制思想自由。言语是思想的载体,思想没有言词、概念,也就不可能存在。同时,不能把思想自由看成是纯粹的内心思维活动的自由而把表达自由排除在外。因为如果没有思想资源、没有思想交流,信息的传播,人们就会因失去信息源,失去观点的碰撞而无从思考或无从正确地思考,人们的思想得不到发展,判断力也会衰退,思想也不复存在。弥尔顿在《论出版自由》中指出,表达自由是人的最重要的自由,"是一切伟大智慧的乳母。"[78]禁止好书就等于扼杀了理性本身,而即使是错误的观点看法,对于发现真理也是十分必要的。他说:"在我们这个世界中,关于恶的知识与观察对人类美德的构成是十分必要的,对于辨别错误肯定真理也是十分必要的。"[79]如果国家权力机构对思想交流的工具进行全面控制,如法西斯政权对舆论工具的全面控制,戈培尔所说的谎言重复一千遍就成为真理,没有言论自由,那就必然引导人们错误地思想。杰斐逊坚信表达自由是通往真理的唯一道路。他认为,人们只有利用报纸,自由地交流思想,才能认识真理。人们的分歧可以通过讨论来自我澄清。杰斐逊信奉“主权在民”的契约论观点,认为政府是人民设立的,政府必须接受人民的监督。在他看来,出版自由与有秩的正义是完全相容的。“一个正派的、得到共同理解的政府是打不倒的,就连放肆的报刊的造谣也打不倒,因而更不会被遵守合法而健康的真理的报刊所打倒。”[80]

那么,思想自由作为基本自由,对于人类生活具有什么意义呢?密尔于 1859 年出版的《论自由》一书,全面论证了思想言论自由对于人类精神生活以及人类社会文明的巨大意义。密尔指出,人类自由的最适当领域首先是意识内在的自由,意识内在的自由,要求最广义的良心自由,要求思想和感想的自由,要求发表和刊发自己的意见的自由。这些自由是和思想自由分不开的。在密尔看来,禁止异议的结果是保持了知识界的平静,使得一切事情按惯例的方式运行,“但是为知识方面这种平静所付出的代价却是牺牲掉人类心灵中的全部道德勇敢性。这样一种事态,有一大部分最积极、最好钻研的知识分子都觉得最好把真正的原则以及信念的根据保藏在自己心里,而在公开演讲中则把自己的结论尽量配合于他们内心所弃绝的前提——这是绝不能产生出那种一度装饰过知识界的开朗无畏的人物以及合乎逻辑而贯彻始终的知识分子的。”[81]在密尔看来,严制异端意见,结果是异端意见得不到散布,败坏最甚的并不是异端者的心灵,损害最大的是非异端者。由于害怕异端之称,他们的整个精神发展都受到了限制。密尔痛切地陈述说:“世界上有一大群大有前途的知识分子和秉性怯弱的人物,弄得不敢追随任何勇敢、有生气的和独立的思想的结果,否则就要把自己带到会被认为不信教或不道德的境地——请问谁能计算这世界受到何等的损失？在这一大群之中，我们还可以问或看到某个具有深刻良心和精细理解的人，用其一生以他所不能压熄的智力从事于矫作世故，并竭其一切巧思努力于把其良心和理性所迫促的东西与正统调和起来，而最后或许还办不成功。"[82]密尔认为，作为一个思想家，其第一义务就是随其智力所至而不论会导致什么结论。他说："谁不认识到这一点谁就不能成为一个伟大的思想家。"[83]他同时指出，并不是单单为了形成伟大的思想家所以需要思想自由，"相反，为着使一般人都能获得他们所能达到的精神体量，思想自由是同样或者甚至更加必不可少。在精神奴役的一般气氛中，曾经有过而且也会再有伟大的个人思想家。可是在那种气氛之中，从来没有而且也永不会有一种智力活跃的人民。"[84]在密尔看来，如果避开那些大而重要得足以燃起热情的题目，人民的心灵就永不会从基础上被搅动起来，而所给予的推动也永不会把即使具有最普通智力的人们提高到思想动物的尊严。所以密尔认为："我们若不再度力主精神自由，我们就不能期待什么新的起步了。"[85]

也有人认为，思想自由本身是由它的本性所决定的，因为人的思想是内在的，是任何人也控制不了的，而言论则不同于思想，它是外在的。也就是说，应当把思想与言论区别开来，思想是内在的，无法影响危害他人，而言论是行为，如同其他行为一样，表达思想的行为一旦超出法定的范围，必然产生社会危害性，也就要受到法律的制裁。这也就是"以言论罪"。密尔的辩护观点虽然很有力量，但并没有从社会危害或国家安全等意义上讨论言论自由问题。

实际上,将思想与言论区分开来,认为言论与思想有别的论点是不值得驳难的。思想与言论是一体两面之物,不可能肯定思想而否定言论。内在思维语言是不确定的,它总要转化为外在言词才得于确定,同时,它也只有通过传播与交锋才能得到发展。但有害言论的有害性,则是必须考虑的一个严重问题。罗尔斯的表达自由理论所要迎对的,也主要是这类观点。针对广义的言论社会危害论,罗尔斯提出了三个观点:不存在任何诸如煽动性诽谤一类的犯罪,不存在任何对出版自由的预先限制(除特殊情况以外),拥护革命的行动和颠覆性的学说也受到保护。这三个观点涵盖了政治言论自由的大部分内容。罗尔斯认同科尔文的基本观点,即认为一个自由的社会乃是一个我们不可能诽谤政府的社会,但同时也认为,不存在任何这类犯罪:"不存在有煽动诽谤罪乃是检验言论自由的真正实用的标准。我以为,这正是自由言论的含义。任何把煽动性的诽谤当作一种犯罪的社会都不是一个自由的社会,无论它的其他特征如何。比如说,一个社会可以或者将猥亵定为一种犯罪,或者不把它定为一种犯罪,这并不会改变它作为一个社会的基本性质。在我看来,一个社会如何对'煽动性的诽谤'却不能如此看待。在这里,对此种犯罪的反应界定着该社会。"[86]在罗尔斯看来,科尔文提出了一个自由社会的必要条件,"而且的确是一个极其必要的条件。"罗尔斯指出,"政府利用煽动性诽谤罪来压制批评和不同政见,以维持其权力的历史,证明了这种特殊的自由对任何一个完全充分的基本自由体系所具有的伟大意义。只要这种罪名还存在,公共出版和自由讨论就不能在使选民知情方面发挥它们的作用。"[87]允许煽动罪罪名成立,必然削弱更广泛的公民自治，削弱受到保护的基本自由。换言之，只要有这种罪名存在，基本自由也就不可能得到真正保证。

所谓煽动诽谤罪，在西方历史上，是许多民主制度尚未健全时的国家政府侵犯公民的表达自由，控制报刊的一种制度。在这一制度下，只要公民对政府机构及其官员的丑闻给予揭露或报道，不论这种揭露是否真实，一律以煽动诽谤的罪名给以惩处。这一制度成为政府迫害政治异己分子、扼杀人民的表达自由的工具。这一制度的始作俑者是英国。18 世纪，英国刑法对于出版业规定了四项处罚措施，其中，应用最多的，也就是煽动诽谤罪。直到 1792 年议会通过富克斯诽谤法案（Fox's Libel Act），国王及其大臣才不得像以前那样随意以这种罪名治人。北美英属殖民地（美国前身）的煽动诽谤罪是其宗主国移植而来的文化成果。因而有其悠久历史。1735 年的一名叫曾格的印刷商人，因其开办的《纽约每周新闻》撰文批评纽约州总督而以诽谤罪被捕。直到 1800 年杰斐逊就任总统，类似的罪名才得于正式废除。罗尔斯说："1789 年的煽动罪条款引起了人们的极大怨恨，以至于 1801 年废除该条款后，煽动性诽谤罪再也没有恢复。"[88]这是因为，废除煽动诽谤罪是一个民主自由社会的必要条件，只要存在着这种罪行，那么，言论自由就没有可能得到真正保障。但从美国的历史来看，虽然美国的建国者们通过立宪会议早就制定了一部共和民主的宪法，《独立宣言》、《联邦宪法》以及《权利法案》（*Bills of Rights*）都明确提出了言论自由，可言论自由的法律保障却晚得多。这也表明言论自由比其他自由如政治参与的自由在社会生活中的实现更为不易。

罗尔斯指出，在美国的思想传统意义上，一般的政治学说、宗教学说和哲学学说的探讨从来都不会受到非难。诽谤罪名也不再成立,那么,言论的社会危害性就在于主张革命的必然性,或者主张以不合法的暴力和煽动作为变革现时政治的手段。但这里的问题在于,言论自由与公正的政治程序却是由宪法具体规定的,它提供了一种对革命和使用暴力的选择,但暴力对于基本自由却又可能极具破坏性。因此,在这两者之间能不能找到一种可解决这个问题的关键点?在司法实践中,提出“明显而即刻的危险原则”(The Clear and Present Danger Rule)就是这样一个关键点。这一原则为美国联邦最高法院大法官司霍尔姆斯(Holmes)在1919年的申克诉美国案中首次正式提出,后来得到布兰代斯(Brandeis)大法官的有力支持。霍尔姆斯说:“在每一个案件中,问题都是,在这类环境中所使用的言词和具有这种性质的言词是否造成一种明显而即刻的危险,以致这些言词会产生国家立法机关有权制止的恶。它是一个准确性和程度的问题。”[89]在布兰登勒伯(Brandenburg)案件中,法官所采取的原则是:“自由言论和自由出版的宪法保证并不允许某个州禁止或剥夺对使用暴力或犯法行动的提倡,除非这种主张直接激起或产生违法行动,或很有可能激起或产生这类行动。”[90],罗尔斯指出,“这种被禁止的言论必须是既有意图的而且又是直接导致当下的犯罪行为,并且是在那些环境中很有可能导致这种结果的行为。”[91]1927年,布兰代斯大法官对怀特尼(Whitney)案件所持的看法,可以说明这个问题。在他看来,除非坏事的发生迫在眉睫,根本无机会充分讨论就可能来临,否则不得认为由言论而引起的危险是明显而即刻的。在1957年的“耶茨诉合众国案”中,大法官哈兰代表最高法院具体发展了这个原则,他明确解释法律禁止的是采取行动,而不是禁止鼓吹抽象原则或思想。

美国的民主实践表明,那种仅仅鼓吹革命思想的言论已经是受到了西方民主社会的法律保护的言论。罗尔斯认为,革命是一种非常特殊的犯罪。如果说,一立宪政体也必定要惩罚违法行为的合法权利的话。尽管人们一致同意纵火、谋杀和私刑是犯罪,但对于抵抗和革命的看法则并非如此。在罗尔斯看来,不管抵抗和革命在何时成为严重问题,甚至是在一个得到适当管理的良好的民主政体中发生的问题,人们也不会一致认为它们是犯罪。"人们只会一致认为,仅仅在它们反对法律的意义上才是犯罪,但是,在许多人眼里,某种法律已经丧失了合法性。"[92]罗尔斯认为,如果颠覆性主张能够盛行,那只是给我们提出了一个活生生的政治问题:"这是一场迫在眉睫的危机信号,这场危机的根源在于那些重要的群体感觉到基本结构的不公正和压迫性。这是一种警告:他们准备采取激烈的步骤,因为他们补偿其委屈的其他方式未能成功。"[93]而颠覆性主张总是更为完备的政治观点的一部分,罗尔斯指出,正如科尔文所注意到的,那些革命者并不只是喊"造反",他们有他们的理由。而压制颠覆性主张,也就是压制有关这些理由的讨论,思想自由的基本自由权利也就受到了侵犯。

罗尔斯批评审理吉尔特罗案件时法官们的观点。在这个案件中的法官的观点是:煽动人们以非法手段推翻已组织好的政府的言论,是十分危险的颠覆罪。革命的星星之火可以成为燎原之火,在潜伏一段时间之后,便可能迸发为一场熊熊燃烧的毁灭性灾难。罗尔斯认为,这里隐含着这样一种观点:政治安排极其脆弱,很不稳定,既然在民主政体下,革命言论也可能会激发各种爆炸性和毁灭性力量,一旦它们以无法控制的力量爆发,就会横扫一切。罗尔斯指出:“如果自由言论得到保证,那些严重的苦情怨恨就不会不为人们所认识,或突然成为高度危险的东西。它们是公开发表出来的声音。而在一个得到适度而良好管理的政体中,它们至少在某种程度上是可以引起重视的。而且,关于民主制度如何发挥作用的理论必须与洛克的下述理论相一致:洛克认为,个人能够获得一种确定的政治德性,他们不会介入抵抗和革命,除非他们在基本结构中的社会地位严重不公,且这一状况持续过久,也似乎无法通过任何别的手段来加以改变。”[94]罗尔斯认为,一个得到适度而良好管理的民主社会不会如此脆弱或如此不稳定,而以至于仅仅用颠覆性主张就可颠覆。在罗尔斯看来,一个明智的政治领导者会把这种主张看成是一种警告,从那种证明抵抗和革命主张的全面性政治学说中了解到需要做些什么样的变革。实际上,二战后西方资本主义国家的社会福利制度的完善以及国家资本主义经济成分(如英国)在经济比重中的增长(英国后来证明这是阻止经济增长的因素,撒切尔夫人上台所做的一件事就是卖国有企业),就得益于向社会主义国家学习。西方有的学者明确地告诉我们,二战后西方社会的发展,在某种因素上因归因于马克思的批判。

对于明显而即刻危险的规则,罗尔斯认为仍然有问题。这就是当我们说一种危险已经很明显时,但它在多远程度上才可能是已经存在的现存危险?要证明一种对自由言论的限制是正当合法的,其罪恶又要达到何种程度?布兰代斯对这规则的解释是,这种危险必须是即将发生的,而不只是可能会在未来某一时刻发生的,是“如此临近发生的,以至于在我们有机会对之进行充分讨论之前,它就可能会发生的”。如果我们还有时间通过讨论去揭示,通过教育去避免,那么就可运用补救方式,允许人们有更多言论自由,而不是以强制来让人们保持沉默。布兰代斯认为,这就是“紧急情况”。他说:“唯有紧急情况才可证明压制的正当合理性,如果权威要与自由保持和谐,这必须成为规则。”[95]罗尔斯承认这是运用这一规则标准方面的一个进步,但他同时认为,必须区分所谓“紧急情况”与宪法危机。所谓紧急情况,是指一种现存的或可预见的严重伤害,国家遭受到或即将遭受到威胁甚至毁灭的威胁(比如战争状态)。所谓宪法危机,是自由政治制度已经无法有效运作,或者需要必要的手段来维持这些制度的危机。罗尔斯指出:“许多历史情况表明,自由民主政治制度一直都能在遇到各种严重的紧急情况时,有效地采取各种必要措施,而无须限制自由政治言论。在某些强行采取这类限制的情况下,这些限制实际上是不必要的,对解除紧急情况也毫无益处。”[96]在罗尔斯看来,一个设计良好的宪法包括处理各种紧急情况的民主程序。罗尔斯强调,自由的优先性意味着,自由政治言论不能受到限制,除非人们能够合乎理性地从目前境况的特殊性质出发,来论证确实存在一种宪法危机。但罗尔斯认为,在一个具有深厚民主传统的国度里,“永远不会发生宪法危机,除非其国民和制度受到来自外部的强压。”[97]因此,从理论上,罗尔斯虽然认为如果发生宪法危机,就有必要限制言论自由。但从实践上看,由于宪法危机永远不会发生,限制言论自由在实践上也就没有必要,或没有实际发生的可能。总之,罗尔斯在这一问题上的基本观点是:“如果我们一定要坚持使用那种明显而即刻的危险规则的语言，我们就必须说，首先，立法力图防止的那些实质性罪恶，必须是极为特殊的那种罪恶，也即是说，必须是造成我们失去思想自由本身，或失去其他基本自由（在这里，也包括各种政治自由的公平价值）的罪恶。其次，必须是除了限制自由言论之外别无选择。要对这一规则以如下要求进行正式阐述：即那种必然的宪法危机乃是一种使得自由政治制度无法运作或需要采取各种步骤来保护这些自由政治制度的危机。"[98]

注释：

[1] John Rawls: *Political Liberalism*, p.30.

[2] Ibid., p.31.

[3] Ibid., p.32.

[4] 如在第一章中"两种道德能力"的讨论中，就涉及这个问题。

[5] 哈贝马斯说："从正义论的视野看，确立民主宪法的行为不能在一个已经建构好的法制社会的制度条件下重复进行，而基本权利体系的实现过程也不能在一个继续进行的基础上得到保证。对于公民来说，把这个过程体验为一个开放的和未完成的过程——就像变化的历史环境所要求的那样——也是不可能的。他们无法在他们社会的市民生活中重新点燃起原初状态下激进民主的灰烬(embers)，因为在他们看来，所有实质性合法性话语都已经在理论范围内完成了；而他们的讨论早就沉淀在了宪法之中。由于公民们不能将宪法看作一种谋划设计(project)，理性的公共运用实际上就没有政治自主性的实践的意义，而仅仅在于促进对政治稳定的非暴力保护上。"(Jürgen Habermas: *The Inclusion of the other—Studies in Political Theory*, Polity Press, 1996, pp.69－70.)

[6]〔英〕安东尼·德·雅赛：《重申自由主义》，中国社会科学出版社，1997年版，第37页。在近代思想史上，提出自由在于摆脱外物，或"外界障碍不存在的状态"即为自由的是有名的霍布斯的定义。参见霍布斯：《利维

坦》,商务印书馆,1985 年版,第 97 页。

[7] John Rawls: *A Theory of Justice*, p.201;《正义论》,中国社会科学出版社,第 192 页。

[8]〔英〕哈耶克:《自由秩序原理》,北京,三联书店,1997 年版,第 4 页。

[9] 同上书,第 17 页。

[10]〔英〕密尔:《论自由》,北京,商务印书馆,1959 年版,第 59 页。

[11] John Rawls: *A Theory of Justice*, p.201; 参见《正义论》,第 192 页。

[12]〔英〕安东尼·德·雅赛:《重申自由主义》,中国社会科学出版社,1997 年版,第 75 页。在这相关部分,雅赛还提出了三项社会共存原则。承诺必须兑现("契约"原则),先来后到原则("优先"原则),所有权都是私有的("排斥"原则)。

[13]〔美〕乔·萨托利:《民主新论》,东方出版社,1998 年第 2 版,第 344 页。

[14] 参见〔英〕伯林:《两种自由概念》,载刘军宁等编:《市场逻辑与国家观念》,三联书店,1995 年版。

[15] 刘军宁等编:《市场逻辑与国家观念》,第 214 页。

[16] John Rawls: *Political Liberalism*, p.291.

[17] 见 John Rawls: *A Theory of Justice*, 1971, p.61. John Rawls: *A Theory of Justice*, 1999, p.53.

[18] 斯马特让我们考虑麦克洛斯基提出的一个事例:假设在一个小镇上的法官只有"诬陷"一个作为替罪羊的无辜者才能阻止一场严重的骚乱(在骚乱中,成千上万的人将被杀死)。人们可能提出法官的不诚实有可能会被发现,其后果可能将削弱人们对共同体的法律和秩序的忠诚和尊重。但麦克洛斯基可以把所有反对法官行为的理由都合理驳斥掉。"其结果是迫使我们只好承认,如果功利主义是正确的,这个法官就必须诬陷无辜者。"斯马特说:"其结果是迫使我们只好承认,如果功利主义是正确的,这个法官就必须诬陷无辜者。麦克洛斯基也令人信服地证明,准则功利主义也包含相似的客观结论,即一个非正义的惩罚体系比一个正义的惩罚体系更有效。"(〔澳〕斯马特等:《功利主义:赞成与反对》,中国社会科学出版社,1992 年版,第 67 页)

[19] John Rawls: *A Theory of Justice*, p.246;参见:《正义论》,第 236—237 页。

[20] Ibid.,p.250;罗尔斯基本自由的优先性问题在于当与第二原则相联系时,他怎样能够保障第二原则的优先性所提出的基本自由的优先性。这是因为,第二原则强调的经济平等倾向与第一原则强调的基本自由的平等倾向有着内在冲突的可能。在诺齐克等人看来,这种经济平等的倾向必然侵犯内在权利要求的基本自由的平等性。自由本来只因自由之故才被限制,但自由如果为经济平等问题所限制,那该怎么办?

[21] John Rawls: *Political Liberalism*, pp.325－326;参见罗尔斯:《政治自由主义》,第344—345页。

[22] Ibid., p.326.

[23] Ibid., p.327.

[24]〔美〕乔·萨托利:《民主新论》,东方出版社,1998年版第2版,第340页。

[25] 同上书,第342页。

[26] 同上书,第343页。萨托利说:"侈谈并不存在的权利也是毫无意义的。同样的道理也适用于政治自由。要是没有独立地位,所谓'行使'无异空谈。极权独裁制度要求并且鼓励更多的能动性,而且确实在不间断地动员其属民行动。但是结果如何呢?当今的独裁者通过自上而下地动员大众,实际上是误导并阻挠自下而上的自动(参与),即阻挠'独立自由'。"(同上书,同页)

[27] John Rawls, *A Theory of Justice*, pp.221－222;罗尔斯:《正义论》,第211—212页。

[28]〔美〕路易斯·亨金等编:《宪政与权利》,三联书店,1997年版,第540页。

[29] 转引自上书,第112页。

[30] 关于这方面的文献,可参看〔法〕让—皮埃尔·韦尔南:《希腊思想的起源》,三联书店,1996年版。

[31] 当然,雅典在这种直接民主的形式外,还有一种代表制。"它在一些重要方面和现代的代表制观念是不同的。它的目的在于选拔出一个其规模足以充分而全面地代表整个公民集体的机构,并允许这个机构在某一事件中或在一段时期里以人民的名义行事。"(乔治·霍兰·萨拜因:《政治学说史》上册,商务印书馆,1990年版,第26页)萨拜因觉得,这种代表制比公民大会那种形式的直接民主更有意思,因为不论是民主政

体、还是寡头政体,都有这种形式的公民大会。

[32] 在亚里士多德的《政治学》中,研究了平民政体、寡头政体、贵族政体、共和政体和僭主政体共五种政体。平民政体与寡头政体是两个类型,其余为变体。

[33]〔古希腊〕亚里士多德:《政治学》,商务印书馆,1965年版,第185页。

[34] 同上书,第191—192页。亚里士多德对平民政体的描述见《政治学》卷四章四及以下各章和卷五。

[35] 转引自周辅成编:《西方伦理学名著选辑》上卷,商务印书馆,1964年版,第40—41页。

[36]〔美〕乔·萨托利:《民主新论》,第317页。

[37] 参见卢梭:《社会契约论》,商务印书馆,1980年版,第三卷,第四章:"论民主制"。

[38] 同上书,第88页。

[39] 同上书,第39页。

[40]〔德〕康德:《历史理性批判文集》,商务印书馆,1990年版,第108页。

[41]〔美〕乔·萨托利:《民主新论》,第325页。

[42] 同上书,第326页。

[43] 美国立宪的联邦党人与当时的主流思想意识一样,信奉的是共和制。共和虽然也尊奉人民主权和被统治者的同意的宗旨,"但事实上,有主权的人民和能表示同意的被统治者只占人口的一小部分。共和尊奉代议制和责任政府,但是只有一些个别'代表'是由选民直接选举的,那么,也只有这些个别'代表'可被认为是对选民负责的。共和似乎很珍视制约和平衡,但是制约和平衡在很大程度上是由那些并非由人民直接选举因而不会对选民负责的官员予以运作的。另外,无论公职的选举是直接的还是间接的,有资格的选民只是该公职所应代表的人民中的一小部分。"(路易斯·亨金:《宪政、民主、对外事务》三联书店,1996年版,第15—16页。)

[44]〔美〕路易斯·亨金:《宪政、民主、对外事务》,第18—19页。

[45] 转引自周辅成编:《西方伦理学名著选辑》上卷,第38—39页。

[46]〔古希腊〕亚里士多德:《政治学》,商务印书馆,1965年版,第276页。

[47]〔法〕邦雅曼·贡斯当:《古代人的自由与现代人的自由》,商务印书馆,1999年版,第26页。

[48]同上书,第26—27页。

[49]〔美〕乔·萨托利:《民主新论》,第321页。

[50] John Rawls, *Political Liberation*, p.25.

[51] John Rawls, *A Theory of Justice*, p.233.

[52] Ibid., p.233.

[53]霍布斯恰恰是在这个问题上陷入了困境。他认为专制国王的一人统治是把他的私人利益与公共利益结合为一体了,而在公私利益结合得最为紧密的地方,对公共利益的推进也就最大。他完全没有意识到,专制君主的私人利益对于公共利益的侵犯。参见霍布斯:《利维坦》,第144页。

[54]〔法〕孟德斯鸠:《论法的精神》,1961年版,第154页。

[55]〔美〕罗伯特·达尔:《民主论》,商务印书馆,1999年版,第83页。

[56]同上书,第83页。

[57] John Rawls, *A Theory of Justice*, pp.506-507;参见罗尔斯:《正义论》,第493页。

[58]〔法〕托克威尔:《论美国的民主》,商务印书馆,1988年版,第290页。托克威尔在这段话后的注里,描写了一个这样的多数专制造成的暴力事件。在1812年的战争(美国对英宣战,史称第二次独立战争)期间,巴尔的摩人非常支持这场战争。当地一家报纸,与居民热烈支持的态度截然相反。人民自动集合起来,捣毁了这家报社,袭击报社人员的住宅。为了保护生命受到愤怒的公众威胁的那些无辜者,政府把他们当作罪犯投入监狱。这项预防措施没有生效。人民在夜里又集合起来,当地行政官员去召集民兵驱散群众,但没有成功,监狱被砸开大门,一名记者就地被杀,还要处死报社其他人员,但经陪审团审理后,宣判无罪。(见上书同页)

[59] John Rawls, *A Theory of Justice*, p.225;参见罗尔斯:《正义论》,第215页。

[60]〔美〕乔·萨托利:《民主新论》,第35页。

[61] John Rawls, *A Theory of Justice*, p.207.

[62] 参见邦雅曼·贡斯当:《古代人的自由与现代人的自由》,第26页。

[63] 同上书,第27页。

[64] 同上书,第38页。

[65] 同上书,第41页。

[66] 不过,我们要看到,这种对自由的二分以及对消极自由的强调,造成了人们对积极的自由(政治参与自由)的理解的理论与实践的问题。当代哲学家斯金纳在《消极自由的概念:哲学与历史学的透视》(The Idea of Negative Liberty: Philosophical and Historical Perspectives, in *Essays on the Historiography of Philosophy*, eds. By R. Rorty, J. B. Schneewind and Q. Skinner, Cambridge University Press, 1984)一文中,以马基雅维利为例,重新探讨了政治自由与个人自由的关系。马基雅维利对于政治共同体的自由的强调很有启发意义。除非是在一个自由的共和国里,否则难以保有个人自由,换言之,征服一个共同体就会导致个人自由的不可避免地丧失,而特定个人的自由只有在一个自由的共和国中才可得到保证。个人的自由是不能以自由相互分离的形式存在的。当代强调个人自由,一定是以自由社会的存在为前提条件的,而自由社会则是以公民的政治参与为前提的。在这个意义上,我们看到,虽然罗尔斯强调类似于贡斯当所说的消极自由,但在《政治自由主义》中公开承认政治自由主义与古典的共和主义没有根本冲突。强调在一个立宪民主社会里,公民们要确保他们的基本权利和自由(基本自由清单所列的自由),必须积极参与到政治生活或公共生活之中。并且认为,公民们政治参与的有效性,在于公民德性的培育。

[67] John Rawls, *A Theory of Justice*, Ibid., p.212.

[68] 洛克:《论宗教宽容》,商务印书馆,1982年版,第18页。

[69] 同上书。

[70] 同上书,第7页。

[71] John Rawls, *A Theory of Justice*, p.212.

[72] Ibid., p.211.当然,我们需要承认个人道德境界有高低,但如果我们把道德境界的高低看成是某些人优越于其他人,从而把它看成占有统治他人地位的证明或合法性依据,这内在地包含着这样的问题,一是认为

人的道德是不可改变的,尤其是不会受到绝对权力的腐蚀,二是认为低下的道德境界自身是无能改变的,需要那些道德上高人一等的人的开导或启蒙,从而某些永远高尚的人可以站在道德家的地位进行说教。我们不排除在中国古代有圣者,在西方中世纪有圣徒。但如同朱熹所承认的,自秦以来的帝王们没有一个可跻身为圣者之列。而道德的平等则在于承认任何人都会犯错误,即使是道德高尚的人,也可能有道德上的缺点,同时,任何过着正常生活的正常人,都具有某种基本的道德素质和基本的道德理性。从理论上看,一个人可能有某个社会的全部德性,但现实生活中这样的人是很稀少的,同时也不能认为一个法西斯党徒身上任何德性都缺失,他不能与任何人共处。因为哪里有共同生活,哪里也就有德性要求。当然,从社会正义的要求,他可能缺失某些关键性德性。

[73] Ibid.,p,213.

[74] Ibid.,p.214.

[75]〔英〕戴维·M.沃克:《牛津法律大辞典》,光明日报出版社,第354页。

[76]〔荷兰〕斯宾诺莎:《神学政治论》,商务印书馆,1962年版,第272页。

[77] 同上,第271页。

[78]〔英〕约翰·密尔顿:《论出版自由》商务印书馆,1996年版,第44页。

[79] 同上书,第17页。

[80] 引自《资产阶级政治家关于人权、自由、平等、博爱言论选录》,世界知识出版社,1963年版,第73—74页。

[81]〔英〕约翰·密尔:《论自由》,商务印书馆,1959年版,第34页。

[82] 同上书,第35页。

[83] 同上书。

[84] 同上书。

[85] 同上书,第36页。

[86] John Rawls, *Political Liberalism*, p.342;参见罗尔斯:《政治自由主义》,第362页。

[87] Ibid.,p.343;参见同上书,同页。

[88] Ibid.,p343;参见同上书,第363页。

[89] 转引自 Ibid.,p.349.

[90] 转引自 Ibid.,p.344.

[91] Ibid.,p.345.

[92] Ibid.,p.346;参见罗尔斯:《政治自由主义》,第 366 页。

[93] Ibid,,p.346;参见罗尔斯:《政治自由主义》,第 366 页。

[94] Ibid.,p.347;参见罗尔斯:《政治自由主义》,第 368 页。

[95] Ibid.,p.352;参见罗尔斯:《政治自由主义》,第 373 页。布兰代斯还说:"言论有可能导致某种暴力或财产破坏的结果,这一事实并不足以证明压制言论是正当合理的。它还必须是有严重伤害国家可能的言论。用来防止人们犯罪的方式通常是教育和惩罚违法行动,而不是剥夺人们的自由言论和自由集会的权利。"(参见同页)

[96] Ibid.,p.354;参见罗尔斯:《政治自由主义》,第 375 页。

[97] Ibid.,p.355;参见罗尔斯:《政治自由主义》,第 377 页。

[98] Ibid.,p.356;参见罗尔斯:《政治自由主义》,第 378 页。

第八章　个人原则与公民义务

在罗尔斯的全面性的理论中,个人原则与个人的义务占有一个重要位置。罗尔斯在《正义论》与《政治自由主义》中,主要考察了调节社会体系与基本制度的原则,同时也考察了调节个人行为的原则。罗尔斯晚期另一部重要著作《万民法》,则考察国家与国家之间的国际法的原则。从国际社会、国家制度到个人,这样三个层次的原则,可以看作是罗尔斯对现代社会不同层次主体及主体间的行为规则的完整理论。在这里,我们主要阐述罗尔斯关于个人原则的观点。

一、个人原则

个人原则是相对于社会基本制度的原则。罗尔斯的基本自由是从社会制度对人的自由保障意义上看的,而个人原则则是从个体行为的角度来进行规定的。

(一)制度优先性

首先我们要看到的是,个人原则与社会制度的原则是一种怎样的关系呢?在罗尔斯的理论中,个人原则是从属于社会制度的原则的。个人原则与社会制度的正义原则相比,在正义论体系中占有一个次要地位。这是因为,罗尔斯的理论中还有一个优先性的规定,或优先性原则。也就是不同的原则之间如果发生冲突,有一个优先考虑的原则,以及不同的原则之间,它们的关系应当遵守一种先后制约性次序。即放在前面的原则规定或制约着后面的原则,因此,如果两原则发生冲突,则从体现放在前面的原则的精神来处理。在罗尔斯的理论中,有着一系列的优先性:正当优先于善,第一原则优先于第二原则,公平优先于效率。这里还有一个优先,即社会制度的原则优先于个人的原则。就西方思想传统而言,自柏拉图、亚里士多德以来,就把社会制度的"伦理"原则放在首位。我们知道,柏拉图的著名对话集《理想国》,就是以探讨理想社会的制度及其原则为中心的。在柏拉图看来,是制度所需要的德性决定了具有什么样德性的人在什么位置。理想国家制度的正义原则决定了人的正义品格。柏拉图对于现实国家的考察,也是基于这样一个基本考虑:不同的国家类型具有怎样的道德品格,从而决定了在这类国家中有着怎样道德的人。柏拉图明确地说:"如果有五种政治制度,就应有五种个人心灵。"[1]柏拉图除了他着力描述的理想政体外,还具体分析了当时希腊的这样四种政体:荣誉政体、寡头政体、民主政体和僭主政体。在他看来,这四种政体都有一种主要德性,同时对于人的德性品格的影响也在某个方面起决定性作用。如荣誉政体中勇敢起着主导性作用,因而仅有一个特征最为突出,那就是好胜和爱荣誉。寡头政体则是贪婪和吝啬,或对财富的追求成为荣耀。民主政体则是自由精神为主要特征。总的来说,柏拉图意识到,人们的德性品格受到社会制度结构的深刻影响。在柏拉图看来,只有在正义的国家才可找到正义,而在不正义的国家最有可能找不到正义。[2]亚里士多德也有着同样的思想。在亚里士多德看来,只有在良好的政体下,才有对正义的完整理解。他说:"在平民政体中,'正义'就被认定为[分配政治职司的]'平等'。这确实是平等,但只限于同等人们之间的平等,不是普及全体的平等。在寡头政体中,却以[政治职司的]'不平等'分配为合乎正义。这确实也是正义,但只限于不平等人们之间而言,也不是普及全体的正义。"[3]实际上,在我们所受的教育中,我们都可找到这种制度对人的德性无所不在的影响的依据。如我们所熟知的"皇帝的新衣"的故事,以及赵高在秦廷上指鹿为马的故事。在一种专制政体下,人们为了明哲保身,只能盛行习惯性的虚假,伪善甚至欺骗。所以柏拉图说,在不正义的制度下我们可能找不到正义。

在近代契约论的传统中,如洛克、卢梭等人,通过社会契约论,主要探讨的就是有关社会制度的原则。制度的原则从来都是优先考虑的。孟德斯鸠则类似于柏拉图、亚里士多德,深入探讨了不同制度的德性问题。罗尔斯继承了这一强调社会制度德性的悠久传统,因此,当罗尔斯说正义是社会制度的首要德性时,他不仅是强调正义对制度或社会基本结构的重要性,同时也是强调制度的德性对于生活于这一制度下的人的无所不在的影响力和支配性。罗尔斯说:"在采用对于社会基本结构的原则之后,再采用所有的对于个人的原则。所选择的制度的原则首先表明了正义德性的社会性质,以及它与社会实践的内在联系,那是理想主义者常常注意到的。当布拉雷说个人是一个贫乏的抽象时,他的话可以恰当地解释为:一个人的职责和义务预先假定了一种制度的道德观,因此,在对个人的要求能够提出之前,必须确定正义制度的内容。”[4]

因此,对于罗尔斯来说,首先是确立适应于制度的正义原则。但是,要建构一种正义观,不仅要提出适应于社会基本结构(社会制度)的正义原则,而且还需要确立一种适用于个人的正当观。当然,它的前提在于确立一种制度的正义原则,但这并不等于有了制度的正义原则就有了个人的正义原则,应当还有相应的原则。即落实到个人头上,怎样从行动的道德性上体现这些原则。因此,罗尔斯认为在原初状态下的人,不仅要确立适用于社会基本结构的正义原则,而且还需要确立相应个人的公平、忠诚、相互尊重和仁爱这类的概念以及道德原则。在某种意义上,制度的原则也是要落实到个人的行为中,在个人的行为中体现出来。因为一种社会制度如果没有人去维护,这种制度只是纸面上的,而不是真正社会的制度。但是,制度的原则与个人的道德德性和原则还是有区别的。即制度的原则是衡量一种社会制度在道德上正当与否的标准,而个人的德性标准和原则则是衡量个人的行为正当与否的标准。通过个人的德性行为,或不道德的行为,可以反映制度的道德性。

(二)个人的原则与义务

罗尔斯把适用于个人的原则分为两类,一类是与制度相关的原则,罗尔斯称之为公平的原则(principles of fairness),公平原则所确立的是职责(obligation)。另一类是自然义务(natural duties)。这类义务并非起源于特定的社会制度,但是对个人的道德要求。

让我们先看看公平原则。这一原则的条件是:一,这一制度是正义的制度,即它满足了正义的两个原则,二,一个人自愿地接受这一安排的利益或利用它提供的机会促进他的利益。这里的“自愿接受”,其意思是自愿接受其约束,而这里所说的“公平”,是说那些服从这些约束的人有权要求类似于他的人同样服从这些约束。这种公平原则对这些相关的人的要求就是职责(obligation)。罗尔斯指出,意识到涉及个人的这种公平原则有两部分内容是很重要的:“第一部分说明所涉及的制度或实践必须是正义的,第二部分描述了必需的自愿行为的特征。”[5]罗尔斯强调,这种自愿行为或作为职责的行为是为第一部分的特性所决定的,即这些行为必须是依附于正义或公正制度的自愿行为,即这个制度本身必须是正义的制度,因此不可能有对独裁或专制的制度有什么义务。职责的约束预先假定着所服从的制度是正义的制度,或者说是相对合理公正的制度。罗尔斯在这里所提出的制度对职责的规定,体现出了从公平的正义原则对制度以及个人行为的要求,但没有回答在不公正的制度下怎样的个人行为是合理的行为的问题。因为从人类历史上看,真正能够体现两个正义原则,尤其是第一原则的只有近代以来的西方民主制度,而在漫长的人类历史上,以及当代东方社会都不可能有这种制度下的实践,但仍有一个职责的问题。实际上,一个社会制度的存在与一个民族、一个社会的存在有着不可分割的联系,当着一个民族只有那种不理想的制度可起作用,而且更好的制度在某种特定的历史又不可能实现、不可能通过奋斗得到实现的情况下,怎样评价在这种制度下的人们的行为?如果这种制度是很专制的制度,这种制度或体制下的人们的道德品性都可能扭曲,但仍有某种职责存在。因为社会基本结构的运行起着维持一个社会存在的作用,起着维持社会的安宁、和平生活秩序的作用。并且,在现存的社会制度条件下,除了那些以罗尔斯的第一原则为立国(立宪)原则的国家外,都存在着不同程度对人权的侵犯问题,那么,在什么程度上我们可以说这样的国家是一个正义的国家或一个不正义的国家?应当说,这是罗尔斯留给我们的思考。

与社会制度要求相区别的自然义务(Natural Duties)。这里值得指出的是,罗尔斯这里用的"duty "与前面用的"obligation",字面的意思是一样的。不过,"duty "更多强调出自外在的责任性,依照身份、地位、职业或命令、习俗责成的行为,"obligation"更多倾向于自愿性,强调的是使自己有责任去做的事,如诺言。我们注意到,罗尔斯谈论与制度相关的行为时,指的就是自愿行为(voluntary action)。个人公平原则与制度相关的第一部分,就是涉及对自愿行为产生"obligation"的必要条件的规范性表述。但是,一般人们谈论与制度相关的职责,多半用的是"duty"而不是"obligation"。罗尔斯则把它颠倒过来了,与制度相联的,强调它的自愿性;与自然习俗相联的,则强调他的命令性。我认为,罗尔斯的这种用法,在强调他所说的正义制度对行为的要求时,是合理的。

那么,什么是自然的"duty"呢?罗尔斯指出,它不与制度或制度性社会实践有必然联系,不涉及自愿行为。它们的内容一般不是由这些社会安排的规则确定的,但是我们所负有的义务。自然义务还有它的超历史性,即不论人们隶属于什么社会制度而始终有效。这种义务有两类,一类是积极性的义务,一类是消极性的义务。所谓积极性的义务,如相互援助的义务,关怀帮助他人的义务,消极性的义务,如不伤害他人的义务,在罗尔斯看来,消极性的义务比积极性的义务更重要。罗尔斯所说的这些自然义务,尤其是消极性的自然义务,就是那些千百年来人们共同生活所形成的生活准则。这些准则对于所有人类的共同生活或交往实践都是需要的,都是起码的要求。在这个意义上,它是无条件的。在20世纪末期,世界宗教界人士提出的普世伦理的构想,就是在这些不同文化、不同宗教的人都认同的基本的自然义务的前提下提出的。

在大多数情况下,自然的义务无需自愿行为作为它的前提,而具有较基本和较普遍性的义务。在这个意义上,罗尔斯进一步提出,应当把在正义的社会基本结构中履行自己的职责,看成是像自然义务一样的义务。也就是说,只要这个制度是正义的制度,不论人们是否明确地或默认的同意过,换言之,不论人们是否自愿,都应把这种责任看成是一种自然义务。在这个意义上,对于履行某种正义的制度内的职责也就具有一种自然义务的性质,即无条件性。罗尔斯认为,最重要的自然义务也就是支持和发展正义制度的义务。在罗尔斯看来,当正义制度存在并适用于我们时,我们必须服从正义制度并在正义制度中尽我们的一份职责,当正义制度不存在时,我们必须帮助建立正义制度。

在罗尔斯看来,公民都受到正义的义务的约束,正义的自然义务可以解释各种职责,因为当一个人利用一种已建立的制度时,这一制度的规则就适用于他,正义的义务就开始生效。这与不正义的制度不同,不正义的社会安排是一种强制,甚至是一种暴力,因而对它的同意不具有约束力。如果社会基本结构是正义的,那么每个人都有一种去做要求他做的事情的自然义务。

(三)服从不正义法律的义务

关于正义制度与公民的自然义务,从总体上看,有着相互对应性的关系。也就是如果社会基本结构是正义的,每个人都有服务正义规则要求的自然义务。因此,在解释为什么我们要服从一种正义宪法所制定的正义法规方面不存在什么困难。在这种情形中,自然义务原则和公平原则确立了必要的义务和职责。但我们往往会遇到这样的情形:即使社会基本结构是正义的,也可能出现或存在着不合正义的法律,那么,在这种情形下,是否我们还有服从的义务?

在简述罗尔斯的观点前,我们先看看西方思想史上的一个典型事例。这就是苏格拉底之死。在西方思想史上,首先阐明履行对不公正或不正义的法律的服从义务并且自愿付出自己的生命的,应当首推苏格拉底。苏格拉底在遭受到不公正的审判并被定为死罪后,被关押在监狱里。在临死前,他的朋友克里同去看望他。克里同来的目的是要苏格拉底答应他和他的朋友营救苏格拉底之事。这对克里同和其他朋友而言,并不是一件难事。朋友们都已准备好了所需钱财,只等着苏格拉底首肯。为此,苏格拉底与克里同进行了他生命中的最后一次长谈。

在克里同看来,他不愿忍心看着自己的朋友就这样被处死。对克里同而言,苏格拉底这样被处死,不只是一种失去朋友这样的灾难,而且人们还会认为他是重钱财过于重朋友,不肯尽心保全朋友的生命。同时,克里同对苏格拉底说,他们营救他出狱后,外邦有许多地方,苏格拉底都可去,人们都会欢迎他,并得到保护。然而,苏格拉底告诉他,他必须考虑此事该不该做。在苏格拉底看来,坚持正当原则,服从理智,比生命本身更为重要。苏格拉底认为,他一贯如此,在当前的境遇中,他不可能与平常不同。因此,苏格拉底首先考虑的是,如果未经雅典人的允许,就试图离开此地,这样做是否正当。在苏格拉底看来,用钱财行贿从而使得他可以逃走,这件事本身是有违于法律正当的行为。在苏格拉底看来,虽然雅典人判他死刑是错的,但他不可以错还错,以恶还恶,无论遭受到什么样的处罚,这个原则不能改变。苏格拉底说:"我正要逃出,或者用别的什么名目离开此地时,国家与法律来立我身旁,问我:'苏格拉底,告诉我们,你心想做甚么?你所图谋的事不是有意竭力毁坏我们——国家和法律——吗?你想国家还能存在、还不至于天翻地覆,如果法庭的判决不生效力,可以被私人废弃、取消?'克里同,我们怎么答复这话以及其他类似的话?"[6]在苏格拉底看来,私自逃走涉及对国家法律执行的严肃性。不经国家法律的同意而擅自离狱,是在伤害国家、破坏法律。因此,这样做本身是不正当的,而以此不合法的手段来得到生存,这样生存的意义本身是不值得肯定的。在苏格拉底看来,人们应当追求的是好生活而不仅仅是生活。而生活得好和生活得正当是一回事。也就是说,在苏格拉底看来,有比生命本身更为重要的东西,这就是正当与正直的生活,如果不能通过正当的方式得到生活与生命,还不如不要这种生活与生命。

当然,苏格拉底的不能以错还错,以恶还恶的论点看来还蕴含着另一个论点,如果有正当的方式来不服从不正当的法律,苏格拉底是会采取的。不正当的法律裁决是通过法律程序生效的，如果采用正当的法律程序来为自己辩护，以推翻这个不正当或不公正的裁决，这仍然是在维护法律的尊严。但在当时雅典的法律程序中，没有类似这种重新审理的程序。因此，这种途径本身是不存在的。不过，这意味着，只要是在维护法律尊严的框架内提出诉讼或不服上诉，仍然是合理的，也是合法的。但如果仍然维持原有不公正裁决，苏格拉底仍然会服从。

苏格拉底从总体精神上认同雅典的法律。虽然在对苏格拉底的审判上，雅典法律的裁决是不公正的，而且苏格拉底也认为对他的裁决是不公正的。但在苏格拉底看来，是由于法律的保护他才得以出生，受到抚养和受到教育，并且他的祖先世代如此，他的后代也同样如此。因此，将国家法律与他的父母和其他祖先相比，是他的祖国更为尊贵、更为可敬，更为神圣。因此，如果他不能说服他的母邦，那就应当按它的命令从事即去赴死。在这个意义上，这就好比罗尔斯所说的，是在一种基本正义的法律体系或制度背景中出现的不正义或不公正的裁决。服从这种不公正的裁决起到维护公正的制度作用。

苏格拉底服从不公正的裁决的另一个理由是，雅典法律有一个公开的原则，即雅典人在成年之后，如果对法律不满，或这个国家不合他的意愿，那么，他可带着自己的财产迁居到他所愿意去的任何地方而没有任何人会阻拦他。因此，他是自愿选择了服从法律的义务。并且，在他的七十年的生涯中，也没有选择移居外邦，而是享受着雅典法律给他的秩序、安宁和生活幸福。这说明国家与法律符合苏格拉底的意愿。在苏格拉底看来，这意味着他的言行与国家法律订下了甘为守法公民的契约。因此，不能因一个法律的裁决不利于自己时，就背信弃约而逃跑，这样就不像是一个公民，而简直是一个最低贱的人。因为不服从法律，可说是犯了三重罪，一是不服从父母，二是不服从教养的恩人，三是不守契约。所以，苏格拉底觉得法律的声音在对他说："苏格拉底啊，听从我们抚养你的人吧。不要顾惜儿子、性命以及其他一切，过于公义，使你到阴间时理直气壮，有辞以对官府。很明显，你做这事，无论在此界、彼界，对你与你友，都没有好处，不会变得更正直、更圣洁。你去世，如是去世，总算含冤，不是死于我们——法律，是死于人；你若无耻图亡，以错还错，以恶报恶，践踏自己所订的合约，毁伤最不应该毁伤的人——你自己、你的朋友，你的国家和我们，我们可要终汝之身对你怀恨；我们的弟兄——阴府的法律——也不欢迎你，因为他们知道你想尽方法毁灭我们。不要听克里同的话，受我们劝吧，苏格拉底。"[7]苏格拉底觉得这些话就像是神的声音一样，在他的心中不断回响，他不能不听从这声音，不能不按神的旨意去行事。遵从雅典法律的不公正裁决，这就是神所指引的路。

苏格拉底以自愿的契约强化了他对不公正或不正义的法律裁决服从的义务。这涉及契约伦理的根本精神。契约生效的关键性因素是道德忠信原则，或契约的自觉履行。如果一方履行了他的承诺，那么，另一方也得履行他的承诺。这种承诺的履行，即使是对自己不利，甚至要付出自己的性命，也不得违反。因为，如果仅仅以是否对自己有利来决定是否履行契约，那允诺也就有可能是谎言，契约就有可能是一纸空文。苏格拉底在与克里同的谈话中也再三强调，他本人一生一贯尊重德性，他不会在这关键性问题上不听从德性的指引。苏格拉底以他的生命代价将他所提倡的学说付之践行。

这里需要指出的是，西方关于公民不服从的历史文选，一般都把柏拉图的对话《克里同》放在首篇，人们认为这是苏格拉底的最好的抗议，这恰恰表明了一种影响深远的不服从。如果采取逃跑策略来表现不服从，这是出于利益考虑而非出于良心，是不会给法律和政策带来改变的选择，而这种自愿服从不义裁决的行为，其后果是使人们意识到法律的弊端，从而起来纠正它。[8]但我并不认为如此。这是因为，对不正义的法律裁决的服从与不服从，并不仅仅出于对这一法律裁决的考虑，还有更深层的因素。但这并不意味着苏格拉底没有不服从的理论。对于苏格拉底的不服从观点，实际上只有联系柏拉图的另一著作《苏格拉底的申辩》才可说清楚。在这一著作中，苏格拉底为自己辩护，不承认他的学说会败坏雅典青年，他坚持自己的学说，宁愿法庭将自己拘禁甚至处死，也不承认自己有罪。在他看来，唯一有价值的生活，是正直的生活，追求真理的生活。他要按照自己的良知的指引那样去生活，那样去教导雅典青年。人人都应服从自己的良知(良心)，这是国家的权力没有效力的领域，国家不能强迫苏格拉底去做自己认为不正义的事情。但对于国家的法律，苏格拉底充满着敬意，他感到，他享受着父母之邦的法律给他的安全、自由与安宁，因此，他觉得有服从国家与法律的召唤的义务。但国家的法律不能强制他的良知，他宁愿为之赴死，也不愿承认自己有罪。因此，在苏格拉底的思想中，对于自己对国家法律的服从与不服从有着十分清晰的界限，他对国家权威的尊敬，仅限于自愿献出自己的生命，而不是迫使自己的良知去做不义之事。简言之,不是《克里同》,而是《苏格拉底的申辩》才体现了苏格拉底的不服从精神。

当然,对于不公正的法律裁决的服从,苏格拉底自己有着更强有力的理由。罗尔斯同样认为,某个法律或法律裁决的不正义不是不服从它的充足理由。他说:"一个法律的不正义不是不服从它的充足理由……当社会基本结构由现状判断是相当正义时,只要不正义法律不超出某种界限,我们就要承认它们具有约束性。"[9]在罗尔斯看来,只要社会是在一种近似正义的状态,我们通常就有一种不仅服从正义的法律,也服从不正义的法律的义务。如果我们假设在一个接近正义的社会,有一个多少满足两个正义原则的可行的宪法,那么,我们就可说,在这样一个社会中,"只要某些不正义的法律和政策不超过某种不正义的限度,我们维持正义制度的自然义务就约束我们服从不正义的法律和政策,或至少不运用非法手段来反对它们。"[10]在罗尔斯看来,在一个正义或接近正义的社会中,也会产生不正义的法律或法律裁决问题,这主要是因为在政治事务中不可能获得完善的程序正义。在罗尔斯的心目中,刑事审判就是不完善的程序正义。在刑事审判过程中,一个无罪的人可能被判作有罪,一个有罪的人也可能逍遥法外。同时,在政治实践中,适当限制的多数裁决原则是不可避免的。但多数并不是因为它正确而有效,只是因为它在数量上占优势而有效,因此,在这个意义上,多数肯定是要犯错误的,不正义的决定总是可能产生的。但这并不意味着我们都要拒绝服从。

在这里,罗尔斯同样提出了一个对不正义的法律或裁决的服从问题。不过,罗尔斯是在现代民主政治运行意义上提出不正义的法律、政策产生的可能性，从而认为个人有服从的义务——只要不超出某种限度；而苏格拉底的理据则主要是从他个人（作为一个一生尊德性的人）与雅典城邦国家的法律之间的关系上讲的。罗尔斯认为这是一种义务，也就是说同样是一种道德要求。实际上，雅典的法制更为不完善，雅典的审判与裁决在很大程度上取决于民众（陪审团）的意见，陪审团则往往不是受理性而是受情绪和意见的支配。这种民主裁决曾把最优秀的人物都放逐出去。[11]但这并不意味着苏格拉底在总体上不认同雅典的法律制度。苏格拉底对待雅典人对自己的判决，他在审判过程中已经表示了他的不服从，他不能屈于多数审判而认为自己有罪，但是最后裁决决定后，他却仍然服从它。这种服从和在申辩中的不服从依据不同，前者依据的是自己的良知，后者依据的是自己一贯德性立场，或他在考虑自己与国家的关系时作出的决定。因为虽然是不义的裁决，但它代表国家，这个不义的裁决把苏格拉底与国家的整个关系摆在了他面前。但在罗尔斯看来，在现代民主制度下，绝不能要求我们默许那种否定我们自己的和其他人的基本自由的不正义——如果存在这种否定，那就意味着这个社会基本上是不正义的社会。而在能够保护我们的基本自由的现代民主制度下，也必然存在那种不义的法律裁决或政策规定，但如果基本自由可以得到保护，那就至少是一个近似正义的状态。当然，在这个状态中也可能会有这样那样的社会公正问题，"只要不正义法律不超过某些界限，那么在正常情况下我们就有遵守不正义法律的义务。"[12]在这个意义上，我们承认民主的权威，同时不把社会安排的缺陷当作一种不遵守它们的现成借口。当然，这里的关键在于那种不正义的情形是否超过某种限度。按照罗尔斯的理论,如果超出某种限度,就可以不服从。

二、公民的不服从

对不正义的法律、政策或裁决只有两种可能,或是服从,或是不服从。那么,在什么意义上可以不服从呢？换言之,不是服从而是采取合法手段进行反抗的合理性依据在哪里？在《正义论》中,罗尔斯阐明了一种公民不服从(civil disobedience)的理论。罗尔斯指出,公民不服从的理论是与伴随着军事行动和抵抗的暴力反抗明确区别开来的。与军事行动和抵抗的暴力反抗相区别,公民不服从是非暴力,它不诉诸并反对使用暴力行动。后者是用来改造甚至推翻一种不正义的腐败制度的手段,前者则是在一个接近正义的社会里,对发生了对正义的严重侵犯现象而采用的。公民的不服从只是多少产生于正义的民主国家中的问题,它是对那些承认并接受这一宪法的合法性的公民而言的。不服从可以表现为积极的行为,也可表现为消极的行为:它可以是做遭到禁止的事情,也可以是不做要求做的事情。同时,公民的不服从一定是一种公开坚持的行为,它不同于私下请求的活动。因它所诉求的是公众的注意。并且,公民的不服从,至少是为掌权者认为是非法或违反法律的行为。罗尔斯对公民不服从的定义如下:“我首先把公民的不服从定义为一种公开的、非暴力的,既是按照良心的又是政治性的违反法律的行为,其目的通常是为了使法律或政府政策发生一种改变。”[13]为了阐明罗尔斯的公民不服从的观点,我们有必要简单回顾一下西方公民不服从的主要代表。

(一)从苏格拉底到马丁·路德·金

从思想渊源上看,苏格拉底是第一个阐明了公民不服从的理论。当然,我们看到,苏格拉底既阐述了公民服从的理论也阐述了不服从的理论。从苏格拉底的良心不服从论上看,早期的基督教,人们认为是代表了西方第一次规模浩大且相当成功地类似于公民的不服从运动。基督教的不服从,就是一种良心不服从,他们拒绝放弃自己的信仰良心而选择放弃自己的生命。或者说,他们宁愿选择自己流血而不放弃信仰。这种对政治权威的不服从不仅可从早期基督教那里看到,而且在近代的新教史中也可清楚地看到。

近代以来,西方公民的不服从观点引起世人关注的,最著名的人物应数亨利·大卫·梭罗。梭罗通过个人拒绝纳税的行为来反对当时美国政府的奴隶制和对墨西哥的战争。梭罗在其著名文章《公民的不服从》中,清楚地阐述了他的不服从的主张。在梭罗看来,一个人是否应当服从一个政府,首先必须问自己的良心。当然,梭罗明确告诉我们,他不是一个无政府主义者,他并不主张立即取消政府,而是立即要求有一个更好的政府。而他所反对的就是这个维护奴隶制和进行战争的政府。人们会认为,维护奴隶制和进行战争的政府是得到多数支持的政府,而在他看来,“一个政府,其实际决断正确与错误的不是多数派而是良心,”而他“有权承担的唯一义务,乃是不论何时,都做我认为正当的事情”。[14]梭罗认为,多数并不意味着最有可能站在正当一方,只是因为他们在物质上更为强大而已。在梭罗看来,为国效力者可分为这样三种人,一种是用他的躯体,这就是那些常备军的军人,他们多半没有自由运用自己的判断与道德;第二种人是用他们的大脑,这就是那些议员们和其他政客们;第三种人则是用他们的良心效忠国家,这就是那些爱国者和殉道者,他们依据良心行事,但却往往被大家看作是敌人。因为这些人往往是少数。如马萨诸塞州给自由之士设置的唯一适宜之所便是监狱。梭罗指出,成千上万的人在观点上反对奴隶制也反对战争,但实际上却未做丝毫努力来使之结束。在这个意义上,他们并没有用他们的良心。

不公正的法律依然存在,我们应该采取什么态度?是甘心服从?还是致力于修正它,在达到修正目的之后再来服从它?一般而言,人们会认为应当等待,直到说服多数感到有必要改变这个法律时再来改变它。但梭罗说:"若是在马萨诸塞州里,只有一千个人,若是只有一百个人,甚或我说若是只有十个人——若是只有十个正直的人——不,若是只有一个正直的人,能停止蓄奴,真正脱离奴隶主同伙,并因之被关入县立监狱,这便能在美国废除奴隶制度。"[15]在他看来,一个人若能比邻人更富有正义感,这便构成了多数。就行动而言,反对这种不正义的法律,梭罗所提倡的就是不流血的和平革命,即拒绝纳税来对抗政府法律。[16]如果大家都这样做了,奴隶制的废除也就指日可待了。而如果等待多数最终投票支持废除奴隶制,那只是因为他们对奴隶制已经没有兴趣。在这个意义上,梭罗不仅自己以拒绝纳税的行动来反对奴隶制,也号召他人起来以非暴力的、不流血的拒绝纳税的方式来反对奴隶制。

如果说,苏格拉底和梭罗都是从自己的良心上表示不愿服从,并且梭罗也自己独自以行动来做到了这一点,那么,印度的精神领袖莫罕达斯·甘地则是以群众运动来进行公民不服从抗争的典范。甘地领导了多次大规模的全国性的公民不服从运动，并最终以非暴力的反抗赢得了国家的独立。甘地如同托尔斯泰一样，具有深刻的宗教精神，甘地一生都在教导人们，要以非暴力为最高法则，彼此相爱，在甘地看来，对人的爱也就是对神的爱，人正是通过对他人的爱接近神，与神同在。而甘地的这种爱的精神，也就是基督教的爱的精神。在甘地看来，他所憎恨的是人世的罪恶而不是罪者。他的非暴力方法的本质在于力求消除对抗而不是对抗者。在他看来，无论是什么人，都是同一造物主的孩子，而隐藏在我们心中的神圣力量是无限的，侮辱一个人也就是侮辱这一神圣力量。甘地所说的“神圣力量”也就是人的良知。坚持真理也就是对良知的守护。甘地起初把他的反抗英国占领的运动称为“消极抵抗”(passive resistance)，后来改用“真理——力量”(Satyagraha)。甘地说：“Satyagraha 也就是公民的不服从或公民的抵抗。它是文明的，意指它不是刑事行动。破坏法律的人……公开而文明地破坏[不正义的法律]，平静地忍受因其拒不听命遭致的惩罚。同时，为表达他对于立法者行为的抗议，他需要公开脱离开与国家的合作，其方式便是不服从其法律——条件是不服从这一法律，并不构成道德上的堕落。我认为，Satyagraha 壮丽超群，效能奇大，而其学说又如此简洁，足能向孩童宣讲。”[17]在这个意义上，甘地的真理与非暴力是一个事情的两重表达而已。甘地说：“你也许会说，不会有非暴力反抗(non-violence rebellion)一词，历史上还找不到这样的非暴力反抗。那好，我的抱负就在于提供这样一个先例。我的梦想就在于我的祖国能够通过非暴力而获得自由。我愿意对着这个世界无数次地重复一点:我不会以牺牲非暴力的代价来换取国家的自由。我与非暴力之间的婚姻是如此绝对的一件事情,以致于我宁愿自杀也决不改变自己的立场。在这一关系中,我没有提到真理,仅仅是因为除了非暴力,真理就无法得以表达。"[18]

甘地的思想给了美国公民不服从运动的黑人领袖马丁·路德·金深刻的影响。金研究了当代流行的各种思想学说,但最后使他信服的则是甘地的非暴力反抗的思想。在他看来,基督教的爱的教义,经由甘地式的非暴力反抗方式,便能成为黑人为自由而斗争的最有力的武器之一。在金看来,他的非暴力哲学可以概括为如下特征:一,非暴力抵抗并非给怯懦者使用的策略,它实在是一种反抗。二,它并不企图打败或羞辱对手,而是要赢得他们的友谊和理解。三,其所反抗的是罪恶势力而不是行使罪恶的人。四,反抗者甘愿受苦而不求报复,甘心挨打而不求还击。如同甘地对他的同胞所说,或许在我们自由之前会血流成河,而这必是我们的血。金特别强调这种甘愿受苦的精神。在他看来,受苦是一种最具创造性和最强大的社会力量。但在拥护暴力的人和反对暴力的人之间对于受苦的理解有着巨大的区别。拥护暴力的人会认为,它之所以是一种力量,是因为施加给别人的痛苦是我们在战争、在暴力斗争中所做到的,即他们相信可以通过使他人痛苦来达到某一目的。而反对暴力的人则认为,受苦之所以成为一种巨大力量是因为你甘心情愿接受加于自身的暴力,所以自身受苦就成为非暴力运动的核心,而参加者的痛苦可以用来改造社会。五,它要避免的不仅是肉体的外在暴力,还包括精神的内在暴力。非暴力反抗不单拒绝击倒对手,甚至拒绝仇恨对手。六,非暴力抵抗基于这样的信念:世界乃处于正义一方。在金看来,公民不服从的非暴力抵抗运动是一个目的和手段同样纯洁的运动,它所寻求的是打破不正义的制度,而不是打败这一制度中的人。金说:“非暴力抵抗者能够如下简明地概括他们打算做的:我们将采取反对不正义的直接行动,则不等待别的代理机构行动。我们将不服从不公正的法律或屈服于不正义的实践。我们将和平地、公开地、欢乐地做这件事——因为我们的目的是说服。我们采取非暴力的手段,因为我们的目标是一个自身和谐的共同体。我们将尝试用我们的话来说服。但如果我们的话无效,我们将尝试用我们的行动说服。我们将总是愿意对话和寻求公平的妥协,但我们准备忍受必要的痛苦,甚至冒着生命危险去证明我们所认识的真理。”[19]

(二)公民不服从的定义与作用

前面已述,罗尔斯把公民的不服从定义为一种公开的、非暴力的,既是遵从良心的又是政治性的违反法律的行为。在罗尔斯看来,公民的不服从反抗行动确实是一种违反法律的间接的或直接的非暴力行为;而且,公民的不服从应是一种政治行动,也就是说,它不能单独地建立在某种集团性的或自我利益的基础上,相反,它求助于那个构成政治秩序基础的人人共有的正义观。联系到前面罗尔斯所说的对不正义的法律的服从,是指只要它不超出某种不正义的限度,就应服从。而对不正义(或不公正)的法律的不服从,则意味着这种法律超出了某种不正义的限度,或者说它与社会基本结构的正义观或基本的正义原则相冲突。还有,对于公民不服从的公开性的理解在于,它不仅是一种公开的活动,也不是隐秘的活动,同时也诉诸公共所接受的原则。它是发生在公共论坛上的一种请愿形式,是对深刻的和认真的政治信念的表达。就此而言,它是和平性的,它试图避免暴力,特别是对个人的暴力。在这个意义上,罗尔斯归纳了自梭罗到马丁·路德·金的公民不服从观点和实践的基本精神。罗尔斯指出,公民的不服从抗议在另一个意义上也是非暴力的。它是在忠于法律的范围内表达的对法律的不服从。虽然反抗者侵犯了某个法律条款,但这个行动的公开性、和平性和一种承担行动的合法结果的意愿表达了对法律体系的忠诚。在罗尔斯看来,这种公开性的公民不服从的反抗行为,实际上是在尊重民主宪法的前提下,对法律体系从整体上有着一种忠诚与尊重的精神,它不是要推翻整个法律体系,而是要改变某种不正义、不公正的法律所采取的一种公开诉求的方式。因此,这样理解的公民的不服从显然不同于破坏性的好斗行为,好斗行为不在忠诚法律的范围内,而是代表了一种深刻的对立。当然,以抗议的形式体现的对法律的忠诚,不同于对法律的绝对服从,在罗尔斯看来,这可以说是处于忠诚于法律的边缘上的反抗形式。

与梭罗不同,罗尔斯把公民不服从与良心拒绝区别开来。人们一般把公民不服从看成是任何一种根据良心的理由而不服从法律的行动。梭罗的论文中所持有的就是这样一种观点。在罗尔斯看来,良心拒绝与公民不服从的区别在于,良心拒绝不是一种诉诸多数人的正义感的请愿形式。一个人仅仅按照良心拒绝服从某个命令或遵守某个法规,他并不诉诸共同体的信念,在这个意义上,它不是一种公共论坛上的行为。良心拒绝并不必然建立在政治原则之上,它也可以建立在某种宗教原则之上,如早期基督教拒绝执行由异教国家制定的关于虔诚的法令。公民的不服从诉诸某种共同的政治价值观，而良心拒绝可以有其他理由。当然，良心拒绝也可以是建立在共有的政治价值观之上的，如许多拒绝支持某个法律的人会认为，这个法律是不正义的，是不能服从的。因此，在实际情况中，公民不服从与良心拒绝之间没有明确的区分标志。某一种行动可以同时具有这两种强烈因素。但罗尔斯也指出了仅出于宗教理由而存在的良心问题。如像禁止以人为牺牲的献祭活动。宗教情感和良心安宁都不足以反对这种活动。但立足于尊重人的平等自由为正义原则的社会，则不允许这种宗教活动的表现，因为它侵犯了人的基本的平等自由权利。

那么，怎样才能确认公民的不服从的正当合理性？第一个条件涉及的是对第一原则（平等的基本自由原则）和第二原则中的公平机会原则的严重侵犯。罗尔斯认为，如果把这些原则设想为对基本自由的保障的话，那么这些自由没有得到尊重的情况常常是可以看清楚的。如某些少数被剥夺了选举权、参政权或财产权或某种自由权等。如马丁·路德·金领导的黑人争取平等权利的运动，所针对的就是黑人在社会生活各个方面没有平等权和受到歧视的状况。罗尔斯说："对平等自由原则的侵犯是公民不服从的较合适对象。这个原则规定了在一个宪法政体中平等公民权的共同地位，构成了政治秩序的基础。当这一原则得到充分尊重，可以设想，其他的不正义（虽然可以是持久的、严重的）不会得不到控制。"[20]第二个条件是假设对政治多数的正常呼吁已经真诚地做过了，但没有效果。并且，法律纠正手段也已经无效。那么，采取公民的不服从抗议行动就是正当的。第三个条件是，由于公民的不服从是一种在忠于法律的边缘的行动,因此,公民不服从的行动的正当性应当有其自身的规范性和约束性,即这种不服从的抗议不能导致破坏对法律和宪法的尊重,不能产生对所有人来说是不幸的后果。如果作为一种抗议形式的公民的不服从超过某一限度,其效果就会下降。而如果符合这样三个条件,那么,人们就拥有通过公民的不服从来提出上诉的权利。

这里需要强调的是,罗尔斯反复指出我们所谈论的是一个接近正义的民主政治的社会,而这也意味着有可能存在某种严重的不正义。在这个社会中,正义原则在很大程度上被公开承认为是自由和平等的人们之间自愿合作的根本条件。实际上,罗尔斯是把公民的不服从看作是一个他所理解的立宪民主政体的重要的纠错机制。在专制性的国家里,臣民只有恳求的权利,但君主可以完全拒绝臣民的恳求,而如果他们的恳求遭到拒绝,他们只能服从。不服从就意味着对合法的最终权威的反叛。这种情况表明专制体制下臣民不可能具有纠错的权利。这也就意味着专制政体是脆弱的,不稳定的。罗尔斯认为,通过确立公民的不服从权利的合理性,这就为立宪民主政体的健康运行,确立了一个消解内部紧张的减压阀。换言之,现代民主政体找到了一种自身纠错机制,公民们不仅有对不正义的状态不满的宣泄渠道,而且也使公民们能够负起他们的维护正义制度的自然责任(duty)。罗尔斯说:“只要把社会解释为一个平等的公民之间的合作体系,那么,那些受到严重不公正伤害的人就毋需服从。确实,公民的不服从(以及良心的拒绝)是宪法政体的稳定性设置之一,虽然按定义是一种不合法的行动。连同自由、定期的选举制度、一种有权解释宪法的独立的司法体系等等一起，受到适当限制和有着健全判断的公民不服从有助于维护和加强正义制度。通过在忠于法律的范围内反对不正义，它被用来禁止偏离正义，并在偏离出现时纠正它们。一种参与正当的公民不服从的普遍倾向把稳定性引入一个秩序良好的社会中或接近正义的社会中。……在忠于法律的范围内，它确立了维持一种正义宪法稳定性的最终手段。虽然这种行为方式严格来说违反了法律，但它无论如何是一种维持宪法政体的道德纠正方式。”[21]

然而，罗尔斯又补充道，公民的不服从之所以能够起到这种其他手段所不可替代的作用，在于社会多数的正义感。作为自由平等的公民之间的社会合作的根本条件的正义原则，构成了宪法的基础，也是公民不服从的正义前提。换言之，它是确立在公共的正义观而不是其他狭窄的基础上的。进行公民的不服从抗议的人，在一个民主社会中，总是少数，是那些受到不公正对待伤害的人。这与甘地领导印度人民起来争得自由的情形不同，也与梭罗所处的那个时代的少数情境不同。甘地面对的是一个殖民主义的政权，梭罗反对的是一个不义的政府，但多数则没有觉醒。罗尔斯设想的是一个接近正义的社会环境。然而，在这三种情形中，不服从抗争都需要依赖多数的正义感。没有正义感，人们只能从自我的利益算计出发。罗尔斯意识到，社会多数的正义感对于公民不服从的抗争具有决定性的意义。如果没有一个多数富有正义感的环境，公民的不服从是否明智就相当成问题。这个问题体现在：“除非我们能诉诸社会多数的正义感，否则多数就可能由于利益计算的指引而使用更强制的压制措施。”[22]如果社会多数有一个共同的正义感,或社会多数富有正义感,那么,多数就不会采取压制少数的手段,或采取法律允许的惩罚公民不服从的行动,不会把其他社会中可能被考虑的无情策略作为选择方案来使用。“这样,正义感以我们常常未察觉的方式,影响了我们对政治生活的解释,我们的可能的行动方式的观念和我们抵制其他人的正当抗议的意愿,等等……一旦正义情感施展影响力的微妙形式得到承认,特别是它起到了使得某些社会立场得不到辩护的作用,这种情感就会被看作是一种至关重要的政治力量。”[23]

(三)个体正义感

罗尔斯从公民的不服从能够起作用的角度,强调了公民的正义感至关重要的作用。那么,怎样才能形成一个社会的多数具有正义感的社会环境呢?罗尔斯在《正义论》中,从道德心理学的意义上进行了探讨。

罗尔斯认为,正义感的形成是一个道德发生发展的过程。在这个意义上,他汲取了皮亚杰、柯尔伯格等人的发生心理学的观点。换言之,他从道德心理学的意义,在皮亚杰、柯尔伯格为代表的发生心理学提出的个体道德发生发展的过程理论基础上,提出了自己的道德发生阶段论。这个阶段论是:一是“权威道德”(the morality of authority)阶段,二是社团道德(the morality of association)阶段,三是原则道德(the morality of principle)阶段。相应于三个阶段,罗尔斯提出三个法则:

“第一法则:假定家庭制度是正义的,且父母爱孩子并明显地通过对孩子的善的关心表现出他们的爱,那么,孩子通过不断认识父母对他们的爱,就会渐渐地爱自己的父母。

第二法则:假定一个人通过获得与第一法则相符的依恋情感而实现了他的同类感情的能力,且假定一种社会安排是正义的,并且为所有的人们公开承认是正义的,那么,随着他人明确地打算履行其义务与职责,并实践其职位理想,这个人也会发展他与他人的友好情感和在社团中对他人的信任之联系。

第三法则:假定一个人通过形成与前两条法则相符的依恋感而实现了他的同类情感的能力,而且假定某一社会的制度是正义的且为所有的人所公认,那么,这个人认识到他和他所关心的那些人都是这些社会安排的受益者,他就获得了相应的正义感。"[24]

皮亚杰与柯尔伯格的个体道德的发生发展理论是在认知心理学的意义上提出的。这一理论的特点是个体的认知发生与发展的角度来描述个体道德的发生与发展,它是与个体心理和认知为中心的。皮亚杰和柯尔伯格的儿童的道德发展一般经历着这样三个水平层次:一是前道德水平。在这个水平层次的儿童,由于其道德认知能力还没有发展起来,因而处于对成人及准则采取服从态度,他们遵从权威、相信客观责任。二是依顺的道德水平。随着道德认知能力的发展,开始形成内在道德要求。出于履行义务和尊敬权威的心理,维护和遵从权威。三是自己认可的道德原则的道德水平。儿童通过同龄人之间的游戏等交往活动,开始从客观责任向主观责任转化,形成自己认可的道德原则观念,并尊重相互间的信任。罗尔斯把这个道德发展阶段论与自己的社会基本结构的制度正义理论相结合,并强调背景制度的正义对于正义感(道德感)的决定性作用,因而对于皮亚杰和柯尔伯格的道德发展阶段论进行了实质性的转换。这个转换的结果是,没有制度的正义,也就没有正义感的产生,或者说,在制度的正义下,正义感是可以形成的,而形成了的正义感又将对于制度的正义提供个人道德上的稳固支持。罗尔斯说:"一个秩序良好的社会也是为它的公共的正义观念所调节的。这个事实隐含着它的成员们对于按照正义原则所要求的那样行动有着一种强烈的正常而有效的欲望。由于一个秩序良好的社会是持久的,它的正义观念就可能是稳定的,也就是说,当制度是正义的(为这个观念所规定),那些参与这些社会安排的人们就获得了一种相应的正义感和努力维护这种制度的欲望。"[25]

在罗尔斯的这个制度正义与个人的正义感之间,好似一个循环。假定社会基本结构和它所决定的制度是正义的,那么,这个双向的循环就是一个良性的循环。然而,这个循环的前提或发生源是背景制度的正义性。罗尔斯在谈到个人的职责与义务时,也是先在确定制度的正义原则这一背景条件下,再确定个人的道德责任的。在这里,罗尔斯强调了社会制度伦理与个人道德的区别。在他看来,没有制度伦理意义上的正义,也就没有普遍的社会正义感。这个观点类似于亚里士多德的观点。亚里士多德认为,我们只有在正义的国家里,才可找到正义的人,在不公正的国家里,正义的人是十分稀少的。但同时我们也要看到,罗尔斯认识到,制度的正义原则也并非可以简单地推演至个人的正义感,社会应当合乎个人道德发展规律地培养个人的正义感。为此,罗尔斯探讨了不同的个体道德发展阶段问题以及道德情感在培养正义感中的作用。如负罪感、对团体的自然依恋感以及自尊的需要等等。就负罪感而言,罗尔斯研究了三个发展阶段即儿童道德、团体性道德和原则性道德中的不同的负罪感。儿童道德也就是在权威道德的阶段,在这一阶段,一旦有什么道德上的过错,他将倾向于按照父母的态度来责备自己,这表现为对权威的负罪感。社团道德在个体那里有着相应的责任和义务感。所谓社团,在罗尔斯这里,小至家庭,大至国家这样的共同体。任何一个人都是某种社团的成员,当他能够意识到自己的身份时,如果他没有恪守相应的职分时就会体验到一种对社团的负罪感。而一个没有这种负罪感的人对由他的行为造成的他人的负担不会感到不安。负罪感承认指责和惩罚的正当性。通过社团道德,一个人能够达到对正义原则所要求的理解力。或者说通过社团道德他能够依照正义的原则来行事,社团道德能够导致对正义标准的认知。因此,通过社团道德能够培育正义感。而一种正义感可在没有珍重我们的义务与责任时,会使我们感到负罪。罗尔斯认为,在对正义原则的体认阶段,我们的负罪感已经和权威道德阶段、社团道德阶段有了很大的区别。我们是依照正义原则来行动,道德态度就不再仅仅与具体个人及团体的幸福和赞许相联系,而且也是由独立于这些偶然性的而被选择的正当观念所塑造。罗尔斯以负罪感的变化说明,我们的正义感通过不同阶段的道德发展而来。

那么,这种正义感是什么？毋庸置疑,其实质是为正义的两原则所表达的内涵。然而,我们所面对的现实是公民们从不同的全面性哲学、宗教、道德学说出发,从而拥有不同的正义观念。各种正义观之间可能存在相当的差别。在这个意义上,罗尔斯在《正义论》中首次提出了重叠共识(overlapping consensus)的问题。认为他们从各自的正义观出发,能够达到对当前的情形的相同判断也就够了。但这仅仅是一种重叠共识的初步阐释，在《政治自由主义》中，罗尔斯把它作为一个基本理念来看待。不过，这里还需要指出的是，在《正义论》中，罗尔斯在谈到这种重叠时，隐含着这种重叠共识的东西就是一个共同的正义观或正义感的观点。在他看来，人们达到这种共同的正义感是一笔巨大的集体财富。在这个意义上，一种共同的正义感既需要道德心理学的事实的支持，同时也需要重叠共识的支持。

注释：

[1]〔古希腊〕柏拉图：《理想国》，商务印书馆，1986年版，第314页。
[2] 同上书，第133页。
[3]〔古希腊〕亚里士多德：《政治学》，商务印书馆，1965年版，第136页。
[4] John Rawls, *A Theory of Justice*, p.110；参见罗尔斯：《正义论》，第105页。
[5] Ibid., p.112.
[6]〔古希腊〕柏拉图：《游叙弗伦、苏格拉底的申辩、克里同》，商务印书馆，1983年版，第107页。
[7] 同上书，第112页。
[8] 何怀宏说："虽然这种逃跑、不服从在其所受到的不正义严重性的意义上是相当可以理解，甚至很多人在这种情况下都会这样做，而其他许多人也不会太介意的，但这种行为却很难说是正当的和可以得到证明的。它是违法和逃避惩罚的，是秘密的而非公正的，是按照利益而非出自良心的，是不会给法律和政策带来改变的。相反，这时最好的抗议倒可能是一种服从，一种坦然地受冤而死了，这时候的服从倒可能是一种当时所能采取的唯一正当的、并且影响深远的'不服从'了，也许这时只有这种赴死才有可能警醒希腊人（或者更久远的后人），使他们意识到这样一种法律中的弊端，从而起来纠正它。"（见何怀宏编：《西方公民不服从的传统》，吉林人民出版社，2001年版，第16—17页。）

[9] John Rawls, *A Theory of Justice*, pp.350 – 351.

[10] Ibid., p.354.

[11] 萨托利说:古希腊的民主"并不尊重个人,而且随时都在怀疑个人。它对杰出的个人尤为猜疑,对个人的评价反复无常,对个人的迫害冷酷无情。它是个把贝壳流放作为预防措施——滥罚无辜——而不是惩罚措施的城邦,这就是放逐以弗所的埃尔蒙多的民主制度,因为它不容许一个公民比其他公民更优秀。在这种制度下,个人的地位总是危在旦夕。"(萨托利:《民主新论》,第321页)

[12] 同上书,第344页。

[13] John Rawls, *A Theory of Justice*, p. 364.

[14] 〔美〕亨利·大卫·梭罗:"公民不服从",载何怀宏编:《公民不服从的传统》,吉林人民出版社,2001年版,第26页。

[15] 同上书,第25页。

[16] 梭罗说:"若是有一千个人今年不纳税,这方法既非暴力,也不会流血,正如纳税既非暴力也非流血一样;而州政府亦不至于动用暴力,流无辜人的血。事实上,这便是和平革命。"同上书,第27页。

[17] 转引自同上书,第216—217页。

[18] M. K. Gandhi, *All Men are Bothers*, Paris: UNECO, 1958, p.90.

[19]〔美〕马丁·路德·金:"《寄自伯明翰监狱的信》及其他",载何怀宏编:《公民不服从的传统》,第110页。

[20] John Rawls *A Theory of Justice*, p. 373.

[21] Ibid., pp.383 – 384.

[22] Ibid., pp.386 – 387.

[23] Ibid., p.387.

[24] John Rawls: *A Theory of Justice*, pp.490 – 491; 此处采用万俊人先生译文,见《现代西方伦理学史》下卷,北京大学出版社,1992年版,第720页。

[25] John Rawls: *A Theory of Justice*, p.454.

第九章　正义原则的全球普遍性

罗尔斯的《万民法》(*The Law of Peoples*)在其思想发展史上,是一本相当重要的著作。这是他在现代国家层次上的政治自由主义的全球版本(globalized version)。换言之,是他把国家范围内的政治自由主义思想扩展到全球性的范围,不过,《万民法》中的自由主义思想与《正义论》和《政治自由主义》中的相关思想有很大的区别。同时,也是罗尔斯最集中而系统地阐述国际政治思想的著作。在罗尔斯以前的著作中,只是在《正义论》第58节中,相当简明地讨论过国际法的基本准则。在某种意义上,《万民法》实际上是一篇论文,在如此短的篇幅里包容着令人不可思议的宽广内容:从国际社会的乌托邦式构想,国际间关系的正义准则,到战争与世界和平,以及资源的国际分配等。因此,不论是从其思想以及其内容的重要性来看,都可把《万民法》列入罗尔斯最重要的著作之列。

一、理论结构

《万民法》一书为“理想理论的第一部分”,“理想理论的第二部分”和“非理想理论”这样三部分所组成。从这一结构可以看出,罗尔斯是把理想性理论作为评价、判断和指导现实性理论的依据。

因此,可以把理想性理论看成是罗尔斯对其国际政治自由主义理论的集中论述。罗尔斯的方法是建构一个理想性的国际关系概念,然后再回到非理想的世界中来。

(一)现实的乌托邦

首先,我们要看到,罗尔斯关于国际关系的理论是他的国内政治自由主义理论的扩展,而他的目的在于提出有关自由人民的外交政策的一种理论。罗尔斯说:“重要的是,要意识到,在政治自由主义之中发展的万民法,乃是把正义的自由概念由国内体制扩展到人民社会。我要强调,在正义的自由概念当中发展万民法时,我们要确立合理正义的自由人民的外交政策的原则与理想。这种对自由人民外交政策的关注,暗含于全篇之中。”[1]罗尔斯国内社会的政治原则向国际社会扩展,而当扩展到实际政治可能限度的时候,罗尔斯认为它便是“现实的乌托邦”(realistic utopia)。现实的乌托邦在罗尔斯的国际政治理论中,是一个重要概念。罗尔斯强调,他的万民法并不是关于国际法的论文,也并非国际法的教科书,它只研究现实的乌托邦,它始于现实的乌托邦概念也终于这一概念。那么,这种政治自由主义的概念在国际领域扩展到可能的限度,是一种怎样的乌托邦呢?罗尔斯说:“我们对未来社会的希望系于这样的信念之上:相信社会世界的性质将准许合理正义的宪政民主社会作为人民社会(society of peoples)的成员而存在。在这样一个社会世界,自由人民与正派人民间无论在国内或国外,都能够达到和平与正义。这种社会的观念便是现实的乌托邦,它描绘了一个可成就的社会世界,这个社会为人民社会的一切自由与正派的人民,将政治权利与正义结合起来。《正义论》与《政治自由主义》都在试图说明自由社会的可能性。而《万民法》则希望说明自由与正派人民的世界社会的可能性。”[2]罗尔斯的这个乌托邦是现实的,是把政治自由主义的基本原则扩展到现实可能的限度,也是乌托邦性的,即并不意味着现实世界中真实存在的地方,只是从理论上看在现实中是可能的地方。“乌托邦”这一概念是指乌有之乡,是指人们精神所向往的美好地方。自从英国思想家莫尔发表《乌托邦》(1516)一书以来,“乌托邦”这一概念就是未来理想社会的代名词。乌托邦这一概念所指的不仅是一种乌有之乡,即某种不存在之处,更准确地说,它是一种理想物或理论物。因为作为一种还不存在的理想社会,它是通过一系列道德价值理念与政治理念来建构的。万民法主要构成的就是这类价值理念和政治理念。但万民法区别于纯粹乌托邦的地方在于,它是一种“现实乌托邦”,这种乌托邦的特点在于虽然它可能存在,但我们不能确保它将存在。我们相信这样的世界总会存在,虽然不是必定存在或必将存在。

罗尔斯指出,许多人认为乌托邦的概念有着严重的缺陷。20世纪以来,乌托邦的概念经历了从高涨到衰退的历史过程。人们对乌托邦的批评主要认为它与恐怖和专制同伍。[3]但这个问题罗尔斯认为是对乌托邦概念的误解。罗尔斯提到的对乌托邦概念的著名批评是卡里(E. H. Carr)的一部著作:《1919—1939:二十年的危机》。卡里在书中指出,英国和法国在两次大战之间的政策当中,乌托邦思想扮演了有害角色,并最终导致第二次世界大战。但罗尔斯指出,卡里的批评所诉诸的是政治巨头的一相情愿而不是哲学,政治巨头的一相情愿与哲学上的乌托邦并不是一回事。如卡里就从来没有质疑构成政治见解的道德判断的关键作用,而把合理政治见解视为现实主义(权力)与乌托邦主义(道德判断与价值)之间的妥协。罗尔斯指出,他与卡里不同,他的现实乌托邦概念并不满足于权力和政治权利与正义之间的妥协,而是通过现实乌托邦的概念,为现实权力的合理行使确立限度。因此,罗尔斯的现实乌托邦概念实际上是通过政治自由主义原则向国际领域或国际关系领域的扩展,来确立一种国际交往准则和判断正义与否的标准,并由此来建构一个国际社会。罗尔斯认为,这样一种现实的乌托邦,在理论上讲是一种可能性,但只要这种可能性没有成为现实,人们总会觉得这种可能性未必与我们所认为的合理正义的国际秩序不相干。而"实现[这样一个秩序]并不是不重要,我相信此一社会秩序的可能性,它能使我们协调于社会世界。这种可能性不是纯粹的逻辑可能性,而是一种联结着社会世界的深层趋势和取向的可能性。"[4]

罗尔斯认为,尽管有人对乌托邦有误解,但现实乌托邦的理念非常重要。在他看来,有两个主要原因,促成了万民法的乌托邦观念。一是人类历史上的巨大罪恶:非正义战争与压迫,宗教迫害与对良心自由的否认,饥饿与贫困,以及更为灾难性的种族灭绝与大屠杀。罗尔斯指出,这都来自于政治上的非正义以及这种非正义所具有的残酷无情。二是如果政治非正义的最严重方式可由遵循正义的社会政策,由建立正义的基本制度来排除,这些巨大的罪恶也将消除,那么,我们就应当探讨这样的国际正义的准则。万民法的需要是人类社会世界对永久和平祈盼的体现,"是社会世界的深层趋势”;其次,是消除人类社会的种种不正义的社会现实的需要。应当看到,罗尔斯探讨万民法所体现的这样两个目的,都是以他自己的自由主义政治理论为前提的。因此,我们首先必须简约地回顾他在《正义论》和《政治自由主义》中对国内政治自由的基本观点。不过,在此之前,还需要分析一下他用“人民”(people)而不用“国家”(state)这一概念所提出的理由。

(二)人民与国家

罗尔斯的万民法所探讨的是国际交往的准则或未来国际社会的可能状态。但罗尔斯不用“国家”这一概念而用“人民”这一概念来进行。罗尔斯的探讨始终都以“人民”为轴心来进行,其理由在于两个方面:一是罗尔斯对“人民”这一概念的界定,二是他所描述的国家的基本特征。不过,从理论上,罗尔斯至少是在两种意义上使用“人民”这一概念,一是“自由人民”(liberal people),二是“正派人民”(decent people)。所谓“自由人民”是指合乎罗尔斯《正义论》与《政治自由主义》之中所阐述的宪政民主政体社会理念的人民,罗尔斯在《万民法》中具体讨论的“人民”概念也就是“自由人民”的概念,它具有如下三个特征:一、宪政民主制度,二、共同感情,三、道德本性(moral nature)。第一是制度,第二是文化,第三则与权利与正义概念相关。当然,罗尔斯也认为,正派的非自由的人民也有着类似的特征。

就制度而言,罗尔斯的意思是政府是人民的政府,是人民选举出的官吏有效管理的政府,同时依据成文法或不成文法有效地保护人民的根本利益的政府。同时,制度与实践必须维持宪政民主正义的合理正义性，防止其走向腐败；并且，制度的设计必须有效激发公民与政府官员双方对宪法的尊重。

其次，共同感情(common sympathy)。以往的理论认为，共同感情依系于共同语言、历史和政治文化，共享的历史意识。罗尔斯指出，人民所需要的共同感情仅以这些条件无法得到满足。这是因为，由于历史上的征服以及移民潮，造成了异质文化与历史记忆杂然混合的集团。在这样一个前提下，合理正义的自由政体满足不同种族与民族背景下的合理文化利益与需要，人民在这样的政体下生活而形成共同感情。罗尔斯以美国这样的社会与民族形成的历史经验，对民族(人民)理论提出了自己的看法。

最后，道德性格(moral character)，也就是前面所说的道德本性。罗尔斯明确地指出道德性格牢固地依系于权利与正义的政治概念，但在具体展开时，没有明确描述自由人民的道德性格。联系罗尔斯在《正义论》中所说的正义感，我们可以说那就是罗尔斯心目中的自由人民的道德性格。即在一种符合正义原则的宪政民主制度之下生活的人民，将形成依系于正义与权利概念的正义的道德感。如果是说道德本性，在罗尔斯的心目中，那就是他所说的两种道德能力。依罗尔斯在《正义论》和《政治自由主义》中的理解，两种道德能力同样与正义的制度内在相关。

需要指出的是，罗尔斯也倾向于将“人民”(peoples)与“社会”(societies)这一概念可替换性使用。罗尔斯使用“社会”这一概念意味着人民是组织化的团体。他们的组织结构包括独立的、有领土的政治机构，我们一般称之为“国家”。但罗尔斯坚持把人民与国家区别开来，罗尔斯认为人民与国家在两个方面是有区别的，一是人民没有传统意义上的与国家相联结的主权,他们没有因推进他们的利益而发动战争的权利,只有自卫的权利;第二,国家,有传统意义上的不干涉内部事务的权利。但人民则只与一定的最低限度的人权标准相适应,人民不会为利益与理性的追求所驱动,而这恰是国家的理由。但我们要看到,罗尔斯的人民与国家形态的内在联系,人民是政治组织化的,他们的政治组织形式就是国家形态,但没有传统意义的国家权力。

不过,人们指出,罗尔斯对"人民"概念的专门性使用也为之付出了代价。它导致人们认为,他正在谈论的是形成有区分性社团的所有那些团体,这些团体经由共同情感和正义感联合起来,而不是在谈论那些享有最高层次的政治组织(国家)的人民。实际上,《万民法》中没有一个地方意味着,在国家中人民不是在最高层次上组织化的,但罗尔斯的这种诉求引起了混乱:"假定'人民'(民族)这词常常用在指涉种族和民族性的集团,包括那些缺乏自己的国家的民族集团,他也许就可读作是提供了一种比他现在所有的更为激进的国际关系理论——这个理论把主权权利中的许多权利归之于那些还没有自己的国家而在一定的国家疆域内如果不是成千也是成百的'民族'集团。"[5]并且,罗尔斯也指出,二次世界大战以来,国际法倾向于限制国家在自卫场合进行战争的权利,也倾向于限制国家国内主权的权利。布切那(Allen Buchanan)也指出:罗尔斯希望避免的传统的国家观,自从二次大战以来的几十年中,已经受到了挑战,至少在国际法理论中是如此。"国家现在不被看作是有罗尔斯所用的那种术语所赋予的无限主权,国际法确定的主权以及当前国际法认可的主权是,国家并没有为了寻求他们的进一步利益而发动战争的权利,但只有自卫的权利,或保卫因其他国家侵略的权利,国家内部的主权也受到人权的限制。《联合国宪章》之后人权的发展恰恰已经挑战了罗尔斯所拒绝的主权的这两种权利。”[6]但我认为,既然罗尔斯并非没有意识到二次大战以来国际法的进步,罗尔斯对“人民”这一概念的使用仍然有他的用心所在。尽管这里所讲的是“国家中有组织的人民”,但仍然是与“国家”有区别的概念,在罗尔斯心目中,这个区别在于正义自由的人民将其基本利益限于合理性要求的范围内,而国家利益的内容不容其稳定于正当理由之上。[7]

那么,什么是人民的基本利益(fundamental interests)?罗尔斯说:“自由人民的利益是政治正义的合理性概念所限定的。这样,人民努力保护他们的政治独立和他们的自由文化以及他们的公民自由,保卫他们的安全,领土和他们作为公民的好生活。而进一步的利益也是有意义的:这种利益在人民方面所归之于卢梭所称之为的‘amour-propre’(自爱)。这个利益是一个人民作为人民的适当的自尊,它依系于在他们的历史进程中的探险以及成就的文化之共同意识。这种利益完全不同于对他们的安全和领土安全的关心,这种利益本身表明,在人民(民族)之中,坚持接受来自其他人民(民族)的尊重和对于其他人民(民族)的平等承认。把人民与国家区分开来——这是至关重要的——的是,正义的人民充分准备着获得同样适当的尊重和把其他人民放在平等地位来承认。”[8]

从这里,我们也就清楚了,罗尔斯为什么要把国际法准则的基础系于人民这一概念而不是系于国家。对于国家这一概念,西方思想史上自从古希腊以来,就有着根深蒂固的传统解读,虽然二次大战以来,对于国家主权的概念,西方社会有了重新的解读,但国家仍然有着它自己的利益追求,这种利益追求与人民的基本利益是不同的。而罗尔斯所说的人民,虽然实质上是国家概念内的组织化的人民,但罗尔斯赋予人民这一概念以新的内涵。在罗尔斯的诠释意义上,人民这一概念不仅与宪政民主制度息息相关,同时,人民没有类似于帝国似的国家利益及其扩张要求,没有增加经济实力等利益要求。最重要的是,人民没有国家权力所有的特性,因而对其他人民,由于没有利害冲突,随时准备着给予平等的承认与尊重。正是在这样一个基点上,我们才可看到一种正义的国际秩序出现的可能,或者说,一种现实的乌托邦出现的可能。

(三)自由人民与非自由的正派等级制人民

罗尔斯的现实的乌托邦分为两个层次。一是自由社会(人民)之间的现实乌托邦,二是扩展到正派而非自由的社会(人民)。

就自由社会而言,罗尔斯提出了国内社会的几个基本条件。一是正义的自由概念成为现实性的理念,有两个必要条件,一,它必须依赖于自由的实际法则,达到基于正当理由的稳定性,罗尔斯指出,这是指公民按照其正义感的适当原则而正确地行动所达到的稳定性。这种正义感是他们在正义的制度下生活、成长而获得的。二,它的首要原则和规则对于正在进行的政治和社会安排来说是行之有效的和起作用的。这里所说的首要原则可看作是指正义的两个原则,所谓规则则可看作是具体的对基本善的调节分配规则。

二是政治的正义概念作为一种乌托邦的概念,必要条件在于运用政治(道德的)理想、原则和概念来界说一种合理而正义的社会。罗尔斯认为,有一系列的合理性的自由正义的概念,每一个都遵循如下三个特征原则:一、列举出类似于得自宪政体制的基本自由和权利;二、设定这些权利、自由与机会的特殊优先性;三、确保所有公民获得基本善以使他们能够既理性又有效地运用他们的自由。正义概念的这些原则也必须能够满足相互性的标准。因为这些原则是作为公平合作的条款,不仅提议者,而且其他人也会认为是可合理地接受的条款。

三是现实乌托邦要求政治范畴必须在自身内包含政治正义概念的一切基本要素,如人被视为公民,自由公民的观念要由自由政治的概念来确定等;四为公民可以获得适当的正义感,以及相应的政治德性;五为政治观念获得重叠共识的支持;六为政治概念包括宽容的合理观念。

罗尔斯这里的六个条件,除了第一、二个条件把现实性与乌托邦性进行区分外,基本上是重复了他在《正义论》和《政治自由主义》之中所提出的基本理论。因此,《正义论》与《政治自由主义》中所阐明的正义原则或正义论,是万民法自由社会的国内部分的基础。罗尔斯正是从这里向国际领域扩展。换言之,他从形成合理正义的宪政民主的政治观念起步,扩展到自由与正派的人民社会,“按这种途径的发展,假定了政治自由主义的合理性,而由政治自由主义发展出合理的万民法,又进一步肯定了它的合理性。这一法则,得到宪政民主制和其他正派社会的基本利益的支持。只消这样发展下去我们的希望会很快变成合理的希望。”[9]

现在,罗尔斯的假设是,如果有了诸多个遵循这种正义原则的立宪民主社会,那么,它们之间是一种怎样的关系?罗尔斯在这里第二次运用原初状态的假设来确立相互关系。罗尔斯把这种关系称为万民法指导下的关系。但在这里,是自由人民的代表而不是作为各派个人(公民)的代表来确立万民法。与第一次运用原初状态一样,这里也是一个无知之幕的假设,他们不知道领土的大小,人口的多少,不知道其所代表的人民的相关力量。这些人民将自己视为自由平等的人民,这便使得第二次运用原初状态与第一次运用是同样严格的代表模式。罗尔斯提出,第二次原初状态有如下特征。一是所有自由而理性的人民合理而公平的处于平等地位,二是对万民法的内容进行审慎思考,三是慎思依据了正当理由,四是由正义的自由概念给定的人民的基本利益。在这样一种条件下,罗尔斯提出万民法的八条原则:

一、人民是自由的和独立的,其自由与独立受到其他人民的尊重。

二、人民应遵守条约与承诺。

三、人民是平等,并且是约束他们的协议的各方。

四、人民应遵守互不干涉的义务。

五、人民有自卫的权利,除为自卫之外,无权鼓动战争。

六、人民要尊重人权。

七、人民在战争行为中应遵守某些特定的限制。

八、人民有义务帮助其他生活于不利条件下的人民,这些条件妨碍了该人民建立正义合宜的政治及社会体制。

首先我们要注意到,作为主词的"人民"(peoples)在英文原文中都是复数,这就表明了一种相互性条件,而不是某个民族或人民单独存在的条件。那么,罗尔斯为什么提出这八条原则而不提出其他原则,而且不像是在《正义论》中那样,提供多项可选择的原则?罗尔斯说:“我是从国际法的历史以及使用与实践当中,形成了这种颇为符合传统的众所周知的原则。各方未曾像在《政治自由主义》和《正义论》中那样,得到可供选择的原则和理想清单。毋宁说,秩序良好人民的代表们仅考虑到平等的这些原则的好处,并且没有理由使他们不要这些原则而建议其他原则。”[10]但这里仍有一些情况需要说明。这里的无知之幕以及对原则的考虑(不是选择)与罗尔斯在《正义论》以及《政治自由主义》中对国内情形的考虑不同。在国内情形中,无知之幕下对原则的选择是对那些个人善概念中多样性因素的影响的原则的选择,而在罗尔斯假设的国际社会的情形中,万民法是自由民主社会的国际关系准则,是自由的政治原则向国际政策方面的扩展。其次,在国内情形中,选择正义原则的目标是能够运用于对每个公民终生都有影响的基本制度或基本结构,而国际方面的情形,其目标恰恰不是选择国际(政府)制度的原则,而是自由民主社会之间的国际关系准则。罗尔斯所要的是人民联盟(类似于联合国)而不是世界政府。因此,这八条原则一方面是国际法的历史和实践的产物,另一方面,更要注意到,是国内正义原则的扩展,尤其是体现了罗尔斯的第一原则,即每个人都平等地拥有与其他人的基本自由相容的最广泛的基本自由体系。各个不同的自由民主政体下的人民社会是自由而平等的,也是与其他人民社会的自由相容的。在这个意义上,罗尔斯特别强调平等在国际关系中的重要性。并且从自由平等的基本视域来提出国际法的基本准则。在《正义论》简约提到的国际关系问题时,罗尔斯就指出:“国际(nations)法的基本原则是一个平等原则。那些组织为国家的独立人民具有某些基本平等权利。这个原则类似于在一种宪政体制下的公民的平等权利。从这种国家之间的平等产生的一个结论是自我决定的原则,也就是一个民族‘人民’有自己处理自己的事务而毋需外国力量干预的权利。另一个结论是一种反对侵略的自卫权利,包括组成自卫联盟以保护这一权利的权利。再一个原则是,如果条约和另一些调节国家间关系的原则相一致,这些条约就应当遵守。”[11]在《万民法》中,罗尔斯说:“我认为万民法的八条原则要优于任何其他原则。在考察作为公平正义的分配原则时,我们始于平等的基线——在作为公平的正义的情形下社会与经济基本善的平等,而在这里便是所有人民的平等及其平等权利。”[12]

这里还有必要再讨论一下罗尔斯的人民联盟思想。罗尔斯明确提到,他以万民法原则建构全球人民社会联盟的思想来源于康德。以万民法为基础的人民社会的制度结构不是类似于国家政体的结构,如一个世界政府或超级国家,而是一个涉及安全、财政和贸易的国际合作组织的网络,或类似于联合国那样的联盟。康德在《永久和平论》中提出,人类的和平状态是被建立起来的,因为人类社会即使不永远处于敌对状态,也会不断受到敌对行为的威胁。而建立人类的和平状态,所需要的条件之一是“国际权利以自由国家的联盟为基础”。或者说,世界和平是以国与国之间的联盟为基础。假设要建构一个世界政府,作为有着它的法律和法律强制的全球性的政体,或者是一个全球性的专制,或者是统治着一个脆弱的帝国,它为各地区和各民族要求获得他们的政治独立和自由频繁的内战而四分五裂。因此,建构世界政府并非是自由人民的世界和平之路。其次,康德提出共和国的“和平联盟”的观念。追随康德,罗尔斯认为自由民主社会不可能相互发动战争。因此,假设人民社会将成长为一个世界性的国家或政府,这不仅没有必要,而且也不是保持和平秩序的机制。[13]

罗尔斯的理想理论不止于此。他将民主自由社会联盟的思想扩展到正派的等级制社会,也就是这类不自由的人民社会。当然,罗尔斯也提出了要将接受万民法的社会发展到所有类型社会的思想。罗尔斯提出,有五种类型的国内社会。一是民主自由社会,或自由人民;二是正派的等级制社会,或正派等级制人民(decent hierarchical peoples);三是法外国家(outlaw states);四为负担不利条件的社会(societies burdened by unfavorable conditions);五是仁慈的专制主义社会(benevolent absolutist societies)。所谓法外国家,即拒绝遵守万民法的国家。负担不利条件的社会,是指这类社会虽不事侵略扩张,但缺乏政治文化传统,缺乏人力资源的技能,而且缺乏秩序良好社会所必需的物质与技术资源。怎样对待这类社会,罗尔斯将其放在国际援助和分配正义问题中讨论。所谓仁慈的专制主义社会,是指该社会尊重大多数的人权,但否认其社会成员在政治决策中有其意义。这里值得指出的是,罗尔斯在进行这五种社会或人民的分类时,唯独把法外国家称为“国家”(state)而不用人民(people)来称呼之,表明他不想对一个民族的成员进行道德谴责,只想对这个民族的政府作道德的谴责。

罗尔斯讨论最多的是正派的等级制社会。与宪政民主的自由社会不同,这些社会中的成员在公共生活中不是被视为自由平等的公民,而是被视为不同集团中的成员并属于一定的等级、联合体等集团。因此,正派的等级制社会显然没有平等地对待自己的所有成员。每个成员参与一定的活动,并在整个合作体制中扮演确定的角色。并且,每个集团在法律体系中都由正派的协商等级制里的一个团体来代表。罗尔斯为正派的等级制社会提出了两个标准。第一个标准是,该社会不可有侵略目的,它尊重其他社会的政府与社会秩序。换言之,这是一个在国际社会中爱好和平的人民社会。第二个标准包括三个部分。一是该社会的法律体系保护该人民所有成员的人权。罗尔斯列出的人权清单包括:生命权、自由权(摆脱奴隶制、农奴制以及强迫性职业的自由,以及确保宗教自由、思想自由和良心自由的有效措施)、财产权以及法律保障的形式平等(这里需要指出的是,罗尔斯的人权清单中虽然把思想与良心自由作为一条列出,但实际上在非自由的社会是得不到保障的,罗尔斯自己也很清楚这一点,以下的论述我们将会遇到此问题)。二是法律体系必须将真正的道德义务与职责加于疆域内的所有人,他们把这些义务和职责视为符合正义的公共善的观念。但这种法律体系不把人首先看成是公民而且平等享有公民的基本权利(自由人民社会恰恰相反),它把人视为集团中承担责任的合作成员。这也是这类社会与自由人民社会的根本区别特征。三是该社会的法律得到正义的公共善的观念的指导,该社会的成员相信管理法律体系的法官及其他官员,遵守了公共善的观念。简单地说:“正派人民必须尊重和平的法则,其法律体系必须尊重人权,并为其疆域内的所有人规定义务和职责。其法律体系必须遵循正义的公共善的观念,该观念重视其所视为社会中每个人的根本利益。

最后,人民必须真诚而并非不合理地信任法官及其他官员,其法律得到正义的公共善观念的指导。”[14]

满足这样两个标准的正派的等级制人民,罗尔斯认为原初状态应当第三次运用,即向这类社会扩展。也就是让正派的等级制社会的代表与民主自由社会的代表平等地进入原初状态,赞同万民法的八条原则,由此建构一个和平与平等的国际秩序。为什么要两次运用而不是一次性地运用原初状态?罗尔斯是考虑自由人民与正派的等级制人民(非自由人民)并不是在同一个层次上。罗尔斯的逻辑是在自由人民社会赞同万民法之后,再考虑扩大万民法的全球性范围。罗尔斯认为,这些人民的代表同样会赞同八条原则,因为他们并不会从事侵略战争,并且,就他们社会所坚持的正义的公共善的观念而言,其代表既要致力于保护人权及其所代表的人民的善,又要维护他们的安全与独立。扩展到这一层次,所剩下的则是如何对待其他类型国家的问题。万民法并不是普遍适用于所有国家的国际法原则,也不是制度化的所有现存国家的合作基础。在罗尔斯的理论中,其他类型的国家不在人民社会的范围内(他们的代表没有进入原初状态),它们的存在不在理想状态中而是在非理想世界,并且给自由和正派的人民带来外交政策上的问题。而在罗尔斯的心目中,“其长远目标,是最终带领所有社会尊重万民法,并使之成为秩序良好人民社会的合格的充分成员。”[15]为此,就需要:第一,保卫自由社会反对法外国家的侵略;第二,协助负担不利条件的社会发展自由或正派的制度。因此,非理想理论部分包括的原则是与这样两个目标相适应的:一是战争法,它指导和限制使用达到政治目标的力量,二是援助的责任,它要求秩序良好的社会支持负担不利条件的社会的经济和政治发展。

非自由的正派等级制人民可以平等地进入原初状态,从而与自由人民一起构成人民社会(society of peoples),罗尔斯在进入理想理论第二部分时,曾给出了一个重要理据,这就是"宽容"(toleration)。宽容不仅意味着抑止行使政治制裁,而且意味着这些非自由社会为平等参与人民社会的合格成员。罗尔斯说:"我们意识到,假设公民是以合理性的正义政治观念和公共理性相容的方式来追随宗教的、哲学和道德的全面性学说,那么,一个自由社会也应当尊重它的公民的这些全面性学说。同样,我们说,假设一个非自由的社会的基本制度能够符合正义上的正当与正义的一定条件,并致使它的人民尊重人民社会的合理性的和正义的法律,自由人民就应宽容和接受这个社会。"[16]因此,为了理解罗尔斯的宽容理论,我们有必要简要地回顾一下罗尔斯在《政治自由主义》中提出的对不同的哲学、宗教和道德学说的宽容问题。

在《政治自由主义》中,罗尔斯提出对宗教的、哲学的和道德的合理性的全面性学说的宽容,我们知道,公民们信奉这些宗教的、哲学的和道德的全面性学说,是用于指导他们自己的私人生活,而不是政治生活。这些学说是合乎理性的,是因为它们都可以支持宪政民主政体下的政治制度和正义的政治观念,从而在政治观念上达成重叠共识。当然,信奉这些学说的团体如宗教团体或家庭内部可能是不民主的,但这些学说在国内政治事务上则是支持自由民主的政治制度的。就罗尔斯的国内正义的基本理论而言,在一个民主自由国家里,不可想象公共善的观念是为某种道德的、哲学的和宗教的全面性的学说所施加的,这被看成是不合理的。一种在政治上反立宪民主的正义原则的宗教的、哲学的和道德的学说,在民主自由的国家里,必定是反自由的,因而是不合理的。换言之,对罗尔斯而言,在民主自由的社会里,自由社会应当批评那种禁止它的成员行使民主权利的国内的某种全面性学说,而对于在正派的等级制社会里否定公民的这种权利的这种全面性学说,自由社会似乎要认可这种学说和非自由社会的这种做法。并且,自由主义还有一个承诺,即对个人自由的承诺,而现在却要宽容那些没有个人自由(如等级社会没有个人的政治参与自由)的非自由的社会,并把这些社会作为平等的人民社会成员来接受。怎么解释这种内在困境? 可雪·藤(Kok-Chor Tan)说:“罗尔斯这里没有给出满足的答案。在国内背景下的自由的宽容并不要求宽容非自由的政策,它所要求的完全不是这样。而罗尔斯没有给我们原则性的理由,为什么在全球性的背景下而不是在政治文化的多样性背景下是不同的。这里缺乏充分合理的论证,从而显得罗尔斯只是简单地放松了宽容的限度,为的是能够容纳正派的等级制社会的代表,以确保他的万民法也能够得到某些非自由社会的赞同。费拉多·泰森(Fernando Teson)指出,政治自由主义为了满足国际条件所做的这种变更,是《万民法》的一个严重错误。他说:‘一种政治理论如果在每一个要达到它的结果的关键点上不断修正,似乎它并不能与它的理论的原始形态相称,这是一种免除理论(道德上的)虚妄的简单方法’。”[17]因此,在可雪·藤看来,罗尔斯的国际理论,看起来是寻求自由与非自由政体的妥协,而不是因对自由正义的尊重而获得的稳定性。他认为,为了容纳正派的等级社会,罗尔斯使他的自由代表同意一种全球性的正义理论，这种理论过于一般化并且比一种真正的自由全球理论的要求要少得多。还有人尖锐地批评道，罗尔斯的万民法理论为了容纳非自由的正派国家，而放弃了自由主义的立场。我认为，这种批评确实指出了罗尔斯在从国内自由正义理论转到国际理论时，表现出的理论上的弱点。但自由主义的批评同样也忽略了罗尔斯所关注的事实：罗尔斯所寻求的不是全球性的自由正义，而是全球性和平以及最低限度的人权的实现。应当看到，罗尔斯的万民法是相当现实的，它并不是过高的理想。如果诉求一种全球性自由正义，那只能意味着一种过高的理想。

二、和平与正义

从相关文献看，作为新自由主义旗手的罗尔斯宽容正派的非自由社会(等级社会)，将其作为第三次原初状态中的成员而接受，是罗尔斯的万民法理论受到诸多批评的焦点之一。我认为，万民法理论之所以把非自由的等级制社会与自由国家同等对待，其根本目的在于追求世界和平。然而，世界和平是万民法的中心议题。宽容非自由的正派等级制社会仅是和平目标内容之一。

(一)世界和平

从万民法的架构来看，世界和平的第一层内容是自由人民或自由社会的特性所决定的。在阐明这个问题之前，我们还需交代一下罗尔斯以“人民”作为基本概念代替“国家”的用意，虽然我们在前面已经谈过罗尔斯的这个概念。我们认为，罗尔斯将人民作为基本概念，也是出于世界和平的考虑。在罗尔斯看来，人民这一概念在本质上是与世界和平的乌托邦理想一致的，而国家这一概念则有着传统性的理解（尽管人们认为二战以后有了重新解读），即国家总是受基本利益的驱使而动用自己的权力，而正义自由的人民则将自己的基本利益限于合理性要求的范围以内。如果国家的合理性行动排除理性（国家受自己的目标驱使，在处理与其他社会关系时忽视互惠准则），如果国家对权力的运用占了优势地位，如果国家利益包含了强使其他社会改宗为自己的国教，或者扩大帝国版图，或者获得王朝或民族的荣誉与光荣，或者增加自己相关的经济实力，则不仅是国家与人民这两者之间有着巨大的差距，而且国家实则成为威胁世界和平的根源。罗尔斯正确地指出，当世界政治依然充满着各国为权力、荣誉和财富而在全球无政府状态下进行斗争，则典型的国际关系观点根本上与修昔底德时代并无二致。因此，罗尔斯要我们转换视角，不从国家而是从人民来考虑不同人民之间的关系，而不是国与国之间的关系，因此，罗尔斯把在正义论中称为国际法的内容，在这里称为万民法。他以人民的视角来重构国际法，而不使得他的理论落入对国家概念的传统理解中去，在这样的基础上重构一个全球性的和平乌托邦，从而能够保证逻辑上的一致性，或者说，使得这个理论从出发点上就得到保证。

关于世界和平，罗尔斯的第一个观点是，自由人民之间没有战争。就人民的一般特性而言，“在人民（民族）之中，坚持接受来自其他人民（民族）的尊重和对于其他人民（民族）的平等承认。把人民与国家区分开来——这是至关重要的——的是,正义的人民充分准备着获得同样适当的尊重和把其他人民放在平等地位来承认。"[18]不同人民(民族)的平等承认就意味着消除国与国之间战争的可能。其次,罗尔斯更为强调自由人民之间关系的和平特性,罗尔斯把这种和平称为"自由民主和平"。自由民主的和平其根源在于自由人民是基本需求得到满足的人民。"他们是满足的人民,他们的基本需求得到满足,他们的基本利益与其他民主人民的利益完全相容……在他们中间存在着真正的和平,因为所有社会都满足于基于正当理由的现状。"[19]罗尔斯同意阿隆的理论,认为为了获得和平,这种基本需求得到满足的条件是必要的,并且认为唯有满足是普遍性的,出于满足的和平才是持久的和平。出于满足的和平即为自由民主的和平。民主和平的观念表明,一旦自由人民投入战争,只能是对不满足的社会或法外国家(罗尔斯的说法)的战争。换言之,只要基本需求得到满足,人民的行动将支持民主和平的观念。在这样的人民之间将不存在战争。如果在这个星球上还存在战争,那是因为还有基本需求没有得到满足的国家,即法外国家的存在。

罗尔斯以历史为证,指出虽然自由民主国家经常与非民主国家进行战争,但自1800年以来,宪法保障的自由社会之间还未曾相互进行过战争。罗尔斯指出:"在主要的稳固确立的民主制[国家]之间不存在战争,这一事实就如同我们所知的在不同社会之间的任何简单经验规则一样清楚明白。从这一事实看,我认为历史记录表明,民主人民的社会,其所有的基本制度与机构都是通过权利与正义的诸多自由观念(虽然不必然是通过同一概念)而良好组织起来的,因而这个社会具有基于正当理由的稳定性。”[20]罗尔斯也指出,历史地看,宪政民主制也存在着重大缺点。如它经常干涉弱小国家,它们甚至也为扩张的理由进行战争。现在已确立了宪政民主制的国家从前也进行过帝国性的战争。但罗尔斯认为,民主人民间的武装冲突将随着他们逐渐接近理想条件而消失。或者说,他们之间的战争只是意味着基本需求的满足还不够充分。而当他们的基本需求得到满足,他们之所以进行战争,只会结成自卫联盟对抗法外国家。如在二战期间的英法联盟。罗尔斯认同康德所提出的和平联盟(foedus pacificum)的观念,认为要实现康德的这一理想,有赖于在何种程度上能够实现自由政体及其基本需求要素的理想。也就是说,和平联盟的前提在于基本需求的满足,这也就是出于满足的和平。[21]

现实地看,全球范围内所有社会都是自由社会(人民)还只是一种相当遥远的可能。罗尔斯提出了五种社会或国家,自由社会仅是其中一种,还有重要的一种,这就是非自由的正派等级制社会。在罗尔斯看来,世界范围内的和平不仅是在自由社会之间有着可靠的保障(如果它们的人民的基本需求能够得到满足),而且在自由人民与非自由的正派等级制人民之间以及后者之间有着和平的可能。罗尔斯对非自由的正派等级制社会提出的两个标准,其中第一个标准就是这类社会是爱好和平的,它们承认必须通过外交、贸易和其他和平途径来达到它们在国际社会的目的。第二个标准中的人权标准,则是保障它们的社会不受侵犯的前提,是社会正义的基本条件。这同样与世界和平的目标相关联。前面已述,罗尔斯认为,自由人民应当与非自由的正派等级制人民一起,进入原初状态,构成全球意义的"人民社会"。在这个意义上,罗尔斯扩展了康德的自由联盟或和平联盟思想,和平联盟不仅仅是自由人民之间的联盟,还包括非自由的正派人民。只要他们是爱好和平而尊重人权的人民,都是人民社会的成员。罗尔斯在《万民法》中没有讨论,自由人民与非自由的正派人民之间的这种联盟是稳定的吗?这种建立在宽容前提上的和平联盟与自由人民之间的联盟有什么不同的特性?至少这不是出于满足的和平。还有,如果非自由的正派等级制社会侵犯人权,国际社会应当如何对待?因为在这里,人权概念的引入是一个重要因素,是自由社会接纳非自由社会的基本因素。因此,我们不得不先考察一下罗尔斯在万民法中的人权概念。

(二)最低限度的人权

在《万民法》中,人权标准既与战争、和平直接相关,同时又是罗尔斯的国际正义的一个基本标准。人权的作用在罗尔斯的万民法中是双重的。一是对主权的批评和限制,人权限定了国内政府对它的人民的合法性权威,二是只要一个社会尊重人权,即使是缺乏自由民主的政治制度,也被认为有充分的理由来支持它避免旨在带来导致其国内变革的外部干涉。

我们知道,人权是一个含义十分宽广的概念。罗尔斯的正义两原则中的第一原则所强调的基本自由的基本内容,都可以看作是人权的内容。然而,罗尔斯对于万民法中的人权,尤其是对于正派等级制社会的人权内容的规定,却与一般对人权的内容的规定有所不同。前面已述,罗尔斯提出的是三种人权,一是生命权,即维持生存与安全;二是自由权,即摆脱奴隶制、农奴制等;三是财产权。罗尔斯认为:“这样理解的人权不应看作是专属于西方传统的特殊自由而拒绝,它们没有政治的地域性。”[22]然而,我们要注意到,罗尔斯所列的人权清单与1948年联合国所通过的《世界人权宣言》(Universal Declaration of Human Rights)相比,省略了几个重要的条款。《世界人权宣言》中的人权清单则是得到国际社会普遍承认的人权内容。如罗尔斯省略了表达自由(人权宣言第19条)与集会自由权(第20条),以及民主政治的参与权(第21条)。应当看到,罗尔斯在制定他的万民法的人权清单时,是考虑到了联合国的《世界人权宣言》的。罗尔斯对这一人权宣言是有研究的,但罗尔斯的取舍是有选择性的。在《万民法》中,罗尔斯对《世界人权宣言》所列人权清单进行区分,指出有些人权是与公共善相关的,而有些人权则显然是与特别种类的制度为前提条件的。罗尔斯所省略掉的上述几种重要的人权,表明罗尔斯是有考虑的。这就是在非自由的等级制国家,上述人权是不可能得到保障的,它们是自由人民(社会)的基本权利。罗尔斯认为,在自由意义上的人权是西方历史的特殊产物,尤其是宗教战争的产物,[23]因此,他把绝大多数国家都已表态赞同的人权限于西方国家的范围内,而不认为具有全球的普遍性。当代西方国家有的学者认为这是他在自由主义立场上的倒退。但我们可以看到,这是罗尔斯的现实主义的态度,因为罗尔斯对那类他心目中的正派的等级制社会是十分清楚的。正是这些权利把自由人民与非自由的正派等级制人民区别开来。

在某种意义上,罗尔斯的万民法所保障的人权是最低限度的人权,是罗尔斯认为不可再后退、不可再削减的人权清单。因此,罗尔斯强调："人权不同于宪法赋予的权利，不同于自由民主制公民的权利，也不同于属于某种政治机构——包括个人主义式和联合式机构——的权利。人权为正派的国内政治与社会制度确立了一个必要的，虽然是不充分的标准。"[24]罗尔斯在这里所说的意思是，这些人权为所有正派的社会制度（包括自由与不自由的制度）确立了一个必要的标准。罗尔斯把这些人权称为特殊种类的人权（the special class of human rights）。这种特定的人权，是应对某些人类历史上曾发生过、曾出现过的最不人道的历史现象，以及应对可能出现的现代人类应当关注的最为紧迫的问题。或者说，有了这类人权的保障，人类社会才不至于倒退到野蛮中去。罗尔斯把他所列举的这份人权清单看成是保障已发展了的人类文明生活的最低条件。[25]这种特定的人权，也就是如《世界人权宣言》中所宣布的人人享有生命、自由与人身安全的权利（第3条），以及任何人不容加以酷刑，或施以残忍不人道或侮谩之待遇或处罚（第5条）等。实现这些人权，是社会的政治机构以及法律秩序的正派性的必要条件，是人类文明发展的成果的体现与结晶。罗尔斯认为，这个人权清单所列人权是具有全球性的普遍性的。在这个意义上，罗尔斯的全球普遍正义是建立在这个基础上的。对这些人权的侵犯，也就是对正义的侵犯。罗尔斯把侵犯这类人权的国家称之为法外国家。罗尔斯提出，在万民法之下，自由与正派的人民有权不宽容法外国家。因此，只有实行这些人权，才可充分排除其他人民的政治的强行干涉，包括武装干涉。实际上，罗尔斯在此等于宣布了自由与正派国家对法外国家的强行干涉（包括武装干涉）的合理性。当然，罗尔斯对法外国家的定性还有一条，这就是对外侵略，不尊重他国主权。但是,这两个因素并不一定意味着有内在的必然联系。并且,一个在国内政策方面是压迫性的国家,并不意味着国际方面的行为就是侵略性的和危险的。而我们承认一定的非自由国家,不仅是因为它们对我们的利益没有威胁(它们不对外侵略),而且因为它们尊重罗尔斯所列的有限人权,因而值得自由民主国家的尊重。

由此可知,罗尔斯所列的人权清单,既是全球普遍正义的最低限度的标准,同时又是对法外国家进行武装干涉的标准。在这里,有必要着重讨论一下罗尔斯的战争观。罗尔斯不赞成把所有的战争都称为罪恶的极端观点(战争纯属地狱),而强调把战争分为正义与非正义的两类。在罗尔斯的《万民法》理论中,合乎正义的战争可分为两类,一是自卫战争,二是人权因素引发的战争。在罗尔斯看来,任何非侵略性的并尊重人权的社会都有着进行自卫的战争权(内在包括协助保卫盟友的权利)。自由社会进行自卫战争,是为保护公民的基本自由及其宪政民主政治制度而战,而不是为了获取经济财富或自然资源而战,更不用说是为了赢得霸权和帝国利益。在罗尔斯看来,当自由国家追求这些利益时,它就不再尊重万民法而变成了法外国家。因此,罗尔斯对于自由人民进行自卫战争的权利是有着严格限定的,自由人民不得以自卫的理由进行扩张性战争或出于经济利益和谋取霸权而进行战争。正派的等级制社会也有进行自卫战争的权利,虽然他们所保卫的与自由人民完全不同,但他们仍然有他们值得尊重的东西需要保卫:其统治者正当地捍卫自己的等级制的政治制度,其社会与人民尊重人权和万民法。在罗尔斯看来,进行正义战争的目的不仅在于保卫自己人民的利益,而且在于在人民之间达成正义与持久的和平,尤其是与人民的敌人达成和平。

对法外国家的武装干涉问题,在万民法中有两处论述。一处是在万民法第二部分的第十节中,二处是在第三部分的第十三节中。在第十节中,罗尔斯明确提出如果法外国家对他所提出的最低限度的人权遭到严重侵犯,这些国家不仅将遭到谴责,而且将遭到强行制裁甚至干涉,也就是说,正派社会或秩序良好社会将不宽容这类国家。在第十三节中,罗尔斯所持的是一种相当谨慎的态度。在罗尔斯看来,任何良序社会的防卫行动,只是应对最紧迫的首要任务(在罗尔斯看来,自由社会和非自由的等级制社会,由于它们都尊重人权和万民法,因而都是秩序良好的社会,因此在国际意义上与在国内意义上的秩序良好社会是不同的)。而它们的长远目标,是带领所有社会尊重万民法,并使之成为秩序良好社会的合格的充分成员。为此目标,罗尔斯的建议是以秩序良好社会结成联盟或组成公共论坛,这一论坛的公共舆论旨在针对法外国家,他们将表明他们对压迫性及扩张性政体以及侵犯人权所持的观点。在这里,罗尔斯的意思是,首先对于法外国家进行舆论批判,通过这种舆论批判促使其内部政策发生变化。其次,如果对于秩序良好社会的这种批判仍然无动于衷,并且仍然蔑视《万民法》时,秩序良好社会会采取较为强硬的措施来迫使其改弦易张,如否定对其进行经济援助,拒绝准许法外国家作为互利合作组织中的成员等。如果法外国家仍然不改初衷,罗尔斯在正式的行文中仍然没有正式提出武装干涉的合法性问题。但在此处的一条重要脚注中,提出了这一问题。他说:“在前面我说过,我们必须在某一点上提出这样的问题:只因法外国家侵犯人权,虽然其对其他国家绝不危险,亦不具侵略性,其实还很弱小,则干涉法外国家是否合法。诚然在此类情形下,某种干涉总会有自明的根据:然而人们必得各个不同地发展到进步的文明状态,而非倒退到原始社会。原始而孤立的社会,同自由及正派的社会不相往来,我们实在无从影响。但是那些更其发展的社会,与自由及正派的社会寻求贸易或其他合作的安排,情形就不同了。想象一下类似于阿兹特克(Aztecs)的发达社会。虽然它对人民社会的所有守法成员均无侵害,却把社会底层视为奴隶,又在庙宇里将合适的年轻成员来作献祭。是否有策略些的办法,劝他们停止这些做法?我相信,他们必须被迫承认,若无对人权的尊重,他们要加入社会合作体系便绝对不可能,而这样的体系对他们而言乃是有利可图的。靠奴隶制度和以人作牺牲的威胁推动的体系绝非合作体制,也不能成为国际合作体系的组成部分。然而是否有时要诉诸强制性的干涉?如果对人权的侵犯恶劣之极,社会对强行的制裁又毫无反应,则从捍卫人权计,这样的干涉可以接受,也应予提倡。"[26]我们还可想象比将人作献祭更为严重的大规模的种族灭绝这样的人道灾难。发生类似事件,罗尔斯毫无疑问是支持进行人道干涉的。不过,我们应当提出的问题是,谁能保证干涉就会带来相应的尊重人权的改革?外部的这种干涉与内部的改革会有必然联系吗?

还有更为一般性的问题。从罗尔斯在非自由的正派等级制社会意义上提出的两个标准意义上看,罗尔斯的最低限度的人权概念具有社会建制性意义。它是文明社会和正义社会的最低限度的要求,如果没有做到这一要求,也就不是最低可能的文明社会和正义社会,因此,低度人权是最起码正义社会的构成要素。但人权是在特定政治共同体内得到有效保护的。超出这一地理或政治的限度,人权概念仅有道德的内涵,因此,对他国所发生的人道灾难只能有人道性的干涉或人道援救,它是一种道义性的援救。这种援救即使是正当的,合乎道义的,也并非是在主权国(法外国家的)法律意义上具有形式合法性的。应当看到,这是普遍人权观念(即使是在罗尔斯万民法的低度人权意义上)与单数的主权法治国之间的矛盾。这里看看哈贝马斯的讨论是很有启发性的。哈贝马斯指出,人权这一概念既有道德的意义,又有法权意义。在哈贝马斯看来,对人权不能仅有道德的理解,而应该体现在一个实证法的结构之内。只有作为法律,才有可实施的强制性。那么,在自由与正派社会的法律意义上具有建制性意义的人权,如何能够得到法外国家的承认呢?换言之,如果得不到法外国家的承认,它的全球普遍性又怎样体现出来呢?哈贝马斯的思路是以一个“世界公民权利”的概念为中介来解决这个问题。哈贝马斯把“世界公民身份”(Weltbuergerschaft)看成是“国家公民身份”(Staatschuegerschaft)的连续统,即有着内在一致的两个身份,使得国际范围内的人权成为“世界公民的权利”,使人权在全球范围内具有法律性的强制性要求,但并不要求有一个世界性的政府。哈贝马斯说:“一方面是古典的自由权利的人权内容,另一方面是这些权利的其范围起初仅仅限于民族国家的法律形式,正是这两者之间的矛盾使人们意识到,以商谈方式加以论证的‘权利体系’超越了单数的民主法治国,而趋向于权利的全球化。如同康德已经看到的,基本权利,根据其语义内容,要求一种国际范围的法律化的‘世界公民状况’。但是,要根据这一点而使联合国《人权宣言》成为可诉诸法律行动的权利,仅有国际法庭是不够的。这样的法庭要能够发挥充分的作用的话,单个主权国家的时代先得经由一个不仅能够通过决议而且能够采取行动并实施决议的联合国而宣告结束。”[27]世界公民权利的法制化需要一个比现在的联合国更为有力的国际性机构保障人权的普遍性遵守。而其理由不是简单地诉诸现有的国际法,因为并不存在这样的国际法,也不是直接诉诸道德,因为道德规范没有这种明显的强制性,虽然这种规范性要求已经蕴含于现有的国际法当中,但它并没有完全的法律规范意义。因此,“必须假定似乎存在着充分建制化的世界公民状态。”[28]可行使这种权利的国际机构也就呼之欲出了。因此,哈贝马斯所诉诸的是人权概念的建制性意义来解决国际间的人权问题。而在罗尔斯那里,对于不承认最低限度的人权国家(法外国家),罗尔斯所诉诸的是人权的道德含义,干涉虽然在道德上是合乎正义的,但却不合单个主权国的形式法。并且,如果仅仅是站在自由人民的立场上来看待国际间的人权问题,那就意味着从单主体的立场上,把具有普遍价值的人权当作物品来发放,从而具有一种家长主义的作风。实际上,罗尔斯的《万民法》始终都是作为自由人民的代言人说话的。在这个意义上,罗尔斯的立场类似于布什的单边主义的立场。这种观点没有看到,具有全球性意义的人权及其有效性,是取决于所有人从自己的视角出发所进行的理解和同意的。以哈贝马斯的语言来说,是从所有他者视野出发的。当然这个问题比罗尔斯在国内正义理论中采取最不利者的视域要复杂得多。自由人民所认可的正义自由的价值要等待非自由人民的接受,在尊重其主体的前提下达到对正义自由的价值认同。

(三)分配正义

在《万民法》中,除了基于最低限度人权的普遍正义外,还有一个分配正义的问题。

对于国际间的分配正义,罗尔斯的理论与国内的分配正义理论有着巨大的不同。对于国内的分配正义,罗尔斯提出的是差别原则,从惠顾最小受惠者的角度来确立分配正义的出发点。对于国际间的分配正义,罗尔斯则将考虑的基点从个人转向社会,主要关注的是承受负担的社会(Burdened Societies)。罗尔斯的国际间的分配正义,主要体现在自由社会和正派社会对这类社会的援助上。换言之,因为有这样一类社会存在,因而存在着分配正义的问题,而分配正义的问题是通过自由或正派社会对这类社会的援助义务来体现的。所谓"承受负担的社会",即承受不利条件的社会。这种承受负担的社会,虽然不事侵略扩张,却缺乏政治文化传统,缺乏人力资源和技能,而且往往缺乏秩序良好社会所必需的物质与技术资源。《万民法》所确立的自由社会的外交政策的长远目标,是将负担不利条件的社会带到这样一个地位:它们自己能够维持自由或正派的社会制度,或良秩社会。自由社会有责任援助负担不利条件的社会。

值得注意的是,《万民法》中的分配正义问题或援助义务并不意味着要解决贫穷问题,虽然贫穷也可能是其中的一个问题。在罗尔斯看来,只有承受负担的社会才需要援助。这样的社会并不都是贫穷的,一如并不是所有秩序良好的社会都是富有的一样。

援助所要达到的目标，是将这些负担不利条件的社会带入秩序良好的社会，一旦这个目标达到，援助就应停止。因此，罗尔斯的国际间分配正义理论是面对负担不利条件社会提出来的。它的手段则是国际性援助，它的目标则是使这种社会变为良秩社会。因此，它要解决的问题是从制度上反映的社会不公正问题，而不是各社会财富占有上的不平等问题。

为止，罗尔斯提出了援助义务的三个准则。第一个准则就是秩序良好社会并不意味着是富裕社会。罗尔斯把这个原则比作是国内的正义储存原则。他指出，正义的储存原则，其目的在于为自由宪政民主社会或任何良秩社会建立正义的基本制度，以确保其公民能够得到值得享有的生活。而建立正义或正派的制度，并不需要大量的财富，财富需要的多少，有赖于社会特定的历史以及正义观念。在罗尔斯看来，一旦正义或正派的基本制度得以建立，储存则会中止。在这个方面，援助的义务与储存原则表现了同样的观念。

第二个准则则在于援助要意识到承受负担的社会的政治文化。罗尔斯的国际援助主要是从政治制度层面考虑的。罗尔斯正确地意识到，仅靠资金的援助，不足以纠正政治与社会方面的基本的不正义。在他看来，世界上绝无这样的社会，资源会稀缺到这样的程度，竟至于无法形成秩序良好的社会。资源匮乏的国家往往相当富有(如日本)，而资源富足的国家又会有严重的困难。罗尔斯正确指出，造成这些差异的关键性因素在于该国的政治文化、政治德性、市民社会以及人口政策等。罗尔斯引阿马蒂亚·森关于贫困与饥荒的著名观点来佐证他的观点。即引起饥荒的主要原因并不是食物产量的下降，而是政府在分配及供应食物方面的失败。他说："饥荒应归因于政治和社会结构的失败，及其无力制定补救食物生产短缺的政策。当政府不关心人权，它会听任人民挨饿，而这种后果本是易于防止的。"[29]

第三个准则在于履行援助义务，其目的在于帮助负担不利条件的社会，使之得以合理而理性地管理自己的事务，并最终成为秩序良好的人民社会的成员。而一旦这一目标实现之后，便无须进一步提供援助。

因此，对于援助与分配正义的问题都应在秩序良好社会的意义上重新进行诠释与理解。需要再重复一遍的是，在《万民法》中，罗尔斯认为自由社会和非自由的正派等级制社会都是秩序良好社会。这与他在《正义论》和《政治自由主义》中是不同的。罗尔斯在《万民法》中将非自由的正派等级制社会称为良秩社会，主要是因为它尊重罗尔斯所提出的有限人权。不过，正如我们对人道干涉所提出的问题一样，我们能够保证援助将负担不利社会成为良秩社会吗？难道不可想象国际性的援助将强化某种非正义的政权？如对前伊拉克的萨达姆政权的国际援助，受益最大的难道不是萨达姆政权本身吗？罗尔斯反复强调，援助义务的关键作用，在于援助负担不利条件的社会，使之成为全球性人民社会的充分成员。援助原则如同国内的储存原则，只要为国内社会的正义基本机构奠定了基础，实际储存就应当停止，同理，只要所援助的负担不利条件的社会成为良秩社会，援助义务也就应当停止。但是，正如我们可想象的，如果援助非但不是帮助了负担不利社会的人民而是帮助了那个不正义的政权，这种援助是有助于它要达到的目的还是会离它所要达到的目的更远？我们有什么理由想象有了良秩社会的援助，就一定会使得负担不利条件的社会成为良秩社会？

罗尔斯把援助负担不利条件社会作为国际性分配正义的目标，在这个意义上，罗尔斯是把实现正义的制度作为目标，罗尔斯指出："社会最终的政治目标，是达成基于正当理由的充分正义而稳定。一旦达成这一目标，万民法便不再确立进一步的目标，如超出维持这些制度之外的提高生活标准这样的目标。"[30]罗尔斯的理解是，在正义的社会制度之下，此社会的成员的基本需求可以得到满足，人民可以自立。罗尔斯对于国际间的分配正义考虑的基本单位不是个人而是社会，这是一种基于社会的正义。对于罗尔斯的这个基本点我们应联系罗尔斯的第二次原初状态和第三次原初状态来理解。在这两次原初状态中，所有各方代表是社会的代表而不是个人的代表。而在国内原初状态中，罗尔斯的设想则是各派个人的代表。由于这种代表设置的转换，罗尔斯将正义的基本点放在社会层面(并且与社会秩序良好为目标)，而不是个人状况上。因此，对于国际间的分配正义，罗尔斯把国际间的个人贫富差距问题放在一边，从而使他的分配正义论与世界大同主义(cosmopolitanism)形成鲜明对照。[31]世界大同主义的终极关注(the ultimate concern)在于全球性的个人幸福，而不是社会的正义。较之社会的正义稳定，它更关心能否给全球范围内的最不利者的福祉(wellbeing)带来改善(如果罗尔斯的代表设置转换成个人代表，那就必然从关心社会转换成关心个人，他就必须赞同世界大同主义)。在罗尔斯看来，在国内社会中，不平等的存在只有它能够为处境最不利者带来利益才是正义合理的，因此，罗尔斯对于国内分配持一种平等主义的倾向。然而,对于国际间的人均财富不平等的问题,罗尔斯是以国界来考虑的。只要某个国家是秩序良好的社会,不论它处于经济上怎样贫穷的地位,它没有理由要求经济援助,其他良秩社会也没有理由援助它。在这个意义上,如同他的自由主义一样,罗尔斯的正义论中的平等主义倾向没有扩展到国界之外。

罗尔斯认为,只要是秩序良好的社会,即使是经济水平相差悬殊,相互之间就没有援助的义务。在万民法中,罗尔斯有这样一个假设。两个自由而正派的国家,其财富处于同一水平,并拥有相同的人口。第一个国家注重经济发展,第二个国家则安于现状。几十年后,第一个国家的财富是第二个国家的两倍。罗尔斯指出,从世界大同主义的逻辑上看,第二个国家的人就要求向第一个国家的人征税,从而使得他们之间的财富占有趋于平等。而他所提出的援助准则则不存在这样的义务。罗尔斯问道,这样的征税难道是合理的吗?罗尔斯在这里提出了一个不公正的负担的问题。即那些经济财富增长缓慢的良秩社会应当为自己的政策后果负责,而不应当将这种后果转嫁到经济富裕的国家。

拜迟(Beitz,Charles R.)在2000年《伦理学》杂志上发表了一篇题为"罗尔斯的万民法"的文章,反驳了罗尔斯的这个假设。拜迟指出,这个假设是高度理想化的。两个社会都假设为是满足了正义或正派社会的标准,作为它们的制度的后果,它们社会的成员都被这样对待:好像他们的代表都理解他们政府的这些经济政策选择的后果,因为这些政策的选择至少是充分足够地表达了他们的分歧,如果他们偏爱不同政策的话。还需进一步假设,两个国家都是合理的在政治上自主的,即在经济政策方面,他们不受这样的因素的影响:过多地依赖于国际资本市场或使他们的经济政策与国际或国外发展机构所规定的政策条件一致。这些所要求的条件是如此充分,以至于我们不受任何直觉的诱惑,这些直觉使我们想起当代贫穷社会的状况。如果我们这样设想,那么,这就符合这些理想性的条件。拜迟问道:但这种情形的可能性能够驳倒全球分配正义原则吗?拜迟说,他认为不可能。在他看来,罗尔斯所假设的这种情形依赖于对个人道德的类比。在个人道德的情形中,我们典型地相信,社会没有任何义务来帮助那些对他们自己的情形知情,在无压制的情形下作出选择而处于虽无害但不利后果的人们。社会的责任在于维持背景正义,在这种条件下,个人能够决定他们怎样生活,个人对他们的选择是有责任的。拜迟指出,这种隐含的类比是有缺陷的。在个人那里,任何不利情形都是那个选择者自己带给自己的。但不能说在社会中的情形是如此。经济和社会政策所产生的结果是要在长期的人口中反映出来,这些后果中的许多后果或大部分后果是要在无辜的后代那里表现出来。而这似乎是不公正的。当然,也许还有其他理由,一个社会要为前代人的选择承担这个代价。如这个社会可能鼓励储存和投资,维持这种激励可能要求捐赠者不要给他人援助或限制对他人的援助。但这是一种制度性的判断而不是一个正义的问题。出于这些理由而限制援助的可能性并没有使国际分配正义原则受到伤害。[32]

根本性的问题仍是两者的终极性关注的不同。罗尔斯所关注的只是社会性正义,一旦这个目标达到,就不再设置其他目标,而世界大同主义的终极关注在于全球性的个人幸福。我们认为,对于罗尔斯的《万民法》中所体现的社会性正义的倾向与世界大同主义体现的对个人好生活的终极关注倾向应当整合,因为罗尔斯所指出的社会正义对于财富分配公平以及人的尊严生活起着决定性的影响的观点是强而有力的,但同时世界大同主义对于个人好生活的终极关注的观点同样有着强有力的力量,只有坚持世界大同主义,我们才能将罗尔斯本人在《正义论》中和《政治自由主义》中的分配原则贯彻到底。

注释:

[1] John Rawls, *The Law of Peoples*, Harvard University Press, 1999, pp. 9 – 10.

[2] Ibid., p. 6.

[3] 关于对乌托邦的批评,可参看拙作:《道德乌托邦的重构》(商务印书馆,2003 年版)一书。

[4] John Rawls, *The Law of Peoples*, p. 128.

[5] Allen Buchanan, "Rawls's Law of Peoples: rules for a vanished Westphalian world", seen John Rawls: *Critical Assessments of Leading Political Philosophers*, Volum IV, edited by Chandran Kukatblas, Routledge, London 2003, p. 241.

[6] Ibid., 241. 布切那还说:"国际关系的自由理论已经挑战这种假设:国家是不道德的行为者。但既没有发现拒绝'国家'这一术语是必要的,也没有必要以危险而含糊的'人民'这一术语来取代它。"(同上)

[7] John Rawls, *The Law of Peoples*, p. 29. 在罗尔斯看来,国家与人民的差异在如下的意义下是相当大的:如果国家为自己的目标所驱使,在处理与其他社会关系时忽视互惠关系准则,如果国家对权力的运用占了优势地位,如果国家的利益包含了强使其他社会改宗为自己的国教,或者扩大帝国、赢得领土,或者获得者得王朝抑或帝国抑或民族的荣誉与光荣,或者增加自己相关的经济实力——则国家与人民间的差异将是相当大的。

[8] John Rawls, *The Law of Peoples*, pp. 34 – 35.

[9] Ibid.,p.25.

[10] Ibid.,p.41.

[11] John Rawls, *A Theory of Justice*, p.378.罗尔斯在相同的地方还指出,还有一些用于控制一个国家可以在战争中使用手段的原则,指出即使在正义的战争中,某些形式的暴力也被严格禁止。(同前)因此,罗尔斯在《万民法》中提出的八条原则,除了第六条和第八条外,在《正义论》中都提出了。而增加这两条,更说明了罗尔斯的国内正义原则对他的国际法原则的影响。因为第六条有关人权的原则只是重申了基本自由所包容的基本权利,而第八条则体现了差别原则的影响。

[12] John Rawls, *The Law of Peoples*, p.41.

[13] 康德在《永久和平论》中提出永久和平的正式条款共有三条,一是每个国家的公民体制都应是共和制,二是国际权利应该以自由国家的联盟为基础,三是世界公民权利将限于以普遍友好为条件。最值得注意的是,罗尔斯对康德所提出的第三条条款的回避。哈贝马斯在纪念康德该文发表200周年所发表的《论康德的永久和平概念》中,特别强调了康德的世界公民概念。哈贝马斯指出,康德的世界公民概念满足于国与国之间的自然状态,而对这一概念进行修正,那就必须意识到,个体在国际共同体中的直接享有的法律地位。在这个意义上,就应有国家法、国际法和世界公民法,因而,也就不能让国家主权凌驾于公民的自主性之上。或者说,"世界公民权利必须加以制度化,并对所有政府都具有约束力"(哈贝马斯:《包容他者》,上海人民出版社,2002年版,第206页)这种世界大同主义的观点恰是罗尔斯加以拒绝的。罗尔斯所要的是一种松散的联盟,而不是一种对所有国家政府有约束力的国际政府或类似于超级国家的制度组织。通过哈贝马斯对康德观点的阐发,我们清楚了罗尔斯实际上是有选择地吸取了康德的观点。

[14] John Rawls, *The Law of Peoples*, p.67.

[15] Ibid.,p.93.

[16] Ibid.,pp.60–61.

[17] Kok-Chor Tan, "Liberal Toleration in Rawls's Law of Peoples", seen John Rawls: *Critical Assessments of Leading Political Philosophers*, Volum IV, edited

by Chandran Kukatblas, Routledge, London 2003, pp.198 - 199.

[18] John Rawls, *The Law of Peoples*, pp.34 - 35.

[19] Ibid.,p.47.罗尔斯对于基本需求的满足,提出了五个方面的基本要求,它包括:一,公平的机会平等,二,收入与财富的合宜分配,三,社会对个人提供可靠保证,四,对全体公民的卫生保健,五,选举的公共基金以及确保获得政策方面的公共信息的可能性。(Ibid.,p.50)

[20] Ibid., pp.52 - 53.

[21] 关于世界和平,罗尔斯还认同了康德的另一重要思想,即商业贸易的发展有助于世界和平。康德认为商业精神与战争是不能共处的。罗尔斯认为,商业倾向于实现和平,务商的民主人民没有理由彼此作战,因为贸易而不是战争可以使他们获得他们所需的廉价商品。罗尔斯指出,孟德斯鸠就持有这种观点,当代学者 Onel 和 Hussett 也持有这种观点。(见《万民法》第一部分)罗尔斯的商业贸易有助于和平的观点是从属于他的满足的和平观念的,并且是在自由民主国家体制意义上讲的。这个思想与康德的思想也是一致的。但值得指出的是,当代政治学家亨廷顿则持有一种完全相反的论点。他在《文明的冲突》一书中反复强调了这一论点。他说:"贸易会增加或减少冲突的可能性吗?它会减少民族国家之间发生战争的可能性的假设至少没有得到证实,而且还存在着大量相反的证据。20 世纪 60 年代和 70 年代国际贸易大大扩展,在接下来的 10 年中冷战宣告结束。然而,1913 年,国际贸易达到了创纪录的水平,但是在其后的几年中,民族国家之间的相互屠杀却规模空前。如果那种程度的国际商业尚不足以阻止战争,那么何种程度可能?这一证据不能支持商业会促进和平的自由主义和国际主义的假设。"(亨廷顿:《文明的冲突与世界秩序的重建》,新华出版社,1999 年第二版,第 57 页)在他看来,贸易发展既有助于战争也有助于和平,但不必然有助和平。不过,亨廷顿在书中通篇所强调的是西方文明与伊斯兰文明和东方的儒家(教)文明的冲突是冷战结束后的不可化解的冲突,商业贸易不可能有助于和平。我认为,亨廷顿确有着注重现实的政治家的分析头脑,但他仍然是一个冷战思维模式的思想家,他对世界问题的看法是浅层次的,或他只看到了表面性问题。因为他只是看到了西

方价值观与当前东西方社会所强调的价值观的不同(他把这看作是不同文明的特性,他的书中反复强调了这一点),把政治意识与文明模式混为一谈,没有意识到或他不愿意看到东方国家也有追求人类解放和人类自由的内在要求,因此,人权观念在他的书中毫无位置。并且,他的书中有一种反民主性的倾向。这都是与当前的世界精神倾向不相衬的。亨廷顿提出贸易的发展不有助于和平,是他的文明冲突论的基调所决定了的。如果他也赞同这种自由联盟或出于满足的和平的观点,其结论必然是罗尔斯式的,而不是他的所谓文明的冲突。应当看到,亨廷顿对商业贸易是否有助于和平的问题的存疑性考虑是与他把自由民主的和平联盟分离开来考虑的倾向一致的。这一论点的力量也在于此。弗朗西斯·福山(Francis Fukuyama)则对和平问题以及世界发展趋势问题持有与罗尔斯相同而与亨廷顿相反的观点。福山也持有自由民主联盟是一种和平联盟的思想。不过,他比罗尔斯更持有一种激进的当代自由民主在全世界普及的观点(由此他才得出历史终结的结论)。(seen *The End of History and the Last Man* by Francis Fukuyama)

[22] John Rawls, *The Law of Peoples*, p.65.

[23] 这里涉及罗尔斯的两个相关性思想。一是罗尔斯认为西方社会所强调的人权是需要相应制度的保障。罗尔斯说:“1948 年的《世界人权宣言》第 1 条:‘所有人是生而自由的,并享有平等的尊严与权利。人各赋有理性与良知,诚应和睦相处,情同兄弟。’其他条款则显然是以特别种类的制度为前提条件的,如第 22 条,社会保障的权利,以及第 23 条,平等的劳动平等的报酬的权利。”(Ibid.,p.80) 其次,罗尔斯在《政治自由主义》中说:“政治自由主义(以及更一般意义上的自由主义)的历史起源,乃是宗教改革及其后果,其间伴随着十六、十七世纪围绕着宗教宽容所展开的漫长争论。类似对良心自由和思想自由的现代理解正始于那个时期。”(罗尔斯:《政治自由主义》,译林出版社,2000 年版,第 12 页)

[24] John Rawls, *The Law of Peoples*, pp.79 – 80. 良心自由与思想自由是以制度性的保障表达自由和宗教信仰自由为前提的,因此,罗尔斯在开始列出那份非自由的正派等级制国家的人权清单时,虽然列出了思想自由和良心自由,但实际上并没有落在实处,并且他强调性地认为,像这类

自由实际上是西方近代以来宗教战争的产物,而对于其他地区和国家没有普遍性。

[25] 罗尔斯的这个思想是与当代另一法学家米尔恩(A.J.M.Milne)的思想相似的。米尔恩认为,当代西方的人权概念没有世界普遍性,因此,他提出一种最低限度的人权概念。不过,米尔恩的最低限度的人权概念来源于最低限度的道德,如行善、敬重生命、公平对待、互助、社会责任、不受专横干涉、诚实信用、礼貌以及抚幼,与最低限度的道德适应,有七项最低限度的人权:生命权、要求正义权、受助权、自由权、被诚实对待权、礼貌权以及儿童受抚育权。在他看来,这些权利是任何国家、任何时代都可以存在的,因而是普遍权利。(Milne, A.J.M., *Human Rights and Human Diversity*, The Macmillan Press Ltd., 1986.)

[26] John Rawls, *The Law of Peoples*, pp. 93 - 94.

[27] 哈贝马斯:《在事实与规范之间》,三联书店,2003年版,第693页。

[28] Juergen Habermas, "Bestialitaet und Humsnitaet",转引自董世骏文:"国际政治中的三种普遍主义",《对话中的政治哲学》,人民出版社,2004年版,第203页。

[29] John Rawls, *The Law of Peoples*, p. 109.

[30] Ibid., p.119.

[31] 在《万民法》中,罗尔斯简单介绍了 Charles R. Beitz 的世界大同主义的两个原则。一是资源再分配原则,二是全球分配原则。资源再分配是针对国际社会的自然资源占有的不平等,提出再分配原则,从而为每个社会提供公平的机会,使之建立公正的政治制度和经济体制,使资源缺乏的社会中的每一个人能够得到保证,不至于经济上的问题阻止他们实现足以支持正义社会组织和保障人权的经济条件。全球分配原则则涉及这种状况:生产不再自给自足,国家间的贸易和服务互通有无。在这种情形下,存在全球性的合作体系,全球分配原则则类似于罗尔斯在《正义论》中的差别原则的运用。罗尔斯以正文中假设的例子反驳了 Beitz 的观点。Beitz 则在一篇有名的论文中反驳了罗尔斯的这个假设。

[32] Charles R. Beitz, "Rawls's Law of Peoples", seen John Rawls: *Critical Assessments of Leading Political Philosophers*, Volum IV, edited by Chandran Kukatblas, Routledge, London 2003, pp.231 - 232.

第十章　来自两方面的批评

伯林曾在 1962 年说过，20 世纪以来没有值得推荐的政治著作。然而，罗尔斯完全改变了这种状况。自从 1971 年罗尔斯的《正义论》发表以来，哲学家、经济学家、法学家、政治学家纷纷讨论以及批评罗尔斯的理论，学术界发表了数千篇论文论著讨论与批评他的理论。不仅是在学术性专业人员及其学术刊物中，就是在非专业人员那里以及刊物中，都可听到或看到对于罗尔斯的理论讨论。对于罗尔斯的理论讨论在 21 世纪的初期仍在继续下去。一本哲学著作激起如此广泛的反响，在 20 世纪是一件罕见的事情。他打断了以往人们的话语，提供了人们思考与讨论的新话语。《正义论》是 20 世纪政治哲学、伦理学发展划时代的著作。正如诺齐克所说："《正义论》是自约翰·斯图亚特·密尔以来所仅见的一部有力的、深刻的、精巧的、论述宽广和系统的政治和道德著作。它把许多富于启发性的观念结合为一个精致迷人的整体。政治哲学家们现在必须要么在罗尔斯的理论框架内工作，要么解释不这样做的理由。"[1]2000 年，一批西方学者出版了一本纪念性论文集：《政治自由主义的理论——论罗尔斯》，在该书的"导言"中，V. 戴维和 C. 沃尔夫说："本书的出版标志着罗尔斯《正义论》的出版几近 30 周年。不论从哪个方面看，《正义论》的出版都可说是政治哲学的转折点。许多人注意到,从50年代到60年代,这整个领域处于衰退状态中。1956年,彼特·拉斯里特宣称:'政治哲学已寿终正寝',这几乎成一名言。以赛亚·伯林曾经说过,他决定力争得到知识史方面的奖学金,因为他意识到,哲学无益于政治学。某些人把政治理论方面的这种衰退描述为这个领域里在文献上的空白。R. 图克(1995)说:'在西季威克与罗尔斯之间,缺乏在政治哲学方面或多或少的那种所熟悉的主要文献。'不管这种人们可看得到的空白是什么,《正义论》的问世,给这个领域带来了前所未有的剧变和震撼。"[2]西方学者认为,罗尔斯的著作开启了一个新的理论时代。有人指出西方学术界已经达到了一种这样的共识,如果这个领域里的某个学者的工作要得到他的同仁们的重视,他的工作必须显示出与罗尔斯的《正义论》没有脱节。这样说并不意味着人们要认同罗尔斯的理论,实际上许多人一开始就是从批评罗尔斯来发展自己的理论的。这里我们从自由主义内部以及共同体主义的批评两个方面来讨论。

一、自由主义的批评

(一)哈耶克:真个人主义与伪个人主义

罗尔斯的理论也遭受到来自自由主义阵营内部的批评。自由主义内部的批评不仅针对他的契约论的方法,还针对他对于平等的看法。在这里,我们通过对哈耶克理论意义上对罗尔斯的正义理论的批评,首先看看对于契约论方法的批评。

自从1924年哈耶克发表第一篇论文以来，在长达60多年的学术生涯中，哈耶克对自由主义理论以及社会伦理学说做出了自己的特殊贡献。而在某种意义上，可说哈耶克的学说旨趣对罗尔斯的理论构成了直接的批评。然而，从哈耶克在20世纪有关罗尔斯的正义论所写的为数不多的评述中，可以看出，哈耶克似乎为《正义论》的出版给整个西方学术界所带来的“罗尔斯冲击波”“震晕了”[3]。只是到了晚年，哈耶克才对罗尔斯的正义论提出批评。哈耶克认为罗尔斯的市场社会主义是不可取的。但哈耶克与罗尔斯的真正分歧在于，哈耶克的自生自发秩序与罗尔斯的建构主义的区别，这个问题我们已经讨论过。但由此引发的关于个人主义的理解，同样也构成了对罗尔斯的批评。

哈耶克认为，在英国的自由主义与法国的自由主义之间存在着根本的区别。这个区别在于，法国的自由主义传统是唯理主义的传统，而英国的传统则是自发秩序的传统，又可说是经验主义的进化论的传统。在哈耶克看来，唯理主义假定，人生来就具有理智与道德的秉赋，这使人能够根据审慎的思考而形成文明。进化论者则认为，文明是经过不断试错，日积月累而艰难获致的结果。对于前者，哈耶克概括说，在唯理主义者看来，一切有效的制度都产生于深思熟虑的设计，而凡是有意识的设计都有助于人的目的。而经验论的进化论则相反，认为自由的价值主要在于它为并非出自于设计的发展提供了机会，而且一个自由社会之所以能够发挥其有助益的作用，在很大程度上也取决于自由发展起来的种种制度的存在。在他们看来，对习惯、习俗与传统的尊重，是自由的基础。以为可以以人为的理性来重构一个自由的秩序，实际上是破坏了自由的基础。自愿遵守惯例和规则，是自由发挥作用的前提条件。哈耶克认为，道德不是理性的设计而是自发秩序自然选择的结果。这种论点是对休谟的理性与道德无涉的论点的直接继承。但同时我们要看到，就是在休谟那里，除了自然之德之外，还有人为之德。人为之德就是正义的德性。在休谟看来，人为之德体现了理性与人们之间的协议的作用。哈耶克在归纳苏格兰的自由主义传统时，把休谟的这一重要思想放在一边，是不妥当的。当然，哈耶克的思想比此处的简述要复杂得多，他自发秩序论与理性建构主义的区别我们已在相关章节中讨论过了。这里主要讨论一下他所提出的个人主义问题。

在自发的秩序与相信理性设计社会的唯理主义的前提下，哈耶克提出了“真个人主义”与“伪个人主义”的概念。哈耶克说：“那些把个人视为起点，并且假定个人以正式契约的形式将自己的特定愿望与其他人达成一致，从而来形成社会的哲学家们，坚信自发的社会产物是不可能的……上述观点完全是假个人主义的见解。而真正的个人主义只是一种旨在使自发的社会产物之形成易于理解的理论。”[4]真个人主义持有人类的理性有限的观念和自然秩序的观点。而伪个人主义则相信理性万能。伪个人主义的传统体现在笛卡尔、卢梭以及法国大革命期间的社会工程师们身上。如笛卡尔认为，斯巴达是社会设计的典范。以法国卢梭等为代表的伪个人主义强调政治参与的自由，而相信自发秩序原理的英国经验主义的个人主义重在消极自由。真个人主义肯定习俗与道德规则对于自由的意义，肯定家庭以及小团体的共同努力的价值，相信地方自治与自愿联盟的力量。这种介于国家与个人之间的社会团体起着保护个人自由的至关重要的作用。因此,在哈耶克看来,与伪个人主义强调的原子式个人不同,真个人主义是分子式的个人主义。哈耶克认为,个人不可能是那种原子式的只有私利的孤立的个人,由原子式的个人组成社会的理论不能成立。分子的个人承认习俗与传统的规则的对于自由的作用,因而在涉及到个人的安全与自由的问题上,必须涉及个人的权利与义务,以及在这样的基础上形成的正义的规则。苏格兰启蒙传统意义上的真个人主义者,在哈耶克看来,有洛克、休谟、曼德维尔、斯密等。如斯密相信自发形成的"看不见的手"的市场对于自由制度的意义,这种市场并非是人的理性设计的产物。

哈耶克的伪个人主义与真个人主义区分的根本点在于,前者坚信理性万能,后者持一有限理性论。理性万能体现在契约论的论点:人可以通过理性来设计社会(以个人为起点,通过契约来构建社会);同时也体现在理性的主宰表现为自由的丧失。如卢梭在《社会契约论》中的整体主义观点以及法国大革命的社会实践。在哈耶克看来,假个人主义的社会设计必然导致这样一种结论:只要社会过程受人类理性控制,它们就能够为人类目标服务,因此,这就直接导致了集权专制。现在我们的问题是,罗尔斯式的个人主义与笛卡尔、卢梭式的个人主义有没有区别?毫无疑问,罗尔斯所继承的并非是哈耶克所赞誉的苏格兰启蒙传统的自由主义,而是卢梭式的自由主义,即契约论的传统。不过,我们要看到,罗尔斯的起点虽是卢梭式的,但其自由的内涵并非是卢梭式的。在西方学者中,有人认为,罗尔斯在重视个人权利与国家干预之间摇摆,其根源在于对卢梭的继承。这个评论有一定道理。但我们同时也要看到,罗尔斯将消极自由放在重要位置,可以看出他力图摆脱卢梭式个人主义的困境。而他对于公平正义的强调,内含着国家干预的内容,有一种卢梭式的影子。但同时他强调的包括消极自由的基本自由清单,则使他明显地区别于卢梭式契约论者。实际上,我们看到,在哈耶克所说的苏格兰的自由主义的传统中的真个人主义思想者,洛克、休谟都在其列。洛克也是从契约论的设计出发的,但洛克的社会伦理原则与卢梭的社会伦理原则就有根本性的区别。即使是把道德原则看成不是理性的产物的休谟,也把正义的德性看成是协议的产物,这无异于把正义的德性看成是根源于契约。因此,从理性的前提来对社会进行设计,并非一定导致集权主义、整体主义而扼杀人的自由。

从契约论出发的社会设计并非一定导致集权主义或整体主义。因此,如果理性设计不是伪个人主义的逻辑上的必要前提,那么,在这个前提上,哈耶克的真伪个人主义的区分在逻辑上就不能成立。在我看来,卢梭式的个人主义导向整体主义与集权主义,一个根本原因在于法国式个人主义将政治参与权利放在首位,而几乎没有消极自由的地位。因而几乎没有限制政府的权力,从而国家政权可以以任何名义侵犯个人自由。

(二)诺齐克:个人权利论

诺齐克是在受到罗尔斯的理论的激发下提出自己的正义理论的。诺齐克是自由主义内部对罗尔斯的最著名的批评者,他在罗尔斯的《正义论》出版三年后推出的《无政府、国家与乌托邦》(1974),再一次震动了学术界。他的著作一出版,就被人们认为是政治哲学与社会伦理方面的最精彩的论著之一。出版几十年来，赞成与反对它的论文不断出现。许多专业性的杂志出了诺齐克的专辑，无数的学术会议在讨论他的著作与观点。也编辑出版了像《诺齐克导读》这样的专门性的评论文集。诺齐克的理论的问世，使“政治哲学死亡了吗？”这样的问题再一次地得到了否定性的回答。

对于罗尔斯而言，自由与平等是他所兼顾的双重目标。罗尔斯的正义理论的道义论特点在于他不仅坚持自由原则的优先性，而且在于他的差别原则所体现的平等倾向。自由与平等是启蒙运动以来西方政治哲学与伦理学所追求的两大目标。“平等”这一概念既包括思想精神以及政治内涵，同时也包括物质财富的内容。从精神思想与政治内涵方面看，平等包括思想与良心的平等自由，政治方面包括选举与被选择的平等权利，以及言论集会和结社的平等自由，以及平等的人身自由以及法治原则下的其他自由。这些平等的自由可以归结为一个东西，即个人权利的平等。物质财富的平等包括收入与财富，以及影响收入与财富的社会机会。这两个方面的内容包括在罗尔斯概括的“社会基本善”的概念中。罗尔斯的社会基本善包括“自由和机会，收入和财富以及自尊”。然而，我们看到，物质性的基本善远较精神思想和政治方面的基本善复杂得多。要实现物质财富占有上的平等，有可能就会削弱或侵犯某些人的占有权利。罗尔斯承认社会地位与经济不平等的存在的合理性在于，“除非对一些或所有社会基本善的一种不平等分配有利于最不利者。”[5]也就是说，罗尔斯强调不平等性应当具有的社会道义责任。同时，罗尔斯提出补偿原则来惠顾最少受惠者。

如对高收入者征收高额累进税以及遗产税等,并通过二次分配来调节社会的贫富差距。罗尔斯正义原则的这种平等性的道义倾向,就可能要触犯社会中某些阶层的人的占有权利。因此,平等与财产占有权利,无疑就处于一种冲突中了。但诺齐克把这种对占有权的侵犯看成是对自由的侵犯,而财产权在什么情况下是与自由具有直接对等性的关系?这个问题不清楚,我们就无法谈财产权的自由问题(这个问题留待后面再展开)。

是要财产占有的权利,还是要平等?罗尔斯选择了平等。罗尔斯强调的是平等的优先性。罗尔斯把自己的正义理论看成是"公平的正义"理论。诺齐克正是从这个意义上向罗尔斯提出批评的。要实现平等或在不平等的基础上趋向于平等,不仅要体现在正义原则上,更重要的是体现在国家的功能上。罗尔斯也强调他的正义原则是确定社会基本结构的原则。那么,国家是否具有这种道义功能?诺齐克持否定的态度。诺齐克认为,人们合法持有的东西的权利是以任何理由也不能侵犯的。这就是诺齐克与罗尔斯的根本区别所在。与罗尔斯的正义理论体现的平等的道义论倾向相比,诺齐克则是一种权利论。由于诺齐克的理论是一个内容丰富而严谨的体系,我们必须把它较清晰地展示出来,才能体现他的理论的全貌。

1. 国家的功能

诺齐克的理论的出发点同样也是洛克、卢梭式的自然状态,但他与罗尔斯的契约论的假设不同,诺齐克认为人类脱离自然状态是自然社会进化的方式。诺齐克认为,人们在自然状态中,拥有一些自然的权利,如人身、自由、财产等不受侵害。同时,在自然状态中,自然的道德律如对于什么是正当行为、什么是错误行为大家也有一致的看法。然而,由于没有一个统一的机构来执行这些道德律,人们必须以自己的力量来护卫自己的权利。同时,也没有一个相应的机构来对付那些侵犯者,受侵犯者自己必须对侵犯者加以惩罚。根据洛克的理论,这是自然状态下的人们的自然权利。但是,自然状态下的人这样行事有很多问题,如造成对别人的错误惩罚或惩罚过分,如此长期下去,就有可能导致世仇宿怨,给社会带来一种争斗不已、恐惧不安的气氛。由于这种种的不便,就可能出现一些保护性的社团,开始时可能是由一些亲朋好友所组成,后来则发展到以地域、村庄为基础的联合,其中的一些保护组织成为专业性的。在一个地区内,可能最初有好几个保护性团体,但渐渐地,一个支配性的保护团体将从中产生。在存在着多个保护性团体时,一部分人可能参加某一个团体,另一部分人则参加另一个团体。如果两个参加不同团体的人发生争执,各人则诉诸自己的保护性团体来保护自己的权利。不同的保护性团体只有诉诸自己的力量。其中一个可能得胜,另一个可能失败。那个力量薄弱的可能最终会被淘汰。或者可以设想在一个地区有两个或两个以上的保护性团体,争执的各方可能会把他们争执的问题交付一个较中立或较超脱的机构,各方都同意服从这样一个裁决者的决定。裁判、惩罚和索赔的职能就逐渐集中于这样一个机构。这样发展的结果,最终在某个地区产生出一个最有力的保护性机构。这个机构满足了最低度的政府的两个条件:一,它拥有在一个地区使用武力的独占权;二,它对这一地区内的所有人提供保护。诺齐克认为,这种最低度的政府,也就是最低度的国家(minimal state)。从无政府状态中,产生了某种最低度的意义的国家实体。所谓最低度的国家,也就是国家只对于其成员的权利提供保护。这是国家在道德上可辩护的唯一依据。或者说,这里的关键问题是,这个保护性的机构有没有违反人们的自然权利?如果它违反了的话,那么国家这种机构在道德上就是不能得到辩护的。人们把自己在自然状态下的惩罚权交付给了这种机构,是要它来保护人们的自然权利。因此,由它来惩罚那些侵犯人们的自然权利的人,在道德上就是合理的。因此,无政府主义者认为任何政府都会侵犯人的权利的论点是不正确的。但这并不意味着国家做任何事都是道德的。相反,国家自产生那一天起,它的职能只是保护所有人的自然权利,它只是防止暴力、偷盗、欺诈等违反自然权利的事情。换言之,国家的职能只能是守夜人式的职能,除此以外,国家没有任何权利对它的成员作任何要求或强迫他做任何事情。

2. 最低度的国家道德上的合理性

诺齐克认为,对于所有人的权利的保护,不对他人权利的侵犯,是一种把权利看作是一种道德的边际约束(side constraint)的论点。即他人的权利确定了对你的行动的约束,而在任何行动中都勿违反边际约束。诺齐克把他的这一论点与功利主义的权利论相对照,指出功利主义没有恰当的考虑到权利及其不可侵犯性,而只是给权利一个次要的地位。功利主义是一种目的论的伦理学,如果不采用功利主义的功利概念而采用它的目的善的概念,同样易于导致对权利的侵犯。诺齐克说:"试假设要达到的目的状态是要把对权利的侵犯的总量减到最少,如此我们就有了一种像'权利功利主义'的理论了。在此与一般功利主义不同的地方,仅在于它以最大限度减少对权利的侵犯，代替了幸福总量的目标。……然而，这一权利功利主义还是会要求我们侵犯某人的权利，只要这样做能最大限度的减少这一社会对权利侵犯的总量的目标。例如，侵犯某人的权利有可能阻止某些人策划的严重侵犯别人权利的行动。"[6]在诺齐克看来，国家以及任何人对于个人权利的保护，不是作为一种社会善的目标，而是作为最低限的道德要求。在诺齐克看来，边际约束观点禁止你在追求你的目的时违反道德约束；而那种其目标在于最大限度地减少对这些权利侵犯的观点，却允许你违反这些权利约束。诺齐克并不认同这种观点。诺齐克认为，最低度的国家的倡导者只要把勿侵犯权利作为对行动的一种约束，而并不是作为一种要去实现的目的状态，就是在逻辑上前后一致的。不是作为目的而是作为道德约束的观点是与如下观点一致的：你被迫为他人的福利做出的捐赠是违反了你的权利的，而别人不提供你很需要的东西，包括对保护你的权利必需的东西，这本身并不侵犯到你的权利。

在这里，诺齐克对于洛克的自然权利学说作了康德式道德哲学的解释。在他看来，保护权利不受侵犯不是功利主义式的社会善的目的，而是一种道德约束。只有合乎这种道德约束的行动，才是合乎道德的，或在道德上是合理的。诺齐克说："对行为的边际约束反映了其根本的康德式原则：个人是目的而不仅仅是手段，他们若非自愿，不能够被牺牲或被使用来达到其他的目的。个人是神圣不可侵犯的。"[7]然而，诺齐克从边际约束的观点对人是目的的解释，比康德还彻底。康德说人是目的，而不仅仅是手段。这种说法本身还承认人的手段性的一面，但诺齐克认为，怎样对待人，在任何时候都存在着边际约束。人们对待一个工具,可能可以不加边际约束地去运用它,但一个人完全不是一个工具,不可超越边际约束去对待(除非他自愿)。不过,诺齐克认为,这也要区分两种情况,如果两人双方都是自愿的行动,如交换行动,双方都能从中得到好处,在这种情况下,对方在这方面就不是仅仅被用作一个手段。这是一种情况。但是,如果对方是一个若知道你打算对他的行动或物品加以某种利用,就会不愿意与你打交道,那么,即使他因无知而选择了与你交往并从中得到了足够的好处,他还是被你用作一个手段。诺齐克说:"政治哲学只涉及人们不可利用他人的某些方面,首先是对他人人身的侵犯。一种加于对他人的行为的特定边际约束,表明了下述事实:不能用这种边际约束禁止的特定方式利用他人。边际约束在它们指定的范围内,表明了他人的神圣不可侵犯性。这种不可侵犯性表现于下列的命令:'不要以某些特定方式利用人们。'"[8]

边际约束表明了他人的神圣不可侵犯性。但是为什么不可以为较大的社会利益而侵犯个人呢?诺齐克从个人的短暂利益与长远利益的角度类比提出问题说,我们每个人都愿意为了长远利益而承受某种牺牲或痛苦,如去看牙医以避免随后的更大的剧疼,去做某种不愉快的工作以获得它的结果等,但为什么不能同样认为,某些人必须付出代价,以使其他人得到较大利益或给人类社会带来普遍利益呢?"因为并不存在为它自己的利益而愿承担某种牺牲的有自身利益的社会实体。只有个别的人存在,只有各个不同的有他们自己的个人生命的个人存在。为了别人的利益而使用这些人中的一个,利用他去为别人谋利,不用更多,这里所发生的就是对他做某件事而目的是为了别人。谈论一种全面社会利益就属于这种事情。(有意地?)以这种方式利用一个人,就意味着没有充分地尊重和理解他是一个单独的人、他的生命是他拥有的唯一生命的事实。他不能从他的牺牲中得到一种超额利益,故而没有任何人有权把这一牺牲强加给他——而一个国家或政府尤其不能要求他在这方面的服从(当别人并不如此做时),因此,国家必须小心谨慎地在其公民中保持中立。”[9]诺齐克认为,最低度的国家的使命在于保护所有人的自然权利,同时它的行动受到不侵犯人的权利的边际约束。道德边际约束决定了我们任何人可以做什么和不可以做什么的最低限度,而任何人以及任何机构都不可违背这种约束,违背这种约束就失去了道德上可辩护的理由。这种边际约束的强有力理由在于个人的生命存在是一次性的,他人不可替代。个人生命的存在是一种具有道德尊严的存在,任何对于这种生命尊严的侵犯都是不道德的,不论任何人任何社会机构以什么理由来进行,都是如此。这种约束不仅认为牺牲一个人去为另一个人谋利是不合道德的,而且认为家长式的干预也是不合道德的。这种家长式的干预对他支配的个人使用强迫或威胁的手段来保证被支配者的利益。诺齐克认为,我们必须强调存在着不同的个人,每个人都有以自己的意愿来安排自己的生活的权利。诺齐克说:“我坚决认为,对我们可以做些什么的道德边际约束,反映了我们的个别存在的事实,说明了没有任何合乎道德的拉平行为可以在我们中间发生。我们中的一个生命被其他生命如此凌驾,以达到一种更全面的社会利益的事情,绝不是合乎道德的,我们中的一些人要为其他人做出牺牲,也绝不能得到证明。以下这一根本的观念:存在着不同的人，他们分别享有不同的生命，因此没有任何人可以因为他人而被牺牲——这正是道德边际约束存在的根据。”[10]诺齐克的这种道德的边际约束，不仅是个人行动的最低限度，同时是一个国家行动的根本道德标准。在诺齐克看来，不得以任何方式、任何借口侵犯他人的权利，国家的职能与权限仅在于保护个人的权利，任何比最低度的国家更有权力，或管事更多的国家都不是合法的，都是不可证明的。诺齐克的道德论和国家论都是以个人权利为基础的。从积极方面看，是国家如守夜人式的保护个人权利；从消极方面看，则是“个人权利的神圣不可侵犯”性。

3. 分配与持有

诺齐克的最低度的国家是守夜人式的国家，其职能只限于防止暴力、偷窃、欺诈等守夜人的工作。那么，超出这样的职能是否会侵害人的自然权利？因而违背了边际约束的道德限度？在西方政治思想史上，许多政治学家都认为国家的职能应当超出守夜人式的工作。其中一种强有力的理论是认为，政府负有收入与财富分配的责任，使分配正义得于实现。因此，除了守夜人式的国家职能外，还必须负责社会财富与资源分配与调节，从而实现社会公平与公正。罗尔斯的差别原则提出的惠顾最少受惠者的补偿原则，就是这种理论的代表。然而，诺齐克认为，当政府的职能超出了守夜人式的工作权限，进行社会资源的调节与分配，也就必然侵犯个人权利。在这个意义上，“分配的正义”就不是一个中性的概念了。任何涉及所有公民的分配都意味着一种集中分配，而只有政府是最适合做这项工作的机构。因此，分配正义成为国家要扩大其功能的主要理由。在诺齐克看来，以分配公正作理由来扩大政府权限是一种站不住的理论。因此,诺齐克以“持有”(holding)这一概念来代替“分配”这一概念,并提出他的“持有正义”的理论。诺齐克提出以下三点:

“1,一个符合获取的正义原则获得一个持有的人,对那个持有是有权利的。

2,一个符合转让的正义原则,从别的对持有有权利的人那里获得一个持有的人,对这个持有是有权利的。

3,除非是通过上述1与2的(重复)应用,无人有权拥有任何东西。”[11]

诺齐克在这里所说的三点实质性的内容只是前两点。诺齐克的持有正义涉及以下三个方面:一是持有的最初获得,或对无主物的获取;二是涉及从一个人到另一个人的持有的转让;三是如果一个人违反了道德原则而拥有了他无权拥有的东西,应该怎样处理。因此,诺齐克所说的上述三点还应加上对持有不公正的矫正原则。

诺齐克认为,任何分配正义也就是持有正义。但持有是依据权利的,所以诺齐克说:“分配正义的整个原则只是说:如果所有人对分配在其份下的持有都是有资格的,那么这个分配就是公正的。”[12]具体来说,第一是有关占取的公正原则,第二是有关转让的公正原则,第三是对不公正占有的修正原则。在诺齐克看来,这三个方面穷尽了分配公正的所有问题。

诺齐克的持有公正理论又可称为资格理论(entitlement theory),“entitlement”这一概念具有资格与权利(rights)的双重含义。个人的资格也就是个人的权利,不过,资格这一概念更具有实质性规范的意义,更确定地限定了权利占有的实质内容:财产权。有资格也就是有权利持有一定的财物。从获取正义的原则看,是财产的原始获取,对尚未有人持有的物质的挪用。那么,根据什么原则某人可以有权拥有某项物品?诺齐克根据洛克的财产理论来回答这个问题。洛克的财产理论认为,一个人对无主物的占有的合理性(占有权)在于他对无主物的劳动。为什么一个人的劳动与某物联结,就使他成为这一物品的所有者呢?这是因为他对自己的劳动拥有所有权,所以他也就对一个原先无主的、但现在渗透了他的劳动的某物有所有权。所有权扩大到了其他东西上。但诺齐克认为,对于洛克的这一理论的运用应当有所限定。不能认为我把一罐番茄汁倒入大海,其分子均匀地溶于整个大海,我就因此而拥有这整个大海吗?这显然是荒谬的。因此,对于洛克的理论应进一步限定,诺齐克说:"对某物的劳动改造改善了它,使它更有价值;任何人都有权占有一个他创造了其价值的东西。"[13]某个人的占有涉及自己与他人的享用问题。也就是说,对某一无主物的独占是否会使他人的状况变坏?在洛克那里,对一无主物的占有不致使其他人的状况变坏,是因为还留有足够的和同样好的东西给其他人共有。但在当代社会,已经很难说留有更多的无主物给其他人了。实际上,就是有足够多的东西留给其他人,如果某些人把世界上的好东西都占为己有,从而使其他人的状况变坏,那么,这种最初的占有就得不到辩护。最初的占有的合理性在哪里?这涉及整个私有制的存在的道德上合理性问题。诺齐克认为,一个人的占有可能以两种方式使另一个人的状况变坏:一是使别人失去通过一个特殊占有来改善自己状况的机会;其次是使别人不再能够自由地使用他先前能使用的东西。因此,对于财物的私人占有应当有所限定。诺齐克说,只禁止第二种方式的占有而不禁止第一种方式的占有,是一种较弱要求的占有。只有第一种占有具有合理性,不过,这还应当有限制性条件。诺齐克说:“我认为任何恰当的有关获取的正义理论,都将包含一个条件,即一个类似于我们刚才归之于洛克的那种较弱条件。如果不再能够自由使用某物的他人的状况将因此而变坏,一个通常要产生一种对一原先无主物的永久和可继承的所有权的过程就不被允许。”[14]换言之,这种较弱条件的占有并不使他人的状况变坏,是财物私人占有的合理性所在。在洛克的意义上,虽不许他人再行占有但允许别人有偿使用的意义上并没有损害到他人。并且,如果那个先行占有了某物的人提出对别人的补偿,虽然他的这个占取行为剥夺了其他人再占取该物的可能,但这个补偿本身却可以把他们带到一个较好的状况中。当然,这个补偿原则并非只停留在可能性的阶段,而是要实际指出某人的持有事实上为其他人带来了补偿。如指出私人持有提供了就业机会,增加效率、鼓励各种实验和冒险、使一些人为了未来的市场而节制现在对资源的使用,以及给那些不从众、不媚俗的人提供了各种谋生之道等。当然,洛克为私人占有辩护并没有考虑到马克思主义的资本主义理论。从马克思主义的观点看,是得不到辩护的。

在当今世界上,对于无主物的占有的情况已经是很稀少的事情了,因此,持有的正义不仅包括获取的正义原则,还必须包括有关转让的较复杂的正义原则。诺齐克认为,凡是通过偷窃、抢夺和欺诈得来的财物(持有)都是不合法的。而凡是通过自愿的交换、馈赠、转让的途径得来的财物都是合法的,也是合乎道德的。这与人们在日常生活中的常识性信念和准则是一致的。转让正义原则的关键在于是否参与转让过程的人们是否都是出自于自己的自愿出让或交换。在涉及转让或交换的自愿订立的契约，只要其中没有欺诈或有意隐瞒真实情况，那么这种由契约所规定的转让或交换就是正当的。因此，凡是出于自愿的交换或转让而得来的财物，都是正义的。

然而，在现实生活中，人们实际的持有并非都符合两个正义原则。有些人的持有是通过偷盗、欺诈、奴役等不正义、不合法的手段得来的。这就引出了持有正义的第三个原则，即矫正原则。矫正原则也就是要矫正实际持有中的不正义，纠正先前对两个正义原则的违反。但我们很快就会想到，许多人、许多民族的实际持有都是一种历史遗产，我们很难说我们的祖先遗留给我们的、在哪一代上是合乎正义的最先持有或通过符合正义的转让而持有。历史本身是一笔糊涂账。然而，依照诺齐克的观点，在我们实际持有的历史的任何一个环节上，如果是不正义的，那么，随后的持有也就都不是正义的。但由于我们无法弄清历史遗留给我们的持有到底在哪个环节上出了问题，矫正原则也就难于实行。实际上，即使知道我的祖先在几十年前或几百年前是海盗，或是黑奴贩子，但作为后代的我并不认为我自己的持有就是不正义的，也没有人要把我现在的富翁地位降为穷人地位。不过，矫正原则确立了持有物在原则上的正义性的依据，至少从理论上看，它使得违反前两项持有正义的占有得不到辩护。

4. 模式化原则

持有正义是诺齐克的财富或社会资源占有的正义理论的核心

论点。依据这一论点,诺齐克反对所有模式化的分配原则。在诺齐克看来,所有模式化的原则都是不可接受的。那么,什么样的分配原则可以称得上是模式化的原则呢?为了回答这个问题,我们先回到诺齐克自己的持有正义上来。

诺齐克认为,他依据权利理论提出的持有正义观是一种历史性的观点,这种观点所要考虑的是这一分配是怎么来的。与此相对照的是,那种把分配依据于即时性原则,决定于事物现在是如何分配的,或某些结构性的正义分配原则来判断分配的正当合理性。诺齐克谈到结构性分配原则,无疑是指罗尔斯的正义原则是关涉到社会基本结构的原则。诺齐克说,即时性分配正义只注意到这个人这时有什么,那个人有什么,并依照这一点来考虑分配的正义合理性。诺齐克在这样说的时候显然是指罗尔斯所说的惠顾最少受惠者。与这种即时性原则相对照,诺齐克的原则是历史性原则,这种历史性原则认为,人们过去的环境或行为能创造对事物的不同的权利或应得资格。诺齐克举例说,一种传统的社会主义观点认为,工人们对产品及其劳动成品是有权利的,他们挣得了它们,如果一种分配没有给工人们以他们有权或有资格得到的东西,那么这种分配就是不公正的。

诺齐克认为,这种即时性分配正义原则不从历史性的来历考虑分配持有的应得性,但它们不是没有原则的,然而这种原则是各个不同的。如"按照道德价值进行分配",以及在"按照道德价值分配"之上,再加上"按照对社会有用进行分配",加上"按照需求的总平衡进行分配"。诺齐克说:"如果一种分配原则规定一种分配要随着某种性质的维度,或一些性质的维度的平衡总额,或这些性质的维度的词典式次序的不同而给予不同量的分配,那么让我们称这样的原则为模式化的原则。”[15]诺齐克认为,人们提出的几乎所有的分配正义都是模式化的分配。这个批评的分量就相当重。在他看来,如按照每个人的道德价值、需求、边际产品、智商、努力程度以及这些因素的总的平衡来对每个人进行分配,都是模式化的分配。所谓模式化,也就是政府对于所有进入分配范围内的人依照某一种要素(性质)进行统一标准的分配。而实际上,一些人收到他们的边际产品,一些人赢得了一场赌博,一些人收到了贷款利息,一些人从崇拜者那里收到了礼物,一些人从投资中收到回报等等;从这些情形中产生的持有就不是模式化的。诺齐克指出,哈耶克的著述是所有那些注意分配的著作中较少注意分配的模式化正义要求的。他提出要反对把一种精心选择的分配模式强加给社会成员的企图,而不管它是平等的还是不平等的模式。然而,在反对他人的模式化分配的时候他自己却提出了一种模式,即“按照一个人的行为的和对他人服务的可以察知的价值来分配”。

为什么会出现这种问题?诺齐克认为,任何人如果认为分配正义就在于“按照每个人的()给予每个人”的公式中填空,就会注定去寻找一种模式。在这里,我们是不是可以问,并非是所有的模式化的分配原则都不好?也有一些模式化原则在诺齐克的眼中是符合资格或权利的观点的?在诺齐克看来,任何模式化的分配正义都将侵犯人们的权利,模式化要求就是对个人行为和选择不断进行干涉。按照诺齐克的理论,符合资格原理的持有或转让才是公正合理的。一是自己的劳动得来的,二是从人们自愿转让得来的。这种自愿也就意味着人们从自己的不同需求与爱好出发,愿怎样转让就怎样转让。因此,为了同模式化分配原则竞争,诺齐克提出自己的资格理论的公式:“按照每个人所选择的从每个人那里给出,按照每个人的下列情况给予每个人,即被给予者本人正致力于此(也许有别人的契约援助),别人也愿意对他做这件事,愿意给他、他们以前一直(按这一公式)给予他的,而现在又尚未用掉或转让的东西。”[16]

诺齐克认为,模式化分配是对人们所持有东西选择如何使用(或赠予)的自我选择权的干涉。在这个意义上,也就是对自由的干涉。诺齐克以张伯伦的例子来说明这点。张伯伦是一个篮球明星,能够吸引很多球迷。为此,一个球队与张伯伦签约,从每张门票中他可得 25 美分。假设在一个赛季有 100 万人观看了这个球队的比赛,因此,张伯伦得了 25 万美元。这是一个很高的收入数字。而根据自愿转让的原则,张伯伦有权利拥有这笔收入。并且,这些人(100 万)都自愿地拿出 25 美分给张伯伦,以换取观看比赛的权利,他们本来是可以把这笔钱用来买糖果或看电影等。但这并没有任何人干涉他们的选择,都是自愿进行的。而当政府对此进行干涉时,不仅侵犯了人们自愿选择的自由,同时也侵犯了张伯伦从自愿转让中得来的持有的权利。要么放弃模式化的分配原则,承认现在的自由选择,或者禁止这种自愿转让,剥夺人们的选择权来维持模式化的分配。换言之,诺齐克认为,如果不去不断干涉人们的生活,侵犯人们的权利 ,任何模式化的分配原则都不可能持久。

现在我们要问,张伯伦和他的球迷的权利是一种怎样的权利?这是不是一种自然权利?如果说是,那就意味着是所有人类社会中人人都有的普遍权利,而并不是某一社会成员才有的权利。诺齐克的理论前提是自然权利,但实际上诺齐克并没有证明这点。它只是在主张财产私有权的社会中才有的权利。因此,这种权利并非是由于人们的自愿行为才产生的。转让的权利是以持有权为前提的,持有权是以私有财产权制度的社会为前提的。石元康先生在评论诺齐克的理论时曾指出,从消极自由的意义上看,自由与权利并不是一个概念,而是两个不同的概念。自由指没有外在或内在约束力限制一个人做想要做的事;而当我们说这是一个人的权利时,则是指当他做某件事别人对他进行干涉时,这是一种道德上的错误。[17]或者说,当我们做这件事时,他人对我们进行干涉并不是一种错误时,也就表明我们没有权利这样做。在这个意义上,权利与自由又是内在关联的。有权利做某事意味着这样行事的自由。因为权利或资格表明外在干涉的错误,而自由则是没有外在或内在的约束力的限制。不过,如此关联起来也使我们清楚,在这个意义上的自由与权利,权利处于优先性。即只有确定了有什么权利,我们才能明白有什么自由。换言之,这种意义上的自由是从属性的,它的内涵为权利所规定。因此,诺齐克只有证明了权利的合理性,才可证明这种自由。但正如我们所看到的,这种权利实际上是财产私有权制度下的权利。正如石元康先生所说,本来我们应当去证明的是资本主义式的财产权,现在却是以资本主义式的财产权来证明这种权利的合理性,因此诺齐克犯了乞题(begging question)的谬误。

诺齐克从持有的正义为财产的不平等占有状况进行辩护。张伯伦的例子告诉我们人们有权自己处理自己的财产,对于这种自愿转让的情形的干涉是错误的。诺齐克认为,人们只注意到了平等,而没有注意到权利的重要,没有想到平等也是需要论证的。在诺齐克看来,平等问题根本就不应有如此重要的地位。并且,在财富占有上注重平等,也就必然侵犯权利。确实,在罗尔斯那里,平等是一个首要的价值,罗尔斯把平等看成是一个无需证明而自明的主题看待。不过,应当看到,平等问题在西方思想史上一直占有一个极重要的位置。自从柏拉图以来,就把财富占有上的不平等看成是社会深刻矛盾的根源所在。在柏拉图那里,正义就包括了财富占有上的平等的内涵。而卢梭则力图从不平等的方面揭示不平等与人与人之间的奴役的关系。不平等作为一个社会正义问题从来都在西方思想家的视野中,但却不在诺齐克的视野中。对于不平等问题的解决,必然导致国家职能的增加,国家权力的膨胀,从而导致对自由的侵犯,而这才是诺齐克所担心的。当代西方思想家,包括哈耶克、波普在内,都具有这种思想倾向。但诺齐克没有看到,不平等本身也会带来严重的社会公正问题。试想两个出生在完全不同的经济背景下的儿童,一个有着良好的教育;一个从来就没有吃饱过三顿饭,并且根本就无上学的机会。在今后的发展中,无疑前者有着良好的条件。这样的前景对于后者显然是不公平的。中国历史上的多次的农民起义,除了专制政治的因素外,一个根本原因就在于经济上的严重不平等,贫穷者处于赤贫的经济状况。但正如我们开始时就看到的,平等与自由(权利)是一个两难性的问题。人们或者是倾向于平等,或者是倾向于自由(权利),诺齐克则反映了后一种倾向。

5. 社会合作与天赋差别

诺齐克从个人权利论向罗尔斯的公平的正义提出的挑战，还有对两个论点的质疑，这就是合作条件与差别原则。对于诺齐克来说，他从上述角度已经用持有的正义实质性地置换了罗尔斯的公平的正义。不过，这两个问题需要进一步提出，以使人们更清楚罗尔斯理论的缺陷。

罗尔斯认为，分配正义是为社会合作所创造的。在罗尔斯看来，社会是一种相互利益的合作体系。这种合作体系不仅具有一种利益一致的特征，而且由于人们对他们的利益分配不会无动于衷，因而具有利益冲突的特征。这就需要一系列原则来指导在各种不同的决定利益分配的社会安排之间进行选择，这些所需要的原则也就是社会正义原则。按照罗尔斯的理解，分配的社会正义问题就是如何分配社会合作的利益。对此，诺齐克的问题是，为什么说分配正义是由社会合作创造的呢？如果完全没有社会合作，就不会存在任何正义问题吗？诺齐克认为，不能说仅仅在有社会合作的地方才有利益冲突的问题，不能说彼此隔离的个人不会相互提出涉及正义的要求。假设有十个鲁宾逊，每个人都在相互隔绝的荒岛上独自工作了两年，然后他们再相互联系，假定相互向对方运送物品是可能的，他们不能相互提出有关权益的问题吗？他们不会根据需求，或根据他的岛上是最贫瘠的事实，提出正义应当要求给他多些，不可以指责说他竟然只得这么少，陷入贫困甚至濒临绝境是不公平的吗？或者他可以继续说，这种有差别的个人非合作利益份额是源自不同的天赋能力，这些天赋能力并非是个人应得的，正义的任务就是要矫正这些任意的事实或不平等。诺齐克说，他们不可能提出这种罗尔斯式的要求，因为这种要求显然没有意义。这是因为,在非合作的状态中,每个人都应得他自己努力所得来的东西。在这种状态中,谁对这种持有的权利都是十分清楚的。所以无需其他正义理论。换言之,这里的唯一正确的正义理论,也就是资格(权利)理论。而社会合作论恰恰是把浑水引了进来,使谁对什么有持有权变得不确定不清楚了。诺齐克通过把鲁宾逊的情况与罗尔斯的社会合作情况相对照,使人们更清楚个人持有的权利是一种根本的权利。

然而,在社会合作的条件下,个人持有权是否就消失了呢? 不是。诺齐克指出,即使是处于社会合作之中,也是在劳动分工、专业化以及产品交换的体系中进行的。人们是通过自愿的交换而在一种连续的系列中相互合作的。诺齐克认为,既然存在着交换,那就为引入某种决定恰当交换的比率的正义理论提供了机会。而权利理论家则发现,无论什么分配,只要它来自于当事人的一方的自愿交换,就都是可以接受的。换言之,诺齐克认为,既然存在着大量的自愿交换活动,各种生产成分的雇主绝不是一些傻瓜,并不是不知道他们正在做什么,而把他们珍惜的持有任意和无理性地转让给别人。诺齐克认为,只要有交换,就有正义转让原则的适用之地。不过我们看到,罗尔斯提出正义原则的先决条件是社会合作的存在,在此并没有提出任何实质性的正义原则,他只不过是提出了这种前提。

基于社会合作的前提,罗尔斯提出了一个命题:社会合作使所有人可能过一种比他们仅靠自己的努力独立生存所过的生活更好的生活。罗尔斯认为,每个人的幸福都依赖于一个合作体系,没有这种合作,所有人都不会有一种满意的生活。诺齐克对于罗尔斯的这个命题没有直接提出质疑,但他在批评罗尔斯的"社会合作"基本论点时,反复全文引出罗尔斯的相关原话,并且提出他的十个鲁宾逊的设想,可以想象诺齐克对于罗尔斯的这个论点是持怀疑态度的。实际上,如果把罗尔斯的这个命题看成是普遍命题,无疑是错误的。只要回顾一下人类几千年来的历史,就可以清楚,人类社会的所谓"相互合作",在相当多的社会历史时期,给许多人甚至大多数人带来的只是灾难。如奴隶制下奴隶的命运。鲁宾逊式的幸福就远甚于不同历史时期的社会动荡、战争、瘟疫、饥荒给人们带来的不幸。并且,任何一个社会中处于社会最低层的人,从任何标准来看,可能都是一种不幸。当然,如果我们把罗尔斯的命题仅限于为他的正义原则所确立的社会基本结构,这个命题才可得到辩护。

罗尔斯的这个命题是为确立他的差别原则(和在差别原则下的补偿原则)提供的背景条件。因为没有这种社会合作,人们的生活不会那么美好,所以,所有的人都自愿加入这种合作体系,则不会愿意离群索居。并且,处境较差或天赋与才智较低的人也愿意进入。而差别原则所提出的,是社会安排要使得在它之下的状态最差的群体,和任一其他制度下的最差群体相比,至少一样好。或者说,原初状态下的每个人都将赞成最大限度地提高状况最差的个人的地位。罗尔斯说:"由于每个人的幸福都依赖于一种合作体系,没有这种合作,所有人都不会有一种满意的生活,因此利益的划分就应当能够导致每个人自愿地加入到合作体系中来,包括那些处境较差的人们。只要提出的条件合理,这还是可以期望的。上述两个原则看来是一种公平的契约,以它为基础,那些天赋较高、社会地位较好(对这两者我们都不能说是他们应得的)的人们,能期望当某个可行的体系是所有人幸福的必要条件时,其他人也会自愿加入这个体系。"[18]

当天赋与才智较高者与天赋与才智较低者一起进入合作体系后,合作以后所产生的利益应当如何分配呢?罗尔斯提出了差别原则(包含补偿原则)。这是因为,某些人由于天赋能力的低下以及社会地位的低下,必然是处于社会处境较差的地位。罗尔斯认为,由于社会合作的原因,那些才智与天赋较高者所得益比那些才智较低者更多,因而他们应当根据差别原则来补偿这些人。诺齐克设想天赋与才智较高群体与天赋与才智较低的群体,并设想另一种情形:即两者都在不同的群体内合作;第三,则对这两种群体之间的合作相比较。因此,恰恰相反,通过社会合作,非但不是那些才智较低者的得益少,而是那些才智较高者由于与才智较低者合作,使他们的得益不是多了而是少了,并且,正是通过与才智较高者的合作,那些才智较低者才有了更好的收益。可以想象在完成某些有巨大经济利益的事情上,如新的发明、有关生产或制造的新观念、新工艺等,就可以得出结论:才智较低者将从普遍合作体系中得到比才智较高者更大的利益。诺齐克说,他们不仅从普遍合作体系中得到了一份比不参与合作更多的利益,反而,罗尔斯要以公平的正义名义,给他们比得益更多的收益!由于社会合作的原因,才智较高者已经丧失了不同他们合作可以得到的利益,为什么我们不给他们补偿呢?以我们的语言来说,罗尔斯的原则有打击才智较高者的积极性之嫌。诺齐克假设,如果合作所致的这一蛋糕的大小并不是确定的,但可能意识到,如果实行平均分配将导致一块比别的分配方式较小的蛋糕,人们可能就会同意一种可以把蛋糕做大,从而扩大最小份额的不平等分配。那么,谁能使蛋糕做大?是否给他较大的份额,他就会去做某件事,而在平等分配的体制下给他平等的一份他就不会去做这件事呢?诺齐克强调,不同的贡献应有不同的应得权利。因为人类社会的利益不可从天而降。而只有最大限度地增加最低收益的分配原则才是合理的原则。罗尔斯的原则并不鼓励与刺激那些有能力把蛋糕做得更大的人的努力,因此,罗尔斯的原则是不可取的。

应当看到,罗尔斯的公平的正义所关注的问题与诺齐克所关注的问题完全不同。罗尔斯所关注的是社会公平问题,而诺齐克所关注的是个人权利问题。从个人权利意义上,诺齐克的例证有很强的说服力。但是,社会问题是比做蛋糕更为复杂得多的问题。公平原则所要解决的社会不平等问题如果处理不好,同样要危及社会的健康运行,而使得这块蛋糕做不成。

罗尔斯把惠顾最少受惠者看作是差别原则体现的正义的依据,还有另一个理由,这就是把自然天赋(才智)或自然天赋的分配看成是社会集体的公共资产。罗尔斯意识到,不平等对于社会成员的制约,在于两个方面,一是社会的因素,如种族、社会地位、等级等,二是自然的因素,如出身、血统、家庭、个人天赋等。在现代社会,除了家庭出身外,不平等因素对于个人的限制正在逐步取消,这就把人的自然天赋差别推到了一个突出的地位。而以平等主义为理想的人们,也把克服天赋差别看成是一个最后目标。

人的天赋差别主要是人的智力上的差别,如理解力、记忆力、灵感、创造力等;也有性格、心理上的差别,如内向、外向或沉稳等。

这些秉赋多数是后天形成的,但先天的因素也起了很大的作用。它受到个人努力的影响,个人可以改造它,但它对于一个人在社会中的成功起了很大的作用。一个人具有的很好的天赋往往是早年的生活与教育所起的作用。罗尔斯也有这种认识。他认为人的优越个性,在很大程度上是依赖于幸运的家庭和环境。正是在这个意义上,罗尔斯把一切个人方面的天赋才智,都看成是偶然性的因素所起的作用,因而对于财富分配的影响都应当消除。罗尔斯认为承认天赋因素的分配体系的不正义之处就在于它允许分配的份额受到这些非常任意的因素的不正当影响。他认为,优越的天赋因素依赖于幸运的家庭与环境,而这些条件就受益者本人而言是没有权利的。罗尔斯说,自然资质与天赋是不应得的,因为"从道德的观点看是任意的"。在罗尔斯看来,把财富分配的基点放在这种任意而且必然的基础上,显然是不妥当的。换言之,既然自然天赋是不应得的,那么,依据自然天赋进行分配或把自然天赋作为分配的因素都是不符合正义的。罗尔斯把这种人与人之间的自然资质看成是集体的资产,是一种人人共享的分配利益。因此,人们在自然资质方面的差别不是一个说明持有应当不平等的理由。

诺齐克则以个人权利论来反驳罗尔斯的"不应得"论。他的推论如下:一、如果人们有X,而且他们的有X(不管他们是不是应得X)没有侵犯到任何别人的权利,且Y是通过一种本身不违反任何人的(洛克式)权利的过程来自于X的,那么,这个人对Y就是有权利的。二、人们拥有他们的自然资质并不侵犯到任何别人的权利。而把"有权利"来代替罗尔斯的"应得",就可以得出可接受的论据:一、人们对他们的自然资质是有权利的。二、如果人们对某种东西是有权利的,那么,他们对(通过某些规定的方式)来自于它的无论什么东西也都有权利。三、人们的持有是来自于他们的自然资质的,因此,他们的持有是有权利的。因此,诺齐克说:"不管人们的自然资质从道德的观点看是否是任意的,人们对其自然资质是有权利的,对来自其自然资质的东西也是有权利的。"[19]

为什么社会的和自然的任意或偶然性决定分配是不合理的?从而也使得这种分配缺乏正义性?这是罗尔斯的一种根本性的论点。罗尔斯认为人们的自然资质是任意的,或认为从道德上看人们并不应得他们的自然资质,因此,任何从自然资质得来的持有都是不应得的。罗尔斯否定自然资质而获得的财物,是把自然资质本身看成是任意的来达到的。仅仅说自然资质从道德上看是任意的,因而凭借自然资质所得到的一切都应当重新分配或趋于平等地分配,从理论上看是没有多少说服力的。但罗尔斯的理论实际上提出了深刻的不平等问题。

同时,应当注意到,诺齐克没有把罗尔斯对社会出身以及地位的偶然性观点当作攻击的靶子。实际上,社会出身以及自然资质上的差别在某种意义上是有关联性的问题。人们不可能对其所出身的社会阶层、家庭负责,但它作为个人的社会出发点却对个人的未来有着深刻影响。个人的自然资质,即天赋、才能等在相当大的程度上,是与人的早年的生活环境分不开的。在社会生活中,多少有天赋的人由于家庭经济贫困、教育条件的缺陷等家庭因素或社会因素、得不到良好教育而不可得到很好发展,甚至夭折。假设有两个小孩,一个长在富裕的家庭中,从小就接受良好的教育;一个长在极端贫困的家庭里,从小体弱多病并且无法得到良好的教育,长大后由于教育不足而无法与富裕家庭出身的人在社会上竞争。我们会感到这是很不公平的现象,而当我们意识到这种不公平并非自然,而是制度所造成的,那么我们会感到这种社会制度是不公正的。这就是罗尔斯的公平的正义理论所要解决的问题。因此,不论他说的是什么问题(什么道德上任意),这样一个社会公平的目标是值得肯定的。实际上,罗尔斯也意识到在现实社会中这种社会和自然资质方面的任意性不可能消除,他的公平的正义要求仅仅是一个更弱而更合理的假设,即对这种出发点的不平等范围施加某些限制。

当然,诺齐克并不是没有意识到由于社会和自然资质上的原因而有着处境不利的人的存在。但从诺齐克的逻辑来看,这种不公平可能是道德上的不幸,但不是社会正义或公正问题,社会正义或公正问题只是与权利相关的问题,只要没有侵犯到人们的权利,就是正义的。不能因那些由于社会或自然资质上的原因而处于社会不利者地位的人的不幸来侵犯那些有着天资优势的人的应得权利。当然,我们看到,罗尔斯也并不是不重视个人权利,他把个人权利放在他的理论的基础性的地位。但罗尔斯并不把个人的才能、天赋、资质以及因这些资质而得到的财物看成是个人的权利范围的东西,准确地说,罗尔斯把它们(的分配)看成是集体的共同财产。[20]并且,罗尔斯对权利的理解是看重平等性,而这些差别性因素恰恰是造成不平等的因素。不把个人因其资质而拥有应得的东西看成是公正的、个人权利的必要部分,确实说服不了很多人。但罗尔斯就是这么认为的。在他看来,那些在个人天资上有着优势的人,花费社会性训练和教育费用也高,帮助处境不利者,本身是一种对社会的回报。

实际上,在怎样看待社会和自然资质方面的偶然性因素,罗尔斯与诺齐克是有分歧的。罗尔斯说:“人降生于社会的某一特殊地位也说不上不正义,这些只是自然的事实。正义或不正义是制度处理这些事实的方式。贵族制等阶级社会不正义,是因为它们使出身这类偶然因素成为判断是否属于多少是封闭的和有特权的社会阶层的标准。”[21]这段话里包含着两层含义。第一,罗尔斯认为这些自然事实本身不适用正义或不正义的标准;第二,一个社会制度怎样处理这些事实则有一个正义与否的问题。就第一点而言,与诺齐克的论点相比较,应当说两人也没有太大分歧,但两人之间还隐含着怎样对待这些自然事实尤其是个人自然资质带来的收入、利益或财富的问题。但要看到,人的社会出身与人的自然资质还是有区别的。应当看到,社会出身的问题在传统社会是一个制度性问题,而在资产阶级启蒙运动以来的现代社会,这个问题相对来说有了进步,因为从传统到现代,意味着从身份到契约性自由。不过,出身对于人的生活早期的影响仍在。自然资质(个人的天赋、才能)的差别则是当代社会所面临的另一问题。罗尔斯以制度正义的问题取代了对这个问题的回答,但诺齐克则没有放过这个问题。罗尔斯实际强调的是人类社会没有任何必要听命于这类偶然因素的支配,因此要调节的不仅是社会偶然性因素,而且还应有自然资质。这就触及到一个隐含的但很尖锐的问题,怎样看待个人的自然资质?它不是个人的独特性的内在方面吗?对于维护个人权利而言,不应把它包括在内吗?尤其是,个人因此而应得的东西,不应有权持有吗?罗尔斯对这些问题的回答都是否定的。在

《公平的正义》中，罗尔斯除了阶级出身、自然天赋外，还增加了一种偶然性，这就是人生过程的幸运与不幸。在他看来，这都是作为正义主题的社会基本结构必须面对而加以调整的对象。他认为，个人在公平的正义情形中，人们利用这些社会的和自然的事实，只是在这样做对共同利益有利的情况下。实际上，罗尔斯在原初状态的设计时，对于个人的理解就已经是高度抽象化了的，是排除了所有偶然因素的干扰的。而罗尔斯对个人权利的理解，也是依据排除了各种偶然性的个人观的。这种没有各种偶然因素的个人，是抽象的，同时又是完全平等的。而这正是罗尔斯对个人权利理解的出发点。

并且，罗尔斯的这种理解又是对社会基本结构要求的基础。在他看来，如果人们忽视人生前景中产生于这些偶然性的不平等，让这些不平等自动发挥作用，而没有能够建立起保证背景正义所必需的规则，那么我们就不会严肃地对待公平正义的社会理念，不会把社会看成是一种公平合作的体系。在他看来，人们的自我观念、目标抱负、能力及才能，都反映了人们的个人的历史、机会、社会地位的幸运和不幸所产生的影响。然而，我们需要的是这样一种社会基本结构，即它能使人们对于未来不论是充满希望还是无动于衷，依赖于同我们的社会地位联系在一起的不平等，同时也依赖于公共的正义原则。这些正义原则，不仅社会承认它们，而且也实际地运用于调整背景正义的制度。从而不仅使得制度成为满足人们现有的愿望的安排，而且也唤起人们对未来的愿望与追求。换言之，罗尔斯的希望是所有参与这一社会合作体系的个人，都应从中得到好处，所有人都应在其中找到归宿感和幸福感。

6. 罗尔斯与诺齐克的对照

综上所述，诺齐克对于罗尔斯的批评是全面否定性的。诺齐克依据个人权利建构起了一个正义理论，是与罗尔斯依据以平等为核心的社会分配正义理论相抗衡的。个人权利的概念贯穿于诺齐克的理论。“权利”的内涵包括生命的权利、基本自由的权利以及获得经济利益的权利等。“平等”这一概念的基本内涵包括所有社会成员在政治、经济、个人生存权方面的平等要求，或者说，在基本自由和基本善方面的平等要求。把“权利”概念作为起始性概念与把“平等”概念作为起始性概念的不同，决定了两种正义理论模式的内在区别。罗尔斯从“平等”概念出发，他的理论是从社会层面来立论的，从而他的正义理论是社会协调型的，其所追求的是社会如何安排和调节社会的权利与义务（确保社会基本自由以及基本善的平等分配），力图寻求一种决定社会基本结构的正义原则。罗尔斯的理论呈现一种社会道义论的特征。诺齐克的“权利”概念是从个人立论的，表示一种个人实质上拥有或应当拥有的东西。它不关心持有权利的社会结果，只关心个人权利的产生、创造与维护。因此，诺齐克对于罗尔斯强调的社会协调的重要性视而不见，在诺齐克看来，只要符合持有权利的，就是正义的；正义的，也就是合理的。任何对利益的模式化分配都不是从持有正义与转让正义出发的，因而都是不正义的。诺齐克的这种正义论的根源在他所理解的个人持有的正义观，或者说，自我所有权理论。而这种自我所有权，在诺齐克这里，派生于康德的道义论的人是目的的原则。前面已指出，诺齐克强调道德边际约束的理论依据就是康德的“人是目的，而不仅是手段”的公理。当然，诺齐克与康德强调人的道德尊严不同,诺齐克指出人的神圣不可侵犯性在于每个人都是特殊的个体,每个人的生命都是任何他人不可替代的,任何个人都不是他人的手段、工具或材料(因此,这个特殊个体所拥有的一切以及因此派生的一切都是不可侵犯不可剥夺的)。并且,每个人只有一次生命,他的存在是他的唯一的生命事实。诺齐克强调个人的分立性这种生命存在的事实,他的这种观点可以追溯到一种逻辑原子主义的观点上去。这因为每个人的存在都具有同等的不可侵犯权利,因此国家不能以任何理由仅偏向于某些人,而冷漠其他人。国家应在个人之间保持中立。换言之,国家对于个人权利(包括一切自我所有权)起着保护的作用,维护而不是侵犯个人权利。回过头来看,诺齐克的整个理论思路是:以康德的绝对命令证成个人的分立性的生命的不可侵犯性,其次则是对持有正义等正义分配的证明,最后从模式化分配意义上批驳罗尔斯。他认为罗尔斯的分配原则侵犯了个人权利。诺齐克没有意识到,每个人的生命与每个人的物质利益仍是两个不同层次的概念,从分别享有生命到利益分配正义之间是有着巨大的逻辑鸿沟的。利益分配不仅涉及到生命存在的事实,而且涉及到社会存在的复杂事实。

这里值得指出的是金里卡对诺齐克的批判。金里卡的论证对于批判诺齐克的分量是不可轻视的。诺齐克从康德的人是目的的道德命令中推演出的不仅是在于强调个人生命的存在,更重要的是强调自我生命中的天赋能力以及因此而得到的一切。金里卡称这为"自我所有权"。不仅人的生命不可剥夺,而且天赋所得的一切也是不可剥夺的。并且,诺齐克就是通过这种自我所有权来维护康德的绝对命令的。但金里卡认为,这种维护并不成功。这是因为,自我所有权的实现是通过对世界的初始占有,对外在物的占有权来实现的。这种占有是一种历史现象,不可能平均分配。因而对外在物的占有必然造成某些人的天资的发挥依赖于某些人,甚至依附于某些人。或者说,某些人的实际境况就可能恶化。金里卡说:"问题在于,在自由至上主义的经济制度下,并非每一个人都能够将自己的形式的自我所有权转化为实质的自我所有权。自由至上主义者无法保证每个人都能对自己的生活予以实质性的控制,而诺齐克也明确谈到,人们只能对形式主义的自我所有权提出正当要求。他说,没有财产、被迫以不利条件向资本家出卖劳动力的工人,拥有'充分的'自我所有权。他拥有充分的自我所有权——即使如诺齐克所承认的那样,他为了生存而被迫同意了资本家的苛刻条件。相应的'协议'很可能在本质上无异于对工人的奴役,就像维多利亚时代的英格兰。"[22]因此,通过自我所有权来对彻底权利论的自由至上主义进行辩护,面临着严重的困难。在某种意义上,它反而使得人们只能支持罗尔斯的平等主义。

当然,自我所有权或持有正义论还有他所认为的合理性,即只有通过强调人的天赋能力的发挥以及尊重,才可把社会的蛋糕做大,这是一种权利功利主义。诺齐克的持有正义或自我所有权强调差别与不平等结果的合理性,认为这种差别合理性是发挥特殊个体的自由竞争的活力所在。诺齐克强调通过体现持有正义的分配,发挥那些能把蛋糕做大的人的积极性。与罗尔斯相比较,这体现出了他的权利功利主义的倾向。

在这里,我们有必要回到"正当"(right)与"善"(good)这一对伦理学的基本概念在不同的伦理学体系中的关系。功利主义的主旨是,如果一社会的主要制度被安排得能够达到总计所有属于它的个人而形成的满足的最大净余额,那么这个社会就是被正确地组织的,因而也是正义的。功利主义是目的论的,它所强调的是如果某种行为或制度,只要它能产生最大善的可选择对象,或者至少能产生与其他可行的行为或制度的同样大的善,这种行为或制度就是正当的。功利主义所关心的是总量的善,并且把这种善看成是独立于正当的。在功利主义看来,只要看一个行为或一种制度是否能产生最大的善的余额,除此之外,它就不再关心这个总量怎样在个人之间的占有与分配了。罗尔斯指出,功利主义的目的论的伦理学使一个人无需参照任何正当来判断事物的善。道义论的伦理学则认为,善是不能够独立于正当的,或者不用最大量的善的增加来解释正当。罗尔斯的公平的正义论是一种义务论的伦理学,它强调社会道义(正当)高于对善的总量增加的追求。正是在这个意义上,罗尔斯好像是早就预料到了诺齐克的批判,他说:"如果假定在原初状态中的人们要选择一种平等的自由原则和有利于每一个人的有限的经济和社会不平等,那就没有理由认为正义的制度会最大量地增加善……当然,在这种情况下产生最大的善并不是没有可能,但这只是一个巧合。达到满足的最大净余额的问题绝不会在作为公平的正义理论中产生,这个最大原则在这里是完全是多余的。"[23]相对于功利主义的善优先于正当(正义),罗尔斯明确提出,正当优先于善。他认为一个正义的社会体系确定了一个范围,个人必须在这一范围内确定他们的目标,人们可以在这一结构中利用所提供的东西来公平地追求他们的目标,而那些违反正义才获得的利益是毫无价值的。罗尔斯把正当优先于善看成是他的正义观的一个基本特征。

正是在正当与善的关系上,诺齐克体现出明显的功利主义特征。不过,他的功利主义是一种新版本,即权利功利主义。同时,我们又要看到,由于诺齐克立足于"权利"这一概念,在一些基本思路方面又与罗尔斯是一致的。诺齐克把"权利"作为一种对任何个人行为或政府行为的有效的道德边际约束,意味着任何侵犯个人权利的行为或行为准则都是不正当的。是他人的个人权利确立了你的行动的界限。是普遍个人的权利确立了对于国家行为的严格限制。在这个意义上,诺齐克又是反对目的论的功利主义的,他反对任何以善的总量增加的名义对权利的侵犯。在诺齐克看来,权利是优先于功利的。在这个意义上,诺齐克把符合权利(或资格)的行为看成是正当的行为。因此,诺齐克的理论又可以看成是一种权利道义论。

不过,从这种权利道义论出发来提出它自己的分配正义理论时,则变成了权利功利主义(正当的分配是那种能把蛋糕做大的分配)。实际上,不论我们说诺齐克的理论是权利道义论也好,说他的理论是权利功利主义也好,他都在维护权利或资格。正是因为他的理论基点是权利而不是道义也不是功利。因此,他的理论具有超越这两种对峙的伦理学理论的特点。同时,诺齐克的理论与罗尔斯的理论的纯理想性特征不同,在涉及起点道义论特点时,诺齐克是理想型的;在涉及到分配正义时,他则是现实性的,赞成自由竞争的。他把康德的权利理论推到了一种乌托邦的程度,又将功利主义的现实性贯穿到底。

当然,我们看到罗尔斯与诺齐克还是有共同之处的。他们两人都是西方自由主义的忠实信奉者和提倡者,因此,虽然他们两人有分歧,但可以说他们是一条战线的盟友。他们两人的共同对立面是共同体主义。并且他们都是以分立性的个人为出发点的,因此也都可以看作是个人主义的理论。罗尔斯与诺齐克一样重视个人自由与权利,两人都是从康德出发,强调人作为道德人的平等尊重。罗尔斯强调的是社会成员的平等尊重权,诺齐克注重的是自我所有权的平等,包括自我资质等所派生的一切。因此,诺齐克以强调权利的倾向取代了罗尔斯在分配领域里的平等倾向。

(三)德沃金的权利论

罗尔斯与诺齐克既有分歧又有根本性的共同点。对于这种根本性共同点的认识,德沃金提出了一种很有见地的观点。牛津大学的德沃金(Dworkin)教授被人们认为是与罗尔斯和诺齐克三足鼎立的人物。他的《认真对待权利》一书,对于英美学术界有着巨大的影响。德沃金认为,罗尔斯的原初状态的假设,实际上是以权利概念为深层理念的。抽掉了权利概念,我们就不可理解原初状态下的人们的自由选择。但这里所隐含的权利概念,并非是诺齐克式的具体个人的权利,而是与罗尔斯的抽象个人一致的抽象权利,即它不是指向特定个人目标的权利,不是特定个人的权利,而是一种抽象权利,是所有人所具有的自由权利,并且,体现在罗尔斯那里,这种自由权利是一种抽象的平等权利。但不是如生命安全的权利,或者根据某种特定的善的观念过一种生活的权利。这种个人的目标的权利可能会由这一深层理论产生,即在原初状态中的个人为了他们的最大利益而要保障他们的权利。德沃金指出,罗尔斯的"公平的正义"原则的理论基础实际上是一种所有人作为道德人所拥有的抽象平等权利。这个权利产生于将人和动物区别开来的道德人格。

罗尔斯是预先设定人人具有一种平等自由、尊重权利以及相互冷淡的特性,并在这种前提条件下进入原初状态下的选择的。换言之,在原初状态下缔结的契约是要体现这种平等权利的特征,平等权利并不是这种契约的产物。德沃金说:"罗尔斯的男女们只能保护平等而不能选择平等。原初状态中的无知状态是这样计划好了的,即正如我说过的,每个人的预期利益必须存在于同一的解决办法之中。每个人,不论他是谁,不论他的特点和兴趣如何,都应受到平等对待的权利的实现靠这样的事实,这就是没有人能够借助于与其他人不同来保证自己得到更好的处境。"[24]

德沃金把罗尔斯的平等权利区分为两种:一种是与某些利益分配相联系的平等,这种平等是为罗尔斯的第二原则所确定的;一种是尊重的平等,这种平等是不考虑人们的社会地位而应该平等地给予所有人的,它是为罗尔斯的第一原则所确定的。德沃金着重分析了罗尔斯的体现在第一原则中的平等权利。他认为,第二种平等权利是一种根本性的平等。在所设计的政治制度中,个人享有的平等关心和尊重的权利,是一个高度抽象的权利。正是由于这种抽象性,人们可以进行符合自己理解的具体发挥,从而使它变为具体权利。德沃金认为,这有四种可能:一是有人可以认为,根据个人的才能,为每个人提供担任公职和职务的平等机会的政治制度可以满足这个权利。二是有人可以认为,只有通过保证收入和地位绝对平等而不考虑才能的制度才可满足这项权利。三是可以这样认为,即平等的关心和尊重只能由这样的一个制度来保证,这个制度改善所有公民的普遍福利,并且给予每个人的福利以相同的分量。四是个人可能以这个根本性平等的名义,为了自由的优先权,为了罗尔斯的两个原则中其他的明显不平等而进行辩护。

德沃金抓住了当代西方自由主义政治哲学与伦理学的关键性问题,即权利问题,指出罗尔斯与诺齐克在根本点上是没有区别的,而诺齐克与罗尔斯在分配正义上的分歧与争执,仅仅是将罗尔斯的抽象性原则具体化导致的结果。或者说,在深层次的理念上,诺齐克的权利理论与罗尔斯的公平的正义原则并不冲突。这样理解是否就化解了罗尔斯与诺齐克的冲突?当然并没有化解他们之间的冲突。但这种认识是很深刻的,德沃金指出了他们之间表层冲突下的内在一致性。20 世纪 70 年代以来自由主义的理论,罗尔斯、诺齐克和德沃金的理论都可归结为以个人权利为逻辑起点的理论,而共同体主义者则以社会共同体作为他们的理论逻辑的起点。当罗尔斯以及诺齐克等人的权利中心论的政治哲学盛行于世时,共同体主义者则群起反击之。

二、共同体主义的批评

共同体主义(communitarianism)[25]是在对罗尔斯等人的新康德主义理论进行挑战中、自 20 世纪 80 年代以来形成的一种新的学术思潮。70 年代是新自由主义占有绝对支配性的地位,而进入 80 年代,自由主义则受到了共同体主义的严重挑战。罗尔斯的《正义论》、诺齐克的《无政府、国家与乌托邦》以及德沃金(Dworkin)的《认真对待权利》,都是70年代自由主义的经典之作。从伦理学上看,诺齐克与德沃金都难以说是道义论的伦理学,但他们的出发点都是个人权利。实际上,自从罗尔斯以来,70年代的政治哲学与伦理学是以个人权利为环绕中心的。不过,他们都可以说是从洛克和康德出发的。80年代的一批重要的政治伦理学著作,则都是共同体主义的杰作。如桑德尔(Michael Sandel)的《自由主义及其正义的局限性》、麦金太尔的《德性之后》、查理斯·泰勒(Charles Taylor)的《自我的源泉》、迈克尔·伍尔茨(Michael Walzer)的《正义的范围:为多元主义和平等辩护》等,论述深刻且影响广泛。

(一)共同体主义的一般挑战

与当代新自由主义来源于洛克、康德不同,共同体主义的理论背景是亚里士多德和黑格尔。所以,共同体主义被称为"新亚里士多德主义"。共同体主义强调历史、传统以及共同体对于社会成员的行为、思想活动的背景(context)意义,从而与罗尔斯的契约论的原子个人主义在根本点上形成对立。对于麦金太尔而言,正义根植于一个共同体,其基本的纽带是对人类的善和共同体的善的共同认知。桑德尔则认为,家庭是共同体的典型和善高于正义的证明。共同体本身是一种善,也是一种必需。罗尔斯强调正当对善的优先性,把正当放在首位,正当优先的政治伦理学要求的是权利优先的原则,而善优先的政治伦理学要求的是公益优先的原则。对于正当优先意味着强调个人权利的优先,而善优先意味着强调公益优先,这只是划分了共同体主义的目的论与罗尔斯的自由主义的道义论的界限。罗尔斯并非不讲社会的善，他只是在保证正当的优先性的前提下来谈善或效率，而不以效率来牺牲公平。

共同体主义者对于罗尔斯的正义理论批判最多的是蕴含在原初状态中的个人观。在他们看来，罗尔斯的原初状态表明，个人的属性并不为其所处的社会共同体决定，而是一个超验的自我的自由选择，最终决定社会共同体的状态与性质。他们指出，处在原初状态中的立约者完全是非历史的及非社会的。然而，任何非历史的非社会的存在都是虚幻的，不真实的。罗尔斯把立约者描绘成这样一种非历史的存在，他以为这样就可以确保出发点的公平客观性，但是，他这样做本身就已经带有自由主义和个人主义的偏见了。把个人看成是前社会的存在物，是一种脱离了一切社会关系、社会联系的纽带的人，这种没有任何社会特性，没有社会身份的人，仅仅是一种抽象，而并不是社会存在物。这种脱离了一切社会关系、社会联系的人，是自从马丁·路德的宗教改革以来，在现代思想家的笔下出现的人物。事实上个人只有在社会中才能完成个人化，这种孤立的个人，只是一种理论的幻象。麦金太尔认为，对于个人的理解应当从个人所从属的历史文化传统上着眼。把个人从其生活的社会环境与文化环境中抽离出来，这样的个人与他的社会的关系是虚假的。麦金太尔认为，一个人的行为或一个人的生活或他的生活目的是可理解的，也就是可叙述的。而叙述一定是有背景的，有历史，有关联的。对他的叙述与对他的历史的叙述以及对他周围人的叙述是不可分割的，对他的叙述是对其他人的叙述的一个组成部分。这种对于个人行为或他的生活目的的叙述，就使我们把个人与他赖于生存的社会以及历史文化关联起来。而抽掉了这些历史关联,个人就是不可理解的。查里斯·泰勒把这种对个人的理解看成是“原子主义”。查里斯·泰勒说:“‘原子主义’这一术语大致被用来描述兴起于17世纪的社会契约论学说以及后继者的学说。这些后继学说也许没有用社会契约的概念但继承了把社会看成是为个人所构成的观点,社会所要实现的目标主要是个人的目标。……‘原子主义’这一术语也应用于那些回溯到社会契约论的当代学说,或者那些力图在某种意义上捍卫个人优先性以及个人高于社会的权利学说,或者那些把社会看成是个人的纯粹工具的学说。”[26]自由主义把人看成是原子式的个体,因而不能适当解释人的社会性。刘克斯甚至认为,《正义论》依赖于一种反社会的人的概念。[27]对于这一类批评,罗尔斯强调,他的理论虽然有个人主义的承诺,但绝不是一种反社会性的个人主义概念,公平的正义有一种处境性的个人主义的基础,它能够容纳人的社会性。在后来的《政治自由主义》和《作为公平的正义》中,罗尔斯都强调了作为社会基本单位的个人的社会合作的特性。在70年代中后期的大量论文中,如在“作为主题的基本结构”(1975),“一个良序的社会”(1979)等论文中,他反复说明了这一点。在他的理论中,虽然他认为个人的基本目标是与特定的社会形式相分离的,但个人的利益依赖于现存的制度和制度对正义原则的满足程度,而社会和国家的制度应当看作是对于解释这些在先性的个人目的和追求的制度性安排。

与此相联系的是,共同体主义以共同体的相对真理观批评罗尔斯的普遍主义。个人从属于他的共同体,而共同体一定是地方性的,并且有着自身的特定传统的。个人得到共同体的历史文化以及生活背景的界定，因而超越于一定文化传统、一定宗教背景的普遍主义是虚妄的。普遍和绝对的正义，是个人主义的一个幻象。因为人们持有的价值观，尤其是正义观，来自于他们所生活的共同体，因此，不可能把这种观念看成是普遍而绝对的。罗尔斯在《正义论》(1971)一书的结尾处说："从这个'原初'状态的视域看，我们在社会中的地位，也就是从普遍的视域来看待它：即不仅从所有社会而且从所有时间的视域来考虑人类的处境。永恒的视域不是一个从世界之外的某个地方产生的视域，也不是从一个超越的存在者的视域，毋宁说，它是这个世界之内的有理性的人们能够接受的某种思想和情感形式。一旦人们接受了这种思想和情感形式，无论他们属于哪一代人，他们就能够把所有个人的观点融为一体，并能够达到那些调节性原则，每个人都会遵从这些原则而生活，并从自己的立场上肯定这些原则。"[28]在 1971 年版的《正义论》中，罗尔斯表明了他的普遍主义的立场，通过原初状态所论证的两个正义原则，罗尔斯认为是放之四海而永远正确的。这种通过理性而发现永恒真理的想法，共同体主义者认为是启蒙运动以来的自由思想的一个通病，因而受到共同体主义的尖锐批评。罗尔斯也成为共同体主义对这种真理观的攻击目标之一。麦金太尔在《德性之后》的"中译本序言"中说："西方历史关键性的一步是在 18 世纪启蒙运动的鼓舞下，企图发现一套合乎理性的和反思性的存在物，不管其文化传统、宗教背景、政治秩序或道德结构的特殊性质如何，都是同样有效和同样具有制约力的。这个企图在政治上体现在美国革命和法国革命的主要宣言中。在哲学家中，休谟、狄德罗、边沁和康德等都企图从理论上阐述这些原则。《德性之后》的一个中心论题是：发现这类（为启蒙运动所系统提出的）原则的运动已经决定性地失败了，认识到这一点的时代已经到来。”[29]沃尔茨在他发表于1981年的题为“哲学与民主”的文章中，以柏拉图的洞穴寓言来阐述自己的主张。对于柏拉图来说，《国家篇》中的洞穴寓言是要求我们想象在一个幽暗的洞穴中居住着为链条锁住的囚犯，他们错误地把他们身后火焰所投射的影子看作是真实的实在。哲学家是那个挣脱了锁链、获得了自由因而获得了关于真正阳光的真知的人。而他的任务就是返回到洞穴把这个真理告诉他原来的同伴。并且，唯有获得真知的人才有资格统治这个洞穴。对于沃尔茨来说，哲学家在这个洞穴里无事可做，因为他的有关普遍真理的知识是与这个政治共同体无关的。这个共同体所问的是政治而不是哲学问题，要回答它所要的是政治知识而不是哲学知识。沃尔茨说：“因为有许多洞穴但只有一个太阳，所以政治知识是特殊而多元性的，哲学知识是普遍而一元的。”他明确提到罗尔斯时说：“在原初状态中我们可发现一打共同体，而只有一个原初状态，这与洞穴的情形一样。”[30]为了回答这种批评，罗尔斯承认，可把他的理论更好地理解为当代自由主义的政治理论。在杜威讲座中，罗尔斯明确承认他的理论也是一种地方性（parochial）的理论。不是普遍性的正义原则，而是适合于类似美国这样的现代国家的原则是他关注的重心。他说：“当我们的探讨集中于现代社会明显的自由与平等的冲突时，我们正在发现的正义概念不是不考虑具体社会的和历史的环境而适应于所有社会的。我们想要解决在现代条件下的一个民主社会里的基本制度的公正形式问题上的基本分歧。我们研究我们自己和我们的未来，反思我们自《独立宣言》以来的争端。至于在这一宽广的背景中我们的结论能够有多大意义,是另一个与这相分离的问题。”[31]

有必要讨论一下麦金太尔在《德性之后》中提出的价值多元因而不可能达成共识的论点。麦金太尔认为,当代西方社会由于拒绝了以亚里士多德为代表的二千年来的德性传统,三百年来西方各种道德及其道德理论无从找到自身的合理性依据,从而陷入了道德相对主义的泥潭。当代不同的伦理道德观点有着不同的理论依据,但谁也说服不了谁,如功利主义的观点无从说服康德主义的观点,而卢梭式自由与洛克式自由也是相互冲突的。这种典型的哲学代表就是克尔凯郭尔的选择理论。在克氏那里,对于审美生活、道德生活以及宗教生活的选择是没有最后的合理性依据的,人们选择什么,仅仅是因为选择了它,而拿不出合理的、有说服力的论据来。如我们在现代生活中,人们为了堕胎等问题发生的争执时,再次表现出只有争吵的尖叫声。胎儿的生命权与母亲作为人而有的处理自己的身体的自由权发生争执,谁也没有理由可以说服对方。麦金太尔认为,现代人的生活所继承的只是历史上的道德的残片,这些道德的残片由于脱离了当时所产生的社会历史环境条件,从而已经变得面目全非了。人们现在只能选择那种因是第一次选择而握有了的东西,或者仅仅因第一次选择而有理的东西。因此,麦金太尔认为,我们就处在一个这样相对主义的唯我论的时代,在这样一个时代,人们不可能达成一种道德或价值的共识。

尽管罗尔斯在《政治自由主义》中没有一个字提到麦金太尔,但他对他的观点所做的重大修正从而提出重叠共识的论点,则无疑同应了麦金太尔的道德与价值的多元而没有共识的论点(应当注意到,麦金太尔的该著作发表于1981年,《德性之后》在当时具有轰动性的社会效应)。实际上,麦金太尔的这个多元相对主义的观点,对于罗尔斯的理论构成了重大的威胁。因为从原初状态的契约论的观点看,正是各方的共识,才可能得出人人需要遵守的道德原则或政治原则。现在,罗尔斯认为,虽然人们不可能在道德价值等方面的问题上达成共识,但我们仍可以在共同关切的政治领域等公共领域中,达成共识,而这种共识不是普遍有效的,只能是重叠共识。现在罗尔斯强调,他的正义原则,只是政治观念,多种不相容的哲学、宗教和道德学说(这都是多元的)都可在政治观念上达成共识。我们在前面提到,罗尔斯以宗教信仰宽容、康德的自律理想、密尔的功利主义以及多元论的观点为例,解释了都可到达公平的正义原则的理念。这种共识之所以可能,是因为,罗尔斯认为,重叠共识的理念是与政治正义的理念相辅相成的,它是各种合乎理性的全面性学说达成的。在这种共识中,各种合乎理性的学说都从各自的观点出发共同认可这一政治观念。社会的统一就建立在对这种政治观念共识的基础上。如宗教信仰的宽容对信仰自由的解释,导致一种宽容原则,并赞同立宪制度下的对于基本自由权的解释;而康德式的自由原理,可从其内部推导出这种公平正义的政治观念。把社会结构作为正义的首要主题的理由,也可以同样从中推导出来。边沁以及西季威克式的古典功利主义出于如下一些理由也可支持该政治观念,如我们对社会制度的普遍有限的了解以及我们对不断发展的环境的了解,必然使得我们强调对法律规则和制度规则的复杂性限制,以及公共理性指导的必要性。

这样一些理由可能导致功利主义者认为,一种政治正义的自由观念在内容上需要与功利原则达到一种令人满意的,甚至也许是最好的近似。而多元主义的解释则是,体现不同价值的不同学说对于共同的政治价值领域,都可通过从它们自己的学说中抽取出来的理念和观念而达到广泛的统一,这样一来,体现不同价值的学说都有其自身的独立解释。[32]或者说,体现不同价值的学说都可以从自身的价值领域出发,达到对共同的正义原则的不同理解。这种不同的理解可以达到政治共识。

(二)桑德尔的声音

对罗尔斯的理论的最重要的批评来自于共同体主义中的另一位代表人物桑德尔。应当看到,共同体主义的著述家们所攻击的目标是所有的自由主义思想家而不仅仅是罗尔斯,而桑德尔则是所有这类批评家中将罗尔斯作为最正式的攻击目标并因此而卓有影响的人物。桑德尔认为,自由主义与共同体主义最深刻的对立是在正当与善何者优先问题上的理解。我们在相关章节中已经指出,罗尔斯指出正当对善的优先性是对功利主义的批驳。然而,罗尔斯提出正当优先于善,本身是一种康德式的道义论的主张。桑德尔指出,这种康德式的道义论主张,正当对善的优先性主张,是与共同体主义对这两者关系的理解根本不同的。共同体主义对于两者关系的理解,恰恰是善优先于正当。

对于这一问题,桑德尔首先从罗尔斯的正义德性的首要性入手。桑德尔说:"按照充分的道义论观点,正义的首要性所描述的不仅是一种道德优先性,而且也是一种证明的特权形式:正当优先于善,不仅是指其要求在先,而且在于其原则是独立推导出来的。这就意味着,与其他实践戒律不同,正义的原则是以一种并不依赖任何特殊善观点的方式而得到辩护的。相反,正当还因其独立的特性约束着善并设定着善的界限……这样一来,从道德基础的立场看,正义的首要性就等于说,道德法则的德性并不在于它促进某个假定为善的目标或目的这一事实。相反,假若它先于所有其他目的并对其他目的具有调节作用,它本身就是一个目的。"[33]桑德尔指出,康德认为,道德法则的基础在于实践主体自身,而不在实践理性的客体,这种主体是一个能够拥有自律意志的主体。正当优先于善,所以主体便优先于其目的。因此,道义论的逻辑所导致的是,正义德性的首要性在于正当的优先性,而正当的优先性或正当优先于善还需要一个理论预设,即实践理性主体或作为道德主体的自我的优先性。正当的优先性归结为自我的优先性。正当优先性的基础是自我的优先性或一种道义论的自我观。在桑德尔这里,他所做的倾其全力揭示出道义论的自我观的根本缺陷,从而使得人们看出道义论基本主张的破绽,道义论理论的大厦也将随之倾倒。那么,在道义论的正义论中,这是一种怎样的主体或自我呢?

桑德尔指出,在康德那里,这是一种超验的主体。康德对自我的认识可分为两个层次。一是把自我理解为一个主体,同时也把自我理解为一个经验的客体。作为经验的客体,我属于感性的世界,我的行动是被自然规律和各种因果规则所决定的,一如其他所有客体的运动那样,是为自然法则和各种因果规则所决定的那样。相反,作为行动的主体,则自居于一个理智的或超感性的世界,在这里,自我独立于自然规律之外,并能依据自我立法来行动。换言之,自我确立自己的道德法则,所以才是自由的。如果自我完全是一经验性存在,主体就不能获得自由,因为每一种意志实践都可能受到对某一对象欲望的限制。所有选择都将是他律性或受到假言命令支配的选择。桑德尔以康德的话来说,当我们认识到我们自己是自由的,我们就使我们自己成为理智世界的成员,并认识到意志的自律。所以主体的概念先于并独立于经验。“按照康德的观念,正当的优先性既是道德上的,也是基础性的。其根据在于先于其目的的既定主体的概念,对于我们将我们自己理解为自由选择的和自主(自律)的存在者来说,这一主体概念是不可缺少的。当社会由这些不预设任何特殊善观念的原则来支配时,它就可以得到最好的安排,因为任何别的安排都不可能把个人作为能够选择的主体来尊重:它可能把个人本身作为客体而非主体来对待,或作为手段而非目的来对待。”[34]

罗尔斯的正义论是道义论的,也同样有着一种康德式的自我观。在罗尔斯这里,自我是一个具有选择能力的优先于其目的的存在。“自我优先于其所赞同的目的,因为即使是一个主要的目标也必须在无数的可能性中进行选择。”[35]桑德尔对罗尔斯的这个观点发挥道:“自我相对于其目的的优先性意味着,我不仅仅是经验所抛出的一连串目标、属性和追求的被动容器,也不简单地是环境之怪异的产物,而总是一个不可还原的、积极的、有意志的行为者,能与我的环境分别开来,而且具有选择能力。把任何品质认同为我的目标,志向,欲望等等,总是隐含着一个站立于其后的主体的‘我’,而且这个‘我’的形象必须优先于我所具有的任何目的与属性。”[36]桑德尔认为，这种自我观是一种形而上学的、超越于经验的先验的自我观。这意味着罗尔斯排除了那种自我的统一是在经验过程中获得的统一观，强调自我的统一是先于经验而建立起来的。所谓自我的先行统一，意味着尽管主体在很大程度上受其环境的限制，但他总是不可还原地要优先于其目标。桑德尔认为，对罗尔斯来说，他必须告诉我们两件事情，即自我如何与其目的分开，以及自我如何与其目的相联系。如果没有前者，我们只剩下一个彻底情境化的主体，如果没有后者，则只剩下一个纯粹幽灵般的主体。桑德尔指出，罗尔斯的解决办法就隐含在原初状态的设计之中。首先由于罗尔斯的自我与其目的是一种有距离的关系，因此，罗尔斯的自我概念是一个占有性概念，作为主体的认同独立于我所拥有的事物，自我与其选择对象之间的距离需要意志发挥作用来克服。因此，意志主义的力量概念在罗尔斯的观点中就起了重要作用。桑德尔说，这表明，“罗尔斯的观念是个人主义的。罗尔斯式的自我不仅是一个占有主体，而且是一个先在个体化的主体，而且总与其所拥有的利益具有某种距离，回想这些，我们就能给个人主义定位，并能确认其所排除的善观念。这种主体与其利益距离的一个后果是，将自我置于超越经验极限的地位，使之变得无懈可击，一次性地也是永久性地将其身份固定下来。……既然我独立于我所拥有的价值之外，我就总能离开它们；我作为道德个人的公共身份在我的善观念中‘不受时过境迁的变化的影响’（罗尔斯）。但是，如此彻底独立的自我排除了任何与构成性意义上的占有紧密相连的善（或恶）观念。它排除了任何依附（或迷恋）的可能性，而这种依附能够超出我们的价值和情感之外，成为我们的身份本身。它也排除了一种公共生活的可能性，在这种生活中，参与者的身份与利益，以及好坏都是至关重要的。而且它还排除了共同追求和目的能或多或少激发扩展性的自我理解，以至在构成性意义上如此确定共同体的可能性——这个共同体叙述这个参与主体，而不仅是共享理想的目标。”[37]在这个意义上，我们已经清楚桑德尔的共同体主义与罗尔斯的自由个人主义的根本分歧所在了。自由主义的个人主义的自我观或正义论的力量就在于设置一种与经验性环境相对独立的自我，这个自我有着相对独立于环境的自我选择和决定权。桑德尔所抓住的康德、罗尔斯的道义论的正义论的理论线索是准确的，正当的优先性必然以自我的优先性为前提。而桑德尔从共同体主义的立场进行反驳也是有道理的。因为从共同体主义的立场看，善必然与自我所处的共同体相关。共同体是自我的构成性因素。要强调善优先也就必然反对罗尔斯的正当优先。因此，问题在于桑德尔的共同体主义的立场。我认为，强调自我的优先性并非是自由主义的个人主义的理论缺陷，相反，可以说是它的理论优势。这恰恰反映了现代社会生活的本质性因素，以共同体对自我的构成性因素来强调善的优先，所反映的是传统社会或传统理论的倾向。如亚里士多德的德性伦理的内在倾向。

问题在于这个优先性的自我与情境性的关联处理到什么程度。罗尔斯力图摆脱康德的超验形上学对于界说自我带来的困境，而设置原初状态这样带有一定经验性的思想试验。但问题是，无知之幕对于个体的特殊信息的排除，桑德尔推理道，从而使得各方的处境相同而不是相似，那就不可能是真正去“选择”某个原则，因为罗尔斯把所有人的处境设计成这样从而能够确保人们将选择所要选择的原则。在某种意义上这就不是自愿性选择。并且,由于各个人的处境不仅相似而且同一,因而从逻辑上看,这各方代表仅是原初状态中的一个人。因此,原初状态中的协议充其量只是我对我自己的协议。其次,由于将个人的一切属性、能力、天资以及特殊品性,都看成是任意的,如天赋是可作为公共分配的共同资产,因此,桑德尔说:"伴随着每一种转移,一个带有浓厚特殊性征的实体性自我,逐渐地被剪除了那一度被认为是构成它的认同所不可少的性征;当我们把这些性征越来越视为只是随意地被给予的时候,它们也就逐渐地从构成自我的要素变为仅是自我的属性而已了。越多的东西变为是我的,而剩下的'我'也就越少了,……直到自我的经验要素完全被剥光为止。"[38]在桑德尔看来,罗尔斯的这样一个剥离经验要素的自我如同康德的超验自我,很难担负起罗尔斯的正义原则选择的重任。因为罗尔斯所持续运用的任意性(不同个人的地位、出身、所占有的资质、能力在个人中的分布是任意的、偶然的)论证,不可避免地导致的是个人的消解,导致对个人责任与道德选择的否定。桑德尔说,"贝尔在一个警句中总结了他的反对理由:'个人已经消失,只有属性仍保留着。'在此,罗尔斯试图通过使自我摆脱世界来确保自我的自主。他的批评者说,他为了保留自我,却最终消解了自我。"[39]自我都不存在了,还谈什么选择和达成一致的契约呢?

这确实是对罗尔斯的最为严厉的批评。罗尔斯通过无知之幕遮蔽个人信息,以及在讨论差别原则时对个人天资分配持公共资产观点,使得作为主体自我的个人情境性经验要素越来越稀薄,自我的境地如桑德尔等批评家所说的情形，是一种类似于康德式的先验性自我。但我们要看到，罗尔斯自己并没有将作为主体的自我身上的经验要素剥离掉，他仍然承认作为个人的出身、地位、天资等个人的特殊经验性信息是属于个人的，只是这些信息对于在原初状态下进行选择的人来说，不起作用。罗尔斯把个人天资看作是公共资产，也不是没有看到天资是在个体中存在的。但我认为，即使是处境相同，罗尔斯也没有否认各方代表是有着自我利益的主体，罗尔斯假设，即使是处境相同，也会从自我利益出发，选择最有利于自己的原则。使得个人的特殊经验性成分在对社会建制的原则选择中不起作用，是为了确保选择的眼界不为多样性的特殊利益的支配，而达成某种普遍性。换言之，境遇的共同性是选择原则的普遍性的保证。不过，应当看到，罗尔斯是想将西方社会深入人心的自由平等的观念设置成一种经验性可想象的境地，从而设置了一种这样的主体。这种设置确实带来了某种理论上易受攻击的难题。

桑德尔指出，这样一个自我概念，是完全服务于罗尔斯的理论意图的概念。罗尔斯之所以要抽掉个人的目标、目的和欲望，是因为这些自我的目标、目的和欲望不符合罗尔斯的正当优先性目标。桑德尔认为，实际上，作为一个经验的自我，就是自我的欲望、目标与目的，一个人如果没有自我的欲望与目标，也就成了虚幻的自我了。然而，由于我们的欲望不符合正当的优先性，也就必须首先排除掉自我的欲望和目标，这等于说我们要随着正义理论的改变而修正我们的欲望和目标。不是正义原则从经验的自我出发，反而成了先验的原则是我们自己的出发点。桑德尔认为，罗尔斯的这种原子式的自我的问题在于他把自我与社会共同体进行了有害的割裂。自我是在他所处的共同体中形成的,不可能脱离人们赖于生存的社会共同体来讨论自我的目的。个人的目的不可能独自实现,必须在与他人共享的理想中才能实现。这些与他人共享的理想成为自我不可分割的,构成自我本身的基本要素。与他人共享的理想与目的,不仅构成自我本身,而且因为共同体中的自我与他人一道共享这一目的,从而对共同体起着构成性的作用。

罗尔斯为了回应共同体主义的批评,在《政治自由主义》中反复谈到原初状态的假设。罗尔斯指出包括桑德尔等人在内的共同体主义观点对他的误解。因为他并非是要建立一种全面性或完备性的理论,而只是一种政治自由主义理论。他的原初状态的假设并不包含任何有关自我的哲学理论。原初状态是非历史性的假设,它只是一个思想假设,这里没有历史背景关联,但它确实是理论起点。这种设计所包含的条件是确立正义原则必须具备的条件,而把不相关的因素排除在外了。因此,所保留的因素仅仅是立约者得以建立社会的基础性条件。并非是体现一种健全的自我观。其次,在人们对他在书中所体现的普遍主义倾向的批评后,(前面已述)罗尔斯修正了自己的理论态度,罗尔斯自己明确地表述,他的出发点是他自己社会的政治实践。他不过是通过原初状态得出结论。因此,作为理论起点的原初状态,是以现代民主社会作为背景。因此,我们不应像桑德尔那样,仅囿于罗尔斯的原初状态来谈原初状态,而看不到原初状态的形象象征意义。

实际上,虽然桑德尔对罗尔斯的自我进行了最为激烈的攻击,但应当看到,桑德尔的这种攻击给人一种似是而非的感觉。即这种攻击包括了一些桑德尔自己也不得不承认的前提。从桑德尔对罗尔斯的批评看,好像他认为,自我是为环境所决定,尤其是,自我是为他自己的目的所建构,自我的边界是流动的。而罗尔斯的观点是,自我是先于他的目的的,因而自我的边界是先在性的确定的。然而,这两种观点之间隐藏着一种基本的一致性。桑德尔自己并不同意自己所主张的就是一个彻底情境化的自我,为目的所建构的自我能够重新建构。在这个意义上,桑德尔自己的观点并不一定就与罗尔斯有区别。同样是在这个意义上,桑德尔的自我观仍有一种罗尔斯似的占有的自我。如果说,从另一种意义上看,罗尔斯的自我对目的的优先性,体现了一种因经验而形成的心理(内心世界)存在的自我对于外在环境的相对独立性。而桑德尔如果看不到这一点,那就意味着桑德尔没有一种正确的自我观。

不过,罗尔斯由于限制原初状态的信息以及对个人天资等的看法,确实使他遇到了麻烦。哈贝马斯说:“罗尔斯的主导性直观是很清楚的:绝对命令的作用是通过一种交互主体性的运用程序而得到体现的,这个程序具体表现为参与条件诸如各派平等和无知之幕的处境特征上。不过,我认为,罗尔斯从交互主体性角度可能得出的结论,由于系统地剥夺信息而失去了优势。……我认为,罗尔斯如果换一种方式来展开他的道德观点,也就是说,如果他使得实践理性的程序性概念,通过一种严格的程序方式来发展它,从而使得实践理性概念摆脱实质性的关联,他就可以避免原初状态的设计而遇到的麻烦。”[40]在这里哈贝马斯说罗尔斯的原初状态是一种交互主体性视域,而在《道德意识与交往行为》(*Moral Consciousness and Communicative Action*, MIT Press,1990)中则说,罗尔斯的原初状态中的各派代表,没有超出单主体性的视域。并认为这是他的话语伦理学与罗尔斯的道义论正义论的一个重大区别。[41]哈贝马斯指出,由于罗尔斯通过限制信息,为原初状态下的各派明确了一个共同的视域,而这样,从一开始就用人为的干预限制了解释视野的多元性。与罗尔斯不同,哈贝马斯提出的话语伦理学(Discourse Ethics)则是在尊重所有参与者的特殊视域的前提下进行话语商谈。他说:"在一种包容性的、没有压制性的理性的话语前提条件下,自由平等的参与者,每一个人都必须接受所有他人的视域、由此而使得他的自我进入到对自我(一般)的理解,以及所有他者的世界的理解,对视域的这种限制,所呈现的是一种理想性的扩展了的'我们的视域',从这样一种视域出发,所有人都能共同检验,是否他们希望一个有争议的成为可以作为他们共有的实践的基础,这应当包括相对于话境解释以及需求解释的恰当性的相互批判。沿着这样一种渐进抽象的路径,我们就可以逐步剥离出普遍利益的内核。"[42]哈贝马斯认为,剥夺信息的过程和无知之幕一起悬挂在原初状态下的各派的头上,从而出现了由于剥夺信息而导致的论证压力。这表明,我们必须换个方式来运用我们的道德视域,只有这样才能减轻负担。

还有,自由主义与共同体主义最重大的争论是正当优先于善的问题。以桑德尔为代表的共同体主义者提出善优先于正当,是由于他们认为,像罗尔斯的原初状态中的人们选择正义而不选择共同体的善作为首要德性,那是因为,在这样一个社会中,人们之间的利益冲突成了首要问题。正义问题成了首要问题。如果把共同体的善作为人们行为的首要目的,那么,意味着这个共同体的利益为这个共同体的成员所普遍共享。在这个意义上,追求共同体的善而不是正义就成为优先性原则。共同体主义以共同体的善的优先性来取代自由主义的正当的优先性。问题在于他们所说的这种共同体的善有多少现实性可言?桑德尔即使在这本批评罗尔斯的名著中,也很少正面阐述自己的这种理想共同体。而在麦金太尔那里,则是圣本尼迪克特式的修士共同体。共同体主义所提出的共同的善,不仅在现代社会,就是在古希腊的城邦社会也不具有现实性。亚里士多德主义的共同的善,实际上是亚里士多德的伦理学的一种理想,是把希腊城邦的社会共同体理想化,这种理想化的共同善,在希腊,实际上只在斯巴达式的古典军事共产主义的国家中可能实现过。这种共同的善,是以牺牲自由为代价的。在漫长的西方历史上,除了家庭这种血缘共同体之外,这种共同的善,则只有在宗教教团这样小型社会共同体中实现过。而在这样的宗教团体中,由于人们有着共同的信仰,共同的道德信条,共同的利益,既不会发生公正问题,也不存在自由与善的冲突问题。但一种宗教教团式的共同体,如麦金太尔所说的,圣本尼迪克特式的修士共同体,并不是一个现实的社会的写照。现实社会必然是一个多元利益主体的社会,并且这种利益必然有冲突的可能。因此,罗尔斯的正义理论是一种具有可行性的理论,而共同体主义回归亚里士多德式的共同体,只能是一种不合时宜的理论时尚。以哈贝马斯的语言来说,他们患的是一种保守主义的思乡病。在利益多元的现代社会(实际上,古代也是利益多元),如果我们不放弃现代市场经济的话,我们不可能找到一种这样的理想共同体:在这种共同体中,能够使得像桑德尔所说的那样,利益的一致使得善有着压倒正当要求的可能。现代社会的利益多元以及意识观念的多元使得我们不可能追求这样一种理想共同体。当然,共同体主义对自由主义的批评中也有合理因素。因此,对自由主义的批评可以完善自由主义的主张,但不可能取代自由主义。

(三)哈贝马斯与民主的第三种模式

我们要看到,虽然共同体主义不可取代自由主义,但自由主义与共同体主义却有着各自的真理性内涵。因此,这种争议引发的结果之一就是出现一种融合的趋向。这种融合的趋向体现在一种称为商议(deliberative,又译为慎议或审议)民主或商议政治的模式中。按照这种民主模式的倡导者之一约翰·德茨克(John Dryzek)的看法,民主理论的商议转向发生在1990年左右。在英语学术界,这一新的民主模式引发了人们的很大兴趣,著名哲学家I.M.杨(Young, Iris Marion)、德茨克以及J.柯亨(Joshua Cohen)等人都参与了讨论。最值得注意的是,哈贝马斯是这一民主模式的极力倡导者之一,他的《在事实与规范之间》可看作是这方面的重要著作之一。提倡商议民主的人都对这种民主持有一种基本共识,即这种民主不是以投票为中心,而是以对话为中心,这是一种"商讨的民主"(discoursive democracy)或"交往性民主"(communicative democracy)。在他们看来,要从以投票为中心的民主转换到以对话为中心的民主,就要回到某种形式的共和主义,这种共和主义强调政治参与的重要性。而政治民主决策层面上的对话交往过程可以引出公民们本来无法说出的知识与理解,以及通过共同使用理性或公开使用理性而使得公民放弃那些没有通过检验的假设或信念。这样，每个公民都有机会使自己的观点得到他人的倾听和被他人考虑的公平机会，此外，人们对商议经验的分享，就成为使公民联结在一起的纽带。而从人们将这种民主模式看成是与对话或交往为中心的观点看来，很明显，这种政治模式的兴起与80年代哈贝马斯提出的交往理论和话语伦理学有着十分明显的理论渊源关系。[43]

在哈贝马斯看来，商议民主提出了一种不同于自由主义和共同体主义的政治哲学主张。并且，他认为，商议民主模式具有综合自由主义和共同体主义的内在优势。在哈贝马斯看来，现代民主有三种模式：自由主义的民主、共和主义的民主和商议民主。哈贝马斯将共同体主义与卢梭和康德的共和主义政治主张联系起来，就称共同体主义为共和主义。哈贝马斯指出，自由主义和共和主义在公民概念、法律概念、公民的政治参与问题以及国家的概念等关键性问题上都有着冲突性的理解。自由主义认为，公民的地位是由主体权利确定的，而主体权利是公民面对国家和其他公民所固有的。主体权利是消极权利，它确保公民在一定的活动范围内不会受到外部的强制。共和主义认为，公民的地位不能按照消极自由的模式来理解，因为消极自由是私人所享有的，公民权主要是政治参与权和政治交往权。哈贝马斯这样理解自由主义与共和主义，是与贡斯当对自由的区分和卢梭式民主对政治参与权的强调相适应的。自由主义认为，法律秩序的意义在于明确具体情况下一定主体所具有的实际权利；共和主义则认为，这些权利应归于一种客观的法律秩序，它促使并确保公民在平等、自主和相互尊重的基础上共同生活。在前者看来，法律秩序建立在主体权利的基础上,在后者看来,主体权利的客观内涵更为重要。哈贝马斯指出,共和主义说到底是不能接受这样一种法律概念的:即个人的同一性及其主体权利与共同体的同一性同等重要。只有在共同体中,个人才有可能既作为个人也作为集体成员(这一点,曾得到伍尔茨的强调)而相互承认。对共和主义来说,权利说到底不过是主要政治意志的选择,对自由主义来说,权利则不过是政治理性或启示的"更高法则"。哈贝马斯说:"自由主义和共和主义关于公民角色和法律的概念不同表明,他们对政治过程本质的理解还充满着根深蒂固的分歧。自由主义认为,政治就其本质而言,是围绕着行政权力而展开的不同立场之间的斗争。在公共领域和议会中的观点和意志形成的政治过程,受到策略行为者的集体干预,而策略行为者的目的是为了捍卫或争取一定的权力……共和主义认为,政治观点和意志在公共领域和议会中的形成过程所依循的,不是市场的结构,而是一种独特的公共交往结构,其目的是为了达成相互理解。公民自决意义上的政治范式不是市场,而是对话。由此看来,交往权力与行政权力之间有着结构上的不同,前者来自政治交往,表现为建立在话语基础上的多数意见,后者则为国家机器所掌握的行政权力。即便是角逐行政权力的政党,也必须使他们自己具有商议性风格,和政治商谈话语性的坚定品格。"说完后,他紧接着引米歇尔曼(Michlman)的话说:"商议(deliberation)指的是对待社会合作的一种态度,即一种参照他者也参照自己的主张的有理性的说服的开放的态度。商议中介是平等交换观点——包括参与者提交他们自己对于他们所尊重的利益的看法……在此过程中,只要投票,就是一次判断的赌注。"[44]

哈贝马斯虽然认为自由主义与共同体主义各有优点和不足，但从商议民主模式来看，则哈贝马斯更多倾向于共同体主义。他说："根据共同体主义的观点，在商议性民主概念和作为参照系的具体的、实质性整合的伦理共同体之间，有一种必然的联系。因为不然的话，似乎就无法解释公民的共同善的取向如何可能……'实际地参与政治活动，商议和[政治]冲突，可以使我们意识到我们与更远的、更间接的他人的联结，意识到我们希望做的和正在做的事情的远距离、大范围的意义。'根据这个观点，个人只有在与其他人——他们的认同也是来自于同样的传统和类似的社会化过程——的公共交流当中，才能清楚地意识到共同性和差异性，才能意识到他是谁和他想要成为谁。在这种集体性自我理解中，也有一种克服利己主义和自私的动机在发生作用……与一种不可避免地共享的交往情境(Shared context of communication)相隔离，会使每个人都身受其害。因此，在共同体主义者看来，唯一名副其实的政治商谈(political discourse)是那些以集体理解为目标的商谈。"[45]对共同体主义所作的这段描述，很明显，是他自己的思想，即他的话语政治和话语交往思想。这表明哈贝马斯倾向于共同体主义、共和主义而不是自由主义。1995年，罗尔斯为回应哈贝马斯的批评，在《哲学杂志》第92期(1995年3月号)发表了"答哈贝马斯"，尔后在《政治自由主义》(修订本)中，罗尔斯加入了他对哈贝马斯的答辩。在这一答辩中，罗尔斯称他与哈贝马斯的分歧是一家族内部的分歧，但看来问题不那么简单。当然哈贝马斯与共同体主义或共和主义仍有差别。哈贝马斯说："共和主义民主模式既有优点也有不足，优点在于坚持对社会的激进民主意义的理解：这个社会是通过交往性联合公民而组织起来的，而且不把集体目标还原为不同私人利益之间的‘调和’。不足则是过于理想化，即让民主过程依赖于公民献身于公共福利的德性。因为政治并不把对伦理性的自我理解问题放在首位。共和主义观点的错误在于政治话语的伦理性(an ethical foreshortening of political discourse)。”[46]共和主义的这种政治类型，至少在卢梭那里，我们看不到公民交往在政治共同体中的重要意义，在当代共同体主义的旗手麦金太尔那里，也没有将公民主体间的交往作为重要资源来运用。我们已说过，共同体主义很少正面清晰地提出自己的主张。哈贝马斯在《事实与规范之间》，介绍了鲍比欧(Bobbio, Norberto)、米歇尔曼、达尔、柯亨(Cohen, Joshua)等人的观点，而在《包容他者》中，他只是着重引用了米歇尔曼的观点，认为商议民主是米歇尔曼提出的理想模式。实际上，这种理想模式是把共同体主义强调的共同体对其成员的决定性作用的基本观点与哈贝马斯的话语交往思想相结合，从而提出这种共和主义的民主模式。把交往作为一种公民与国家相关联的中介方式，十分深刻地改铸了共同体主义的理想形态。哈贝马斯反复强调现代社会的三种资源，即金钱、权力与团结，而团结只有在共同体主义的意义上可以嫁接，因为共同体主义强调共同善对其成员的作用；可强调个人基本权利至上性的自由主义在理论上则难以嫁接，因为正如桑德尔所说，自由主义的正义环境是以利益冲突为前提的。哈贝马斯在直接论述共同体主义的时候，就强调了共同体主义具有的这个特征，这本来是他自己提出的话语伦理学的一个基本内涵。在这个意义上，哈贝马斯发展了他原有的关于话语交往的思想。在交往伦理或话语伦理的意义上，他提出团结作为生活世界的交往行为的产物的观点。现在,他认为,团结作为一种社会一体化的力量,不能仅仅依靠交往行为,它还必须通过自主性的公共领域以及民主的观念在法治国的制度中形成的程序中进一步释放出来。换言之,团结是共同体成员在政治领域里的制度化交往中达到的社会目标。在这个意义上,哈贝马斯进一步远离了法兰克福的批判传统,不再是对权力的一般性批判,而认为现代权力运作的民主程序具有积极意义。

哈贝马斯在充分肯定共和主义的民主模式的前提下,阐明他自己对商议民主模式的理解。哈贝马斯把商议政治的程序概念作为民主理论的核心内涵,从而使得他与共和主义和自由主义显出差别。哈贝马斯说:"自由主义认为,民主过程仅仅表现在不同利益之间的妥协形式中。在此过程中,公平被认为得到妥协制度的规则保证,这些原则调节着一般平等的选举权,议会团体代表的平等竞争权,以及运作程序等。主要是自由的基本权利维护着这些规则。相反,共和主义认为,民主的意志形成过程应当被看作是自我理解的伦理话语的一种形式;因此,商议话语在内涵上依靠的是公民的文化背景性共识,这种背景性共识在对共和主义的基础性活动仪式的重新确定中反复出现。话语理论吸收了两方面的因素,整合这些因素而融入一种理想的商议和决策程序的概念之中。这种民主程序在协商、自我理解的话语以及公正话语之间建立起了一种有机的联系,并证明了这样一种假设,即在这些前提下,合理乃至公正的结果是可以取得的。根据这种程序主义的观点,实践理性就从普遍人权或一定共同体的具体伦理生活当中抽身出来,还原成为话语原则和论证形式,并从以达到理解为取向的行为的有效性基础上,最终也从语言交往的结构中得到它的规范性内容。"[47]在哈贝马斯看来,这种政治民主模式,从自由主义和共和主义那里各吸收了一些因素,在话语交往理论的前提下把它们重新组合起来。应当看到,哈贝马斯是当代西方学术界最具理论创造活力的思想家。他以他的话语交往理论改铸自由主义和共和主义的政治民主模式,虽然具有一定的理想性,但他确实给了我们对当代政治哲学和道德哲学进行思考的第三种模式。不过,哈贝马斯说,他这是把话语理论提升到了一个交往过程的更高的交互主体性层次,是他在上个世纪 80 年代的交往理论的扩展。这表明,哈贝马斯的交往理论以及交往(话语)伦理学是一个很有理论生命力的理论。当然,这并不意味着自由主义已经没有生命力,以捍卫公民基本权利为更高法则的自由主义仍在西方的思想圣殿中占有极为重要的地位。

注释:

[1]〔美〕诺齐克:《无政府、国家与乌托邦》,中国社会科学出版社,1991 年版,第 187 页。

[2] Victoria Davion and Clark Wolf: "Introduction: From Comprehensive Justice to Political Liberalism", seen *The Idea of Political Liberalism, Essays on Rawls*, Edited by Victoria Davion and Clark Wolf, Rowman & Littlefield publishers, Inc., 2000, p.1.

[3] 韦森:《经济学与伦理学》,上海人民出版社,2002 年版,第 30—31 页。

[4]〔英〕哈耶克:《个人主义与经济秩序》,北京经济学院出版社,1989 年版,第 11 页。

[5] John Rawls: *A Theory of Justice*, p.303;《正义论》,中国社会科学出版社,第

292 页。

[6]〔美〕诺齐克:《无政府、国家与乌托邦》,中国社会科学出版社,1991 年版,第 37 页。

[7] 同上书,第 39 页。

[8] 同上书,第 41 页。

[9] 同上书,第 41—42 页。

[10] 同上书,第 42 页。

[11] Robert Nozick: *Anarchy State and Utopia*, Basic Books, Inc.,1974,p.151;中文版,第 157 页。

[12] Ibid.,p.151.

[13]〔美〕诺齐克:《无政府、国家与乌托邦》,第 179 页。

[14] 同上书,第 183 页。

[15] Robert Nozick: *Anarchy State and Utopia*, Basic Books, Inc., p.156;中文版,第 161 页。

[16] Ibid.,p.160.

[17] 参见石元康:《当代西方自由主义理论》,上海三联,2000 年版,第 162 页。

[18] John Rawls: *A Theory of Justice*,p.15; 参见《正义论》,中国社会科学出版社,第 15 页。

[19] 诺齐克:《无政府、国家与乌托邦》,第 228—229 页。诺齐克认为,如果任意和偶然产生的东西是毫无道德意义的,那么,任何特定的个人的存在也都是毫无道德意义的。因为任何人个生命的诞生,都是精子和卵子的任意或偶然的结合,而且,一个卵子要成功地在许多精子中完成对某个精子的结合,完全是任意的。

[20] 罗尔斯把自然天赋(分配)看成是“共同资产”(common asset)引起了诺齐克等人的激烈批评。为了回答诺齐克的批评,罗尔斯在《作为公平的正义》中,专门有一节来阐明这个问题。他指出,作为公共资产的东西,是自然天赋的分配,而不是自然天赋本身。他认为,这并不意味着这里会产生我们的天赋所有权的问题。罗尔斯重申,这些天赋的所有权是属于人们自己的。人们心理上和生理上的完整统一是由基本权利和自由加以保证的。因此,在这点上,罗尔斯认为他与诺齐克是没有分歧的。

因此,他认为,应当看成是共同资产的东西是自然天赋的分配,即人们之间的天赋的差别。这不仅是指同种才能的差异,而且是指不同种类的才能差别。这些差异是一种公共资产。以合适的方式加以组合,就会产生巨大的优势。如擅长不同乐器的人组合成一个交响乐团一样。

[21]〔美〕罗尔斯:《正义论》,第97页。

[22]〔加〕威尔·金里卡:《当代政治哲学》,第228页。苏珊·欧金还论证道,诺齐克的自我权利论强调每个人对自己的劳动成果的持有权,但他忽视了这样一个基本事实:每个人都是他自己的母亲的劳动成果。为什么母亲不对自己的孩子享有所有权呢?这只能表明,诺齐克的整个理论是以排斥妇女为隐含的前提。(见同上书,第233页)

[23]〔美〕罗尔斯:《正义论》,第27页。

[24]〔英〕罗纳德·德沃金:《认真对待权利》,中国大百科全书出版社,1998年版,第236页。

[25]"communitarianism"这一概念,中文学术界有相当一部分人译为"社群主义"。本人认为"社群"两字并不能构成一个概念,严复虽然曾用过"群学"一概念,但并没有用过"社群"。"社"与"群"实际上是两个概念。并且,将"communitarianism"译成"共同体主义",是准确地表达了它的实质意义。因为共同体主义所认同的,就是一个有着共同目的,共同善以及人人共有的德性的社会共同体。无论是荀子的"群",还是严复的"群学"概念,都没有表达出当代共同体主义的这种内涵。

[26] Charles Taylor, "Atomism", seen in *Communitarianism and Individualism* edited by Shlomo Avinerl and Avner De-shalit, Oxford University, 1992, p.29.

[27] Steven Lukes: *Individualism*, Oxford, Basil Blackwell, 1973, p.75.

[28] John Rawls, *A Theory of Justice*, p.587;值得注意的是,罗尔斯在1999年的修订版中,虽然作了多处重大修订,但仍然保留了原版中的这段结束语。

[29]〔美〕麦金太尔:《德性之后》,中国社会科学出版社,1995年版,第1页。

[30] Chandran Kukathas and Philip Pettit, Rawls: *A Theory of Justice and Its Critics*, p.111.

[31] Ibid., pp.123 - 124.

[32] 见罗尔斯:《政治自由主义》第四讲:"重叠共识的理念"。

[33] Michael Sandel: *Liberalism and the Limits of Justice*, p.2.

[34] Ibid., p.9;参见中译本:《自由主义与正义的局限》,第11—12页。

[35] John Rawls, *A Theory of Justice*, p.560.

[36] Michael Sandel: *Liberalism and the Limits of Justice*, p.19;参见中译本,第25页。

[37] Ibid., p.62;参见中译本,第77页。

[38] Ibid., p.93.

[39] Ibid., p.95.

[40] Juergen Habermas, *The Inclusion of the Other*, Polity Press, 1998, p.57.

[41] Juergen Habermas, *Moral Consciousness and Communicative Action*, MIT Press, 1990, p.66.

[42] Juergen Habermas, *The Inclusion of the Other*, p.58.

[43] 金里卡认为,哈贝马斯对商议民主理论的影响是欧洲大陆的政治哲学传统对英美理论形成重要影响的极少数例子之一。([加]金里卡:《当代政治哲学》,第528页)

[44] Juergen Habermas, *The Inclusion of the Other*, p.243.我们不可否认哈贝马斯在之间《事实与规范之间》这部更为重要的著作中他对自己关于商议政治或商议中有着更为详尽的讨论;但在《包容他者》一书的"民主的三种模式"一文中,哈贝马斯以少有的清晰的笔调集中论述了他的关于商议政治或商议民主的观点和思想,因此,我们在此主要依据他在此文中的论述来阐述他的思想。

[45] Juergen Habermas: *Between Facts and Norms*, Polity Press, 1996, pp.280-281;参见哈贝马斯:《事实与规范之间》,三联书店,2003年版,第344-345页。

[46] Juergen Habermas, *The Inclusion of the Other*, p.244.

[47] Ibid., p.246.

主要参考文献

英文部分：

John Rawls, *A Theory of Justice*, Harvard University Press, 1971, and 1999.

John Rawls, *Political Liberalism*, Columbia University Press.

John Rawls, *The Law of Peoples*, Harvard University Press, 1999.

John Rawls, "*The Basic Structure as Subject*", *American Philosophical Quarterly*, 14 (1977).

Robert Nozick: *Anarchy State and Utopia*, Basic Books, Inc., 1974.

Michael J. Sandel, *Liberalism and the Limits of Justice*, Cambridge University Press, second edition, 1998.

Kenneth Baynes *The Normative Grounds of Social Criticism*: *Kant*, *Rawls and Habermas*, State University of New York Press, 1992.

P.H. Genne Blocker and Elizabeth H. Smith: *John Rawls' s Theory of Social Justice*, Ohio University Press, 1980.

John Rawls: *Critical Assessments of Leading Political Philosophers*, III and IV, edited by Chandran Kukatblas, Routledge, London, 2003.

John Stuart Mill, *Utilitarianism*, Joseph Katz and others editors: Writers on Ethics, D. Van Nostrand Company, 1962.

Joseph Raz, *Morality of Freedom*, Oxford, Clarendon Press, 1986.

Fridrich A. Von Hayek, *The Constitution of Liberty*, London and Chicago, 1960.

Fridrich A. Von Hayek, *Law*, *Legislation and Liberity*, *Rules and Order* (I)(II)(III), the University of Chicago Press, 1973, 1979.

K.R. Popper, *The Open Society and Its Enemies*, Rouledge & Kegan Paul Ltd.,

1957.

H.L.A. Hart, "Ralws on Liberty and Its Priority", University of Chicago Law, 40 (1973).

Juergen Habermas: Between Facts and Norms, Polity Press, 1996.

Juergen Habermas: *The Inclusion of the Other—Studies in Political Theory*, Polity Press, 1996.

M. K. Gandhi, *All Men are Brothers*, Paris: UNECO, 1958.

The Idea of Political Liberalism, *Essays on Rawls*, edited by Victoria Davion and Clark Wolf, Rowman & Littlefield publishers, Inc.,2000.

Communitarianism and Individualism, edited by Shlomo Avinerl and Avner De-shalit, Oxford University,1992.

Steven Lukes, *Individualism*, Oxford, Basil Blackwell,1973.

Juergen Habermas, *Moral Consciousness and Communicative Action*, MIT Press,1990.

Juergen Habermas, *The Inclusion of the Other*, Polity Press, 1998.

Milne, A. J. M., *Human Rights and Human Diversity*, The Macmillan Press Ltd., 1986.

Amartya Sen, *Equality of What*? In S. Mcmrrin(ed.), Tanner Lectures on Human Values, Cambridge University Press, 1980.

The Quality of Life, ed. by Martha Nussbaum and Amartya Sen, Oxford University Press,1993.

Isaiah Berlin, Four Essays on Liberty, Oxford University Press,1969.

Isaiah Berlin : *Liberty*, Edited by Henry Hardy, Oxford University Press, 2002.

Alasdair MacIntyre, *After Virtue*, University of Notre Dame Press, 1984.

Alasdair MacIntyre, *Whose Justice*? *Which Rationality*? University of Notre Dame Press, 1988.

Michael Walzer, *The Communitarian Critique of Liberalism*, in *Political Theory*, Vol. 18, February,1990.

Charles Taylor, *Sources of the Self*, *The Making of the Modern Identity*, Harvard University Press,1992.

Joseph Raz, *The Morality of Freedom*, Oxford, Clarendon Press,1986.

中文部分：

〔美〕罗尔斯：《正义论》，中国社会科学出版社，1988年版。

〔美〕罗尔斯：《政治自由主义》，译林出版社，2000年版。

〔美〕罗尔斯：《作为公平的正义》，上海三联书店，2002年版。

〔美〕罗尔斯：《道德哲学史讲义》，上海三联书店，2003年版。

〔美〕罗尔斯：《万民法》，吉林人民出版社，2001年版。

〔美〕迈克尔·桑德尔：《自由主义及其正义的局限》，译林出版社，2001年版。

〔德〕康德：《法的形而上学原理》，商务印书馆，1991年版。

〔德〕康德：《道德形而上学原理》，上海人民出版社，1988年版。

〔德〕康德：《实践理性批判》，商务印书馆，1999年版。

〔德〕康德：《历史理性批判文集》，商务印书馆，1990年版。

〔法〕卢梭：《社会契约论》，商务印书馆，1980年版。

〔法〕卢梭：《论人类不平等的起源和基础》，商务印书馆，1962年版。

〔法〕卢梭：《爱弥儿》，商务印书馆，1978年版。

〔英〕洛克：《政府论》下篇，商务印书馆，1986年版。

〔英〕洛克：《论宗教宽容》，商务印书馆，1982年版。

〔英〕梅因：《古代法》，商务印书馆，1959年版。

〔美〕肯·宾默尔：《博弈论与社会契约》，上海财经大学出版社，2003年版。

〔英〕休谟：《人性论》，商务印书馆，1980年版。

〔英〕亚当·斯密：《道德情操论》，商务印书馆，1997年版。

〔英〕霍布斯：《利维坦》，商务印书馆，1986年版。

〔英〕约翰·密尔：《论自由》，商务印书馆，1959年版。

〔美〕列奥·斯特劳斯：《自然权利与历史》，三联书店，2003年版。

〔美〕马丁·杰著：《法兰克福学派史》，广东人民出版社，1996年版。

周辅成编：《西方伦理学名著选辑》（上），商务印书馆，1964年版。

〔美〕布坎南：《伦理学、效率与市场》，北京：中国社会科学出版社，1991年版。

〔英〕西季威克：《伦理学方法》，中国社会科学出版社，1992年版。

〔美〕阿瑟·奥肯：《平等与效率》，华夏出版社，1987年版。

〔澳〕斯马特等：《功利主义：赞成与反对》，中国社会科学出版社，1992年版。

〔美〕卡尔·J.弗里德里希:《超验正义——宪政的宗教之维》,三联书店,1997年版。
〔美〕斯蒂芬·L.埃尔金和卡罗尔·爱德华·索乌坦编:《新宪政论》,三联书店,1997年版。
〔美〕肯尼思·W.汤普森编:《宪法的政治理论》,三联书店,1997年版,第41页。
〔美〕卡尔·J.弗里德里希:《超验正义——宪政的宗教之维》,三联书店,1997年版。
〔美〕路易斯·亨金等编:《宪政与权利》,三联书店,1997年版。
〔美〕路易斯·亨金:《宪政、民主、对外事务》,三联书店,1996年版。
〔法〕让—皮埃尔·韦尔南:《希腊思想的起源》,三联书店,1996年版。
〔古希腊〕柏拉图:《理想国》,商务印书馆,1986年版。
〔古希腊〕柏拉图:《游叙弗伦、苏格拉底的申辩、克里同》,商务印书馆,1983年版。
〔古希腊〕亚里士多德:《尼可马科伦理学》,中国社会科学出版社,1991年版。
〔古希腊〕亚里士多德:《政治学》,商务印书馆,1965年版。
〔法〕孟德斯鸠:《论法的精神》,商务印书馆,1961年版。
〔美〕麦金太尔:《德性之后》,中国社会科学出版社,1995年版。
〔美〕布坎南:《自由、市场与国家》,上海三联书店,1989年版。
〔德〕尤尔根·哈贝马斯:《事实与规范之间》,三联书店,2003年版。
〔德〕尤尔根·哈贝马斯:《包容他者》,上海人民出版社,2002年版。
〔英〕哈耶克:《自由秩序原理》,北京,三联书店,1997年版。
〔英〕哈耶克:《个人主义与经济秩序》,北京经济学院出版社,1989年版,第11页。
〔英〕安东尼·德·雅赛:《重申自由主义》,中国社会科学出版社,1997年版。
〔美〕乔·萨托利:《民主新论》,东方出版社,1998年第2版。
〔英〕伯林:《两种自由概念》,载刘军宁等编:《市场逻辑与国家观念》,三联书店,1995年版。
〔伊朗〕拉明·贾汉贝格鲁:《伯林谈话录》,译林出版社,2002年版。
〔法〕邦雅曼·贡斯当:《古代人的自由与现代人的自由》,商务印书馆,1999年版。
〔美〕罗伯特·达尔:《民主论》,商务印书馆,1999 年版。
〔法〕托克威尔:《论美国的民主》,商务印书馆,1988 年版。
〔荷兰〕斯宾诺莎:《神学政治论》,商务印书馆,1962 年版。
〔英〕昆廷·斯金纳:《自由主义之前的自由主义》,上海三联书店,2003 年版。
〔英〕约翰·密尔顿:《论出版自由》,商务印书馆,1996 年版。
何怀宏编:《西方公民不服从的传统》,吉林人民出版社,2001 年版。
〔美〕诺齐克:《无政府、国家与乌托邦》,中国社会科学出版社,1991 年版。
〔加〕威尔·金里卡:《当代政治哲学》,上海三联书店,2004 年版。
〔英〕罗纳德·德沃金:《认真对待权利》,中国大百科全书出版社,1998 年版。
〔意〕圭多·德·拉吉罗:《欧洲自由主义史》,吉林人民出版社,2001 年版。
石元康:《当代西方自由主义理论》,上海三联书店,2000 年版。
慈继伟:《正义的两面》,三联书店,2001 年版。
应奇:《从自由主义到后自由主义》,三联书店,2003 年版。
何怀宏:《公平的正义》,山东人民出版社,2002 年版。
何怀宏:《契约伦理与社会正义》,中国人民大学出版社,1993 年版。
龚群:《当代西方道义论与功利主义研究》,中国人民大学出版社,2002 年版。
〔英〕詹姆斯·A.古尔德,文森特·V.瑟斯比:《现代政治思想》,商务印书馆,1985 年版。
〔美〕阿马蒂亚·森:《以自由看待发展》,中国人民大学出版社,2002 年版。

索　引

（以汉语拼音首字母顺序排列）

后　记

当我面对我所完成的书稿,心中有如释重负之感。对罗尔斯思想的学习,已远不止10个年头了。但对罗尔斯的研究,则是从进行《当代西方道义论与功利主义研究》的写作时起。在那本论述道义论与功利论的书中,虽然罗尔斯是作为当代道义论的中心人物来讨论,但在书中的份量明显不足。完成那项研究后,一种强烈的责任感驱使我对罗尔斯思想进行更为全面的学习与研究。中国自古以来可说就是一个思想的大国,但这并不意味着我们不要学习和研究外国重要的思想。中国思维的开放性和包容性创造了灿烂的唐代文明,"五四运动"以来向先进的西方(包括俄国)学习改变了中国的精神和社会面貌。对于罗尔斯所提出的这样重要的当代西方正义论,我们没有理由不进行学习和研究,虽然我的一点劳作对于我的祖国来说可能微不足道,但我想尽我的绵薄之力来效力于我的祖国。是那些祖祖辈辈生息于这大地的庄稼人(我也是他们的后人)将养着我的生命,我有什么可回报的呢?

我深感学习与研究罗尔斯并非是一件轻松之举。由于罗尔斯的《正义论》出版以后,西方学术界无数一流的学者对于罗尔斯的理论进行了如同潮水般的评价或批评,因而我们必须在掌握这些评价或批评,或至少掌握相当重要的批评的前提下才好进行研究。

然而,罗尔斯理论所激起的这个“罗尔斯产业”实在是一个浩大的理论洪流,并且所涉及的领域广泛,如哲学、伦理学、经济学和法学等领域。在我已完成的书中,很难说我已经都考虑了那些世界一流学者对罗尔斯的理论尤其是对《正义论》的批评意见。因此,今后随着我们对资料的占有的增多,无疑会激发比在本书中更多的思考。

当然,对于罗尔斯的思想,不仅是要在多视角,多视野的前提下进行深入研究,更重要的是,要在把握罗尔斯的理论构架及思想的前提下,提出自己的思想与观点,如同批评家所做的那样。然而,因考虑到目前我国理论界对罗尔斯的理论还没有全面系统的研究著作问世的情况,本书是在系统梳理罗尔斯的前提下,融入自己的哲学思考以及自己的观点。今后,我可能不会有如此多的时间专注于罗尔斯了。不过,也许我的这点劳作能引起大众读者对罗尔斯的更多兴趣,以期推进对罗尔斯思想的研究。当然,我们还要看到的是,对罗尔斯思想的把握,是研究理解西方政治哲学以及发展我们的政治哲学的一个中继点。西方学术界如同洪流般的评介与批评,实际上所做的正是这样一个工作。把罗尔斯的事业推向前进,应看作是全人类关注人类命运的思想者的责任。

在我的论著中,我没有一字谈及罗尔斯其人。如果一点不说,也许是个遗憾。S.R.艾芭,J.D.哈兰,W.J.李所写的有关文章中,有两段使我十分感动的文字,我觉得放在这里最为合适:“特别值得一提的是,在哈佛大学爱默森楼的学生中一直流传着关于罗尔斯的这样一个故事。有一次,在参加一个博士论文答辩时,罗尔斯注意到,太阳光正好反射在答辩者的眼睛上。他站了起来,走到答辩者和太阳光之间,很不舒服地站在那里,直到答辩结束。由罗尔斯的著作、观念和生活中得到的东西,正是这样一个人的形象,他热切关心着正义、社会福利和个人的幸福。”

“罗尔斯在他的论著中对他的个人生活始终守口如瓶,但对他人的帮助和观点却感激不尽。他回绝了大多数的采访,只接受了与他始终保持个人关系的某些大学的荣誉学位,如牛津大学、普林斯顿大学和哈佛大学。他很长时间都没有同意收入《名人录》。以下的采访见于1991年的《哈佛哲学评论》,是罗尔斯作过的仅有的三次访谈中的一个,而这三次访谈都是与学生们或以前的学生进行的。罗尔斯的个人生活完全奉献在关于社会正义、合作和个人权利等问题的思考、教学和写作当中。”(见北京《世界哲学》2003年第2期)

罗尔斯不仅因其思想理论的深邃缜密而伟大,他的人格不是同样伟大吗?他那深邃的目光始终关注着人类的正义,他那良善的心怀则更倾注于社会的弱者。他的成就举世瞩目,而却超然于名声之外。罗尔斯对当代西方学术界的理论贡献说得再多也不为过分。罗尔斯思想不仅对西方社会是重要的,对东方社会也是极为重要的。罗尔斯理论的平等主义倾向,基本自由的优先性等等,对于以市场经济作为经济运行体制和现代化政治体制建构的各国来说,都是一种福音。当代西方思想领域里升起的这颗耀眼的新星,其光辉超越于其精神的国度。他那深邃的关注社会公正或正义的目光,燃起世世代代处境不利者的希望。罗尔斯以他那特有的声音对人类如是说:“假如正义荡然无存,人类在这世界生存,又有什么价值?”

最后，我对郭红博士对本书的写作与出版所给予的最为宝贵的支持，对于她为出版此书付出的辛勤劳动，表示衷心的感谢。对于我的学术生涯所给的宝贵支持，我永远感激。对于有关拉丁文问题，请教了秋零先生。秋零先生是我的同事和朋友，他对于我的语言方面的请教，总是不吝赐教，在此表示我的真诚谢意。这几年来，我的研究生和博士生，是本书稿的第一听众，对于本书的完善，起了不可替代的作用，在此一并感谢。